高等院校城市管理专业教材
高等院校精品教材建设项目

城 市 管 理 学

王德起　谭善勇　　　　编　著
武永春　马亚博　王霖琳　等参编

U0330480

中 国 建 筑 工 业 出 版 社

图书在版编目（CIP）数据

城市管理学/王德起，谭善勇编著. —北京：中国建筑工业
出版社，2009
高等院校城市管理专业教材. 高等院校精品教材建设项目
ISBN 978-7-112-11238-8

Ⅰ. 城… Ⅱ.①王… ②谭… Ⅲ. 城市管理-高等学校-教
材 Ⅳ. F293

中国版本图书馆 CIP 数据核字（2009）第 151512 号

　　本书涵盖了城市管理的方方面面，共包括 18 章内容。以城市发展及其管理目
标和战略为逻辑起点，阐述城市管理主体的组织结构、职能体系以及行为模式选
择与创新；以提升城市竞争力为逻辑主线，对城市产业、城市空间、基本设施、
人财物等基本微观要素、城市文化及形象、生态环境等城市管理的主要对象（客
体）及实务进行重点探索，这些内容涵盖于城市的经济、社会、环境等各个层面；
以危机管理与档案管理为重点，阐述城市管理决策的例外性与常态性；以城市发
展、管理创新、现代化和信息化建设为逻辑终点，介绍现代城市管理的前沿及前
瞻性知识。

　　本书内容新颖，体系结构合理、逻辑性强，既有理论深度及内容的丰度，又
有实践高度及方法论的广度，适合作为高校公共管理类专业本科生和研究生的教
材；同时，本书注重介绍国外先进的城市管理经验，并密切结合我国城市管理的
实践，探讨我国城市管理中的现实问题，因此可以作为城市管理专业培训及从业
人员学习的参考书。

＊　　　＊　　　＊

责任编辑：封　毅
责任设计：赵明霞
责任校对：兰曼利

高等院校城市管理专业教材
高等院校精品教材建设项目

城　市　管　理　学

王德起　谭善勇　　　　编　著
武永春　马亚博　王霖琳　等参编

＊

中国建筑工业出版社出版、发行（北京西郊百万庄）
各地新华书店、建筑书店经销
北京红光制版公司制版
北京富生印刷厂印刷

＊

开本：787×1092 毫米　1/16　印张：24½　字数：605 千字
2009 年 9 月第一版　　2014 年 1 月第二次印刷
定价：**39.00 元**
ISBN 978-7-112-11238-8
（18475）

前　言

2008 年 10 月世界城市化水平已经达到 50%，标志着人类社会进入了以城市生活为主导的时代。"城市，让我们生活更美好"，这是 2010 年上海世博会提出的口号，反映出人们对城市生活的热切期待。我国至 2009 年 6 月底，估计城市化水平已接近 48%，预计到 2010 年底我国城市化水平将达到 50%，并将很快超过世界平均水平。正如美国著名经济学家斯蒂格利茨所预言的那样，"影响 21 世纪世界经济社会格局的两大事件：一是信息化，二是中国的城市化"。可见，我国的快速城市化不仅极大地影响着本国人民的生活，而且还将对世界文明进程产生深远的影响。

由于我国处于快速城市化阶段（城市化一般规律表明城市化水平在 30%～70% 为快速城市化阶段），城市发展不可避免地会出现各种各样的问题，譬如：基础设施及公共服务供给相对不足、交通拥堵、就医困难；污染严重、环境恶化，市民生活质量下降；效率与公平失衡，贫富差距增大，城市贫困出现，犯罪现象增加。所有这些问题，不仅严重影响人们生活质量，而且制约着城市的健康持续发展。因此，加强城市管理，营建良好的城市发展秩序环境，便成为当前乃至今后较长时期我国公共管理领域的一个重点。

城市是一个综合而复杂的巨大系统，包括主体系统、客体系统以及主体作用于客体的手段、方法及制度体系，仅就城市管理的对象即客体系统而言，则包括经济、社会、环境等方面的各种管理事务；同时，城市巨系统还处于区域外乃至国际不断变化的外部环境之中，其发展受到外部的政治、经济、社会及技术等环境因素的影响，从而更增加了城市管理的综合性、复杂性及系统性，特别是当前十分突出的经济国际化和技术现代化，对城市管理提出了更高的要求。因此，系统的理念、信息化的手段以及多学科方法的综合运用，便成为解决城市诸多复杂性问题的基本出发点和方法论。

正是由于城市管理在我国的重要性和急迫性，才使得近年来城市管理人才培养及科学研究得以长足发展，目前国内已经有 20 余所高等院校设置了城市管理专业，陆续出版了一些质量较高的相关教材或专著，初步形成了城市管理的学科框架体系。但是，由于各个院校本专业建设的基础不同，城市管理内容体系的设置及重点也有所差异，从而在城市管理学教材编写上各具特色。本教材吸取国内外同类教材之长，借鉴相关学科的先进研究方法，突出创新，注重理论的深度与实践的广度的有机结合，力求构建一个结构完整、逻辑严谨的内容体系框架，为进一步加强城市管理学科及专业建设作出贡献。

本教材系首都经济贸易大学精品教材资助项目，由王德起教授拟定详细编写提纲，具体分工如下：第 1 章至第 5 章由王德起撰写；第 6 章由王德起、武永春撰写；第 7 章、第 8 章由王德起、谭善勇撰写；第 9 章、第 10 章由王德起、马亚博、高静编写；第 11 章由武永春、王德起撰写；第 12 章、第 13 章由王德起、王霖琳编写；第 14 章至第 17 章由王德起撰写；第 18 章由谭善勇、朱婧撰写。最后，全书由王德起教授统一编撰定稿。

　　本书的最终完成并出版，得益于首都经济贸易大学各级领导与相关老师们的帮助，北京大学、中国人民大学、南开大学、中央财经大学、东北财经大学、云南大学、苏州大学、华东理工大学、华中科技大学、青岛科技大学、山东大学、山东工商学院、浙江林学院等高校的同仁们给予了热情帮助，在此，作者对上述对本书完成作出贡献的领导和老师们致以衷心的感谢。在本书的撰写过程中，借鉴和参考了国内同仁的大量相关研究成果，有的或许没有详细注明，作者也向这些同仁们致以诚挚的谢意，并对书中可能出现的标注疏漏致以歉意。

　　值得特别说明的是，尽管作者在本书撰写中追求完善、力求创新，但限于学识及认知，肯定还存在许多不足，乃至谬误，恳请同仁及读者不吝赐教，提出批评意见，以助作者在未来的研究及教学工作中，进一步提高并最终完善。

目　录

第一章 绪 论

　　城市是一种复杂的社会历史现象和社会存在，是人类文明的象征。城市作为一种客观存在，有其产生和发展的规律，研究城市的起源和发展历史，认识城市的发展规律和运行特点，是研究城市管理这门学科的基础。而明确城市管理的地位和研究对象，探讨城市管理的基本规律和科学方法，并使之成为一门客观系统的学科，对现实中有效开展城市管理，促进城市经济和社会又好又快发展，具有重大的意义。

第一节 城 市 概 述

一、城市的涵义

　　城市是人类社会发展到一定阶段的产物，人类劳动的社会大分工是城市产生的基础，城市既是社会经济发展的必然结果，同时也是社会经济发展历史过程的体现。

　　在我国古代文献中，"城"和"市"是两个不同的概念。"城"通常以"物"的形态出现，即四周以城墙围之，往往为扼守交通要冲、具有防御意义的军事据点。《管子·度地》中说："内为之城，城外为之郭"；《墨子·七患》中则指出："城者，所以自守也。""市"是指商品交换关系，我国古有"日中为市，致天下之民，聚天下之货，交易而退，各得其所"之说，"市场"也就是商品交换的场所。因此，在古代，城和市分别代表具有防御能力的城堡和交易场所。

　　及至现代，由于人们研究角度的不同，给城市下的定义也有差异。城市地理学家强调城市的空间特征，认为城市是有一定空间特征、有一定人口规模并以非农业人口为主的居民集聚地，是相对于乡村而言的一种相对永久性的大型聚落，是聚落的一种特殊形态；城市社会学家认为城市是在特定区域内由从事各种非农业劳动的密集人口所组成的具有共同文化维系力的社会，是人类生存的特殊社区；城市经济学家强调城市的经济活动的特征，认为城市是各种经济活动因素在地理上大规模集中的结果，从而展开对人口、厂商及其他生产要素的空间聚集与布局的机制、过程、后果等城市现象与过程的研究；城市政治学家认为，城市不仅是市场中心的所在地和有法律规范的地域，更是不同团体间确定政治关系的制度化共同体。

　　综合上述观点，可以认为现代城市是指具有一定规模的非农业人口聚居的地域，是人们生产、生活和进行社会活动的场所，是国家政治、经济、科学文化和教育的中心，是根据共同的发展目标和各方面的需要而进行协调运转的实体。

二、城市的分类

　　城市分类是指依据一定的分类标准和原则，对城市进行划分，从而有利于掌握不同种类城市的特点和发展规律。

城市的性质、行政隶属关系、规模等级、地理位置、城市结构等都可以作为城市分类的依据和标准。

（一）按照城市的性质和功能分类

按照城市在国家和地区中所发挥的政治、经济和文化作用来划分，可以分为综合性城市、工业城市、矿业城市、风景旅游城市、交通港口城市、商业贸易城市、科技文化城市等。

综合性城市是指集多种功能于一身，既是政治中心，又是工业生产、交通运输、商品流通、科学技术、文化教育、金融信息中心，具有较大的吸引力、辐射力。综合性城市是对区域乃至全国的社会经济发展起着多方面的推动作用的城市。在我国，北京、上海、天津、沈阳、广州、武汉、重庆等都属于综合性城市。

工业城市是以工业生产为主，工业部门的产值和就业人口在整个城市的国内生产总值和总就业人口中占有较大的比重。工业城市根据其主导产业的不同又可以具体分为钢铁工业城市、轻纺工业城市、机械制造工业城市，例如鞍山、南通、十堰等。

矿业城市是以开采挖掘某种地下矿产资源为主，并围绕采矿业加工生产一系列相关产品，如大庆是著名的石油城市，抚顺和唐山是著名的煤炭城市，景德镇是著名的瓷都，自贡是著名的盐都等。

风景旅游城市是以优美的自然风光和名胜古迹、优越的地理位置、宜人的气候条件而显示其特点的城市，旅游业是主导产业，带动着城市其他产业的发展，如桂林、黄山、敦煌等。

交通港口城市的交通地理位置优越，随着交通运输的发展而发展。根据交通运输条件的不同，交通港口城市又可以分为铁路枢纽城市、海港城市、内河港埠城市，代表城市分别为郑州、大连、连云港、裕溪口等。

（二）按照城市的行政地位分类

按照行政隶属关系可以将城市分为首都、中央直辖市、省会城市、省辖市、县级市。

首都是指中央政府所在的都城，是全国的政治中心和文化中心。一般也是全国的或者区域的经济、贸易、科技、教育中心，有的是重要的历史文化名城或者旅游城市。

中央直辖市是指中央政府直接管辖的城市。它们是全国的或者区域的政治、经济、科技文化中心，其经济、科技、教育文化在全国占有重要的地位并具有重要的作用。目前我国有北京、天津、上海、重庆四个直辖市。

省会城市是指省、自治区人民政府所在地城市，是该省、自治区政治行政中心，一般也是该省或较大区域的经济、贸易、教育、科技、文化中心，有的也是重要的历史文化名城、重要港口城市、旅游城市。我国的省会城市有石家庄市、太原市、呼和浩特市、沈阳市、长春市、哈尔滨市、杭州市、南京市、合肥市、福州市、南昌市、济南市、郑州市、武汉市、长沙市、广州市、南宁市、海口市、成都市、贵阳市、昆明市、拉萨市、西安市、兰州市、西宁市、银川市、乌鲁木齐市、台北市。

省辖市是指由省或自治区人民政府直接管辖的城市。在我国，多数在历史上就是区域中心，一部分是在新中国成立后发展起来的新兴工业城市。

县级市是指本身的行政地位为县级的城市。这些县级市主要是随着我国工业化的发展，国家为适应生产力和商品经济发展的需要，加速小城市的发展，撤县新设的城市。

（三）按照城市的人口和用地规模分类

城市可以分为超大城市、特大城市、大城市、中等城市、小城市和镇。

其中超大城市是指市区非农业人口超过 200 万以上的城市；特大城市是指市区非农业人口在 100 万～200 万之间的城市；大城市是指市区非农业人口在 50 万～100 万的城市；中等城市是指市区非农业人口在 20 万～50 万之间的城市；小城市是指市区非农业人口在 10 万～20 万之间的城市；镇是指非农业人口在 2000 以上、10 万以下的区域。

（四）按照城市的地理位置分类

按照城市的地理位置，城市可以分为沿海城市、内地城市、边境城市等。其中沿海城市是指沿海岸线建立并发展起来的城市，一般以港口为依托，如烟台等。内地城市是指既不靠海、又不靠近边境线的城市，如石家庄等。边境城市是指靠近国境线的城市，如二连浩特等。

三、城市的性质

城市性质是指城市在一个国家和地区的政治、经济、社会、文化生活中的地位作用，代表了城市的个性、特点和发展方向，是城市主要职能的集中反映。城市性质是一个城市在社会经济发展到一定历史阶段所具有的本质属性，体现了各个城市间的相互区别的基本特征。

城市在长期的历史发展过程中，其所拥有的社会、经济、文化、自然等条件是会发生变化的，因此，城市的职能是可变的，但在一定的阶段内，又有相对稳定的一面。根据城市性质的这一特点，分析城市性质应该分别研究城市历史上的、现状的和规划期内的职能和性质，寻找其内部联系和演变规律。

一般确定城市性质的方法通常有以下四种：

（一）定性分析法

即全面分析论证城市在国家或地区经济、政治、文化生活中的地位和作用，包括城市经济状况、城市地理位置、交通条件、资源条件、技术条件等，找出城市的主要职能，从而确定城市的性质和方向。

（二）定量分析法

对城市的职能，特别是经济职能采用一定的技术经济指标，比方说产值、利润、市场占有率、劳动生产率等，从质量上确定其主导生产部门，分析其主导经济部门在国家和地区城市中的地位和作用，从而确定城市的主要职能和性质。

（三）比较分析法

即从区域城市结构体系发展与布局角度出发，对区域中各个城市的特点进行分析比较，确定每个城市的主要职能和性质。

（四）综合分析法

就是将定性、定量和区域比较的方法综合起来，对影响城市发展的各种因素进行分析，最后确定城市的性质。

四、城市的功能

城市的功能，是指城市在社会经济发展中所起的作用，具体说就是指城市对城市以及对其以外的地区在政治经济和文化等方面所起的作用。《雅典宪章》（1933年雅典国际现代建筑协会：《城市规划大纲》），城市主要功能：居住、工作、交通、游憩。

随着社会经济的发展，城市功能也开始呈多样化趋势，归结起来，城市的功能主要有以下几个方面：

（一）工业中心的功能

18世纪工业革命的浪潮促使了近代城市的形成并形成大工业的聚集地，而现代城市则成为现代化大机器进行商品生产的聚集地。

随着城市功能的不断完善，在工业生产中城市逐步拥有智能和高效的机械设备、先进和系统的生产技术、合理的生产工艺、大批素质较高的熟练工人、较高的生产经营管理水平，同时，城市中行业部门专业化协作，工业门类齐全，生产社会化程度较高。因此，现代城市具有广大乡村所不具有的很高的技术吸收能力和商品生产的辐射能力。

城市工业中心的功能还表现在：一方面，工业部门大量吸收并消费掉周围地区提供的原材料、能源设备以及日常生活用品；另一方面，它为各行各业以及广大农村地区提供各种各样的产品以及先进的设备和技术，并通过专业化协作，带动和刺激其他地区的迅速发展。因此，城市工业在整个国民经济中起着主导作用。

（二）商品贸易中心的功能

城市是商品经济发展的产物，城市与市场是密不可分的。现代城市商品生产发达、人口集中、消费量大，因而市场的容量也大；由于城市服务设施的现代化程度较高，信息灵通，各种市场多，因而商品贸易的条件好；还由于城市一般处于交通枢纽，有利于进行对外经济技术联系，也就使城市在商品贸易方面有着得天独厚的条件。我们应该大力发展商品经济，使市场经济体系进一步完善，合理安排商品的流向，多渠道、多层次地发展商品贸易，而且应该在城市中建立各种类型的商品市场、金融市场、技术市场、劳务市场和信息市场，充分搞好市场流通，发挥城市作为商品贸易中心的功能。

（三）金融中心的功能

金融业务是与商品生产和商品贸易紧密连接，并为之服务的。城市之所以具有金融中心的功能，是因为城市中的商品生产和商品贸易高度集中发达。商品和贸易的集中和发达必然引起资金使用的集中和资金流通的活跃，这就导致了金融市场和金融机构在城市中的集中。同时，与资金流通密切相通的财政、税收、保险、证券等机构也都集中在城市。这使得城市在调动和运用资金方面具有得天独厚的优势，也使城市作为金融中心的功能变得格外突出。

要使城市金融中心的功能得以充分地发挥，金融系统的结构就要进一步完善。货币要有计划地发行，控制信贷，做好资金的合理流向，充分运用价格、税收、信贷等经济杠杆，使全社会的经济效益得到提高，要加强对外汇的管理，发展对外金融业务，以促进和引导对外贸易和其他经济、文化的健康发展。

（四）信息中心的功能

在社会经济发展以及人们的社会生活中，信息的地位变得越来越重要。信息的收集、处理和传输都需要很高的物质条件，城市之所以具有此种功能，是因为城市工业、经济、商业、政治、文化、市政设施和交通等方面都高度发达，这样就为信息流通提供了高效和完善的设施及其他物质条件；同时，城市与其他地区又有着广泛而密切的联系，这些地区提供了大量的信息来源；又由于城市处于政治和经济的领导地位，因此它传播的各种信息，就具有重要的指导作用。可见，在一定的地域内，城市对信息的反馈越敏感，信息量越集中，信息传输条件越先进，信息所能发挥的作用也就更大。

在信息时代，我们更要重视发挥城市信息中心的功能，建立以城市为中心的统一的、完整的国民经济和社会发展的信息系统，把全国各地区各部门各企业联成一个周密有效的信息网络；尽可能地建立国际情报信息网络；在信息的收集、处理、传递和存储上，逐步采用现代化的手段，还要培养一批信息情报人员和信息管理人员，使城市信息中心的功能得以充分地发挥。

（五）政治中心的功能

城市地理位置优越，交通发达，经济繁荣，人口集中，信息灵通，设施完善，便于在政治、法律、外交等方面的管理。古今中外，城市历来是管理一个地区或者国家的政治中心。因此，各国首都无一不在城市，各地区的首府也无一不在城市。以城市为中心制定和颁布国家的各项方针、政策和法令；召开各种重大政治性会议，并通过设立在城市中的各类政府机构，领导协调整个国家和地区的社会经济活动；开展各类外交活动，维护国家的主权，推进世界和平；并通过设在城市中的司法、公安机构，维护社会安全和稳定，保障国家建设的正常进行。

（六）科技教育文化中心的功能

城市经济发展水平较高，教育发达，院校、科研机构、科研手段、科研成果集中，人才济济，是国家发展、振兴的基础条件。城市在任何时代都是文化中心，城市中创造和保存了人类丰富的文化艺术，一大批图书馆、展览馆、博物馆、电影院、剧场等也都集中在城市。城市的这一功能在现代社会发展中的作用是不容忽视的。应该花大力气来恢复和发挥城市的科技、教育、文化中心的功能，使精神文明的生产更好地为物质文明的生产服务。

（七）综合服务的功能

上述城市的六个功能，都直接或者间接地为社会的发展起到了服务的作用。这里讲的服务主要是指为城市居民的各种生活需要服务的功能。城市既是一个生产中心，又是一个消费中心。城市一方面人口集中、消费量大；另一方面经济发达、消费水平高。这就要求城市必须具有很强的综合服务的功能，以适应城市发展的需要。

城市的这一功能，要求我们不断完善城市自身的各项基础设施，有效地制止环境污染，注意发展居民生活所必需的住宅、交通、卫生、医疗、饮食、娱乐等各项公共事业，以增强城市的自我生存和发展能力。

城市的上述功能都是城市整体功能中的分支，它们相互联系、相互制约，形成了一个城市功能的综合体。在城市建设的实践中，要注意城市功能互相联系的特点，把城市建设成为多功能、开放式的文明城市。

第二节　城市的起源与发展

一、城市的起源

城市是人类社会在一定历史条件下的产物，是人类文明进步的成果。城市具备凝聚、贮存、传递并进一步发展人类物质文明和精神文明的社会功能，在其有限的空间内能够使大量异质性的居民聚居在一起并进行交往和社会协作，进而促进了社会、经济和文化的发展。因此城市的产生和发展有着自身的原因和历史过程。

因为城市是人类历史发展中出现的一种社会历史现象，所以我们应该从推动人类历史发展的最根本的动因中去寻找城市的起源。正是因为社会生产力的发展，促进了社会分工和商品经济的产生和发展，人类才具备了产生城市的条件。

人类社会起初并没有城市，在原始社会，生产力极度低下，人们依靠狩猎、围猎、捕鱼、采集野果为生，过着穴居的生活。这时人类没有需要也没有能力去建造城市。到了原始社会后期，随着劳动生产力的提高，农业从畜牧业中分离了出来，这是人类社会的第一次大分工。为了适应农业耕作的需要，人们就在耕地附近定居下来，逐渐形成了比较固定的居民点——原始聚落。随着农业生产力的提高，农产品有了剩余，便有了农业和手工业的分离，这是人类历史上第二次社会大分工。分工推动了交换，摆脱了土地束缚的手工业者们可以自由地在一些交通便利、利于交换的地点集中居住下来，以他们生产的手工产品与附近农民、牧民交换自己所需要的粮食、畜肉、毛皮等。这样的聚落已经有了"市"的功能。随着商品经济的生产和商品交换的发展，到了奴隶社会的初期，商业与手工业分离，人类社会产生了第三次社会大分工，形成了专门从事交换活动的商人阶层，推动了商品经济的发展和交换的扩大，促进了城市的产生。

与以上相伴而生的是"城"的出现。随着劳动生产力的提高有了剩余产品就有了剥削的可能，使得一部分人可以占有另一部分人的劳动，这就为阶级和私有制的产生创造了条件。自从有了阶级和私有制，人类首次划分成了统治阶级和被统治阶级。统治者为了巩固其统治，保护其私有财产，驱使被他们统治的人们在居住地周围挖壕筑墙，修城造廓，由此这个特定的地方就成了具有防御功能的"城"。

促进"城"和"市"结合，一般有两种途径：一是由于生产的发展和交易的扩大，为了管理的方便和安全的需要，把市移入城或者靠近城；二是因为手工业生产和消费的需要，在城中辟地设市，城中出现市场。由此可见，城市是人类社会生产力和商品经济发展的结果。

早期城市的产生，除了劳动分工、政治统治和军事的原因以外，与人类聚集的行为因素、城市的地理位置和地理条件也有密切的关系。人的社会属性决定了人类需要聚集，而世界上的一些气候温和、物产丰富、交通便利的地方成了适宜人们聚居的地方，这些地方就成了城市最早出现的地区。这些都是促使城市产生的重要条件。

与人类漫长的历史比较，城市历史只有短短的五六千年，但它却是人类进入文明时代的标志。从某种意义上讲，城市产生和发展的历史就是人类文明发展的历史，如图1-1所示。

公元前3500年前，人类社会处于渔猎与采集时代，人们的聚居地只是原始的村落；当人类社会进入到农业经济时代，特别是到了农业经济社会后期，农业经济积累及剩余支持了工业的发展，城市进入前工业社会阶段；当人类社会进入到工业经济时代，工业文明进程加快，城市相应的进入到工业城市阶段；当今，人类文明已进入到知识经济时代，城市物质文明和精神文明程度进一步提高，人们开始追求优质高效的城市形态及聚集场所，运行及管理的数字化，低投入、高产出、低污染、宜居性，便成为人类追求的目标。

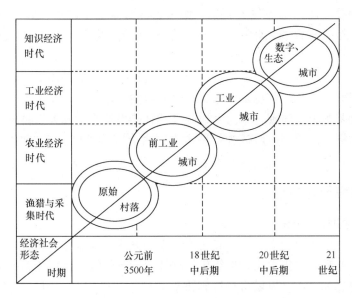

图 1-1　城市发展演变的一般规律

二、城市化的概念

城市化是世界瞩目的重要问题，经济发展的必然趋势，是社会分工发展到一定阶段必定产生的社会现象。从世界经济发展的历史来看，城市化进程早在工业革命开始时就已经启动。"城市化"的概念最早是由西班牙工程师 A. Serda 于 1876 年提出的。

目前，对于城市化这种现象可以从多种不同的角度作出诠释。联合国教科文组织出版的《社会科学辞典》总结出以下四种不同的表述：一是地理学家经济学家把城市化表述为城市中心向城市周围影响及扩展；二是农村社会学家把城市化表述为人口中心城市特征的出现；三是人口学家将城市化表述为人口集中的一个过程；四是普通群众将城市化理解为人口集中的过程，其中城市人口占地域人口比重增加。另外，美国《现代社会学辞典》对城市化定义为：人口的移动从乡村到城镇地区，其结果是人口居住在城市较乡村地区的比例日益增大，以及城市行为模式与思想方法的传播。而《中国大百科全书·社会学卷》则将城市化界定为社会经济关系、人口、生活方式等由农村型向经济型转化的过程。

按照我国国家标准《城市规划基本术语标准》（GB/T 50280—98），城市化是"人类生产和生活方式由乡村型向城市型转化的历史过程，表现为乡村人口向城市人口转化以及城市不断发展和完善的过程。又称城镇化、都市化。"

综合上述关于城市化概念的解释，本书给城市化下一个定义，即城市化是指农村人口不断转化为城市人口、农村地域不断转化为城市地域、农村产业不断转化为城镇产业以及农村生产生活方式不断转化为城市生产方式及城市市民意识的过程。由于小城镇也是城市体系的一个有机的构成部分，因此，在我国，城市化与城镇化是同一概念，可以不加区别。

关于这一过程的进展程度的一个重要指标，就是城市化水平，即城市人口占区域全部人口的比重，这是一个关于量的指标，也是判断区域城市化发展水平最简单、最常用的一个指标；而其他指标，例如，人均国内生产总值、城市第三产业占国内生产总值的比重、城市人均道路铺设长度，城市住宅面积、城市人均公共绿地面积、城市万人拥有的医生数、适龄人口中接受教育的入学率、现代通信工具的普及率等，是关于城市化"质"的指标。

与农村相比较，城市处于经济、科技文化、现代生活方式的高地，对农村人口具有强大的吸引力。因此城市化过程总是伴随着农村人口向城市转移，城市人口比例不断提高的过程。人口比例基本上是体现一个国家地区经济社会发展水平和人们物质文化生活水平的一个综合性的指标。国际上一般认为：城市人口占全国或地区总人口的比重达 10％即进入了城市化进程，到 70％以上为城市化高度发展状态，30％以下则为城市化低水平状态。

三、城市化进程及其特点

（一）城市化进程的规律及其特点

城市化是社会生产力的变革所引起的人类生产方式、生活方式和居住方式发生转变的过程，是非农产业和人口集中化、集约化、高效化以及传统的乡村社会向现代的城市社会演变的自然历史过程。从世界城市化进程来看，城市化进程具有明显的阶段性。1979 年美国地理学家诺瑟姆研究发现，各国城市化进程所经历的轨迹，可以概括成一条稍被拉平的"S"形曲线。我国学者高佩义援引英国的数据资料，基本上证实了这一曲线的存在[1]；谢文蕙则进一步对"S"型曲线的数学模型进行了推导，得出公式为：$Y = 1/(1 + Ce^{-rt})$（其中 Y 代表城市化率，t 为时间，C 和 r 为常数）[2]。

根据城市化进程的"S"形曲线特点，在曲线上必然存在一个拐点 A，以该拐点为界划分城市化阶段，当城市化率低于拐点所对应的城市化率 Y_1，称之为城市化前期阶段，

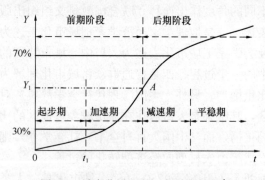

图 1-2　城市化进程的一般阶段性规律

城市化率以递增的速度提高；当城市化率大于 Y_1，称之为城市化后期阶段，城市化率以递减的速度提高。这是按照城市化加速度的变化进行划分的，如果按照城市化绝对速度的变化进行划分，还可进一步将城市化分为起步期、加速期、减速期和平稳期四个小阶段，其中起步期和加速期属于城市化前期阶段，减速期和平稳期属于城市后期阶段，如图 1-2 所示。按照世界各国城市化发展规律，在城市化的 30％～70％，一般属于城市化快速进程阶段。

（二）我国城市化进程特征

新中国成立后，随着社会主义经济建设的发展，中国的城市化进程开始起步。50 多年来，中国城市化发展的起落与国家政治经济发展基本上是一致的，大致可以分为 5 个阶段：1949—1957 年城市化起步于正常发展阶段，1958—1960 年城市化过度发展阶段，1961—1965 年城市化调整阶段，1966—1976 年城市化严重停滞阶段，1977 年至今城市化

❶　高佩义.《中外城市化比较研究》，天津：南开大学出版社，1991. 第 155 页。
❷　谢文蕙，邓卫.《城市经济学》，北京：清华大学出版社，1996. 第 44 页。

恢复正轨并健康发展阶段。

中国城市化进程经历了一个漫长而曲折的过程。1950年之后的28年里，在赶超战略和计划经济的体制下，政府通过户口迁移制度、粮油供应制度、劳动用工制度、社会福利制度、教育制度等，限制乡村人口向城市流动。城市化不是表现为城市发展的自然结果，而是政府通过计划进行的人为的控制结果。城市经济建设上的忽冷忽热，造成了城市人口的压缩膨胀，使城市化大起大落。例如，1959—1966年，城镇人口的年增长速度最高达到15.4%，最低为−8.2%。到1977年，城市化率由1949年的10.64%上升到了17.6%。从1979年开始，中国的城市化进程进入了一个稳定发展的时期。城市化率，1986年上升到了24.5%，1995年上升到了29.0%。到了2008年末，我国城市化率已达到约45%，基本上是城市化快速进程阶段的拐点。

四、中国城市化进程发展过程中的问题

从历史经验看，凡是工业化进行得较为顺利的国家和地区，工业化与城市化大致上总是同步进行的。相反，工业化进行得不顺利的国家，城市化往往不能与工业化同步进行，要么城市化滞后于工业化，要么城市化超前于工业化。中国就存在着城市化滞后于工业化的问题。

1952年，中国第二、第三产业在国内生产总值中的比重是42%，劳动力比重是16.5%，城市人口比重是12.5%。到1995年，第二、第三产业净产值比重上升到79.4%，劳动力比重上升到47.1%，而城市人口比重只上升到29%。在1952年，第二、第三产业劳动力比重与城市人口比重只差4个百分点，到1995年扩大到18个百分点，其差距越来越大。这一事实充分表明，中国的城市化越来越落后于工业化。

中国城市化与工业化发展的不平衡是中国政府长期推行城乡分割政策造成的。这种分割政策通过严格的城乡户籍管理制度、粮食供应制度及教育、住房、医疗和其他福利制度来实行。这些制度是计划经济体制的产物，它造成了城市与农村长期处于分割状态。20世纪80年代以前，尤其是20世纪60、70年代，尽管非农业产值比重在不断增加，中国的城市人口比重却一直没有提高。改革开放以来，乡镇企业异军突起，大大加快了中国工业化进程，但由于进入城市的条件没有放松，大多数脱离了农业而从事非农业生产活动的劳动者仍然不能进入城市安家落户，他们仍然是农民身份。这样一来，工业化发展很快，但城市化进程仍然很慢，致使城市化落后于工业化的现象越来越严重。

城市化进程滞后，是弱化城市功能、制造业无法充分分享城市本身具有的聚集效益和规模效益的重要原因之一；是削弱产业结构推移对就业尤其是对农村劳动力就业的吸纳能力的重要原因之一；是造成国民经济整体效益不高的重要原因之一。随着中国工业化外延扩张型的发展模式走到尽头，城市化滞后越来越成为制约国民经济进一步发展的瓶颈。因此，加快城市化进程也就成为中国当前推进国民经济发展的必然选择。

五、中国城市化进程的发展趋势

根据世界城市化进程的历史经验，城市化水平达到30%时，城市化进程将进入加速发展时期。我国目前城市化正处于这一加速点，推进城市化快速的历史机遇已经到来。

新城市化动力机制已经开始形成，由国家投资自上而下推动城市化的一元动力机制已

被打破，出现了自下而上的城市化机制，多元经济结构的形成，使城市建设的投资主体呈现国家、内资、外资、个人多元化趋势。

进入 21 世纪，我国区域经济发展的重要特点是城市群的出现。我国《"十一五"规划纲要》明确提出："要把城市群作为推进城镇化的主体形态；已形成城市群发展格局的京津冀、长江三角洲、珠江三角洲等区域，要继续发挥带动和辐射作用，加强城市群内各城市的分工协作和优势互补，增强城市群的整体竞争力；具备城市群发展条件的区域，要加强统筹规划，以特大城市和大城市为龙头，发挥中心城市作用，形成若干用地少、就业多、要素集聚能力强、人口分布合理的新城市群。"这是党和国家对促进城市化进程和区域发展的重要战略决策，对我国经济和社会发展必将产生重要而且深远的影响。

所谓城市群是在特定的区域范围内云集相当数量的不同性质、类型和等级规模的城市，以一个或两个特大城市为中心，依托一定的自然环境和交通条件，城市之间的内在联系不断加强，共同构成一个相对完整的城市"集合体"。学者们对城市群概念的表述并不一致，但认识在渐趋一致，即城市群是由很多城市组成的，彼此的联系越来越紧密，共同对区域发展产生影响。城市群是工业化、城市化进程中，区域空间形态的高级现象，能够产生巨大的集聚经济效益，是国民经济快速发展、现代化水平不断提高的标志之一。

与城市群相关的概念还有都市圈、都市连绵区、城市带、组团型城市等，由于它们存在着一定的共性，有时将其混用。其实城市群与都市圈的概念是有区别的，城市带与都市连绵区也各有定义。都市连绵区是城市群的一种具体形态，强调以都市区为基本单元，指以若干个数十万以至百万人口以上的大城市为核心，与周围地区保持强烈交互作用和密切社会经济联系，沿一条或多条交通干线大小城镇连续分布的巨型城市一体化地区。城市带和大都市带的含义基本相同，都是指在一条交通轴线上分布了大大小小很多个城市。大都市带顾名思义是分布了很多大城市。和城市群概念不同的是，城市带所强调的是城市分布的形态，但城市之间不一定存在密切联系，而城市群强调城市之间的经济联系及相互影响。组团型城市和城市群极为类似，在经济联系、功能互补、交通发达方面都可谓典型的城市群，但本质的区别是前者是一个呈分散状布局的城市，是现代大都市为避免交通拥堵和环境恶化通过建立新区形成的多中心格局，也有的将周围的城市扩展进来，从而形成一个新的组团型城市。而城市群则是由多个城市组成的集合体，无论如何发展也不会成为一个城市。

都市圈一词出现和使用的频率极高。此概念起源于日本，日本在太平洋沿岸分布了东京、大阪、名古屋三大都市圈，共同构成太平洋沿岸东海道城市群。因此，可以认为，每个城市群都有一个或多个都市圈。都市圈属于同一城市"场"的作用范围，一般是根据一个或两个大都市的辐射半径为边界并以该城市命名。

目前，我国将形成十大城市群：京津冀、长三角、珠三角、山东半岛、辽中南、中原、长江中游、海峡西岸、川渝和关中城市群。其中：京津冀、长三角、珠三角三大城市群在未来 20 年仍将主导中国经济的发展。

近年来，高速公路的修建极大地改善了城市之间的交通状况，使得城市间的产业联系与经济合作不断加强，区域经济一体化的进程加快。除上述京津冀、长三角、珠三角三大城市群之外，还将涌现出新的城市群。现在已露端倪的有山东半岛城市群、辽中南城市群、中原城市群、长江中游城市群（武汉城市群及长株潭城市群）、海峡西岸城市群、川渝城市群和关中城市群。城市化速度加快、城镇体系不断完善、城市群健康发展，既是"十一五"期间区域经济发展的特征，也是国家区域经济发展的重大战略。

第三节　城市管理原则及过程

一、城市管理的涵义

管理是一切组织的根本，它普遍存在于各种组织活动之中。考察人类城市的发展史，可以说自从有了城市，就有了城市管理的实践。然而在中国，传统意义上的城市管理有广义和狭义之分。广义的城市管理是指城市政府以城市为对象，为实现特定目标对城市运转和发展所进行的控制行为和活动的总和，在计划经济体制下就是对城市所有单位、部门、产业的综合管理和公共管理，它贯穿于城市规划、计划、指挥、建设、监督和协调的全过程之中。狭义的城市管理基本等同于市政管理，主要是指政府部门对城市的公用事业、公共设施等方面的规划和建设的控制、指导。

随着社会经济的发展，城市本身的发展和增长已经带来了城市新的形态，经济体制的变革使得城市管理和政府职责更加复杂化，城市管理的内涵也在不断地变化。但是，在一定的历史阶段，城市管理有其相对稳定的内涵。就目前而言，中国处于计划经济体制向市场经济转变的过渡期，计划经济体制下城市管理的内涵和市场经济体制下城市管理的内涵有着明显的不同。出现城市管理体制内涵变化的原因可以从以下两方面加以理解：一是城市实体的变化；二是城市管理主体的变化。

城市是城市管理的空间实体，是一个随社会生产力的发展而不断发展变化的社会经济有机体。从古代城市发展到近代城市，进而发展到现代城市，城市表现出经济繁荣、人口密集等许多外在的特征，而其内在的特征常常被人们忽略。当今城市的内在特征主要有城市功能日趋多样化、城市生产活动日趋智能化、城市活动日趋社会化、城市系统日趋开放化，这些变化从根本上对现代城市管理的内涵提出了新的要求。

城市管理者是城市管理的主体，在我国传统计划经济体制下，以实行中央集权的计划经济为大背景，城市管理的主体是单一的，就是城市政府。在长期的社会管理过程中，我国形成了"大政府，小社会"模式，政府是全能政府、无限政府。随着社会的发展、政治的变革、体制的转轨，现代城市管理的主体开始向多元化发展，社会中介组织，非营利部门、社团组织、社区组织等都将成为积极的城市管理者。这是在市场经济条件下，城市管理主体发展的必然趋势。

联合国人类居住中心在《关于健全的城市管理规范：建设"包容性城市"的宣言草案》中指出：城市管理是与全体市民的福利紧紧连在一起的，是个人和公司机构用以规划和管理城市公共事务的众多方法的总和，这是一个调和各种相互冲突、彼此不同的利益以及可以采取合作行动的连续过程。它包括正式的体制，也包括非正式的安排和社会资本。健全的城市管理必须使居民都能享受到城市公民的利益。基于城市公民资格原则上的健全的城市管理，强调任何人，无论男女老幼，均不能被剥夺取得城市生活必要条件的机会，包括适当的住房、房屋租用权保障、安全的饮水、卫生、清洁的环境、保健、教育和营养、就业、公共安全和流动性。通过健全的城市管理使市民们得到发表意见的讲坛，充分发挥其才智，以便改善社会和经济状况。

H·法约尔（H. Fayol）提出，管理就是实行计划、组织、指挥、协调和控制。按照《中外城市知识辞典》的定义，城市管理是"对人们所从事的社会、经济、思想文化等方面活动进行决策、计划、组织、指挥、协调、控制等一系列活动的总和"。或者说，是对城市中"人"的因素和"物"的因素进行整体管理。从内容上看，现代城市管理是一个非常复杂的系统工程，它包括城市自然管理、城市经济管理、城市社会管理和城市建设管理四个方面，是一个从宏观到微观、从整体到局部、从外部到内部、从物质到精神、从动态到静态的多层次、分系统、纵横交错的巨大网络。

概括而言，现代城市管理是指多元的城市管理主体依法管理或参与管理城市地区公共事务的有效活动，属于公共管理范畴。从现代城市管理的主要主体——城市政府角度出发，现代城市管理主要是以城市的长期稳定协调发展和良性运行为目标，以人、财、物、信息等各种资源及其组合为对象，对城市运行系统作出的综合性协调、规划、控制和建设管理等活动。

现代城市管理是一个城市根据其战略目标，自身的优势和具体市情，以政府管理为主导、社会参与为辅助，通过决策、组织、实施、协调和控制等一系列机制，采用法律、经济、行政、技术等手段，以取得城市经济、社会和生态综合效益为目标的对城市进行的综合性管理。

现代城市管理也是多元的城市管理主体依法管理或参与管理城市地区公共事务的有效活动。城市地区的发展使得城市的空间物质形态日趋复杂，城市居民基本的生活需求和各种组织的生产经营活动涉及大量的公共产品和公共服务，是城市地区专有的公共事务，包括城市广泛的经济、文化、教育、基础设施、社会福利、公共安全、交通、环境与卫生、城市住房、公共事业、游憩设施等公共事务。纵观城市发展的历史，城市管理的内涵与外延是随城市的发展而发展变化的。例如，早期的公共事务只限于城市的路灯、道路、桥涵、排水、供水、市容等与城市自身物态形式相关的方面；而随着科学技术的发展和市民生活需求的多样化，现代城市的公共事务具有更为广泛而复杂的内容。

二、城市管理的特征

从城市发展的过程来看，城市的规划、建设、运转、服务和管理的每个过程都需要管理。与传统的城市规划相比较，城市管理首先是一个分阶段逐步实施的、连续运动、逐步改善的过程。在这个过程中，需要根据其阶段性的特点与环境条件的变化，对城市管理的方法、方式、制度、组织安排，甚至目标和方向等因素进行不断的调整和修正，以便使城市管理能够更好地满足每个阶段社会发展的需要。

基于城市社区的结构特征，以及城市的多重功能、管理内涵的多重要素，现代城市管理有下列特征：

（一）综合性

现代城市是高度复杂的社会综合体，社会、经济、环境资源等系统具有各自的运行规律和特征，既自成体系，又相互影响、相互制约，并同外界的环境有着密切的联系，这便决定了城市管理具有综合性的特点。城市的综合管理任务首先是要保证城市的正常运转，而不能仅限于对构成城市的某一因素的运转管理上，同时还应协调、控制城市构成各因素之间的相互联系，如政府对社会因素、经济因素、市政因素进行协调管理，对城市进行宏观调控，搞活企业以及组织和协调好城市功能的发挥等。

（二）开放性

城市是一个开放的大系统，其对自然资源的依赖以及产品对市场的依赖，都将促使城市对外部区域开放。只有开放式的管理才能增强城市的开放性功能。城市的开放表现在：对农村腹地的开放，对国内市场的开放。对国外的开放。技术、文化、人流、物流、信息流、资金流的大量输入和输出，才能实现聚集效应对城市增长的促进和城市对腹地的辐射，促进区域经济的一体化发展。

（三）动态性

现代城市作为一个有机整体，各个局部的运转都会影响到整体的运行，因此，要掌握城市运转的规律，应从长远的、动态的角度来管理、实施城市发展战略目标，进行总体动态规划，而不能静止地、独立地管理城市的各个构成要素，不仅要管好局部，还要协调好总体的运行。

（四）参与性

城市这一庞大的系统工程的正常运作需要社会的各个组成部分、城市各项活动的参与者对于城市经济社会活动的运行规则的建立以及对于城市未来发展方向的选择达成认同和共识。政府与社会的合作、公共项目及管理事务中社会的广泛参与，从经济意义上讲，有助于提高公共投资项目的质量、效益、服务水平及风险管理能力，提高国有资产的价值和投资潜力，有利于整体经济的增长；从社会意义上讲，有助于政府部门明确职责、提高管理效率和投资决策管理水平，也有利于各种社会组织之间的利益协调，提高城市项目实施中的有效性和可持续性[1]。

（五）科学性

过去的城市管理决策主要是依靠行政长官的个人经验和长官意志，主观臆断性比较强。现代的城市管理随着信息时代的到来，对科学技术的要求越来越高。尤其是电子计算机的广泛运用，为城市管理的科学化提供了新的工具，城市管理者运用网络信息大大提高了决策的准确性，从而大大提高了城市管理的效率。

三、城市管理的原则

要实现现代城市管理的规范化及合理化，必须遵循相应的管理原则。所谓城市管理原则，就是指管理者在对城市进行管理时所必须遵守的行为准则与规范。尽管每个城市市情不同、发展的具体目标各异，但有一些须共同遵守的原则。

（一）以人为本的原则

城市管理以人为本的原则包含三个方面的内容：第一，城市管理必须最大限度地满足城市居民的需要，方便人的活动和生活，为城市居民创造合理、美好的生活和工作环境，这是社会主义城市建设的根本目的。第二，城市管理必须有全体市民的共同参与，公共参与在城市管理中具有重要地位和作用，公共参与率越高，城市民主化管理程度就越高，只有当人民城市人民管蔚然成风时，城市管理现代化才能真正实现。第三，要坚持不懈地提

---

[1] 王郁. 从城市规划到城市管理的转型与挑战. 城市管理，2003（2）。

高人民素质。现代化的城市管理需要市民进行积极而有效的参与活动，而市民参与的公共有效性与市民素质密切相关。所以，提高城市公民素质，吸引公众积极参与，是搞好现代化城市管理的重要基础。

（二）系统管理的原则

系统一般具有三个特点：系统是一个由若干部分以一定结构组成的相互联系的整体；系统整体可以分解为若干基本要素；系统整体有不同于各组成部分的新的功能。在城市管理中坚持系统的原则，就是要将系统的思想和方法，作为研究、分析和处理城市管理问题的准则。这也是现代城市管理区别于传统城市管理的重要特点之一。城市是个完整的系统，各子系统只有在城市政府的统一规划指导下，各行各业之间才能合理布局、合理投资建设。历史已经证明，计划经济时期条块分割的管理体制，割断了城市各部门之间的有机联系。各自为政，造成了大量重复建设；同时，只考虑局部合理，也违背了"城市的本质就是社会化"的原理，阻碍了城市的发展。20世纪70年代末以来的改革开放使我国目前的城市管理体制处于新旧两种体制转换时期，管理必须从过去的分割局面转到按照统一规划来进行投资、建设及管理的轨道上来。

（三）可持续发展的原则

可持续发展原则是指经济效益、社会效益和环境效益三者统一、相互促进的原则。城市现代化应以可持续发展为目标，达到人口、经济、社会、环境和资源的可持续发展。城市管理既要满足现代居民物质文化不断提高的需求，又要为城市未来的发展留有余地。城市的生存与发展是千年大计，任何短期行为都是城市建设管理的大敌。在制定城市经济发展战略时，必须把近期建设与长远发展统筹考虑，特别是要合理利用土地，节约用水，控制污染，使人口的增长、经济的发展、环境的保护相互协调，让城市在良性的轨道上持续发展。坚持可持续发展原则，就是要从城市总体战略出发，对经济活动、社会活动、环境条件作出全面的、综合的规划管理，从而使城市社会效益、经济效益、环境效益得以协调发展。高度的社会化生产没有相互配套的基础设施不行，高效能的基础设施没有高质量的空间环境也不行。在城市建设与管理中，一定要兼顾三方的利益，取得最佳综合效益。考核城市效益的指标也不应是单纯从经济上作投入产出分析，而应是深层次、系统化、多角度的目标体系，促使城市的经济建设、城市建设、环境保护协调发展。

（四）因市制宜的原则

不同城市的自然条件及经济社会要素禀赋不同，其发展方向选择不同，发挥功能也不一样。例如，首都北京是全国的政治、文化中心，上海是综合性经济中心，深圳是经济开发特区，而香港和澳门是一国两制的社会经济发展特区。这些城市的性质不同，在城市规划建设管理中应区别对待，不能脱离实际，搞教条主义。

（五）保护生态平衡及合理利用资源的原则

保护环境、维持生态平衡是世界各国现代化进程中都要面临的一个共同问题。当前，由于在城市的建设和管理问题上，没有从生态平衡角度来考虑协调发展，对水、土地等自然资源的任意使用，对排放毒物、污染环境的问题没有高度重视，使得世界上许多城市出现了能源紧张、水源不足、人口膨胀、环境污染等社会问题。因此中国城市现代化必须牢记前车之鉴，清醒地认识到城市生态平衡的重要性，注意防治污染，调整物质循环，限制滥用国土资源，节水节地，控制人口规模等，努力建设一个美好的人类居住地——生态城市。

（六）法制化原则

城市法制化是指城市政府及其各职能部门的一切重大的、原则性的管理活动，都要有相应管理法规的授权，按照相应的法规执行，并受法规的约束和监督。城市政府应实施政务公开，管理要透明化、民主化，从根本上消除管理者无章可依，个人说了算的管理体制。城市管理法制化是实现城市现代化不可或缺的要求。

（七）合理控制城市规模的原则

城市人口规模的大小主要是由城市土地、自然资源、经济发展水平等因素决定的。如果城市人口剧烈膨胀，甚至超过当地自然力的"负荷极限"，便会产生一系列城市社会问题，西方学术界称之为"城市病"。其普遍的症状是：环境污染、住宅紧张、交通拥挤、就业困难等。这些社会问题在我国的大城市或者特大城市中暴露得比较明显。

毋庸置疑，城市管理要为城市居民提供良好的劳动条件和生活条件，其基本前提是要合理控制人口规模，它包括两方面的涵义：第一，通过人口自然增长和机械增长幅度的合理调整，把城市人口规模控制在适度的范围内。不同人口规模的城市具有不同的特点，控制城市人口规模应当因地、因具体条件而异，防止"一刀切"。根据不同类型城市的特点，有区别地合理地控制城市人口的规模，是搞好城市管理的重要条件。第二，合理疏导、调节城市人口在各个地区的分布密度。这需要重点研究城市土地的管理问题。因为，虽然城市的土地规模是随城市人口规模而发生变化的，但反过来，城市土地控制合理与否也会影响到城市的人口规模，尤其是城市的人口分布密度。我国大城市目前在这方面存在的普遍问题是：城市人口在各地区的分布很不平衡，一般表现为市中心地带人口高度集中、高度拥挤，而边缘地带人口相对稀少。

四、城市管理的一般过程

城市管理实质上是由一系列管理环节构成的前后继起的运动过程。

首先，城市管理者要了解和掌握城市现状、社会经济基础条件和外部环境条件及其变化趋势等情况。进行信息的收集、分析、整理、储存和使用。在充足信息量的基础上，才能有针对性地提出指导城市发展的正确意见。信息有两方面的来源：一是城市内部工作中的反馈信息，二是城市外部环境中输入的信息。

其次，是城市发展战略的研究和制定。城市发展战略的研究和制定是现代城市管理的重要环节。发展战略是指导城市各项管理工作的纲领，城市发展战略是对城市发展的长远的、全局的根本谋划。要科学地确定指导思想、指导方针、发展目标、战略重点和战略措施。

第三，要及时将战略转化为城市规划和计划。城市规划是城市经济、社会、建设发展的总体规划，具有长期性的特点；计划可以是各项产业、各项工作的中短期计划。规划和计划是指导城市各项工作的具体蓝图和依据。

第四，由城市管理机构将规划和计划逐项形成"指令"付诸实行。"指令"，就是提出城市经济、社会、建设各方面发展思想和工作的具体决定、指示、规定、条例、措施，要求各级城市管理机构按期、保质、保量地贯彻执行。

第五，根据情况对城市的长期规划和计划适时调整。通过工作检查形成反馈信息，反

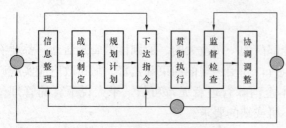

图 1-3 城市管理工作一般程序和
过程示意图（饶会林等，1998）

映到决策主管部门进行新一轮的决策谋划，然后再执行、再检查、再调整，以达到最佳效果。

最后，反馈到城市决策机构的信息，可以作两类处理：较小的调整可以通过改变指令来解决，较大的调整则需要对信息进行认真加工之后，对战略、规划、计划进行调整。

上述工作过程及其相互关系，可用图 1-3 表示。

第四节　城市管理学的科学体系

一、城市管理学的研究对象

城市管理学是研究城市公共权力机构，特别是城市国家行政机关对城市有关公共事务进行有效管理的科学，其着眼点在于城市公共问题的分析并提出相应的政策措施。

城市管理学的研究对象是包含城市管理主体、城市管理客体和内在的各种城市管理现象，主要包括以下三个方面的内容：首先，城市管理学要研究城市管理主体；其次，城市管理学要研究城市管理客体，即城市管理内容；最后，城市管理学要研究和探索城市管理规律以及相应的对策和措施。

城市管理现象是社会现象领域中一种特殊的现象，有其自身的特点和活动过程。作为一门科学，它不能停留在对某种现象和过程的一般描述上，而是要探究这种现象和过程的内在的本质联系，即客观规律。

二、城市管理学的学科性质、定位及方法论

城市管理学是管理学科中一个新兴的综合性、边缘性学科，从总体上来说，在很大程度上它属于公共管理学科，但它所研究的对象主要是城市公共品，而城市公共品中很多属于准公共品（如城市水电气暖等），需要借鉴企业管理的理念及方法进行经营，从而使其有明显不同于一般的公共管理；同时，城市是一个复杂的系统，其对象系统、组织系统以及管理环境系统均具有很高的复杂性，因此需要综合运用管理学、社会学、政治学、经济学、空间科学以及信息工程技术等进行综合管理。

当前，我国学者在城市管理学的课程和教材建设上，有市政学、市政管理学和城市管理学三种不同名称。这三个概念之间具有连续性，同时也存在一定的差异性。

市政管理学和城市管理学均起源于市政学，三者的根本区别在于对于城市公共事务的管理主体的理解不同。

市政学是一个较老的术语，它建立在政府（公共领域）与市场（私人领域）二分法的基础之上，强调市政当局对城市公共事务具有垄断性和排他性的管制权。市政管理学则引入了工商企业组织的管理理念，倡导将市场机制和企业管理的理念及方法引入城市公共管理之中，以提升城市公共管理的效率和效益，提高城市竞争力，促进城市可持续发展。

城市管理学反映了公共管理的新视野，认为城市公共管理是多中心的自主治理过程，除城市政府之外，公共事业部门、第三部门、志愿者组织、营利性企业、社会组织以及市民个人都是城市治理的重要参与主体（杨宏山，2005）。鉴于大量的城市问题涉及公共事务领域，因此可以在很大程度上利用公共管理学科的理论及方法解释城市管理问题；但城市管理学又有其自身特点，不能简单地将其理解为城市公共管理学。城市管理学于管理学科中的地位及其与公共管理学、企业管理学的关系如图 1-4 所示。

作为一个新兴的综合性、边缘性学科，城市管理学必然在快速城市化、信息化的当今时代，为培养更多满足城市管理需要的综合性、应用型的高级专门人才，发挥较大的作用。城市管理学在管理学科的主要内容体系中所处的地位，如图 1-4 所示。

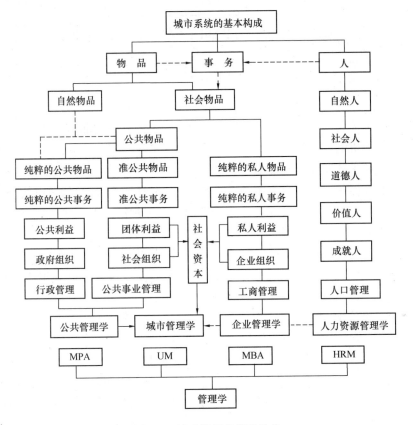

图 1-4　城市管理的学科地位

三、城市管理学的内容体系

（一）城市管理体系的总体逻辑框架

城市管理就其本质而言，是主体见之于客体的一系列活动，而主体作用于客体的这些活动总是在一定的环境之中，并按照某种程序、机制采取一定手段及方法进行的，任何管理活动都有主体的一定预期或目标，并且管理活动开展及运行总有一个结果，若该结果与预期目标存在偏差（特别是结果劣于目标值），则需要对主体作用于客体的各个环节进行认真检查，发现造成这种偏差的原因，作出适当调整，甚至对目标进行适当调整，如图 1-5 所示。

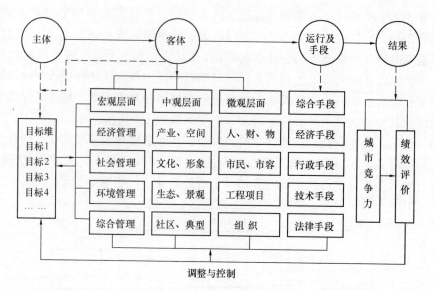

图 1-5 城市管理学的内容体系

城市管理的主体包括政府、各类非政府组织（营利组织和非营利组织）以及市民个体，它们按照某种机制或规则形成城市的治理体系。当前，我国城市管理的主体无疑是城市政府，其他管理主体则相对次要一些。

城市管理的客体是一个综合而复杂的系统。在宏观层面上，包括城市的经济管理、社会管理、环境（生态）管理以及综合事务的管理；在中观层面上，包括城市的产业、功能区空间（如商业街、居住区等）、城市文化及组织文化与城市形象、生态或自然及人工景观，以及对应于宏观综合管理的社区与卫星城、城乡结合部的典型地区；在微观层面上，包括城市的人财物等微观要素、市容及市民、市政工程项目以及微观组织（如企业等），微观层面上的管理客体通常是更具体的对象。

（二）城市管理的职能体系

管理的基本职能是计划、组织、指挥、协调和控制。

所谓计划，就是管理主体对未来所要从事的事业进行的谋划、规划等，其基本特征是目的性、普遍性、主导性、效益性等，计划是管理的首要职能，其主要功能就是制定管理活动目标及行动方案，作为过程（planning，制定计划）它是动态的，但作为结果（plans，计划文案）则是静态的；决策则是管理主体为了达到某特定目标，在掌握必要的有效信息及对相关情况进行全面分析的基础上，采用科学方法拟定和评估相关行动方案，最终确定合理行动方案的过程，决策侧重行为方案的最终选定，实质上也是一种计划，其表现形式也可以按"行为—结果"逻辑，分为决策过程（decision-making）和决策结果（decisions）。

组织，作为管理的一种职能，反映的是一种行为或过程，即组织活动（organizing），是指合理地组织成员、任务以及各项活动之间的关系，并对组织的资源进行合理的配置，同时分析组织与环境之间的相互作用及相互影响，从而对组织的结构进行必要的调整、革新及再设计；作为一种存在机构，或是一种社会实体，"组织"（organization）是由许多要素、部门、成员按照一定的联络形式排列而成的框架体系，即组织结构，它可以是管理主体，也可能是管理客体或管理对象。组织中的最根本单元或要素是人，领导的对象也是人，在这里，领导（leading）是指管理者运用其权力及管理艺术，指挥、引导、带动、激励和影响组织成员，协调其行动、激发其积极性和创造性，使其为实现组织目标而作出努力和贡献的过程。领导（leadership）的本质是一种影响力，领导者（leaders）通过其权力或影响力而对组织的人员及活动施加影响，使得组织成员追随和服从。

指挥（command）是通过指令吩咐下属组织及成员如何行为的过程或行为，其基础是职位权力，即某个人因其职位所赋予的可以施加于别人的控制力，如奖惩权等，指挥实质上也属于一种领导职能，具有一定的权威性和强制性；指导（instruction or direction）是管理者利用其专业或技术技能对具体执行人员或操作人员如何正确地行为进行说明或示范等，其强制性较弱。

协调（coordination）是指管理者运用组织的力量，协商、调整管理系统与其外部环境之间、管理子系统及其内部部门之间、成员之间的关系，促进组织系统部门及成员间合理分工、密切合作，最大限度地减少冲突和内耗，提高组织整体效能，实现组织目标的活动。管理中的协调是一种艺术，它是贯穿于整个管理过程各个环节的一项经常性的重要职能，特别是在倡导和谐社会建设的今天，协调是减少城市冲突、促进和谐的重要管理手段。控制是指管理者根据特定的条件与既定的目标或考核标准，通过改变或创设条件，使事物沿着可能空间内确定方向发展的活动，是调整组织系统资源，使之不断适应环境变化、减少不确定性及组织与环境的冲突，从而使组织目标得以顺利实现，从某种意义上来讲，控制也是一种协调的过程。

综合（integration）是在计划—组织—领导—控制全程管理过程中，根据不同管理客体的特点，各种管理集成化管理的过程，由于城市是一个综合而复杂的系统，采用综合的手段进行全能化管理，便成为一种必然选择；创新（innovation）是管理主体在某种环境下，以一定的理论及方法为指导，变革、创造出新的手段及方法的活动或过程，或者说是创造性思维转化为有用产品、服务及工作方法的过程。创新是管理活动永恒的话题，特别是在当今城市管理环境多变的情况下，创新是取得管理成功的关键。对于不同的城市管理内涵层面，各种管理环节、职能及手段的作用功效如表1-1所示。

计划、组织、指挥、协调和控制　　　　　　　　　　　　　　表1-1

管理过程或环节 / 管理内涵	计划/决策	组织/领导	指挥/指导	协调/调控	综合/创新
经济管理	√√	√	√	√√	√√
社会管理	√√	√√	√√	√	√
环境管理	√√	√√	√√	√	√
综合管理	√	√√	√√	√√√	√√√

管理手段（经济手段、行政手段、法律手段、技术手段、文化手段）→综合手段

注：√的数量决定栏目的重要程度。

鉴于我国城市的主要管理主体是城市政府，且管理的主要对象是城市公共物品，因此，城市管理的重点无疑是城市的公共管理，其逻辑框架体系如图1-6所示。

（三）城市管理内容体系的三维立体综合模型

城市管理内容体系可以分为三个维度，即：管理内容维、管理手段维、管理过程（职

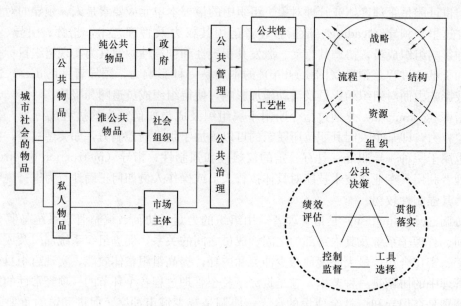

图 1-6　城市公共管理的逻辑体系

能）维，但其核心是创新管理。在现代城市管理中，管理内容维趋向综合化，管理手段维趋向多样化，管理过程（职能）维则趋向全程化。城市管理内容体系的三维立体综合模型如图 1-7 所示。

管理内容维包含经济管理、社会管理、环境管理等不同的管理对象或客体，现代城市

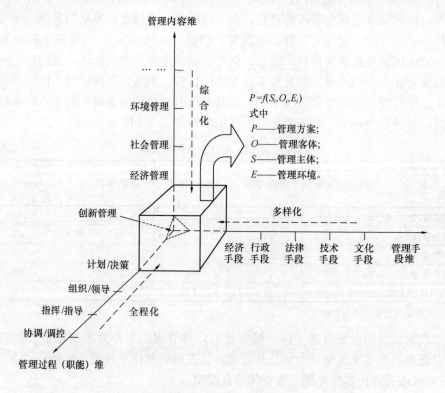

$$P = f(S_i, O_i, E_i)$$

式中

P——管理方案；

O——管理客体；

S——管理主体；

E——管理环境。

图 1-7　城市管理内容体系的三维立体综合模型

管理中，管理对象呈现综合化的趋势；管理手段维则包括经济手段、行政手段、法律手段、技术手段、文化手段等，现代城市管理手段出现多样化的趋势；管理过程（职能）维则包括计划/决策、组织/领导、指挥/指导、协调/调控等职能发挥的过程，这些职能的发挥贯穿城市管理的始终，呈现全程化的趋势。创新管理是"三维"的交汇之处，换句话说，管理内容、管理手段、管理过程最终都趋向于创新。

创新导向的现代城市管理，需要解决的基本问题就是要制定一个优化高效的工作方案，该方案可用下列公式表示：

$$P = f(S_i, O_i, E_i)$$

式中　P——管理方案；

　　　O——管理客体；

　　　S——管理主体；

　　　E——管理环境。

归纳起来，可用英语词汇 POSE（意为姿势、姿态）来表示，即城市管理可以这种姿态或姿势来展现。管理工作方案 P（Proposal）包括：明确主题、界定客体（含目标等）、选择手段、设计过程等。

四、本书的研究思路及逻辑框架

本书的研究内容及其逻辑思路可以用"鱼骨图"方法来表述。

所谓鱼骨图方法，其实就是一种发现"问题"的"根本原因"的非定量分析方法。所阐述"问题"的特征是受到某些因素的综合影响，可以通过"头脑风暴法"、"综合文献法"等找出这些因素，并将它们与反映"问题"特征强弱的特征值一起，按相互关联性整理而成的层次分明、条理清楚，并依次标出重要因素的图形就叫特性因素图。因其形状如鱼骨，故又叫"鱼骨图"，如图 1-8 所示。空白大箭头指向所要分析的问题的基本点，可以称之为"鱼头"，主线称之为"鱼脊"，反映问题延续的主脉络。与鱼脊相连的粗黑线称之为"鱼骨"，是与问题有关的主要原因或因素，并且按影响问题的重要性程度依次排开，离"鱼头"越近表明越重要。与鱼骨相连的细线称之为"鱼刺"，是与主原因相关的次层原因，鱼刺离鱼脊越近，表明其对相连主原因的重要性程度越高。鱼骨图可清晰地表明各个原因或因素相对于"问题"的关联性秩序及重要性程度，从而理清问题及其因素因子网络。

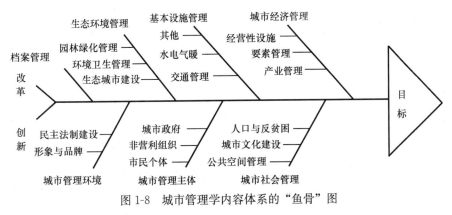

图 1-8 城市管理学内容体系的"鱼骨"图

我国正处于快速城市化阶段，城市经济发展、财富或资本的积累是城市决策者及全体市民最为关心的，城市价值最大化是城市发展追求的主要目标，特别是中小城市更是如此，因此，以城市产业管理（培育）、城市要素配置（管理）以及经营性基础设施的运营的经济管理，便成为城市管理最重要的内容。也正是在快速城市化阶段，城市的各种冲突不断加剧，如人口膨胀、贫困化问题、人文关怀、社会风气等社会性问题突出，社会管理便显得十分重要。城市基本设施（包括市政基础设施和社会设施）作为支撑城市运行的基本物质条件，环境管理承担着为市民提供基本生活物品和服务的功能，因此也成为现代城市管理的重要内容。

现代城市管理的基本思路是"目标导向"，制定合理的管理目标最为重要。目前，甚至在未来的较长一段时期里，培育城市竞争力以及由此决定的城市战略管理，是城市管理的"主脉"，或称"鱼脊"，是城市管理事业"生命线"。现代城市功能中的"调控"，恰如鱼的"尾骨"，决定着城市发展及其管理这条"鱼"前行的方向。而改革和创新则正如"鱼"的两"尾鳍"，是"鱼"前行的"发动机"，可以认为，没有改革与创新，很难设想城市及其管理事业的发展。

复 习 思 考 题

1. 简述城市的分类。
2. 简述中国的城市化进程的特征与发展趋势。
3. 现代城市管理的涵义是什么？
4. 简述城市化、城市群的概念。
5. 解释城市管理内容体系的三维立体综合模型。
6. 简述城市管理的内容体系及发展趋势。
7. 试述城市公共管理的逻辑框架体系。
8. 解释城市管理学内容体系的"鱼骨图"涵义。

第二章　城市发展及管理的目标与战略

城市发展战略是城市未来发展的总体性和全局性构想，是一种长远性的发展规划，其主要任务是确立城市未来长期发展的目标与实现模式。战略管理是对组织系统的活动实行的总体性管理，是组织制定、实施、控制和评价战略的一系列管理决策与行动，其核心问题是使组织系统的自身条件与环境相适应，以求得组织系统的生存与发展。城市发展战略目标本身就是城市战略管理的一个重要构成部分，确定城市发展战略目标是城市战略管理的一项重要内容；城市管理各项具体目标及任务的实现及完成，最终帮助城市发展战略决策的实现。因此，城市发展及其管理的目标及战略密不可分，共同构成城市管理极其重要的内容。

第一节　城市发展战略概述

一、城市发展战略界定

（一）战略与城市发展战略释义

战略作为一种思维模式和思想，由来已久。19 世纪之后，战略一词开始运用到政治领域。进入 20 世纪以来，该词更被广泛地运用到经济、社会、科技、文化、教育等多个领域，其内涵也随之演变为泛指重大的、带全局性的、左右成败的计划与策略。而发展战略则是指人类为了某一社会活动能够继续存在并取得进一步发展而作出的带有全局性、长远性，具有指导意义的原则与谋略。

城市发展战略是发展战略在城市领域内的应用。所谓城市发展战略，是指城市在一定时期内经济、社会、环境等各方面协调发展的带有根本性和全局性的谋划，它是关于城市发展的目标和实现目标的方针、政策、途径、措施，步骤的高度概括。因此，它对城市发展具有方向性、长远性、总体性的指导作用。

按照加拿大管理学教授 H·明茨伯格（H. Mintzberg）的解释：战略可以理解为定位（Position）、计划（Plan）、模式（Pattern）、观念（Perspective）和策略（Ploy）的组合，即 5Ps 组合。由于城市总是处于动态发展过程之中，不同时期的发展目标也会处于前后继起的状态，提升（Promotion）便成为管理过程中管理主体时时处处（各个计划阶段、各个管理方面或环节）所努力追求的一种状态。因此，明茨伯格的 5Ps 组合战略概念可以发展为 6Ps 组合战略概念。

麦金森的发展战略也有助于理解城市发展战略，如图 2-1 所示。

战略（strategy），是城市为了获得可持续发展的竞争优势而采取的一系列行为或活动，包括发展定位、观念及模式选择、计划与提升策略等。

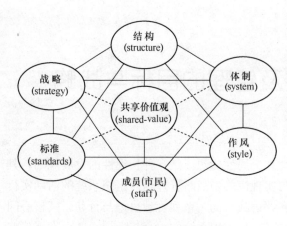

图 2-1　麦金森的 7s 框架模式

结构（structure），是城市管理组织系统不同部门的信息交流、管理层次、任务分配与计划整合间的相互关系，或者说简单讲，是指管理组织的结构，但这种结构必须与其他诸如经济结构、社会结构、空间结构等相适应。

体制（system），是城市管理组织体系及其职权配置、责任划分以及日常运作的程序、流程以及制度体系，当然，城市管理的体制必须以国家以及基本制度和城市基本经济制度为基础，比如，我国的基本体制是"社会主义市场经济"，市场机制在资源配置中起"基础性"作用，政府主要起引导、监管、服务、调控等作用，并以提供公共品为主要职责。

作风（style），主要指领导者从事决策风格以及执行者的管理形象及作风，它是一种主体行为特征或主观态度，如民主决策、专权独断等，它与领导者或执行者的个人品格密切相关，同时与管理体制、管理文化有关。

成员（staff），指依据管理人员的素质、技能等而对其进行的任用以及为了不断提升其能力而对其进行的培训和激励活动，同时也是对普通市民参与城市管理活动的角色定位，整体素质较高、技能较强的管理团队及市民群体，显然能够提高城市管理的效率和效果。

标准（standards），指城市管理组织本身所具有的主要资源及其配置与调控能力，如科学技术、管理标准及管理技巧等，较高的技术手段及技术方法的应用无疑会大大提高管理的效率，不仅如此，社会的整体技术水平还是管理组织的一个外部环境，整体技术水平较高，也能促进管理组织的管理水平。

共享价值观（shared-value），指城市管理者与城市市民所共同持有的一致性的价值观念、指导思想以及目标方针等，它是凝聚管理团队以及全体市民的胶粘剂，同时也是其他战略管理要素的核心，如"为人民服务"的宗旨，作为城市权力组织的共同价值观，凝聚管理团队成员，在工作中恪守这一根本准则，创造性地开展工作。

在这个 7s 模型中，各构成要素相互关联，以共享价值观为核心，为了一个共同的管理目标，充分发挥各自作用，完成组织的使命。

（二）城市发展战略的类型与特征

1. 城市发展战略的主要类型

城市发展战略是城市发展总的战略，是城市其他各项战略的"灵魂"。按照不同的划分方法，城市发展战略具有相应不同的类型。如按照等级来划分，可以划分为国家级城市发展战略、区域级城市发展战略以及城市级城市发展战略。这三级城市发展战略，也可以称为宏观、中观、微观城市发展战略。

按照城市发展的不同内容，可将城市发展战略划分为：

（1）城市经济发展战略。城市经济发展战略是城市发展战略的一种，是对城市经济发展的全面的、长期性的谋略和部署。它是多种多样的,有宏观与微观的区别,又有层次之分。其中,城市产业发展战略是非常重要的一个战略。当然,产业发展战略又可以细分为农业发展战略、工业发展战略、科技产业发展战略、信息产业发展战略等。目前,越来越多的城市把制定城市经济发展战略列为经济发展规划中的重要首要任务,并以此为基础,制定城市的社会发展战略、建设发展战略以及环境发展战略等。

(2)城市社会发展战略。城市经济发展和城市社会发展是相辅相成的两个方面。就我国绝大多数城市来说,经济发展仍然是首要的任务。经济是城市发展的基础、条件和手段。但是,社会发展是城市发展的根本目的。从这个意义上来说,在制定城市经济发展战略的同时,一定要注意制定与之相适应的城市社会发展战略,也就是要对城市社会发展要达到的目标以及为达到该目标所应采取的方法与措施作全面长期的谋划。城市社会发展战略可以分为城市文化发展战略、城市教育发展战略、城市社会保障发展战略等方面。

(3)城市建设发展战略。城市建设发展战略是对城市的基础设施与社会设施等的建设所作出的全局安排和长远筹划。尤其是城市的基础设施,包括能源系统、水资源以及给水排水系统、交通系统、邮电系统、环境系统、防灾系统的建设和发展,是城市经济和社会发展的条件和基础,必须作好统筹安排。

2. 城市发展战略的基本特征

城市作为区域人口、经济、政治、文化等聚集的中心,其发展战略具有如下基本特征:

(1)全局性。城市是一个复杂的综合系统,其运行要受到来自城市内外多个因素的制约,并且随着城市的发展,这种复杂程度更大,制约因素更多。作为指导一个城市发展的战略,必须统筹考虑各方面的因素,全盘安排各种政策和大政方针。既要立足于城市本身,又要跳出城市的局限,放眼整个区域,以至全国和世界。战略的全局性要求从全局看局部,从整体看部分,从系统看要素,从城市周边大环境看城市自身的地位。

(2)长远性。城市发展战略的着眼点不在当前,而在未来。战略的长远性,本质上是时间战略问题,要求城市政府在战略目标、战略重点、战略措施及战略实施步骤上,按照一定的时序步骤进行战略管理。要从条件上处理跨越式发展和渐进式发展的层次关系,不能急功近利,只顾眼前利益。战略的长远性,也是一个速度战略问题。必须把握发展速度和发展质量的关系,达到高速度和高质量的统一。

(3)独特性。城市发展战略蕴含全国城市总体发展蓝图,但又是在对某个城市的特殊城市性质、优势和其他各项条件的具体分析和预测的前提下制定的。一个城市的发展战略要有特色,盲目的套改或与别的某个城市的发展战略雷同,其结果就会使城市发展战略失去适应性,也就不会有任何实际应用价值;相反,还可能给城市发展带来非常不利的影响。

(三)城市发展战略与城市战略管理

城市发展战略通常是关于城市发展的中长期规划,侧重模式的选择及目标与计划的制定;城市战略管理不仅包括通过战略分析而制定城市发展的战略目标、选择发展模式,而且更重要的是着重于战略的实施及执行,强调管理主体意识及行为。总的来说,城市战略管理涵盖城市发展战略。因此,本书对二者不做严格区别,而将其作为同一概念进行研究。

二、城市发展战略的基本要素

城市发展战略一般包括五大基本要素：战略依据、战略目标、战略重点、战略阶段以及战略实施。

(一) 城市发展战略依据

城市发展的战略依据，也就是制定城市发展战略的基础或根据，是研究城市发展战略的出发点和前提。一般来说，城市发展战略的依据应包括以下方面：

1. 城市发展的一般规律

城市的发展战略必须以城市发展的客观规律为依据。城市既是一个人造系统，又是一个自然系统。它的发展同其他系统一样，也是一个自然的历史过程，也是有规律可循的。因此，要制定城市发展战略，必须研究和认识城市发展的一般规律。包括城市化规律、城市现代化规律、城市经济一体化规律等等。

2. 本城市的具体情况

由于各种自然的和社会的原因，每个城市都会有各自的"城情"，包括城市的历史与现状，如特定的地理环境、历史发展、资源条件、现状特征、它与其他城市的关系，整个社会的经济、科技、文化发展及对城市的特殊要求以及基本由上述各方面决定的城市的性质、城市发展的优势与劣势等。

3. 城市所处的国内外环境条件

随着现代社会化生产的发展，国内外各城市之间的分工、协作及其各种联系大大加强，城市内部各组成部分之间互相依赖和互相制约的关系逐渐明显，城市的系统发展规律比较充分地呈现出来。因此，城市所处的国内外环境条件，主要是国内外各个城市与城市所影响区域范围内的社会、经济、文化、科技和信息发展的现状与趋势，如高科技产业的发展、国际金融、国际贸易的新特点等，是制定城市发展战略必然、重要的、便于分析预测和做好城市发展战略的依据。

(二) 城市发展战略目标

战略目标是城市未来发展的目标，是发展战略的核心部分，是各种战略活动的总纲。由于现代城市是一个十分复杂的大系统，它的发展既要涉及政治、经济、科技、文化方面的问题，又要涉及人口、住房、交通、道路等方面的问题。因此，多目标的统一是城市发展战略目标的一个重要特点。

城市发展战略目标，通常主要包括三个方面的内容：

1. 经济发展目标

经济发展水平的综合指标应包括总量指标和人均量指标以及经济效益指标。其中，总量指标大致分为四种，即工农业总产值、社会总产值、国民生产总值以及国民收入。在这四种指标中，国民生产总值包括了三次产业的全部产值，所以为国际上普遍采用。经济效益指标包括劳动生产率、物质消耗的产品率、固定资产产出率、资金利润率等。它们分别从不同的侧面反映着社会生产的发展水平。

2. 社会发展目标

社会发展是城市发展战略的一个非常重要的目标。社会发展目标可以用以下指标来表示：其一，健康指标。如婴儿存活率、平均寿命等；其二，消费指标，如衣、食、住、行等方面的人均消费量及其增长情况等；其三，教育指标，如义务教育普及率、大学教育发达程度等。

3. 城市建设目标

城市建设情况如何，不仅关系到城市经济的可持续发展，而且关系到社会发展目标的实现程度。表示城市建设目标的指标可以有：人均住房面积、人均铺装道路面积、人均通信光纤长度等。有时，也把环境建设目标归于城市建设目标，用人均公共绿地面积、城市绿化覆盖率、生态环境退化速度、可再生资源利用率等指标来说明。

（三）城市发展战略实施

1. 城市发展战略阶段

战略目标的实现通常都需要一个较长的时期。在这个时期内，条件和任务不断发生变化，因此，战略目标也会显现出阶段性。当然，战略阶段的划分取决于完成总战略任务过程中在不同时期所需要解决的问题。一般来说，一个大的战略时期通常都要经历三个阶段：①准备阶段，是为实现战略目标做准备，包括技术上的准备、经济结构的调整和人才培养的时期。②发展阶段，是在准备阶段的基础上逐步实现战略目标的时期，是战略目标能否实现的关键。③完成阶段，是全面完成和超额完成战略目标的最后阶段。

2. 城市发展战略实施

在制定战略时，要着眼于实施，这就要求战略要可行、可靠、可实施，在实施过程中，发现问题及时调整，以保证城市建设发展达到最优化。当然，城市发展战略的实施需要有科学依据、可行的战略措施来保证。劳动生产率、科技发展水平、人才培养、改善环境质量等等，既是目标，也是措施。经济、社会、建设的所有发展目标都可以互为措施。另外，还需要重点注意以下方面：第一，要把城市发展战略通过规划、计划加以具体化，把比较抽象的目标，转变为比较具体的措施。第二，制定相应的政策，如价格政策、投资政策、信贷政策、税收政策、分配政策、就业政策、对外经济贸易政策以及产业政策。第三，积极进行体制改革，通过健全、配套的体制来保证城市发展战略的实施。

3. 城市发展战略重点

城市发展战略的重点可以是社会经济和社会生活一个部门，也可以是几个部门；可以是某些部门，也可以是这些部门的某个方面，如经济体制、经济结构、技术改造、对外经济技术关系等。但不管怎样，它们必须是对实现战略目标具有关键意义的方面和环节等。

三、城市发展战略管理的意义

城市发展战略是指导城市各项工作的指南和纲领，离开发展战略的目标，管理就要失去重心和方向。城市发展战略是城市管理科学中最重要的软件系统工程，它对城市的经济、社会、建设等城市各子系统的发展具有决定性的影响作用。因此，城市政府应当承担起城市发展战略管理的职能，对涉及城市经济、社会、建设等方面发展的各种因素和条件加以分析，指出城市发展方向，提出所要达到的目标，从宏观上把握好城市发展的轨迹。城市发展战略管理的重大现实意义主要表现为以下方面：

（一）有利于加速城市化和城市现代化进程

通过加强城市战略的管理，制定合理的城市发展战略，选择适合自己的城市化道路，从而有效地促进城乡一体化的发展，加快城市化和城市现代化的进程，提高城市化的质量，走适合本城市发展的、有特色的城市化道路。

（二）有利于城市的可持续发展

通过城市发展战略管理，建立有机结合的城市发展良性环境，使城市经济、社会发展与环境承载力相适应，城市经济、社会和建设的协调、稳定发展，从而使城市的各个系统不仅在数量上，而且在质量上都能得到提高，保证城市的可持续发展。

（三）有利于加强城市内部和城市之间的分工协作及协调发展

城市政府通过对城市发展战略的管理，从城市或区域整体利益出发，全面权衡，不断调整内外各种利益矛盾关系，形成城市内外部之间合理的职能分工，从而实现城市的协调发展。

（四）有利于城市竞争力的提高

所谓城市竞争力，是指一个城市在国内外市场上与其他城市相比所具有的自身创造财富和推动地区、国家或世界创造更多财富的能力。城市竞争力综合反映了城市的生产能力、生活质量、社会全面进步以及对外的影响。城市政府通过对城市战略的管理，保证了城市快速、健康的发展。从这个角度上看，城市政府的战略管理是有利于城市竞争力的提高的。

四、城市发展战略管理的原则

（一）环境适应原则

某个城市的发展总是处于一个不断变化着的、复杂的外部环境之中，外部环境的变化性和复杂性决定了其不确定性，从而给城市发展及管理活动带来风险。特别是处于全球化及知识经济时代的我国快速城市化时期，外部环境的多变性、复杂性以及由它们而产生的不确定性将更加明显，因此，城市发展的决策者及普通管理者，必须因循环境的变化，趋利避害，抓住机遇，及时做出正确决策并调整自己的理念及管理模式，促进城市的可持续发展。

（二）全程管理原则

城市发展战略管理包括战略的制定、实施、评价以及控制等一系列环节，它们相互联系、前后继起，一个环节的管理失误会造成整个管理活动的失败，进而给城市发展带来难以估量的损失。全程化管理的原则要求城市管理者对每一个管理环节的活动规律都要进行认真研究，对管理主体以及措施的实施进行动态跟踪监督及检查，及时发现问题并进行纠偏，以保证城市各项活动顺利开展。

（三）整体最优原则

城市是一个综合而复杂的系统，包括物质的、文化的、政治的、技术的等若干因素，城市管理也包含经济的、社会的、环境的等若干方面，城市发展的总体目标是全面的、协调的、可持续的发展，因此，城市发展战略管理的目标不是追求局部优化，而是若干子系统发展的相互协调的优化，从而使城市发展的总体目标最优化。

（四）全员参与原则

城市管理不仅是城市管理职能部门的职责，而且是城市所有组织甚至是每个居民的职责。良好的秩序及环境的建立与维持，依靠每个组织及市民自觉地身体力行，这种自觉的参与需要有有关部门的组织、引导及指挥，即使是城市管理职能管理部门也需强调这一原则，部门中的所有成员都是战略事业单元（SUB—Strategic Business Unit），都需要为战略目标的制定及实施作出最大贡献。

（五）反馈矫正原则

城市发展战略管理是一个不断投入管理资源而获得产出的循环往复、周而复始的过程，它关心的不仅仅是某一个短暂时期或阶段的发展，还是一个长期的、稳定的、健康的发展，由于管理系统本身及其环境不断变化，管理活动的结果与目标或许会产生偏差，管理主体应当不断地检查结果，分析其与既定目标产生偏离的原因，及时调整管理活动，避免这种偏差的出现。

第二节　城市发展及管理的目标

一、管理目标的涵义

（一）目标的定义

目标是组织系统在一定阶段或时期内，通过努力争取所要达到的理想状态或期望获得的结果。目标是计划或规划工作的目的，同时也是计划或规划工作的基础和根据。组织的目标是组织的使命、宗旨、任务、目标项目和指标等的总称；目标既是管理活动的起点又是管理活动的终点，可以说它是管理活动的"纲"，"纲举"才能"目张"，即只有目标明确，管理活动才能有据可循。

（二）目标的性质特点

1．客观性

城市社会是由一系列组织而组成的，社会若不需要某个组织，则其就必然要消失，而任何合法组织都有其存在的理由，这也就是其使命及宗旨所在，只要组织存在就必然有其使命及宗旨。即使一个小的管理部门的设置，都有其对应的职责，而职责的有效履行，其实就意味着组织目标的达成。因此，任何组织的设立都有其相应的目标。

2．层次性

城市发展及管理目标的层次性，也可称为城市发展及管理目标的纵向性。它通常是从宏观到微观，从全面到具体，从纵向流程规律来说明的。组织的使命及宗旨是较高层次的目标，不同层次管理部门又有其相对明确具体的任务型目标，直至每个具体的管理者，都对应于更加具体的任务或职责指标。

3．多样性

城市组织是一个系统，并且不同组织其目标也是多种多样的。有大目标和小目标之分，有主要目标和次要目标之分，有定性目标和定量目标之分。城市管理具有复杂性特点，经济、社会、生态环境等不同的管理子系统其目标要求也不相同，并且不同的管理组织或部门其管理目标也有差异。

4．网络性（关联性）

一个组织是一个有机的整体。从各个方面和方位，组织的活动目标是相互联系、互相促进和相互制约，所以目标是一个上下沟通、左右衔接的系统网络。一个目标的达成可能会影响到其他目标的实现程度。如经济增长目标的实现，可能会影响到居民收入增加、生活得到改善指标的实现，也可能使得财政收入目标的达成，进而实现市政设施改善的目标。

5. 时序性

目标的时序性或者称目标的阶段性，是指在一定时期内要达到的一系列预期成果，没有时间约束，就失去了目标存在的意义。通常短期目标服务于长期目标，城市发展及管理的中长期规划设置的目标，要通过年度甚至更短期限的任务指标来逐步实现，短期目标服务于长期目标，或者说它们具有一致性。

6. 可考核性

大多数目标是定量目标，定量化的目标对执行者的业绩考查比较容易。定性目标都与其相关的定量目标有一定的联系。因此定性目标也可以从全局上、整体上、宏观上加以考核。目标总是可以细化为一些具体指标，考核目标是否达成，可就各项指标逐一进行考查。

(三) 管理目标的功能作用

1. 导向作用

管理是一个为了达到一定目标而协调组织系统（集体）活动做出努力过程及一系列活动与行为，在这里，目标犹如"信号"，指引着管理者及成员的行动或行为方向。没有目标，也就无所谓管理；没有目标，成员也就不知如何行为，管理者也就不知道如何管理。

2. 激励作用

从组织成员个人的角度来看，目标的激励作用主要表现在两个方面：一是只有有了明确的目标才能调动积极性；二是只有个人在达到目标以后才有成就感和满足感。在一个有效的组织中，个人的目标总是与组织的目标一致的，因此，组织目标的达成会增加每一位成员的荣誉感和成就感，从而激励成员更加努力地工作。

3. 凝聚作用

目标有利于调动成员的积极性。目标使一个组织中的各组织成员连接起来，当目标组织变成了组织成员的共同利益和共同追求时，可以大大激发组织成员的工作热情，形成奋发向上的团队精神。

4. 标杆作用

目标是检查和衡量工作成效的标准，是考核主管人员和员工工作绩效的客观标准。由于目标本身的可考核性和可分解性，可以将目标落实在组织中的每一个成员头上，用计划目标进行考核，作为奖罚依据。

二、城市发展及管理目标的原则与体系

(一) 制定城市发展及管理目标的原则

制定城市发展及管理目标需要遵循 SMART，Specific—具体化，Measurable—可量度化，Attainable—可获得、激励化，Relevant—关联恰当化，Testable—可考核化模式，或者 Tractable，即易控制的。英文 SMART，即精明、灵巧的意思，目标的制定应充满着智慧，做到明确、巧妙。

1. 明确具体的原则

目标明确具体（Specific），才便于执行（conductive），易于操作。所谓明确，是指管

理活动需清晰简洁地表述出来，目标模糊则会使得行为者无所适从，甚至是目标制定者也不知所云，正所谓"以其昏昏"，难以"使人昭昭"。因此，在选择及制定目标时，尽量列出具体的指标，并就目标及其指标体系进行解释或说明。

2. 可测度的原则

目标可测度（Measurable）性强，则便于跟踪、评价（comment）及考核（check），为目标是否达成的判断提供客观的依据，也便于制定下一个循环的目标。目标可测度的原则要求在设置目标时，能够量化的尽量地量化；难于量化的定性目标，也应当详尽地说明。目标可测度性原则，也是上一项原则（明确具体）的具体体现。

3. 可获取与激励的原则

目标的制定要务实，既不能好高骛远又不能标准过低，做到使行为者经过努力后，能够实现（Attainable），这样才便于激励（motivation）。目标定得过低，则使计划失去其意义；目标定得过高，无论如何努力也难于达成，则会使行为者望而却步，放弃追求。该项原则也是战略方案可行与否的基本标志。

4. 关联恰当化的原则

城市是一个综合性复杂系统，城市管理的内容涉及方方面面，一次管理目标呈现多元化的态势，大的方面来说可以是经济的、社会的和环境的，具体的还可以更加细分，它们之间相互关联（Relevant），一个目标的达成可以促进其他相关目标的实现，如经济目标的实现，可以促进社会目标及生态环境目标的实现，反之则十分困难。而不同方面的可以适当集成、整合（integration），形成系统性的目标，或目标体系，并按照其相互关系的原理，制定一体化的行动方案以及相应的对策措施。

5. 易于调控的原则

城市管理是一个前后继起、不断循环往复的过程，一个循环的结果与目标的符合程度（即目标的实现程度或管理绩效），是下一个过程方案制定以及对成员进行激励的依据，也是进行调控的重要内容，因此，在目标设定时，要充分考虑目标应具有一定的弹性，以便于调控（Tractable，or Testable）。

除上述原则之外，制定城市发展及管理目标时，还应当坚持"公开性"的原则，因为城市管理的各项事务及活动涉及很多主体，事关每个市民的切身利益，管理目标多具有明显的"公共性"，有较多的"利益攸关者"，因此，需要采取公示及主动宣传的方式向全社会公开（如旧城改造中的拆迁及其补偿），必要时还应该采取"听证"程序，如燃气、自来水提价、土地价格的确定等。

（二）绩效导向的城市战略性总体目标体系

城市战略性总体目标体系是对城市未来的全局性谋划，是对城市经济、科技、文化在内的广义的社会发展的安排，具有全局性、长远性和根本性的特点，由战略目标、战略重点、战略措施等部分构成。

1. 战略目标——培育城市综合功能，提高城市竞争力

战略发展目标要受到多种因素的影响，因此新兴城市确定战略目标时要注意两点：

（1）要培育城市综合功能。城市是以人为主体，集约经济、集约科学、集约文化的空间地域系统。所谓集约就是高度密集。恩格斯在描述当时全世界的商业首都伦敦时写道

"这种大规模的集中，250万人集聚在一个地方，使250万人的力量增加了100倍"❶，这就是世人公认的"集聚效应"，它阐述了城市能发挥高效集聚的功能。从开放的角度看，城市不但有集聚功能，还有扩散功能。城市的集聚和扩散能力是由多种要素构成的，其中城市基础设施条件、经济实力等都是重要因素，但主要取决于城市综合功能的强弱。城市综合功能是指城市的功效、能量、作用。增强人类活动和往来的内容、种类、速度、程度和延续性，构成了城市特有的功能。

（2）提高城市竞争力。城市竞争力是指一个城市在竞争和发展过程中与其他城市相比较具有吸引、增多、拥有、控制和转化资源，争夺、占领、控制市场以创造价值，为其居民提供福利的竞争力，它是一个复杂的混沌的系统，共同集合构成城市综合竞争力，创造城市价值。城市竞争力是各种分力的合力，因此，使发展战略目标更有指导性。

2. 战略重点——基础设施、工业化程度、第三产业的发展

要加快城市化进程提高城市化水平、提升城市竞争力，战略重点的选择要从以下几个方面着手：

（1）基础设施建设。城市基础设施是城市赖以生存和发展的基础，包括电力、交通、通信、热力、燃气、给水、排水、防洪、园林绿化、环境等设施，它维持整个城市系统正常运转，是完善城市功能，建设现代化城市的基本条件。众所周知，城市有三大基本职能：①市区性职能，即为城市实体地域服务的职能，主要是维持居民基本生活需要。②区域性职能，即为城市的腹地区域服务的职能，主要是城市以特定区域的中心为腹地提供的各种物质、精神方面的综合服务活动。③跨区性职能，即为全国甚至全世界提供服务的职能，这类职能影响尺度较广，主要表现为专业化职能，如专业化工业服务、专业化旅游服务、专业化商贸服务、专业化交通运输服务等。随着现代社会人流、物流、信息流规模的扩大，市场交换频率的加快，城市的区域性职能和跨地区职能成为主要职能，这就要求全面改善城市基础设施，提高容纳人的能力、交通运输能力、公共事业设施服务能力、处理信息与传递能力、环境卫生和绿化程度等基本条件，以雄厚的城市基础设施，保证新兴城市的发展。

（2）工业化程度。从城市发展的规律来看，城市化水平是与工业化水平相适应的，城市的发展是伴随着工业化的进程而发展的，具体而言，工业化是城市化的经济内涵，城市化是工业化的空间表现形式，工业化是因，城市化是果。因此，新兴城市发展的战略重点之一就是实现工业化，并借助工业化而发展城市经济，在工业化的进程中，选择主导产业极为重要，能充分利用城市自身的优势产业，带动和促进城市以及辐射圈内与之相关联产业的发展，以明显的主导产业增加城市竞争优势。城市专业化是城市发展的趋势之一，这就要求城市的发展还要建立一个具有特色的，符合该城市资源条件和技术条件的产业群体，并通过城市中各产业、行业以及企业之间的合理分工，进行专业化分工合作，形成具有城市个性、充满活力的优势产业群和具有特殊功能、价值的社会经济实体。

（3）第三产业的发展。第三产业在国民经济的比例是衡量一个国家或一个地区经济发展水平的重要指标。第三产业的大发展是城市发展的重要动力，也是城市人口增加、加速城市化的一个重要原因。第三产业本质是"服务业"，是繁衍于物质生产之上的非物质生

---

❶ 《马克思恩格斯全集》第二卷，第303页，人民出版社，1975。

产部门，属于流通领域的"服务业"有：交通运输、邮电通信、商业饮食等；属于为生产和生活服务的"服务业"有：金融保险、房地产、居民服务、旅游、信息、技术服务业等；属于为提高居民素质的"服务业"有：教育、文化、广播、电视、科研、卫生、体育和社会福利等部门。新兴城市根据第三产业内部分类，分析本城市第三产业的薄弱环节，在战略重点转移中注重发展，使第三产业成为城市发展的支撑点，以发达的第三产业提高新兴城市的城市化水平。

3. 战略措施——以中心城市为突破口诱致产业集聚、提升企业竞争力

战略措施是城市发展最关键的环节，战略指导思想、战略目标和战略重点都要通过战略措施来落实。城市发展的战略措施主要从以下几个方面考虑：

（1）以中心城市的发展为战略措施的突破口，推动区域一体化，提升都市圈竞争力。从城市发展趋势来看，我国的城市化发展应采取两条道路，一是发展小城镇实现城市化，二是发展大中心城市实现城市化。目前以中心城市为主导，中小城市全面发展是经济落后地区实现城市化道路的必然选择。因此，新兴城市发展的战略措施要以现有区域中心城市为突破口，一方面利用其中心城市在经济上的凝聚力和辐射力，带动周边小城镇经济和农村腹地经济的发展；另一方面则利用中心城市作为新兴城市实施发展战略的前沿阵地和桥头堡，加快区域城市化步伐。在有条件的地区，如京津唐、长江三角洲、珠江三角洲，还要进一步提升都市圈竞争力。

（2）营造新型CBD，提升城市竞争力。实施归核化竞争战略是提升大都市在全球环境中竞争力的重要战略，而营造新型的中央商务区，是归核化战略的重要内容。中央商务区是现代服务业高度集中、城市景观最繁华的地段和标志性建筑最集中的区域，也是一个城市、一个区域乃至一个国家的经济发展中枢。CBD的出现是在从工业化到现代化的过程中，追求聚集经济效益自然形成的，其内容也不断发展丰富。

（3）塑造核心优势，提升企业竞争力。企业的竞争力包括发展能力、创新能力、资源整合能力和市场开拓能力四个方面。我国城市企业在竞争力上表现出的普遍问题主要有：制度建设落后，企业文化贫乏，管理水平落后，工业内部结构不协调，人才结构不合理，技术创新乏力。因此，城市政府要加大政府扶持力度，提高政府的服务水平；建立健全现代企业制度，建立法人治理为基础的管理机制；制定有利于企业发展的产业政策，培育有竞争优势的企业集群；规范市场运作体系，建立公平透明的市场竞争规则。

（三）现阶段城市管理总体目标的内容

现阶段的城市目标管理中，确立城市管理总体目标的依据主要有以下三个：①上级的要求。包括上级的目标，上级下达的任务和指令性的计划。②主要条件。城市的人力、物力、财力的状况，政府工作人员素质情况，本市各级领导者的管理水平，上期目标完成情况等。③客观因素。确立目标时，除了上述因素之外，还会考虑影响城市政府工作的政治、经济、文化、社会和自然的因素。其包括国际、国内的政治形势，国家经济基础和社会发展状况，科学技术水平，以及城市政府辖区内的地理状况、自然资源、气候等因素。

在这样的思路指导之下，现阶段城市目标管理内容众多的目标体系，主要可以归纳为以下12个方面：

1. 城市经济管理目标

城市是一个国家经济发展的命脉。目前我国城市经济管理的目标是要实现政企分开、

宏观调控和间接管理。政企分开的关键是实现企业的所有权与经营权的分离，摆正企业与政府、企业与社会的关系。从宏观调控方面来说，城市政府的职责主要是创造良好的城市经济建设环境，提供城市经济发展条件，对城市经济发展进行引导、调节和监督。社会主义市场经济体制决定了城市政府的管理方式必须以间接管理为主，并通过转换国有企业的经营机制，综合运用各种经济杠杆等方式，加快城市经济的发展。

2. 城市基础设施管理目标

城市基础设施是城市的人工物质载体，是城市得以正常运行和发展的保证，是一个城市现代化水平的物质标志，因此，它是政府工作目标指向的重要方面。城市基础设施管理，主要包括能源管理、水资源和给水排水管理、交通设施管理、邮电通信管理、大众传播设施管理、防灾设施管理、社会福利设施管理等。

3. 城市土地与住房管理目标

城市是人口高度集中的地方，土地、住房与城市经济的发展、人民的安居乐业关系密切，解决好土地与住房问题至关重要。城市政府必须加强土地规划与经营管理，合理开发利用土地资源；搞好住房的规划、建设、改造、修缮与经营管理。

4. 城市公共服务管理目标

公共服务即以各种方式为社会提供产品和劳务的服务。城市政府公共服务管理的主要内容是确定城市公共服务项目、规划服务网点的分布、检查服务态度与服务质量、对服务行业的从业人员进行职业道德教育等。

5. 城市人口管理及人力资源管理目标

处于现代化过程中的我国社会，城市化进程加快，城市人口激增，人口管理已成为市政管理的重要内容。城市的人口管理，主要包括人口数量、人口素质、人口结构、劳动就业、流动人口等方面的管理。

6. 城市民政管理目标

民政管理是城市政府的一项重要工作，它对于社会稳定与发展有着十分重要的意义。民政管理的内容包罗万象，主要有基层政权建设、优抚安置、救灾救济、社会保障、行政区划、社团登记、婚姻登记、殡葬管理以及其他社会事务。

7. 城市社会治安管理目标

城市社会治安关系到整个城市建设、社会生产和人民生活能否正常、健康、顺利地进行，城市社会治安管理的内容，应包括确保公共安全和社会正常秩序、保护公民合法权益、防止和打击反社会分子的破坏和捣乱、消防工作等。

8. 城市文化教育和精神文明建设的管理目标

文化教育（包括科、教、文、体）与精神文明建设虽是两个方面，但又关系密切，不可分割，它们对城市的文明与进步产生着全面而深刻的影响，是城市现代化的重要指标。在这方面，政府管理的具体内容主要包括基础教育、专业教育、继续教育、电影电视、文艺、出版、文物、群众文化事业和设施、娱乐设施、体育事业的管理，以及建立社会秩序、树立社会新风尚、建立新型的人际关系等。

9. 城市旅游管理目标

作为现代社会"无污染产业"的旅游业，对于促进城市的繁荣、增加就业机会、提高城市的知名度、传播信息等，能起到很大的作用。旅游管理上要包括对旅游资源、旅游设施、旅游服务的管理。

10．城市环境、卫生、市容管理目标

随着经济发展与城市人口的增多，城市范围不断扩大，市政设施不断增加，对城市的环境、卫生、市容的管理已成为城市政府工作的主要内容，主要包括环境保护、治理污染、城市绿化、公共卫生、防疫保健、医疗康复、搞好市容市貌等。

11．城市公共关系和涉外事务管理目标

城市政府建立起对内对外的各种公共关系，对于树立良好的政府形象，密切政府与市民的关系，顺利开展政府工作，都具有重要的意义。我国自改革开放以来，城市的涉外事务日益增多，建立涉外管理制度，健全涉外管理机构，培养高素质的涉外事务管理人员，已成为城市政府的重要工作内容之一。

12．城市突发事件及危机管理目标

我国正处于城市化中期阶段，与快速的城市发展相伴而生的往往是粗放的经营管理以及不太完善的制度体系，这无疑会导致一些突发事件的产生，它们会严重影响既定目标的正常达成，这就要求一些重要的管理活动必须构建应急处理机制，未雨绸缪，防患于未然，把危机事件的危害控制在最小程度。

（四）中国城市发展指标体系

关于中国城市发展指标体系，许多学者及机构都进行过深入、系统的研究，如朱铁臻教授、周天勇教授以及北京国际城市研究院等，借鉴其成果，在建立城市发展整体识别的原则下，拟定了共 104 项要素组成的要素层。中国城市发展指标体系的结构如图 2-2 所示。

三、城市发展及管理目标的确定

城市管理是随着城市发展而开展的一系列前后继起、连续不断的过程，因此目标具有连续性、一致性，一系列相互衔接的短期目标的实现，最终促使长期目标的达成。在这里，短期目标通常是微观目标，而长期目标则往往是宏观目标；短期目标一般生动具体、具有可变性，而长期目标则相对稳定、具有恒定性。因此，根据城市发展战略的不同阶段及管理对象的特征，确定相应的目标。例如，全面建设小康社会、实现现代化是城市发展的长期目标，该目标是稳定的、不会轻易做出变动，但在实现这一长期目标的过程中，经常会遇到一些突发情况（如正在发生着的金融危机及经济危机），在这种情况下，则需要调整年度的发展（或增长）目标（或指标）。城市发展及管理目标制定的基本机制如图2-3所示。

城市发展及管理的局部性目标服从和服务于全局性目标。根据目标层次性的特征，国家关于社会经济的发展目标是最高级的全局性目标，某个具体城市的发展目标要服从和服务于这一目标；同样，城市各部门发展目标要服从和服务于城市总体目标，区级各部门发展目标要服从和服务于市级该部门相应的目标。国家宏观发展目标又可以分为约束性指标（目标）和指导性指标，前者具有指令性、强制性，而后者则一般只具有建议性、参考性。国家"十一五"规划主要内容、约束性指标体系以及其"十五"时期发展计划主要指标见图 2-2 及图 2-3。

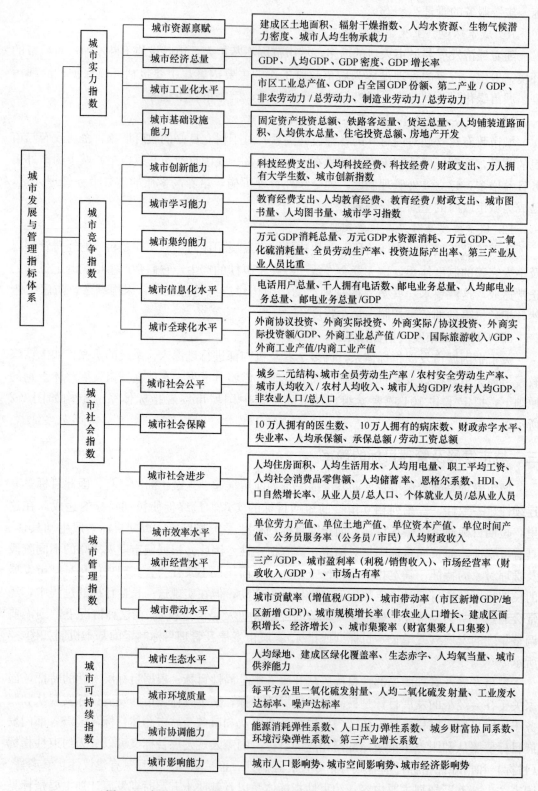

图 2-2　中国城市发展指标体系（参考周天勇，朱铁臻等. 2006）

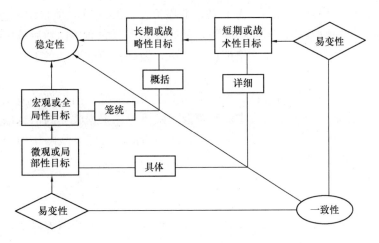

图 2-3　城市管理目标的时段性（参考姚永玲，2008）

第三节　城市发展战略的制定

一、城市发展战略的制定的基本思路

（一）城市发展战略制定的逻辑框架

制定城市发展战略是城市战略管理的基本内容，城市发展战略制定的过程可以分为三个阶段，如图 2-4 所示。

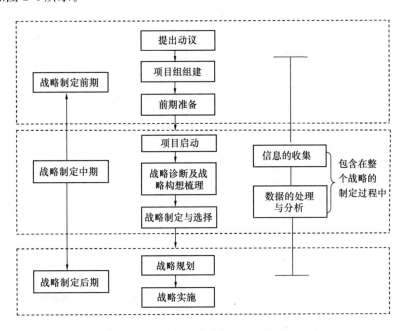

图 2-4　城市发展战略的制定过程框架

1. 战略制定前期阶段

在本阶段，首先要提出动议，或者由上一级政府提出相关要求，或者由城市政府根据自身情况决定进行战略规划制定。为了搞好本项工作，必须成立项目组，包括领导小组、工作小组、技术小组以及参谋顾问小组等，做好人力资源的准备；然后选定办公场所，搜集相关基础资料，确定技术路线，培训相关人员，做好各项前期准备工作。

2. 战略制定中期阶段

在该阶段，项目正式启动，首先根据上期方案实施情况、内外部环境变化、上级政府宏观指导或指令性意见和建议以及本城市资源禀赋情况，根据收集的信息以及数据的处理与分析的结论，综合城市各方意见和建议，初步进行战略诊断及战略构想梳理，并在此基础上，采用相应的手段及方法，进行城市发展战略目标的初步设定，并设计相应的方案，进行评价与选择。

3. 战略制定后期阶段

战略规划、战略实施具体到每个具体的战略管理方案，可归纳为以下四个环节，如图2-5所示：

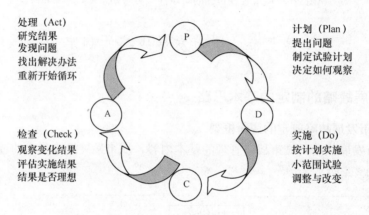

图 2-5　城市管理战略的 PDCA 循环法示意图

（1）计划（Plan），提出问题，制定试验计划，决定如何观察试验；

（2）实施（Do），按计划实施，小范围试验或试点，根据运行情况，调整或改变；

（3）检查（Check），观察变化结果，评估实施结果，结果是否理想；

（4）处理（Act），研究结果，发现问题，找出解决办法，重新开始循环。

城市发展战略管理是一个往复循环的过程，该过程可以分为六个阶段，如图2-6所示。

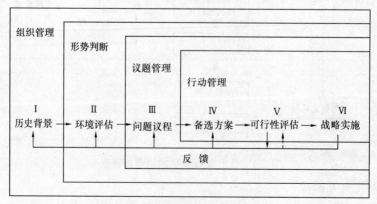

图 2-6　战略管理过程的循环

（二）城市发展战略制定的技术路线

城市发展战略的制定是城市管理进入高级阶段的标志。制定城市发展战略需要注意以下几个方面：发展条件、发展目标、矛盾与困境、模式与机制以及对策与措施。其中，发展条件是基础，发展目标是方向，矛盾和困境是约束条件，模式和机制是途径，对策与措施是手段。把这几个方面充分联系起来，组成一个链条，就是战略制定的技术路线，参看图 2-7，技术路线上各个节点的构成要素如下：

1. 发展条件

城市的发展条件主要包括以下方面：地理位置与自然状态、城市所处的区位与在该区位中的战略地位、科技实力和城市综合实力、自然资源状况、发展旅游的基础、交通运输状况、教育水平、劳动力素质、基础产业发展状况、产业结构、环境质量状况、城市政府的影响力，甚至城市在全国乃至世界的影响力等。

2. 发展目标

城市发展目标一般包括三个层次，即由三个不同层次的目标所组成的复合目标：第一层次目标是城市自身发展的目标，即城市在一定时期内需要达到或实现的社会、经济、科技与生态发展的目标；第二层次目标是城市在其所处的区域中的发展目标，比如带动区域城市的

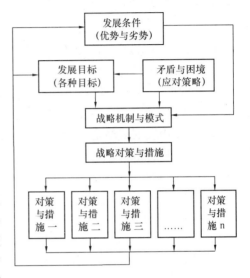

图 2-7 城市发展战略制定的技术路线示意图

社会经济发展，调整区域城市资源配置等等；第三层次目标是在其所处国家中的发展目标，比如成为国家的城市代表，成为城市的模范，成为国家的经济中心等等。

3. 矛盾与困境

城市发展的矛盾与困境直接约束着城市发展目标的制定与实现程度。一般来讲，这些矛盾与困境主要表现为：自然资源与社会经济发展水平之间的矛盾、城市建设与资金短缺的矛盾、劳动力剩余与产业结构转型和优化的矛盾、技术进步与劳动力素质的矛盾、市场经济的竞争机制和国企占主导地位的计划经济体制的矛盾、开发城市资源与城市可持续发展之间的矛盾等。

4. 模式与机制

在综合分析与研究某一个城市的发展条件、发展目标、矛盾与困境三者的基础上，就可以找到适合该城市发展的模式与机制。比如，中国城市规划设计研究院的周建明、沈池两位专家认为：四川绵阳市未来发展模式应该是以科技进步为动力的"倾斜——协调型"的战略模式。其中的倾斜包括产业倾斜、地域倾斜、城镇规模等级倾斜和政策倾斜等方面；其中的协调就是绵阳市国民经济整体发展的协调等等。

5. 对策措施

战略发展战略目标的实现，既需要一定的模式与机制作牵引，也需要根据该模式和机制制定出相应的对策措施作保证。实现城市发展战略目标的措施可以有很多，大致包括城市化政策、人口政策、产业政策、土地政策、住房政策、区域合作、地域结构调整以及招

商引资等方面。

二、城市发展战略定位

(一) 城市发展战略制定的方法

在制定城市发展战略时，应采用系统工程的方法。在这个系统工程中，应包括战略决策子系统、战略研究子系统、战略管理子系统、战略信息子系统和战略编制的工作系统。这个系统的运转，应该依靠政府领导、专家和市民三方面的力量。其中，政府领导应该在战略目标、战略政策和措施的选择与制定中负主要的责任；专家应在战略目标、战略措施的拟定和评价中充分发挥骨干作用；而城市居民则可以通过对政府制定的战略目标和战略措施进行评价，并提出自己的建议的方式参与到城市战略目标与措施的制定中来。总之，只有充分发挥这三方面的力量，并保持三方面力量的协调一致，才能制定出科学合理的城市发展战略来。

(二) 城市发展战略定位的前提

城市战略定位是城市战略规划的指导思想，也是城市战略管理首要解决的问题。城市战略定位必须着眼于区域经济发展而不是个别城市的发展，战略定位也不是一成不变的，科学的战略定位必须源于城市现状、宏观环境和社会变化趋势等，因此，在城市战略定位时，必须明确以下前提：

1. 社会分工与合作进一步深化

发展经济合作应当从拓展集群效应的原则出发，做好城市和地区的经济定位和产业定位，更好地进行分工与协作。

2. 区域经济的蓬勃发展

随着现代加工和运输技术手段的发展，农、林、牧和矿产资源等自然资源的分布区域概念已被大大拓展。区域经济是城市发展的环境，而且比起宏观环境而言，区域经济现状对城市发展的影响更大。区域经济与城市之间是协同发展的关系，区域经济的持续增长有利于推动城市进一步提升竞争优势。城市战略定位时必须协调好城市区域经济发展之间的关系，利用大城市的辐射作用带动区域经济发展和城镇化进程。

3. 城市问题大量出现

城市化是工业化、现代化的产物，是历史的必由之路。城市的合理发展与布局，能有力地促进社会的现代化。但城市化的发展速度与水平以及城镇结构应与经济基础相互适应，如不顾经济条件盲目发展就会产生一系列社会问题而带来消极影响。

(三) 城市发展战略定位

城市是社会的缩影，城市的发展也是一个国家或地区发展的缩影，城市建设是一个巨大的系统工程，涉及方方面面的建设与协调。

1. 城市经济发展定位

城市经济在国民经济发展中占有重要地位，城市经济发展定位是城市化战略定位的核心。城市经济发展的战略定位就是在了解城市发展现状基础上，从区域经济发展角度入手综合衡量，充分发挥城市优势和发展动力，对城市经济所要达到的程度进行界定。

2. 城市居住环境定位

建设现代化城市居住环境是当今世界城市发展的共同追求，也是城市建设适应时代发展的必然要求。城市化本来就是人口向城市或者城市地带集中的过程，如果城市不能给人带来舒适的居住环境，也就无法推进城市化进程。

3. 城市文化定位

文化是一个地区的精神资源，未来城市发展的战略定位，发展规划的制定等要融入自己的文化，或按照自己的文化定位制定发展战略和发展规划，形成自己的具有鲜明文化特点的社会经济发展蓝图。城市文化定位时应了解城市文化的历史和现状、勾画城市未来的文化风格和城市文化属性、城市形象以及社会政治经济环境对城市整体形象的要求等内容。

4. 城市产业结构的战略定位

每个城市都有潜在的优势，一个城市的产业结构定位，就是如何发挥已有的城市优势和发展动力，来提升城市在某一个产业或几个主导产业上竞争力的总体构想。产业结构的战略调整并不意味着其他产业可以完全抛弃，就城市经济发展而言，各产业需要协调发展，只不过要突出优势产业而已。同时，应着眼于区域经济发展，在整个区域内实现资源的优化配置，建立起城市之间分工与合作的局面。

以北京市为例，城市发展定位及其相应的目标、策略等如表 2-1 所示。

北京市城市发展及管理战略的主要性状描述

表 2-1

城　　市	北　　　　京
依　　据	北京市城市总体规划（2004—2020）
城市定位	国家首都、国际城市、文化名城、宜居城市
城市性质	北京是国家首都，是全国的政治中心、文化中心，是世界著名古都和现代国际城市
发展目标	1. 做好"四个服务"的工作，强化首都职能； 2. 充分发挥首都优势，进一步发展以现代服务业、高新技术产业和现代制造业为核心的首都经济，不断增强城市的综合辐射带动能力，提升国际化程度和国际影响力； 3. 弘扬历史文化，大力发展文化产业，形成具有高度包容性、多元化的世界文化名城； 4. 创造充分的就业和创业机会，建设空气清新、环境优美、生态良好的宜居城市
发展策略	1. 经济发展策略 （1）坚持以经济建设为中心，走科技含量高、资源消耗低、环境污染少、人力资源优势得到充分发挥的新型工业化道路，大力发展循环经济； （2）坚持首都经济发展方向，强化首都经济职能； （3）2020 年，人均地区生产总值（GDP）突破 10000 美元；第三产业比重超过 70%，第二产业比重保持在 29% 左右，第一产业比重降到 1% 以下。 2. 社会发展策略 （1）全面推进人口健康发展； （2）大力发展社会主义文化； （3）积极促进社会公平； （4）加快建设信息社会； （5）切实保障城市安全。 3. 区域协调发展策略 （1）积极推进环渤海地区的经济合作与协调发展，加强京津冀地区在产业发展、生态建设、环境保护、城镇空间与基础设施布局等方面的协调发展，进一步增强北京作为京津冀地区核心城市的综合辐射带动能力；

城　　市	北　　京
发展策略	(2) 加强与以天津港为核心，京唐港（王滩港区、曹妃甸港区）、秦皇岛港共同组成的渤海湾枢纽港群海洋运输体系的协调，建立以北京为核心的区域高速公路和铁路运输体系，以北京首都机场为枢纽的区域航空运输体系，形成陆海空一体、国际国内便捷联系的区域交通网络； (3) 在京津冀城镇群的核心地区形成以京津城镇发展走廊为主轴，京唐、京石城镇发展走廊和京张、京承生态经济走廊为骨架的区域空间体系，实现区域统筹协调发展 4. 生态环境发展策略 (1) 以生态健康为目标，确保生态安全； (2) 加强平原地区生态林地的保护和建设； (3) 严格执行环境排放标准。 5. 城市空间发展策略 (1) 区域协调发展； (2) 市域战略转移； (3) 旧城有机疏散； (4) 村镇重新整合
城市规模	1. 人口规模 (1) 2020 年，北京市总人口规模规划控制在 1800 万人左右，年均增长率控制在 1.4% 以内。其中户籍人口 1350 万人左右，居住半年以上外来人口 450 万人左右； (2) 2020 年，北京市城镇人口规模规划控制在 1600 万人左右，占全市人口的比例为 90% 左右。 2. 城镇建设用地规模 2020 年，北京市建设用地规模控制在 1650km²，人均建设用地控制在 105m²。 3. 城镇建设用地控制 (1) 切实加强土地资源的管理，形成节约用地的发展模式，严格控制城镇建设用地规模； (2) 建立城市发展的动态监控机制，依据人口增长和经济发展的趋势与变化，调控城市建设用地投放总量和建设时序，并适时调整规划应对方案； (3) 城镇建设用地的投放与城市发展重点紧密结合，积极推动新城建设，实现城市空间结构的调整
空间布局	在北京市域范围内，构建"两轴—两带—多中心"的城市空间结构

资料来源：总结归纳自《北京市城市总体规划（2004—2020）》。

三、制定城市发展战略的一般程序及主要工作

（一）了解情况和分析研究

1. 城市自身资料的了解、分析与研究

（1）城市历史与传统的了解、分析与研究。城市的历史和传统对城市的发展具有强烈的制约作用和惯性影响。因此，在制定城市发展战略前，必须全面地考察了解城市的历史发展过程，不同时期城市发展的主要脉络、特点及其形成的传统。

（2）城市的区位与地位的了解、分析与研究。一个城市之所以产生，其所处的地理位置或其政治经济区位通常具有重要的影响甚至决定作用。而且，特定的区位又可能会带来

这个城市在其周边区域或城市群中的独特地位。城市的地理位置是不可改变的，但其政治经济区位与地位却可以因为某些因素，如交通条件的改变而改变。因此，有关方面需要认真地分析与研究。

(3) 城市的自然人文资源与产业状况的了解、分析与研究。城市的人文资源与产业状况是城市发展的基础，当然也是必须考察和研究利用的。但是必须注意既要尊重其现状，又要"跳出"其现状的束缚。如何更好地利用现有的自然人文资源，科学地选择与安排城市的合理产业构成，这才是制定城市发展战略必须重点把握的内容。

(4) 研究城市性质功能的发展、综合、叠加、转型、退化、提升的一般规律。城市在其发展过程中，其性质功能不是一成不变的。城市性质功能不断变化和走向综合是社会经济发展的必然。当代城市复杂多样的功能，是历史上的城市功能不断积累、叠加和优化的结果。因此，认真研究城市功能发展变化的一般规律，对制定城市发展战略是十分必要的。

(5) 正确评价城市的比较优势和劣势。研究和正确评价城市的比较优势和劣势，是制定城市发展战略必须进行的重要工作之一。比如，旅游资源是桂林的优势，煤炭资源是其劣势，而相比之下，煤炭资源是山西大同的优势，旅游资源则是其劣势。根据这些特点，桂林适宜制定发展与旅游相关产业的城市发展战略。

2. 城市所在区域的资料了解、分析与研究

制定城市发展战略不能就城市而论城市，还必须重视运用科学分析法对城市所处的外界环境进行分析，对不同城市发展潜力进行比较。不能孤立地看待单个城市，单纯地从自身的条件和政府的愿望出发进行发展蓝图的筹划，而应把城市放在一定的城市环境中分析，比较邻近的、相关的城市各自的发展潜力，并对本城市与其他城市之间的合作关系、竞争关系以及相互依存关系进行充分的研究，在此基础之上，科学合理地确定本城市的发展战略。

3. 国内外市场变化形势和经济国际化趋势的了解、分析与研究

对大城市和特大城市来说，还应该认真考察和研究国内外市场变化形势和经济国际化趋势。随着国内、国际贸易的增加和新的劳动地域分工的逐步形成，国内外市场形势发生了变化，经济国际化的进程也正在加快。在制定城市经济发展战略过程中，一定要认真考察和研究这种变化的未来趋势，并根据这种趋势，调整城市的发展战略，促进城市积极参与国内外经济的竞争，加强城市经济区域协调发展等。

我国快速城市化进程阶段城市发展战略设计系统如图 2-8 所示。

(二) 战略目标制定的决策

城市发展战略目标制定的决策，主要是做好各种发展战略替代方案的拟定和选择。城市发展战略目标制定的选择应该根据最优化的原则，做好多方案的分析与比较，从定性和定量两个方面出发，从多种目标中找出较优的战略目标。

1. 城市发展战略目标系统的划分方法

目前，我国城市发展战略目标系统主要有两种划分方法：

(1) 三分法，即把城市发展战略目标分为经济目标、社会目标和环境目标三个部分。这三个目标都可以用一系列的指标来描述或大致界定。比如，经济目标可以用 GDP、人均 GDP、劳动生产率等指标描述；社会目标可以用信息化指数、社会保障指数、人均住

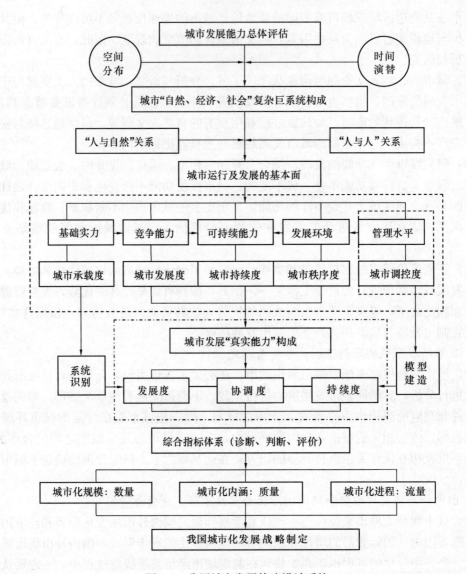

图 2-8 我国城市发展战略设计系统

房面积等指标来界定；环境目标可以用人均公共绿地面积、城市绿化覆盖率等指标来说明等。

（2）多分法，即把城市发展战略目标分为经济目标、建设目标、科技目标、区域目标、文化目标、环境目标等若干部分。这些目标同样可以用一些具体的指标来表述，如经济目标的指标可以有 GDP、财政收入、物价指数等；建设目标的指标可以有人均住房面积、人均铺装道路面积等；科技目标的指标可以有：知识发展指数、科技对 GDP 的贡献率等；区域目标的指标可以有经济外向依存度、国际化水平等；文化目标的指标可以有外来文化兼容度、文化传播指数等；环境目标的指标可以有人均公共绿地面积、燃气普及率、空气质量等。

国家"十一五"规划重要内容、约束性指标体系及其与上一个时期（"十五"时期）对比变化情况如表 2-2 及表 2-3 所示。

国家"十一五"规划约束性指标体系 表 2-2

指 标	类 型
（1）"十一五"期间全国总人口控制在 13.6 亿人	人口社会
（2）单位 GDP 能耗降低 20% 左右	资源环境
（3）单位工业增加值用水量降低 30% 左右	资源环境
（4）耕地保有量保持 1.2 亿 hm^2	资源环境
（5）主要污染物排放总量减少 10%	资源环境
（6）森林覆盖率达到 20%	资源环境
（7）城镇基本养老保险覆盖人数达到 2.23 亿人	人口社会
（8）新型农村合作医疗覆盖率提高到 80% 以上	人口社会

资料来源：《中华人民共和国国民经济与社会发展十一五规划纲要》。

城市"十五"计划和"十一五"规划内容对比 表 2-3

"十五"计划主要目标	"十一五规划主要内容
（1）调整和优化产业结构	（1）构建和谐社会
（2）促进城市化进程，做强中心城市	（2）建设社会主义新农村
（3）加速信息化建设	（3）促进城乡和区域协调发展
（4）实施科教兴市战略	（4）提高人民生活水平与质量
（5）发展开放性经济提高经济的国际化水平	（5）建设资源节约型和坏境友好型社会
（6）壮大非公有制经济	（6）健全公共卫生体系
（7）完善社会主义市场经济体制	（7）转移农村劳动力

注：根据邯郸、杭州、广州、武汉、济南、南京、哈尔滨、莆田、芜湖、合肥、长春、承德、大连等市"十一五"规划的相关内容整理。

与"十五"计划相比，"十一五"规划更加注重资源节约集约利用和生态建设与环境保护，同时也更加注重"民生"及社会发展以及城乡统筹及协调发展，而这些目标或指标体系能够更好地服务于可持续发展的长期发展战略。

2. 制定城市发展战略目标应注意的问题

第一，要注意防止单纯追求 GDP。无论是战略目标系统的三分法，还是多分法，GDP 都只是一个经济目标中的一个指标而已，不能反映城市发展目标的全部要求。因此，如果单纯追求 GDP，必然会为城市建设和管理带来诸多问题。诸如盲目追求经济效益，忽视社会效益和生态效益，带来城市的社会治安状况混乱、环境污染严重、城市基础设施建设不足、城市居民价值观的模糊，甚至造成城市的投资吸引力下降、科技进步缓慢等后果。

第二，要注意目标系统的层次性和相互关系。比如，经济目标中各个指标之间的层次性、相互关系以及经济目标与社会目标、环境目标之间的关系。如果对各个目标之间的关系混淆不清，就容易导致目标之间的相互矛盾或冲突，从而影响目标的最终实现。

（三）城市发展战略措施及其实施

1. 城市发展战略目标的分解及对策匹配

制定城市的经济发展战略、科技发展战略、文化发展战略、人口发展战略、产业发展战略、市政设施发展战略、环境保护及生态建设战略等。

以经济发展战略为例，城市发展战略目标的重点是根据城市产业结构的演化规律，不断调整城市产业的投资结构。具体来说，就是调整投资在城市各产业部门之间、不同的技术结构之间以及各自内部的相互联系和比例关系。当然，不同的城市其产业演化的状况各异，这就需要城市政府实事求是地确定本城市的重点投资产业内容。通过投资的倾斜，达到促进城市的经济发展和城市发展的目的。

目前，我国正处于快速城市化阶段，粗放式发展是我国大多数城市发展中存在的主要问题，因此，追求城市可持续发展，即符合我国发展的战略要求，又符合城市的实际，成为各城市发展的长期性战略选择。我国城市可持续发展的总体战略框架如图 2-9 所示。

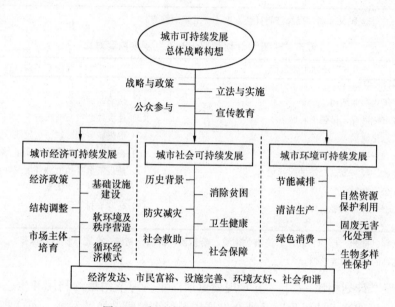

图 2-9　我国城市可持续发展战略框架

2. 城市发展战略措施的主要方面

（1）确定城市合理容量及合理的城镇布局。首先，确定城市的合理容量，主要是确定城市能容纳的最佳数量的人口并与之相适应的经济单位以及最佳的土地面积规模。这实际上也是确定适度的城市规模的问题。确定城市的适度规模，既要考虑城市的自然条件和市政设施条件，也要让城市的规模与城市的性质、类型、城市发展的远景规划相协调，而且还应当保证城市的规模适应区域生产力布局和区域城镇体系发展的需要。其次，从区域发展的角度来看，合理的城镇布局，包括城市与其卫星城镇的合理布局以及城市与区域其他城镇的合理布局，也能产生规模效益，因此确定合理的城镇布局也是城市发展战略措施的一个重要方面。

（2）调整传统的城市发展方针。我国传统的城市发展方针是：严格控制大城市规模、合理发展中等城市和小城市。该方针明显存在"一刀切"的印记，事实上与城市的合理规模也是相矛盾的。在我们这样一个国土辽阔的发展中国家，各级各类城市都有其自身存在和发展的价值，不能笼统而简单地提出要"严格控制大城市的规模"以及"合理发展中等城市和小城市"的口号。只要城市没有达到合理规模，大城市一样需要发展。同时，中等城市和小城市也需要积极、集中地发展，以促进城市内部的规模化和城市布局的合理化，实现城市的规模效益和迅速发展。

（3）加快城市户籍制度改革。1958 年的《中华人民共和国户口登记管理条例》明确设置了农村居民进入城市的种种壁垒。尽管在其后的若干年里，这些制度有些改变，但到目前，农村居民进入城市的这种制度障碍依然存在。这些障碍严重影响了城市化进程，对城镇的合理布局和形成合理的城市规模也带来了不利的影响，因此，必须尽快加以改变。

（4）强化城市土地政策的变革。传统的城市土地政策是以无偿、无限期使用为主要内容的。近年来，我国的城市土地使用制度进行了很多改革，从根本上确定了有偿、有期限使用的原则。但是，还有一些土地并没有按照要求进行有偿出让或转让，而是通过其他途径通过划拨的形式或变相划拨的方式进入到使用者手中，这对城市资源的合理配置不利，对城市空间的适当安排也带来了负面的影响。

3. 城市发展战略管理的全程化

城市发展战略制定及其管理是一项系统工程，是一系列环节构成的链条，因此要进行全程化管理。如图 2-10 所示。

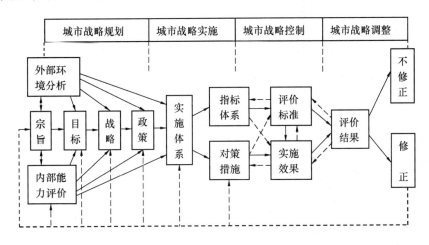

图 2-10　城市发展战略制定及战略管理过程模型

（1）城市战略规划。在对城市外部环境进行正确分析和对城市的自身能力进行恰当评价的基础上，根据城市组织系统的宗旨，确定城市发展的总体目标及战略方针，进而制定相应的政策。

（2）城市战略实施。城市战略规划后，重要的是要构建实施体系，包括确定实施的主体，建立合理的组织体系，明确它们各自的责、权、利，合理界定其边界；合理地制定指标体系，同时选择确定相应的实施措施。

（3）城市战略控制。根据城市发展的指标体系并结合相应对策措施的可操作性，科学地确定评价标准；根据城市发展战略的对策措施体系并结合相应的指标体系，客观地评估实施效果。综合评价得出结论（或结果），并据此提出控制性方向及尺度。

（4）城市战略修正。根据综合评价结果，检查其与当初既定目标及指标体系是否一一实现，未实现者要找出其偏差及其原因，并制定相应的对策措施；或者适当调整原有目标指标体系及对策措施，甚至适当调整既定战略方针政策。

复 习 思 考 题

1. 简述现代城市管理目标的内容。
2. 简述城市发展战略的类型与特征。
3. 解释目标管理中 SMART 原则的涵义。
4. 简述城市管理战略的 PDCA 循环法。
5. 简述制定城市发展战略的技术路线。
6. 试述我国城市发展战略的设计系统。
7. 如何理解我国城市可持续发展的战略框架?
8. 论述我国城市发展战略制定及战略管理过程模型。

第三章　城市管理体制（Ⅰ）——组织与体系

城市管理离不开一定的形式和载体，需要依赖于一定的管理体制。城市政府是发达国家政治制度中一个重要组成部分，其组织体制、权力配置以及职能的发展变化是城市管理成功与否的基本前提。不同国家的各个城市采用何种管理体制主要是由历史传统、国家的政治制度以及该城市的地理、经济和人文环境决定的。城市管理主体多种多样，如何对这些资源进行有效组织，并合理分配相应的任务，明确各部门的职责，组织做好各项监管，对于促进城市管理各项事业及活动顺利开展，具有十分重要的意义。

第一节　我国城市管理体制概述

一、城市管理体制的概念及功能

（一）城市管理体制的概念

所谓城市管理体制，是指处理城市中各阶层之间的关系，规范和调整城市内部的政党组织与国家机构之间，城市的国家机构纵向上下级之间以及横向代议机构、行政机构和司法机构之间的各种法律、规章和制度的总称。

城市管理体制是整个城市实行科学管理的核心，也是推进城市管理现代化的中心环节。解决城市发展中面临的问题，离不开运转高效的城市管理体制。随着我国改革开放的不断深化和加入世界贸易组织，城市管理体制对城市的政治、经济、教育、卫生等各项事业乃至整个社会的发展都有着重要的意义。

（二）我国城市管理体制的特点

我国人民民主专政的国体和人民代表大会制的政体，决定了我国城市管理体制的基本特点，同时中国的城市管理体制在长期发展过程中，受政治形势稳定、经济发展水平、历史文化传统、国民素质等因素的影响，其在权力分配、层级设置和运行机制等方面都有其独特性。表现在：

1. 我国的城市作为行政区划单位存在着行政等级的差异

我国的城市行政区形成了直辖市、副省级市、地级市、县级市的层级差异。直辖市又分为由中央政府直接管辖的中央直辖市和由大行政区管辖的省级直辖市。副省级市又称为计划单列市，虽然仍受所在的省政府领导，但行政级别与省会城市相同。地级市是行政地位相当于地区或自治州一级的市，受省、自治区管辖。县级市是行政地位相当于县一级的市，由省委托地区管辖。

2. 城市执政党在城市管理中发挥着重要的独特的作用

我国城市的政治权力集中在中国共产党的市委，尤其是市委常委。中国共产党市委、城市人民代表大会及常务委员会、城市人民政府、市长、市人民法院和人民检察院、政治协商会议地方委员会与各民主党派共同构成了城市的行政管理体系。共产党市委和市委常委对城市进行着政治领导、思想领导和组织领导。因此，党的政策方针决定着城市的发展方向和发展战略。

3. 议行合一的管理体制

我国的城市人民代表大会是由市民直接或间接选举出来的代议制机构，从法律上来说，它是城市的最高权力机关，依照宪法和法律可以制定城市的管理法规。市长和市政府各部门的成员也由市人大选举产生或批准。市政府是市人大的执行机构，根据市人大的决议行使管理城市的职权，并定期向市人大报告工作，并受市人大的监督。

4. 社会团体在城市管理体制中的参政作用不断增强

在城市管理体制中，工会、共青团、妇联等社会团体是中共市委联系市民的桥梁和纽带，是人民群众的代表，也是带领各自成员的组织者。同时，我国的民主党派是参政党，接受共产党的领导，主要发挥参政议政和民主监督的作用，代表一部分人民群众的利益。随着民主程度的提高和市场经济的进一步发展，人民的民主参与意识增强，各种社会团体在城市管理体制中的作用将会逐渐增强，社会团体将会通过多种形式进行利益表达，更多地参与宣传和执行城市国家机关所制定的公共政策。

5. 城市管理职能的广泛性

在我国，城市政府管理的内容十分广泛复杂，它集工业、商业、农业、财税、金融、卫生、教育、科技、文化、体育、环保、城建、民政、公安、司法行政于一体，具有很强的综合性。城市政府不仅要管理城市地区，而且要管理所辖的农村地区；不仅要管理常住的非农业人口，而且要管理常住的农业人口和大量外来的流动人口；不仅要承担城市规划和建设任务，而且要抓好农村的基础设施建设，加快农村的城市化发展；不仅要解决城市发展带来的各种城市问题，而且要保护好农村耕地和生态环境。

(三) 城市管理体制的功能

1. 有助于巩固和稳定国家政权

城市政权是国家政权的重要基础。国家政权的巩固得益于城市政权的巩固，国家的发展水平主要取决于城市的发展水平。城市管理体制可以通过调整各阶级、各阶层之间的关系，使城市政权能够更好地发挥其治理作用，从而有利于维护国家政权。

2. 有助于提高统治阶级参政议政的积极性

城市管理体制是通过统治阶级内部关系，增强统治阶级的团结，带动统治阶级成员参政议政的积极性。我国的城市人民代表大会是城市的最高国家权力机关，而城市人大代表具有普遍性，使我国城市管理体制具有广泛的社会基础，能够真正代表全体市民的共同利益。我国的各阶级、阶层和社会团体通过他们的代表，在市人民代表大会及常务委员会分享城市的管理权力，表达他们的利益，协调相互之间的利益矛盾，把他们的利益集中为权力机关所制定的地方性法规或市人大及其常委会的决定，并通过市人民代表大会及其常委会监督城市政府、法院、检察院执行法律、地方性法规和城市人民代表大会的决议，使他们的共同利益和各自合法的特殊利益得到实现。我国的城市管理体制所具有的这种民主性，有利于加强市民的团结，发挥市民参政议政的积极性。

3. 有助于体现和调整城市政权的组织形式

城市管理体制通过体现和调整城市的政党组织、代议机构和司法机构之间的关系，来体现和调整城市政权的组织形式。在我国城市中，城市政府组织人民群众维护和执行符合共产党组织政策的城市立法机构、行政机构和司法机构的决议、命令和判决。随着社会的发展，各种情况、各种因素都在不断地发生新的变化，为了适应新形势的需要，城市政府也将不断地改变自己的领导方式和活动方式，这种变化必然也会引起城市政权内部其他关系的变化，引起城市政权组织形式的调整。

4. 城市管理体制的变革有利于推进城市经济体制和生产力的发展

经济决定政治，政治为经济发展提供一定的保障，没有政治体制的发展，经济就不会有持续发展的空间。为了适应社会主义市场经济体制和城市发展的需要，城市政府管理从微观走向宏观，政府职能进一步转变，政府管理机制逐步迈向科学化、高效化，政府行为进一步规范。一个适应现代化城市管理需要的法制化、民主化的城市管理体制能够提供完备、高效、廉洁的政府服务，能够营造出一个规范、有序、公正的市场经济秩序，从而为多种所有制经济的共同发展和城市经济的持续繁荣提供持久动力。

二、我国城市管理体制的历史演变

我国现行的城市管理体制，是伴随着长期的城市管理实践发展而来的。改革开放 20多年来的经济体制改革和机构改革，促进了我国城市管理体制的发展，形成了当前多元模式并存的特点。

我国的城市管理体制从 1949 年新中国成立迄今，政府机构的结构调整大致经历了三次较大的变革阶段：

（一）第一阶段（1949—1956 年），城市政府机构体系初步建立和完善的时期。

在对旧政府机构改组的基础上，形成了最初的城市政府机构设置格局。建国初期的城市政府大体上都是按民政、公安、财政、建设、文教、卫生等机构的格局设置的，并设财经委员会、人民监察委员会，以及市人民法院、市人民检察署。根据各城市的大小和工作的需要，机构大体上是 10～20 个。此后，市政府的机构虽有调整和精简，但基本上是增加的趋势。1956 年市政府机构一般是 20～40 个。

（二）第二阶段（1957—1988 年），调整变动时期。

这一时期城市政府机构的主要特点是行政管理部门越来越多，越来越集中。1965 年，城市政府一般下设政府办公室、财贸办公室、纪委、经委办公室以及民政、公安、财政、计生办等，共计 20～50 个部门。

（三）第三阶段（1988 年—至今），逐步形成及稳定期。

这一阶段又可分为两个时期：

一是从 1988 年到 1993 年，那时中国正进行第五次机构改革，是我国城市建设的酝酿准备阶段和大规模城市建设的起步时期，城市经济体制改革在城市已经铺开并进入积极推进时期，城市经济的发展要求进一步转变城市管理的职能。20 世纪 90 年代《城市规划法》的实施，使城市的规划职能得到凸现和明确；简政放权，赋予区一级政府相应的权力，与市一级政府的职责权限和任务分工都作了区分；并调整了城市管理的内部结构，将城市建设作为城市管理的重点。

二是从 1993 年至今，这一时期中国的城市管理体制得到了很快的发展。主要是得益于十四大所建立的社会主义市场经济体制目标。转变政府职能，深化城市管理机构改革，优化城市管理的内部结构，建立起规划、建设、管理的职能框架，试图逐步改变轻规划、重建设、轻管理的局面；逐步明确并初步界定了市、区、街道三级管理体制的格局，形成了"两级政府、三级管理"体制；颁布了大量的城市管理法规，使城市管理初步走上了有法可依的道路。

三、我国城市管理体制的组织模式

就市政管理职权结构和功能关系而言，当前我国城市管理组织模式主要有以下几种：

（一）建管合一模式

在该种模式下，城市管理职能与建设职能混合交叉并集中配置于同一个政府职能部门，即建设委员会。其特点是城市管理职能和城市建设职能合一，单位内部关系不顺；同时，由于建设委员会的工作精力大多放在"建设"上，造成"管理"弱化。

（二）多头分散模式

这种模式不设建设委员会，城市管理职能分别由几个独立平行的政府职能部门分散行使。例如，建设局管建设工程，市政管理局管市政，环卫管理局管环境卫生等，其特点是：城市管理职能过度分散，形不成"综合管理"；同时，几个部门在经费分配、业务分工上也时有扯皮现象。

（三）综合协调模式

这种模式的城市管理职能主要是由一个非常设的城市管理机构即城市管理委员会行使。城市管委会由市长兼主任，分管副市长兼副主任，下设办公室，简称"城管办"，负责日常事务。其特点是：城市管理工作缺乏常规性。城管办不是政府职能部门，有的还是临时机构或事业单位，很难正常行使政府职能部门的职责。

（四）管理单一模式

这种模式不设"城管办"，只设市容环境卫生管理局，主管城市环境卫生工作。其特点是把城市管理这个庞大的系统工程局限于市容环境卫生单方面。就职能配置而言，管理内容十分单薄。

（五）实体管理模式

这种模式仍以城市管理委员会为基础，但它将市政管理、园林管理、环境卫生管理等方面的职能划由"城管办"来行使。其特点是：管理内容具体、实在，但从体制上未能摆脱临时机构的束缚和影响。

上述"多种模式并存"的现象，其实质问题是"建管不分、以建代管"，建管主体既是建设者又是管理者，这种体制缺乏约束与被约束、监督与被监督机制，既影响城市建设职能的正常发挥，又影响城市管理职能的正常发挥。

第二节　城市管理的组织体系

城市管理活动只有依赖于一定的管理组织体系和机构，才能正常进行。各国的政治体制不同，城市管理组织结构的划分也不同。根据我国的国情，以及目前我国经济、社会发展情况，我国的城市管理组织体系在向多元化方向发展。城市管理机关是城市管理的主体和组织保障。从是否拥有正式的直接决定和执行城市公共政策的权力的角度，城市管理体系可以分为两大系统：城市权力系统和城市非权力系统。城市管理的权力系统起主要作用，其他非权利系统和市民广泛参与。

一、中国城市管理的权力系统

（一）城市管理的权力系统分类

城市管理权力系统可以分为四个系统：

（1）决策系统：包括市委、市人大及其常委会、市政府和市长，是管理体系的核心。

（2）执行系统：城市政府的组成部门和上一级各大职能部门，它们是促进城市运行的重要部门。

（3）信息及咨询系统：调查研究中心、新闻媒介、专家学者、社会智力等，是影响决策及执行的重要参谋部门。

（4）监督系统：各级纪委、监察、审计部门等。

（二）城市管理权力系统的组织体系

我国的基本政治制度是"一党执政、多党参政"，国家的政治制度决定了城市管理权力体系的特点。中央政府将管理地方社会事务的权力授予给城市政府，主要包括决议权、执行权和监督权。我国的城市管理权力系统主要包括城市政党组织、城市权力机关组织、城市行政机关组织、城市司法机关组织。

我国城市管理体制中的组织系统主要包括以下几个组织体系：

（1）城市组织体系：由市级组织机构、区级组织机构、街道组织机构和社区组织机构组成，具有层次性，即下一级须服从上一级政府的指令或指挥。

（2）国家权力机关组织体系：由市人民代表大会和区人民代表大会、各级党委组成。

（3）行政组织体系：由市人民政府、区人民政府和街道人民政府组成。

（4）司法及监督机关组织体系：由各级人民法院和检察院组成。

与一般管理中的组织结构不同，我国城市管理组织体系是按照地区和职能来划分的，城市党委是领导城市各项事业政治核心，实际承担着城市相关重大事务的决策职能。我国城市管理的组织系统如图 3-1 所示。

（三）城市管理组织中的权力下放

现代的城市管理与传统城市管理的一个主要区别就是城市组织管理中的权利下放，已经成为一种国际趋势。权力下放的理解就是职能和责任由上级政府逐步向下级政府转移，并将经济运行交给市场。分权管理的原则一是城市管理要以居民对城市的满意度为导向分权；二是管理者要勇于承担事件后果；三是给更下一级政府或团体作重要决定的权利；四是要通过市场竞争获取竞争优势。

二、我国城市管理的非权力组织体系

（一）城市非权力政治系统

城市非权力政治系统包括市政治协商会议、市民主党派组织城市居民委员会、市人民团体等。

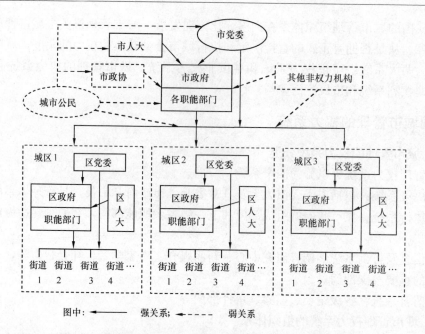

图中：◄────── 强关系；◄- - - - - 弱关系

图 3-1　我国的城市权力系统组织结构（假设该市设 3 个区）

市政协商会议简称市政协，是城市全体社会主义劳动者和爱国者的政治联盟。市政协参与城市管理的具体工作主要有：就本市的大政方针、群众生活和统一战线问题进行协商；对本市党委和国家机关城市事务中的重要问题提出建议和批评，协助其改进工作，提高效率；兴办和支持市公益事业，组织调查研究、视察检查，为城市建设与管理献计出力；进行思想、道德、纪律等宣传教育，推进精神文明；宣传和贯彻执行党和国家的各项方针政策；调整和处理市政协各方面的关系及其合作共事的重要事项，等等。市政协的作用是：发展和巩固市的爱国统一战线，进行政治协商，民主监督、参政议政，推进社会主义物质文明和精神文明建设，开展人民外交和对台工作。

市民主党派组织在我国城市政治生活中所起的作用主要有四个方面：①参政与监督作用，发扬社会主义民主。各民主党派参政，主要是指参加城市国家政权，参与城市大政方针和市政领导人选的协商，参与市政事务的管理，参与法律规范的制定执行。发挥各民主党派的监督作用，主要是指发扬民主，广开言路，鼓励和支持各民主党派人士对城市方针政策和各项工作提出意见、批评、建议。②为城市建设和管理出力献计献策。各民主党派的智力结构具有多学科、多方面、多层次的特点。利用这种优势，采用多种形式，为城市建设和管理献计出力，是民主党派发挥作用的重要方面。③协助有关部门团结和争取海外人士和港澳台同胞，扩大和巩固爱国统一战线。④维护市内各民主党派成员的合法权益，组织成员学习，加强自我教育。

居民委员会是城市居民自我管理、自我教育、自我服务的基层群众性自治组织。居民委员会参与城市管理的主要工作有：宣传法律法规和国家政策，开展多种形式的社会主义精神文明建设活动；组织执行居民会议的决定、决议和居民公约；调解民间纠纷，促进家庭和睦和邻里团结；向人民政府或者它的派出机关（街道办事处）反映居民的意见、要求和提出意见等。

市人民团体是群众性的社会政治团体。在城市管理中的作用主要有：①代表所联系群众的利益，反映所联系群众的呼声，维护所联系群众的合法权益；②努力做好所联系群众的思想政治工作，开展法制教育和职业责任、职业道德教育，组织文化科学技术学习，开展文体娱乐活动，办好群众文化、教育、体育事业；③动员和组织城市职工、青年、妇女儿童等积极参加城市两个文明建设，为城市建设献计献策，开展各种劳动竞赛及评选等活动；④积极参政议政，参与市委、市政府的政策制定和市人大有关法规的起草，参加政治协商、民主监督。

（二）城市非权力社会系统

现代社会中存在着大量的社会组织。所谓社会组织，就是指国家（政府）组织之外的其他一切组织，既包括经济（企业）组织，也包括政府与企业以外的非营利组织。我国城市非权力社会系统主要包括：营利性企业，非营利组织（NPO）或非政府机构（NGO）两部分。

营利性企业是市场经济的微观经济主体，它们主要通过其追求利润最大化的经济行为推动城市经济的发展，并通过其利益群体——城市社会中的非政府机构（如行业协会、私营企业主协会、商会等）参与城市的管理。

非营利性组织和非政府机构具有非营利性的、志愿性的、慈善性的、非政府等特点，又被称为"第三部门"。非政府非营利性组织具有正规性、民间性、非营利性、自治性、志愿性和公益性的特点。

另外，直接参与城市管理的第三部门组织还有社区组织、各类人民团体及行业协会等。

（三）城市公众

城市公众又称城市居民或市民。通常是指居住在城市所辖区域内、持有本市户籍的合法公民。市民是城市社会的主体，是我国城市管理体系的主人。从本质上说，城市一切公共设施和政治活动都是围绕着市民展开并服务于市民的。我国宪法规定市民享有广泛的政治权利和自由，并履行相应的义务。比如选举权和被选举权、监督、批评和建议的权利等，同时，所有公民都有遵守宪法和法律的义务，都不得破坏社会主义法制。在我国，由于长期以来市民一直处于被管理的地位，主体意识薄弱，加上其他体制性因素的影响，致使公民权利难以实现，城市管理成本昂贵，管理效率难以保证。现代城市管理提倡城市公众广泛参与管理过程，以增强城市政治的合法性，提高管理效率。为实现这一目的，需要增强公众的主体意识、健全公众参与制度，创造有效的参与途径。

市民参政，亦称市民政治参与，是指市民个人或群体通过一定途径和形式向政府及其领导人员提出各种利益要求和建议（亦称市民的利益表达），向有关部门进行检举揭发，行使检举权、监督权等权力的行使，以阻止或促成某项政策的行为。市民参政是社会主义政治民主建设和实现人民当家做主的重要内容，也是城市规划、建设、管理和改革开放始终沿着正确方向发展的根本保证和力量源泉。市民参政可以大大增强主人翁的责任感，有力地促进城市民主政治的发展，并有效地推动廉政建设，提高市政透明度，具有重要的政治意义。市民参与城市管理的途径包括直接参与和间接参与两种。市民自己动手维护城市环境卫生，注意自己的言行，维护城市的形象，纠正其他市民违反城市管理有关规定的行为等等，就是市民对城市管理的直接参与。所谓间接参与是指通过利益表达、行使监督权、行使选举权和罢免权等形式参与到城市管理中来。市民参政议政的途径包括：利益表达、形式监督权、行使选举权和罢免权。

三、我国城市管理的执行体系

我国城市事务管理的执行体系具有明显的层级结构性，如图 3-2 所示：市级权力机构侧重于战略计划的制定，其功能多在决策层；具体职能部门工作重点则在于负责城市管理运行计划的实施，一般是基层单位具体负责操作实施运行计划；区级权力机构主要在于管理和协调，负责运行计划的制定，上下级部门间的协调，决策执行及对下级具体操作单位的指导、控制等。

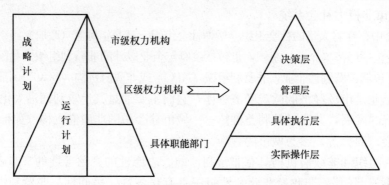

图 3-2　计划及决策制定中管理组织的层次结构图

在我国，市级权力机构主要是市级人民政府，但按照我国政治体制，市级人民政府必须接受同级党委的领导和同级人大的任命及监督，同级政协虽没有直接的"事权"及"财权"，但拥有提案权（建议权）及部分监督权。上一级政府职能部门通常是具有业务指导的权力，部分职能部门如工商行政管理、税务、土地等则有较为直接的管理权。市级城市管理综合部门从理念上可以认为是一个"城市运行指挥中心"负责日常及应急指挥，如图3-3 所示。

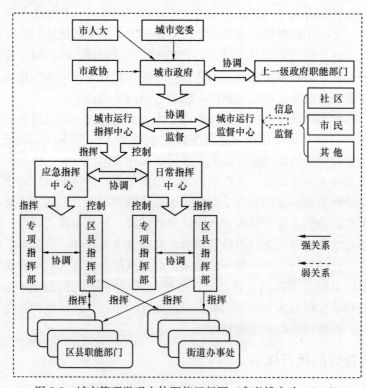

图 3-3　城市管理微观主体职能运行图（参考姚永玲，2008）

　　但是，我国城市政府的职能是十分宽泛和综合的，在大多数城市负责城市基本设施和公共事务运行的是市政管委或公共事业局。以北京市为例，负责城市基本设施管理及主要城市工程类公共品生产、运行、监管以及综合执法的部门是市政市容管理委员会及其相应的企事业单位，其组织体系如图 3-4 所示。需要说明的是，另外两种主要工程性城市公共品自来水和城市交通分别归属于水务管理局和交通委员会。

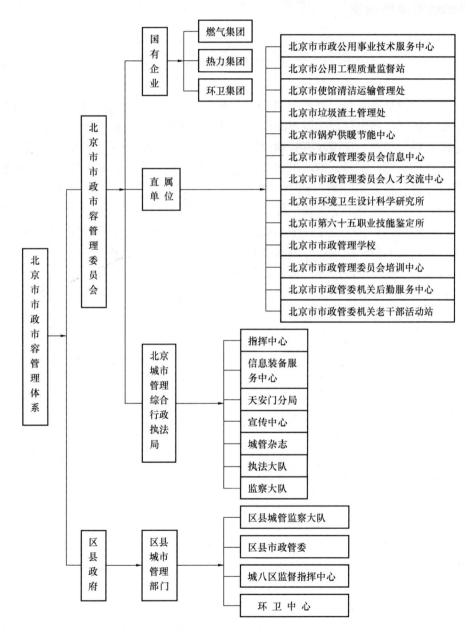

图 3-4　北京市城市（市政）管理体系结构图（树）

第三节　现代城市政府

城市政府是城市管理中最重要的主体，它承担着管理城市公共事务、提供公共品的职责，因此也是城市管理体制中必须重点研究的内容。

一、现代城市政府职能

（一）城市政府职能的概念

城市政府职能，也叫市政职能，是指城市政府在依法管理城市公共事务中依法履行的各项职责和功能的总称。从动态看，它是行使职权、发挥作用的一系列活动的总称，是城市政府管理活动的基本方向。由于中国的各类市政府具有双重地位，所以，中国的市政府职能一般包括国家在该市行政区域内的政治、经济、文化和社会管理方面的事务，是城市政府的重要职责和功能，在市政府管理过程中体现为法律、法规和上级政府决定的执行。而狭义的市政府职能，主要是指城市政府在城市环境、城市规划、城市建设、城市服务和城市管理等方面的职责和功能，同时也包括组织本辖区的政治、经济、文化和社会活动，管理地方公共事务，为城市居民提供优质高效的公共服务。由此可见，我国市政府职能的内容十分广泛，但其核心内容不外乎是执行国家的法律、法规，政策和上级政府的决定，实施同级人民代表大会的决定，管理城市政府辖区内的地方公共事务。

正确理解和把握城市政府职能概念，需要注意以下几方面的问题：

（1）城市政府职能状况取决于一个国家的性质和城市政府在国家政权体系中的地位，不同国家的城市有着不同的市政府职能。

（2）城市政府职能是历史的产物，不同历史时期的城市政府有着不同的城市政府职能。因此，市政府职能将随着城市的发展而不断发生变化，是国家职能社会化的缩影。在不同国家和同一国家的不同历史时期，市政府职能具有不同的内涵和特征。

（3）市政府职能的主体是城市人民政府。一个城市的行政管理往往是该城市党委机关、立法机关、行政机关的复合行为，但在法理上和具体的管理分工中，城市人民政府无疑是确定、调整和实现市政府职能活动的主体。

（4）市政府职能的客体是城市公共事务。在我国，城市公共事务是地方公共事务的重要组成部分。由于人口聚居所产生的公共服务需求，造成了公共机构、公共设施、公共产品和公共服务的高度集中，从而，与其他地方行政事务相比，城市行政事务更加具有公共性质。

（5）实现市政府职能的主要途径和方式是法制化、科学化、现代化的公共管理。政府职能的实现必须做到依法循制，按照既定的规则来进行。这就要求城市行政法规和制度必须符合科学管理的规范，反映现代化的需要。

（二）发达国家城市政府的主要职能比较

发达国家大多实行市场经济体制，市场机制在资源配置中起最基本、最主要的作用，政府只作用于那些市场机制容易失败的领域，专注于公共品或公共服务的供给，因此，其城市政府通常是组织结构相对简单的"小政府"。发达国家城市政府的主要职能如表3-1所示。

发达国家城市政府的主要职能归纳表　　　　　　　　　　　　　表 3-1

国　家	城 市 政 府 主 要 职 能
丹　麦	社会保障和教育（最主要的两个职能）、体育设施和文化、环境（水务、电力等）、城镇规划、地方道路网的维护、地方规划与发展（与县联合承担）、健康服务、城镇供热
芬　兰	教育、卫生、社会福利（三项关键职能）、环境（供水和污水处理）、城镇规划、公共运输和交通网的维护、消防和紧急事务、住房、电力和城镇供热
法　国	城镇规划、城镇道路网、城市运输、教育和儿童照顾、学校建设与维护、环境（给水排水和污水处理）、文化和体育
意大利	职能范围较为广泛：城镇规划、社会住房、助残、地方公共交通、道路网维护、警察、中小学和职业学校（建设、维护和教师工资）、文化体育、污水处理、农村地区的医疗服务
荷　兰	教育、社会服务、医疗、住房政策、文化、休闲、旅游、运输、消防服务、给水排水、垃圾处理、城镇与县城规划
西班牙	所有城镇：法律与秩序、道路网的维护、给水与街道照明、垃圾处理、公墓维护、屠宰场建设、历史遗迹保护。5000人以上城镇：市场和公园、图书馆、污水处理；2万人以上城镇：紧急事务和消防服务、社会再融合、运动设施；5万人以上城镇：环境保护、城市公共运输
瑞　典	教育（从幼儿园到中学）是主要的责任、城镇规划、道路网的维护、环境保护（给水、污水处理、垃圾收集与处理）、文化与娱乐
美　国	中小学教育、建设与维护主要道路和大部分公共交通系统、公园与娱乐设施、老年人服务等
日　本	征税、编制预算、管理学校、研究所、图书馆、救济疾病、维护城市公共秩序和居民的安全、健康与福利、保护文化、奖励发明革新、经营公共事务

资料来源：踪家峰著．城市与区域治理．北京：经济科学出版社，2008。

（三）我国城市政府的职能

从城市政府的内容和范围来看，城市政府职能主要由政治、经济、文化教育和社会服务等职能构成，这些职能是城市政府的基本职能，它们集中体现了城市政府在进行具体管理中的运用。

1. 政治职能

城市政府现阶段的政治职能的具体内容是：执行同级国家权力机关的决议以及上级政府的决议和命令，规定行政措施，发布行政决议和命令。直辖市以及省、自治区的人民政府所在地的市和国务院批准的较大的市的人民政府，还可以根据法律和国务院的行政法规制定规章；保护社会主义全民所有的财产和劳动群众集体所有的财产，保护公民私人所有的合法财产，保障公民的人身权利、民主权利和其他权利；维护社会治安等。

2. 经济职能

这是现代城市管理的基本职能之一。城市政府必须积极推动社会生产力的发展，维护经济基础的巩固，如加强对城市经济的宏观调控、各城区的经济调节、国有资产管理，以及组织力量规划并实施较大的经济建设项目。

3. 社会职能

社会职能即组织动员社会的各方力量对社会生活领域进行管理的职能，这是一项通过兴办各类公共事业，直接造福于民的职能。政府的服务是典型的公共服务。政府服务是城市政府职能中内容最为广泛、丰富的一项基本职能。凡致力于改善、保障人民物质文化生活、体现人道主义思想的各项事务，都属于社会职能的范围，如制定社会保障的有关法律制度，完善社会保障体系；创办各种社会公益服务事业，治理环境污染，保护生态环境；控制人口增长，使之保持在适度状态；加强社区建设等。

4. 文化教育职能

文化教育职能是指领导和组织精神文明建设的职能，包括进行思想政治工作以及对科学、教育、文化等事业所进行的规划管理。文化教育的目的在于改造人，从而形成具有道德修养和先进科学技术知识的社会化公民阶层。城市化主要在于人的进化，而人的进化又取决于思想的进化。在未来的城市和社会发展中，要充分认识到城市文化教育工作的艰巨性和长期性，要使城市文化教育面向所有的人，将教育贯穿于一个人生命的全过程。

5. 运行职能

运行职能是城市政府的管理职能在管理和技术层面的具体体现。就我国来说，城市政府的运行职能主要由计划、组织、控制三个方面组成。计划职能是城市政府和其他管理机构的首要职能，包括两方面的涵义，一是制定目标及行动方案；二是在具体的法律法规范围内，制定系统的工作程序。组织职能是指城市政府根据行政计划的各项目标和要求，建立组织机构，配备相应人员，确立职权、职位、职责关系，将行政组织内部各要素组成有机整体，实现各种资源的最佳配合的职能。控制职能是城市政府在调节行政行为，并使之与既定目标相符合过程所发挥的作用。这种职能贯穿于整个城市管理过程，依据城市发展的总体目标对城市管理者和操作者的行为进行指导、修正。

二、城市政府管理的功能作用

按照城市管理的定义，从总体上城市政府管理的职能也可以分为计划（决策）、组织（领导）、指挥（指导）、控制（协调），但在现阶段它们可以具体表现为导引、服务、规范、治理、经营等方面。这里主要介绍前三项具体功能，即城市导引、城市服务及城市规范。

（一）城市导引

城市导引是城市政府的主要管理职能之一，其主要形式有三个方面：战略导引、规划导引、文化导引。

1. 城市导引的含义

城市导引是指在认识城市发展客观规律的基础上通过城市发展战略和规划的制定与主流文化的培养，对城市经济、社会和文化的发展进行方向性引领的城市管理职能。其实质是城市发展方向的引领。

2. 城市导引的基本形式

城市导引主要包括战略导引、规划导引和文化导引三个方面。

（1）战略导引。城市发展战略是城市管理中最重要的软件系统工程，对城市的经济、社会和建设等的发展具有决定性的影响和作用。而城市战略导引就是通过制定城市发展战略对城市进行导引，对涉及城市经济、社会、建设等发展的可预见的各种潜在因素和条件加以分析，指出城市发展方向，提出所要达到的目标，从宏观上把握好城市发展的方向。战略导引的主要作用是加速城市化和城市现代化进程，提高城市发展效率和质量，引导城市积极参与全球经济竞争。

（2）规划导引。规划导引是通过城市规划的编制与管理实现对城市发展的导引。城市综合规划的导引作用主要有以下几个方面：①协调城市经济发展与城市建设的关系，不断提高城市建设项目选择及其相互关系的经济意义的认识，实现经济资源和建设资源的优化配置和可持续发展。②协调城市发展和空间拓展的关系，实现土地的合理利用，走可持续的土地利用道路，避免城市规模的无序扩张。③协调不同阶层、不同职业、不同经济利益的群体之间的关系，使之和谐共处。

（3）文化导引。文化导引是通过培育先进文化，在潜移默化中提高市民的素质，从而构成城市发展的无形资本。文化导引的主要作用是通过对地域文化底蕴、文化渊源的挖掘和积累，将文化传统和时代精神结合，使市民在潜移默化中树立正确的价值观念，为城市现代化建设提供强大的精神动力、智力支持和思想保证。

3. 全球化条件下我国城市引导的任务

全球化带来的冲击给城市引导提出了新的任务：①我国的教育水平相比比较落后，城市居民的各方面素质也比较低，城市政府要引导城市普遍提高居民的素质，加快发展城市各类教育事业，创建学习型的社会。②全球化使越来越多的跨国公司争夺国内的优秀人才，使国内的人才竞争处于白热化状态，城市政府要以创新的眼光看待人才竞争，通过吸引人才、培养人才、留住人才等为城市发展提供强有力的人力资源支持。③全球化带来的多元文化的影响为城市导引提出了巨大的挑战，因此城市政府应通过新型的城市文化发展战略，将先进文化培育成城市主流文化，引导社会文化进化，使之成为经济发展的推动力。

城市导引是城市政府五项管理职能（城市导引、城市规划、城市治理、城市服务和城市经营）的首要管理职能，是对城市经济、社会、文化的发展方向的选择、确定和引领，其目的在于使城市综合效益达到最佳。

（二）城市服务

城市服务概念的提出是我国城市经济社会发展和城市现代化的要求。对城市政府而言，提供良好的服务，是城市管理的基本任务。

1. 城市服务的内涵

广义的城市服务不仅要求城市发挥其区域发展中心的作用，还要求城市政府不断地调整产业结构，通过产业结构的不断高级化，促进城市—区域经济的协调发展；狭义的城市服务包括为城市基础设施和社会设施服务、为城市企事业发展服务、为城市居民生活保障服务以及为城市文化建设服务等。

2. 城市服务的原则

①广泛性原则，城市服务的对象不能只是拥有城市户口的居民，还应该包括流动人口；②公益性原则：城市服务应该由传统的有偿服务、无偿服务向经营性服务、公益性服务转化；③公平性原则：要有效地协调公共品经营者和消费者的利益关系，也要有效协调社会成员之间的利益关系。

3. 城市服务的主要内容

（1）完善城市设施建设服务：城市设施建设制约着城市经济发展的规模，体现着城市发展的现代化水平。要满足我国城市化、现代化发展对城市设施的要求，城市管理的一项主要任务就是不断完善城市基础设施建设服务、城市公益设施建设服务、城市信息网络设施建设服务。

（2）为企事业发展的综合服务：城市其实也单位，是城市经济运行和社会事业发展的核心细胞和重要推动者，在经济转轨和社会转型的历史过程中，城市政府应在以下几个方面为企事业单位服务：一是为企业进入、退出、发展、营运和竞争服务，二是发展完善市场中介组织，三是为事业单位发展服务。

（3）加强对居民生活综合服务：包括保障居民生存条件、改善居民生活质量、化解居民精神困扰、加强城市防灾和治安服务，建立弱势群体化解机制等。

（三）城市规范

城市规范是为城市导引和城市治理职能的实施提供依据和为城市各类主题行为提供"游戏规则"的重要职能，对城市有序发展及其速度和质量至关重要。

1. 城市规范的含义

城市规范是根据城市导引的需要，通过制定法规、政策、行政条例和规章制度等成文法的有形文案以及主动引导民间自发形成的风俗、道德、习惯等无形约束，对城市政府、社会团体、企事业单位和城市居民的社会活动及行为，进行边界约定与预警的一项基础性管理职能。

2. 城市规范的目标

城市规范的目标是通过规范反过来作用于那些政治的、经济的、社会的、管理的基础，使之不断加强和巩固，不断完善和发展。城市规范的目标主要包括：

（1）政治性目标：要求在城市不同的利益团体之间和同一利益团体的内部权利的分配、使用和监督方面，在城市与市民的关系方面，在立法、司法和行政的协同管理方面等有明确的组织规范、制度规范和行为规范。

（2）经济性目标：城市经济规范的主要目标是有利于资源的优化配置和生产，有利于不同所有制的经济成分和企业间公平合理竞争，有利于城市经济整体利益的提高等。

（3）社会性目标：在社会性目标方面主要注重以下几个方面的社会规范：公民的居住、饮食及其他各项物质消费的保障条件，公共卫生、文明礼貌与义务教育的要求等等。

（4）管理性目标：根据城市政治、经济、社会、管理的组织系统、组织结构、组织层次、组织编制、组织分工以及组织员工的定职、定位和权、责、利的统一等是城市规范的管理性目标。

3. 城市规范的两种主要形式

（1）城市有形规范：主要是以成文规范为主的城市规范体系，包括存在于城市经济社会生活中的法规、公共政策、规章制度、公约训词等。

（2）城市无形规范：主要指非成文规范，包括民间习俗、传统习惯、观念意识等形态，它是人类社会发展过程中长期传承、积累起来的一种文化现象和精神财富。

城市政府管理的功能作用除了导引、规范、服务之外，更重要的还有城市治理及经营，它们将在第四章详细介绍，在此不赘述。

三、城市政府体制

城市政府作为现代城市管理最重要的主体，其组织体制、权力配置以及职能的发展变化是良好的城市管理的基本前提。不同国家、不同政体具有不同的城市政府体制，城市政府在不同发展阶段的职能范围、内容、实现方式也有所不同。

（一）城市政府体制的含义

城市政府体制又称市政体制，它是以城市政治权利配置为中心内容的各种具体制度的总称，即关于市政府的建制、地位、职责和内部权责关系的各种制度规范的总和。它是支撑市政府系统的框架，其核心是权责配置问题。市政府的权利配置，其核心问题在于：市政府是应该只有一个权力中心，还是应该存在两个中心，即代表政治统治的议决权与执行权应由一个权力中心来行使，还是由两个权利中心来行使。前者称为"议行合一"体制，后者称为"议行分立"体制。主张"议行合一"体制的人认为：人民的统治权利是一个完整的权利，不可分割，不能分别授予不同的人，因此只能由一个经人民选举产生的代表机关，代表人民集中行使全部权利。而主张"议行分立"体制的人则认为：凡是不受制约的权利，必然会导致权力的滥用，在少数服从多数原则的作用下，有可能出现"多数人的暴政"，因而有必要形成相互制约的平衡机制。为此，应将代表人民的权利分为两部分：表达意愿和利益的议决权、正确理解和实现这种意愿和利益的执行权，由两个彼此互不隶属的代表机关来行使。

（二）城市政府体制的特点

1. 在法律方面，一般由效力高的法律予以确定

许多发达国家如美国的市政体制由州议会制定，市宪章确定；英国的市政体制由英国议会制定的地方政府法规定；法国市政体制由专门的市政法法典。在我国是由全国人大通过的中华人民共和国地方各级人民代表大会和地方各级人民政府组织法确定。这些法律一般都是仅次于宪法的基本法律，其制定和修改都有特定程序，而且很多是直接对市政府的专门法律规定。这就表明了城市政府体制在国家政治体制中的特殊地位。

2. 在内容方面，具有一般地方政府体制共性基础上的特质

一般认为，城市政府既是一级地方政府，又是一个自治团体。因此，城市政府在职权、职责及其与中央、省的关系及其内部权力配置上，既有一般地方政府的共性，又有其自身的特性。如行政首长负责制、议行合一制，是我国各级地方政权体制的共性，在城市政权机构同样也应当得到体现。在与中央的关系上，城市政府往往拥有相对的较为自主的地位和权利，而一般地方政府则更多的是执行上级的政策。

3. 在历史沿革方面，既有继承性又有变迁性

城市社会商品经济发展较为迅速，城市居民接受新生事物和变迁的意识较强，同时城市职业种类繁多，具体经济利益要求多元化，物质文化生活需求多样化。这就要求市政体制在保持基本稳定，保持总体框架历史延续性的基础上，根据新情况的变化进行一系列必要的变革。近年来，随着以城市为重点的经济体制改革的逐步深入，中央对一些中心城市实行了计划单列体制，这是市政发展史上的一个创举。

4. 在内部权力配置方面，其市行政系统相对突出

在西方发达国家，市长——议会制的城市，多数是以市长为中心的强市长制。在议会——经理制下，市经理是市政专家，在处理市行政管理问题上拥有全部权利。在我国市人大——市人民政府制的体制下，真正拥有实权、最为人们关注的也是城市国家行政机关。而市司法机关——市法院在市政体制内虽占有一席之地，但通常人们更倾向于把它看做是国家司法体制的一部分，很少在市政体系内加以探究。

（三）我国的城市政府体制

人民代表大会制度是我国的一项基本制度。在我国，一切国家权力属于全体人民，由人民选举代表组成人民代表大会，代表人民行使国家权力机关。其他国家机关都由它产生，对它负责，接受它的监督。城市人民代表大会是我国城市的国家权力机关。我国的市政府体制是由城市中行使国家权力的各种国家机关按照一定的方式组成的系统，包括城市权力机关、行政机关和司法机关等，它们各自执掌一部分权能，并相互支持、相互配合，构成我国市政府体制的基本内容❶。

各权力主体在市政府体制中的地位是不同的。中国共产党的市委是市政府体制中的领导者，居于城市政治生活的核心地位。我国的各类城市都设有党委，它的决策和主张一般不直接对社会发生约束力，而是通过某种法定程序转化为市国家机关的意志后，才产生法律约束力。它实际执掌着城市的公共权力，是市政体制的核心部分。

城市政府体制中的城市权力机关——市人民代表大会是我国政体在城市中的根本体现。它在城市的国家政权机关体系中具有最高的法律地位。中国共产党市委、市人民政府的许多政策主张、计划，需要通过它的表决变成它的决定、决议，并以它的名义公之于众，才能获得必要的法律权威，从而得以严格地遵守和执行。虽然它在城市国家政权机关体系中法律地位最高，但它并不是一个主动的管理者或设计者，而是一个确认者或者批准者。它的许多行为都必须基于市政府的建议、议案。它可以否决市人民政府、市人民法院以及市人民检察院提出的议案，但却不能直接改变市人民政府的决定或命令。总而言之，宪法赋予它的在市国家政权机关中的最高法律地位，并不意味着它可以代行行政或司法机关的权力。

城市人民政府是城市的地方国家权力机关。在政治上，它是中国共产党市委的执行者；在法律上，它是市人民代表大会的执行者。无论是对市委、还是市人民代表大会，它都有某种从属性。但它绝不是一个被动的执行者，它拥有广泛的行政管理职权和广泛的行政决策权力，可以发布决定和命令、规定行政措施，是城市里最主要的设计者和筹划者之一。

城市人民法院、市人民检察院是城市的司法机关。它们依法独立行使审判权、检察权。政治上，它们接受中国共产党市委的领导；法律地位上，从属于市人民代表大会及其常务委员会，对其负责，受其监督；在业务上，有很强的独立性，一般情况下，无论是中国共产党市委、还是市人民代表大会都不得干涉具体案件的审判和检察。

（四）城市政府职能面临的主要问题

当前，各国现代城市政府对城市的管理普遍存在两个共同的问题：一是如何使权力约束与政府职能到位更好地结合；二是如何兼顾效率与公平的问题。近些年来，虽然我国城市发展成绩斐然，管理体制改革也正向纵深方向发展，但我们也必须认识到我国城市政府职能仍然存在着很多问题。

1. 职能的模糊性和职能的错位性

我国法律没有对市级政府的职能作出明确规定，也没有对市级政府与其他各级政府的权限作出合理的划分，导致市级政府与其上下级政府的职责权限模糊不清、关系不顺。此

---

❶ 马彦琳等．《现代城市管理学》（第2版）．北京：科学出版社，2005年8月。

外，在传统的高度集中的计划经济体制下，城市社会的自治功能受到严重的制约，市级政府对所有的经济、社会事务实行了高度集中的全方位的管理和严格全面的控制，政企不分、政事不分、政社不分，管了许多"不该管、管不好、管不了的事"。

2. 经济管理职能过多，社会管理与服务职能偏少

我国的城市政府承担了大量繁重的经济管理任务，经济管理职能在城市政府的职能中占有很大比重。这是因为我国长期实行高度集中的计划经济体制，政府不得不从宏观到微观，对经济活动进行全方位的直接管理和控制，加之城市又是国家或地区的经济中心和工商业聚集地，城市政府的经济管理任务就更为繁重和具体。这种经济主导型的政府管理模式已远远不能适应建立社会主义市场经济体制和推进城市发展的需要，需从根本上进行转变。

3. 城市功能不断扩张，城市政府职能与城市功能不相适应

随着城市现代化的建设，城市生活中心的转移、扩大，城市兼具多种功能，成为多功能的载体，由于一些管理措施在短时间内难以跟上，造成新老市区相差悬殊，交通不畅，城乡结合部地区脏、乱、差等问题。其根源是发展缺乏及时宏观调控和科学规范，只注重在城市建设上投入，而在城市管理方面的投入相对较少，导致城市管理工作跟不上，建设好了的设施得不到良好的维护，造成资源的浪费。

4. 多头、分散式政府管理制约了城市的发展

现行城市管理体制和运行机制在计划经济机制下曾发挥了重要作用。但随着城市建设的逐步市场化，这种旧体制越来越显示出其固有的历史局限性。表现为：行政执法机构过多，行政执法职能交叉和行政处罚权的分散。这种政府统包、统管、多头执法的体制弊多利少。

四、城市政府管理监督系统

城市政府管理监督系统即决策施政系统之外的自我监督系统，是专门针对执政者和执行者人为的负向反馈实行监督，以制止错误的发展。目前，我国城市政府管理系统主要由党、政府、人大、社会舆论、社团组织以及人民群众的直接监督组成。

（1）党的监督。主要指城市地方各级党委、大中型骨干企业单位的基层党委、国家机关和人民团体中党组织要按照党章规定，建立纪律检查委员会、纪检小组或纪检员，负责对党员、党的干部在城市管理中所承担的工作实行监督。

（2）市政府的监督。主要是指城市政府行政系统监察机构，对政府机关城市管理职能部门和企业所发生的违法失职行为进行查处和监督。

（3）市人大及人大常委会的监督。主要是指城市地方人大及人大常委会，按照宪法和地方组织法的规定，对市政府、市政府的职能部门及其工作人员的行政行为实行监督。

（4）职工代表大会的监督。主要是指城市管理部门所属企事业单位的职代会要对本系统、本单位的行政领导人实行民主监督。

（5）社会舆论监督。主要是指通过报刊、广播、电视等新闻媒介对城市管理中的问题进行揭露、批评，通过社会舆论的力量对城市管理问题进行监督。

（6）人民政协及社会团体的监督。是指通过城市地方人民政治协商会议和各种社会团体的力量对城市政府管理问题进行监督。

（7）社会各界群众的监督。主要是指社会各界群众可以通过来信、来访、揭发批评实行监督。

（8）自我监督。城市管理人员根据自己的岗位责任对自身行为进行检查和控制，这是其他监督行为赖以立足的基础。

以上这些监督行为，既包括事前监督，也包括事后监督；既包括自我监督、内部监督，又包括外部监督和社会群众监督；既包括经常性监督又包括阶段性监督，这样有机结合形成一个完整有效的监督系统。只有建立并健全这个监督系统，才能有效保证城市管理的健康发展。

第四节　非营利组织管理

一、非营利组织的含义与性质

城市非营利组织在城市公共服务和公共管理中扮演着越来越重要的角色，可以为城市公共服务和公共管理提供一些新途径、新举措。关于非营利组织（Non Profit Organization），有许多不同的称谓，如慈善部门（Charitable Sector）、独立部门（Independent Sector）、志愿部门（Voluntary Sector）、免税部门（Tax-exempt Sector）、非政府组织（Non-Government Organization）等。对于非营利组织的界定也不统一。美国联邦国内税法对于合乎免税规定的非营利组织定义为："非营利组织本质上是一种组织，限制其将净盈余分配给任何监督与经营该组织的人，诸如组织的成员、董事或理事等。"有的学者从功能的角度来界定非营利组织，认为非营利组织是满足公共目的的需要，实现社会公善的私人组织。综合各种对非营利组织定义的界定，我们认为，非营利组织是指在城市中，组织设立的目的不在于获取利润，且净盈余不允许分配，由自愿人员组成，实现自我管理的，具有独立、公共和民间性质的组织或团体。它具有以下几方面的特色：

（1）非营利组织是正式的组织。非营利组织要求必须要有某种程度的制度化，临时和非正式的民众集合并不是非营利组织。非营利组织受到国家法律的合法承认，这种法人资格才能为团体托付订定契约和保管财物。

（2）非营利组织是民间的组织。非营利组织不是政府组织的部分，也不能由政府官员充任的基金会所管理。非营利组织可以接受政府的明显支持，同时政府官员也可以成为非营利组织的董事。非营利组织最主要的特点在于它在基本结构上是民间组织，不能为政府控制。

（3）非营利组织实行非利益的分配。非营利组织不是专为本身组织生产利润，它是在特定的时间中聚集利润，但是要将其使用在机构的基本任务，而不是分配给组织内的财源提供者，这是非营利组织与私人企业的最大不同之处。

（4）非营利组织实行自己治理。非营利组织能监控自己的活动，它们有内部的治理程序，不接受外在团体的控制。

（5）非营利组织是志愿性的团体。非营利组织包括某些程度的志愿参与机构活动的引导或是事务的管理，特别是志愿人员组成复杂领导的董事会。

（6）非营利组织具有公共利益的属性。非营利组织是为公共目的服务的，并提供公共财产。

二、城市非营利组织的类型

按照非营利组织国际（The International Classification of Non Profit Organization）分类标准，非营利组织分为12类：文化娱乐：文化艺术、休闲娱乐、服务俱乐部等；教育研究：中小学、高中以上，其他教育，教育研究等；健康：医院康复、医疗机构、心理健康与咨询、其他健康服务等；社会服务：社会服务、紧急救护、收入支持与维持等；环境：环境、动物等；发展与住宅：经济社会与社区发展、住宅、就业训练等；法律宣传与政治：公民与宣传组织、法律服务、政治组织等；慈善中介与自愿性服务：募款服务、支援服务组织等；国际活动：国际救护组织、人权组织、发展协会组织等；宗教：如天主教、基督教、犹太教等；商业与专业协会：如商业协会、劳工联盟、专业组织等；其他。

三、城市非营利组织在城市管理中的作用

传统的非营利组织的主要功能在于收容、救济、医疗、办学、文化和社会服务等方面。随着非营利组织的不断发展，其功能和影响也在不断扩大，在解决公共问题及提供公共服务等方面，发挥着越来越重要的作用。

行政学专家全钟燮（Jun, Jong, 1986）在分析非营利组织解决公共问题的作用时，认为非营利组织有六个显著的特征：①非营利组织与大多数政府部门一样，均为服务导向；②非营利组织可以成为城市政府与服务对象之间的桥梁；③非营利组织的行动取向，针对服务对象直接提供服务；④较之企业或政府组织，非营利组织的结构通常较少层级节制，更具弹性；⑤非营利组织通常被作为检验创新理念或实验社会替代方案的场所；⑥多数非营利组织，如消费者或环境保护团体不仅关心公、私组织的服务和产品质量，更关注它们对消费者或社会的影响，它们扮演的正是捍卫公共利益的角色。

在公共服务方面，非营利组织发挥的功能与作用主要体现在以下几个方面：

（1）发展公共政策。非营利组织在直接参与处理城市社会事务时，能够及时发现城市管理中的许多公共问题。同时非营利组织可以广泛地运用影响力，如提供信息、陈述请愿、参与诉讼、直接代表，来影响大众传播、影响城市政府的决策等。对于长期的决策，可以通过持续的分析研究，为政府政策制定和决策提供意见或建议。

（2）监督城市政府。虽然城市政府组织有防止弊端的机制，但仍不能完全保证公正无私。非营利组织可以不断地提醒政府与公民，使政府与公民尽到其应尽的责任与义务，以便使它们更加关心城市公共事务。

（3）监督市场。在城市政府无法充分发挥功能的领域，非营利组织可以扮演市场监督者的角色，如保护消费者权益。在许多方面，非营利组织可以直接提供选择方案，提供更高品质的产品给社会。

（4）维护良好的社会价值。非营利组织对社会公共服务的奉献精神，对人、自然、社会的关怀与关爱，对平等权利的重视，对公众参与的重视等，均体现了民主社会的基本价值，它们通过自己的行为，倡导和维护着良好的社会价值观。

（5）直接提供社会公共服务。非营利组织可以弥补一些对于城市政府无法履行的公共服务和社会福利职能的不足，尤其是在社会服务、文化教育、医疗卫生、社区发展、社区互动等方面发挥着极大的作用。

（6）促进了积极的社会公众参与。非营利组织所倡导的是积极的公民精神，这种精神强调公民应当积极主动地参与公共事务，对社会应有仁德与爱心；对社会要承担个人的道德责任；要有利他主义精神，这是民主社会最重要的精神。非营利组织可以为城市公众参与社会公共事务提供重要途径，也为培养积极的城市公民精神提供了场所。

复 习 思 考 题

1. 解释城市管理体制的概念。
2. 解释现代城市政府职能的概念。
3. 简述我国城市管理体制的特点和组织形式。
4. 简述城市政府管理的功能作用。
5. 简述城市服务的原则和主要内容。
6. 简述中国城市管理的权力系统包括哪些内容。
7. 简述中国城市管理的非权力组织体系包括哪些方面。
8. 简述非营利组织的性质。
9. 简述城市非营利组织在城市管理中的作用。

第四章　城市管理体制（Ⅱ）——治理与法制

随着我国社会主义市场机制的不断完善，城市各项事业改革的逐渐深入，城市管理的主体的多元化趋势已日趋凸显，城市管理的法律法规体系愈益健全，政府与市场在城市运行的资源配置中分工与协作更加清晰和密切，各主体的责权关系也愈加明确，因此，在较为完善的法制环境中，一个城市运行中各利益及责任主体相互促进、相互制衡的治理模式，便成为城市运行及其管理的必然选择。而在城市治理模式的运行中，城市政府仍然是"主角"，但其权力要受到法制及社会监督体系的制约，促使其更加严格地按照其职权边界行使职权，有效地依法行政。法制是城市政府进行城市治理的有效手段，同时也是城市公民行使民主权利、对政府有效监督的可靠保障。

第一节　城市治理的涵义

一、城市治理的基本概念

"治理"（Governance）起源于民间社会，包括控制、指导和操纵等多重含义，并在社区、企业中得到发展，进而对政府管理行为产生影响，使政府的管理方式向治理方式转变。所谓治理，是指各种公共的或私人的机构和个人管理其共同事务的诸多方式的总和，它是政府与市场之间进行权力和利益平衡再分配的制度性理念。"治理"使相互冲突的或不同的利益得以调和并且采取联合行动的持续的过程，强调平等、多元等社会价值观，属于宏观层次的管理控制活动。

随着社会经济的发展，人们赋予治理更多的含义，目前对治理的基本定义为执政治、经济和行政权威去管理社会事务。因此，所谓城市治理（city governance or urban governance），就是城市主体之间的运行机制，是城市主体和城市利益相关者之间的关系，是城市发展中的一种制度安排。治理的目的是为了将城市变成为一个运行更加高效、功能更加完善的城市，按照世界知名学者约翰·弗里德曼（John. Friedmann）对治理良好的城市的解释，一个治理良好的城市其标志是：丰饶、生态、宜居、安全、包容、关爱。

二、城市治理的体系结构

城市治理的主体有所不同，治理的机制也有差异。但城市治理本身是一个体系结构，治理主体之间的关系主要包括以下几种主要形式：①城市市民与城市政府之间的委托代理关系；②城市政府内部各级组织之间的委托代理关系；③城市政府与各大跨国公司及本国中小型企业之间的关系；④城市政府与上、下级政府多层级政府体系中的关系；⑤城市政府与非营利组织之间的委托代理关系。如图 4-1 所示。

城市治理体系反映的是治理主体作用于客体（对象）的机制及相互关系，其结构如图4-2所示：主体选择确定特定的客体（治理对象，如城市基础设施），出于某种动机（如使其更好地服务于市民），依据相关法律法规或行业标准，采取有效的治理措施，获取相应的治理结果的过程。在这个过程中，治理结果具有反馈作用，即治理主体可根据治理结果的情况，适当矫正所采取的治理措施。

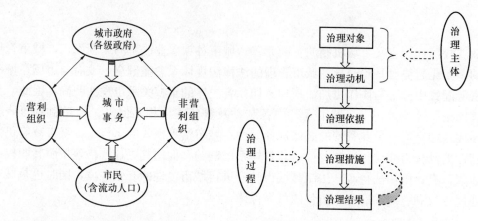

图 4-1　城市治理结构示意图　　　　图 4-2　城市治理体系（参考安树伟，2007）

三、城市治理与城市管理、城市经营的区别

（一）城市治理与城市管理的区别

城市管理（urban management），一般意义上来说是指管理主体对人们所从事的社会、经济、思想文化等方面活动进行决策、计划、组织、指挥、协调、控制等一系列活动的总和，或者说是对城市中"人"的因素和"物"的因素进行整体管理。

在我国，城市管理除了具有一般的普遍意义外，还有特殊的含义。

首先，城市管理的主体是国家行政机关。研究城市管理不能仅仅以城市政府为主体，也不能仅以行政管理事务为研究范围，而是应该以城市行政机关为中心，同时还要涉及城市的组织以及城市的立法机关、司法机关。其次，在城市管理过程的反馈环节上，除了城市权力政治体系外，还应包含非权力政治体系中的各类主体。再次，在城市管理所应涵盖的事务方面，一般应包含城市的公共事业、基础设施、公用事业以及城市的社会、经济、环境卫生等方面的事务。

总之，城市管理是一个由决策、执行、反馈等环节构成的开放系统，是一个复杂的动态过程。一般意义上的城市管理是指管理过程中的执行环节，一个完整的城市管理过程除执行环节外，还应包含决策、监督、反馈等环节。对我国而言，现代城市管理是城市人民政府，基于法定权限，依法对城市公共事务以及城市经济社会发展所进行的决策规划、组织协调和管理活动。

在城市管理中，治理理论也得到应用。这一理论对于现代城市管理的意义在于：在管理主体上，城市管理不应仅仅是地方政府的专有权力，还应吸收其他的非政府组织（社会组织、企业等）参与其中；在实现城市管理的有效途径和方式上，除了传统手段外，还应采用其他方法，例如，打破垄断的市场化操作等。城市政府的职能应仅限于公共服务领域。"城市治理"理论为现代城市管理提供了新思路和新的实践指导，使得城市管理和城市服务的主体多元化、手段多样化。

城市治理与城市管理的不同点：城市管理强调城市政府决策沿城市政府组织的等级结构执行过程，而城市治理是城市发展中的一种制度安排，其关键是建立与城市管理功能相适应的城市治理结构，它决定了城市利益相关者之间的利益分配与城市决策的能力。

（二）城市治理与城市经营的异同

城市经营或经营城市理念认为，城市管理是一系列城市经营行为和活动。"城市经营"具体来说，是运用市场化手段，对构成城市空间和城市功能载体的自然生成资本（如土地）、人力作用资本（如路、桥）及其相关的延伸资本（如路、桥冠名权）和其他经济资源要素等进行集聚、重组和营运，即把城市的可以用来经营的各种资源资产化，实现资源配置在容量、结构和秩序上的最大化和最优化，以提升城市价值，实现城市的有形和无形资产的保值增值。

城市经营是城市政府的特殊经济职能，而城市管理和城市治理则不仅包括城市经济方面，也包括城市政治、社会等方面。但就城市经济方面而言，城市经营是确立城市经济发展战略目标并整合营运城市内外资源实现该目标的经济活动，城市治理是协调不同主体确立城市经济发展战略目标的战略导向的经济活动，城市管理则是为了实现城市经济发展目标而提高资源使用效率任务导向的经济活动。城市经营可视为城市治理与城市管理的交集，既包括确立城市经济发展战略目标的治理，又包括为实现城市经济战略目标的管理，但关键是确立城市的经济发展战略目标。

（三）三者之间联系

城市经营、城市管理与城市治理之间的关系见图 4-3 所示。

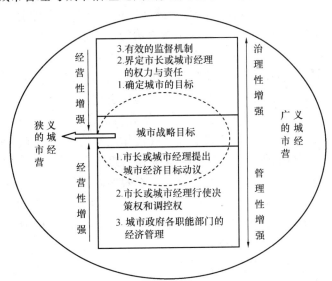

图 4-3　城市治理、城市经营与城市管理的关系

从图 4-3 可以看出：城市治理行为主要是通过协调城市利益相关者的关系以确立城市的经济战略目标。主要有三个方面：①确定城市的目标；②界定市长或城市经理（城市经营者）的权力与责任；③有效的监督。

城市管理则是确立城市经济战略目标并将城市的经济战略目标分解，确立城市各级组织的任务，实现城市经济战略目标的行为。具体包括：①市长或城市经理提出城市经济战略目标动议；②市长或城市经理等行使决策权力和对城市经济的调控权；③城市政府各职能部门对城市内部经济的管理。城市治理规定了整个城市经济运营的基本网络框架和城市经营的经济战略目标；而城市管理则是在既定的城市经济运营框架下，整合、运作城市内部资源以实现城市经济发展的战略目标。城市治理与城市管理的交接点是城市经营战略的研究领域，也是城市经营的核心。从三者关系的角度来说，狭义的城市经营是通过城市议会或城市人民代表大会和市长或城市经理为代表的城市政府确定城市经济的战略目标，并由城市政府对城市内外资源进行整合、运营实现战略目标的经济活动；广义的城市经营则包括整个城市内部经济管理和城市经济治理。从图4-3中可以看到，城市经济管理由下而上经营性增强，由上而下则管理性增强；城市治理的倒三角形则表明，由上而下经营性增强，由下而上则治理性增强。狭义的城市经营主要是指城市治理与城市管理的交叉范围；广义的城市经营则包含了整个城市经济治理与城市内部经济管理。同时，图形也表明了城市治理是战略导向的，城市管理是任务导向的，而城市经营则既包含战略导向的治理又包含了任务导向的管理。

（四）城市治理的善治

当代各国城市管理改革的基本趋势是走向现代城市治理与善治。通常我们所说的城市管理侧重于运用政府的权威进行单向度的控制，而城市治理是一种上下互动的协调过程，它寻求城市各个主体间的协调；城市管理的主体是城市各级政府，而城市治理既涉及政府部门，又涉及私人部门；城市管理主要依靠正式的规章制度，而治理主要通过合作、协商、伙伴关系、确认认同和共同的目标等方式实施对城市公共事务的管理。内罗毕宣言提出了"健全的城市管理"的七项标准：可持续性、权力下放、公平性、透明度和责任分明、公民参与和公民作用、安全保障，这是对善治的一种描述。

我国学者（俞可平，2003）认为，善治应包含六大要素：①合法性，指社会秩序和权威被自觉认可和服从的性质和状态。合法性越大，善治的程度便越高。②透明性，指城市政治信息的公开性。透明程度越高，城市善治的程度也越高。③责任性。指的是城市管理人员和管理机构必须履行一定的职能和义务。公众的责任性越大，表明城市善治程度越高。④法治性，没有健全的法制，就没有建立在法律之上的良好的社会秩序，就没有善治的城市。⑤回应性。指的是责任性的延伸。是城市管理人员对公民要求的及时、主动、负责的反应。回应性越大，城市善治程度越高。⑥有效性，指的是城市管理的效率。城市善治程度越高，说明城市管理得越有效。治理理论提出的"善治"，是针对城市管理的一种最理想的模式，是各国政府在城市改革中所追求的目标。我国要实现城市管理持久有效的目标，必须采取对城市善治的管理模式。

（五）城市治理与公司治理的比较

治理理论较成功的运用是关于公司（企业）的治理，城市系统作为管理及经营的客体或对象，其治理模式与企业固然有区别，但城市治理完全可以借鉴公司治理的成功经验，从而创新城市治理的模式。城市治理与公司治理的异同比较结论如表4-1所示。

关于治理主体，城市市民如同公司股东，拥有城市公共资产的"股权"，政府、人民代表大会和城市党委相当于董事会，政府（各级各部门）则如公司的经理层，人代会、政协及各民主党派和社会团体则像公司的监事会。由于治理客体及目标的差异，城市治理的基本关系是各阶层市民及团体"多层多维的立体式委托——代理关系"。在治理结构方面，城市治理更加强调不同主体权利制衡以及广泛的市民参与，包括通过"听证制度"参与决策、通过"自治制度"参与执行和实施、通过"投诉制度"参与监督等。

城市治理与公司治理的异同对比 　　　　　　　　　　　　表 4-1

项　目	相　同　点	不　同　点	
		公司治理	城市治理
治理主体	人或团体、多元化	股东（大会）、董事（会）、经理（层）、监事会	市民、政府（各级各部门）、各种组织（盈利及非盈利）、各级纪检检察组织、全社会
治理客体	边界清晰的"系统"	公司	城市系统
治理目标	"系统"价值最大化	公司股东价值最大化	城市价值最大化或市民福利最大化
委托—代理关系	投票制	股东（董事）VS 经理、多层级委托—代理	市民（广义）VS 城市政府、多层多维委托—代理
治理结构	分立与制衡	分立、制衡制度	权利制衡、市民参与等
治理体系	内外兼顾	内：委托代理 外：并购与战略联盟	内：委托代理 外：城市间合并或合作
治理模式	因地因时性原则	英美模式、德国模式、日本模式	企业化、国际化、顾客导向、公私伙伴模式等
治理最新特点	更加有效地参与	机构投资者声音加大	市民及跨国公司的声音加大
治理趋势	民主化治理	政府更加有效地调控	权力下移、市民参与增加

第二节 城市治理的内容与模式

一、城市治理模式中的政府职能定位

城市政府作为城市社会公共利益的代表，其基本宗旨是促进社会进步和社会公平，主要任务是创设公正有效的城市运行环境、矫正市场失败，而其行为目标是创造城市最大价值、促使社会福利最大化。实现该目标的基本途径一是政府直接提供产品及服务，二是监管市场提供产品及服务。按照城市政府履行职责的深度和广度，城市治理中政府的职能可分为基本职能、中性职能、积极职能三种，如表 4-2 所示。

（1）基本职能。提供纯粹的公共物品，如制定法律法规、营建良好的公共秩序、提供国防及公共安全服务、行使财产所有权权利、制定经济政策加强宏观经济管理、提供公共医疗卫生等；在促进社会公平正义方面，保护穷人，如制定反贫困计划及措施、消除疾病等。

城市治理模式中的政府职能　　　　　　　　　　　　　　　　　表 4-2

政府职能	解决市场失灵问题	促进社会公平
基本职能	提供纯粹的公共物品：法律与秩序、财产所有权、宏观经济管理、公共医疗卫生	保护穷人：反贫困计划、消除疾病
中性职能	解决外部效应：基础教育、环境保护； 规范垄断行业：公共事业法规、反垄断政策； 克服信息不完全：提供医疗卫生、寿命和养老保险、金融法规、消费者保护等	提供社会保险：再分配性养老金、家庭津贴、失业保险
积极职能	协调私人活动：促进市场发展、集中各种举措	再分配：资产再分配公平

资料来源：世界银行，《变革世界中的政府》，中国财经经济出版社，1998 年版。

(2) 中性职能。即一般性职能或常规性职能，主要有：①解决外部效应，如提供基础教育、开展环境保护；②规范垄断行业，如制定公共事业规章和反垄断政策；③克服信息不完全，如提供医疗卫生、寿命和养老保险、制定金融政策、维护市场秩序保护消费者权益等。在促进社会公平方面，主要是提供社会保险，如再分配性养老金、家庭津贴、失业保险等。

(3) 积极职能。主动协调私人活动，形成良好人际关系和公序良俗；积极干预市场，采取各种举措，促进市场完善进而资源优化配置。在社会财富再分配的环节：努力实现居者有其屋、进则有其途，满足不断发展的居民需求。

二、城市治理模式中的公共政策

城市公共政策是指都市政府、政党或其他社会公共权威部门，在特定历史条件下，为了解决城市在发展过程中所出现的一系列社会问题和满足当时社会需求，而制定并执行的一种行为准则或行为规范，是城市在发展过程中面临大量日益复杂的公共事务而诞生的公共产品，是实现公共意志、满足城市发展需要的公共理性和公益选择，也是规范和引导城市发展和社会公众的行动指南。城市公共政策涉及诸如产业政策、人口政策、土地政策以及环境政策等的多个方面。

城市公共政策的一般特征即准则：

(1) 政治性与公共性。城市公共政策的制定者是城市政府，而城市政府则是统治阶级的代表，是城市公共事务的管理者及公共利益的维护者，中国共产党代表广大人民的利益，作为城市事务政治领导核心的城市党委，其对城市公共政策的制定具有直接的影响。因此，城市公共政策是政治性与公共性的统一。

(2) 强制性与合法性。城市公共政策通常是为了落实国家法律法规及相关政策，根据具体城市的实际情况，按照相应权限和程序而制定的规则或战略，因此具有合法性；同时，旨在调整城市各种关系、形成一种"秩序"的公共政策，是利益相关者须共同遵守的准则，显然具有突出的强制性。另外，强制性与合法性的统一也是城市公共政策的明显特征。

(3) 稳定性与变动性。城市公共政策是根据某个时期城市的具体情况而制定的相关规定，是城市在一个较长时期内所需要遵守的规则或行为的依据，因此它应当具有较强的稳定性，不宜轻易变动，否则会缺乏延续性及权威性，也会使城市管理相关人难以有据可依；但城市内部构成要素及其运行的外部环境总是处于变化之中的，与此相适应，城市公共政策也要与时俱进，及时地作出调整，或者说城市公共政策应当具有灵活性和权变性。城市公共政策是稳定性与变动性的统一。

（4）公平性与效率性。公平和效率是城市社会运行的永恒主题，也是城市公共政策成效或绩效评价的基本尺度，公平性与效率性是统一的、不可分割的。公平性强调促进城市的公共福利、保障每个市民的合法权益，公共服务面前人人平等；效率性通常是指单位投入能够获得最大或最好的效果或者总产出最大。一般而言，在城市化前期阶段往往更注重效率或效率优先，但随着城市的发展及财富的增加，公平会显得更加重要。

三、城市治理中的政府监管

监管也是城市政府的一个主要职能，也是一种公共品。在市场经济条件下，市场机制在城市系统运行的资源配置中起基础性作用，政府则必须进行有效的监管以保障市场良好地运行，这也是对市场机制的一种制衡。政府监管是一种特殊的公共品，与一般公共品或大多数公共品相比，具有明显的差异性，见表4-3。

政府监管的公共品属性与一般公共品的差异对比表　　　　　　表4-3

公共产品类型	大多数公共产品	政　府　监　督
特　征	实物形态	非实物形态
投　入	资　金	法律、制度、规则
产　出	正的社会效益	正的社会效益/负的社会效益
主要问题	供给不足	供给不足与供给过度并存
成本与收益	对　称　性	非对称性
作用方式	效用型公共产品	约束型公共产品
目　的	消费型公共产品	手段型公共产品
消费性质	选　择　性	强　制　性
适用范围	地域中性	地域专用性

资料来源：肖志兴，宋晶主编．政府监管理论与政策．大连：东北财经大学出版社，2006。

政府监管通常也是以公共政策作为基本工具，监管政策可以分为直接监管和间接监管，前者包括经济性监管政策和社会性监管政策。当前我国城市政府监管的政策体系见表4-4。

政府监管的政策体系　　　　　　表4-4

监管政策类型		监管目的	监管对象与内容	主要监管工具
直接监管	经济性监管政策	防止无效率的资源配置的发生和确保需要者的公平利用	针对自然垄断与信息不对称问题，其对象包括公共事业、电力、电信、金融等产业	进入监管；价格监管、服务监管、数量监管
	社会性监管政策	保障劳动者和消费者的安全、健康、卫生以及保护环境和防止灾害	物品和服务的质量及伴随着提供他们而产生的各种活动	禁止特定行为；对营业活动进行限制；资格制度；检查鉴定制度、信息公开制度以及标准认证制度

续表

监管政策类型	监 管 目 的	监管对象与内容	主要监管工具
间接监管	防止各种活动对市场秩序和其他主体合法权益构成损害的不正当行为出现；保证市场运行的秩序化和组织化	市场主体资格；市场主体的交易行为；市场主体不正当的、违法的竞争行为；经济垄断；行政垄断	市场主体进入监管；市场交易的监管；市场竞争的监管；垄断的监管

资料来源：肖志兴，宋晶主编.政府监管理论与政策.大连：东北财经大学出版社，2006。

四、城市治理模式中的政府体制改进

我国现行的城市治理体制的基本特征是政府占绝对主体地位、非权力主体（非政府组织和市民）的作用十分弱小，这不仅不利于充分调动各方主体在城市治理中的积极性和创造性，而且也不利于权力的监督和制衡，结果是同时影响了城市运行的效率和公平。因此，这种体制需要加以改进。改进的基本方向是，由现在的"大政府、小市民、惰企业、弱社会"逐步转化为"小政府、大市民、勤企业、强社会"的模式，即政府适当分权、缩减公共品供给的成本，让市民更多地决策、执行和监督，鼓励企业更多、更积极地参与、支持社会组织更广泛、更主动地介入城市治理。我国城市治理体制改进"路径"如图 4-4所示。

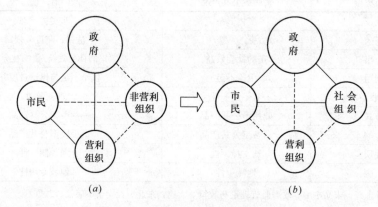

图 4-4　城市治理体系改革的趋势图

(a) 传统的治理体系；(b) 改进的治理体系

我国现行管理体制的基本特点是行政级别较低，城市政府的资源控制能力不足，"财权"、"事权"较小，影响了地方政府对中小城市的治理，使得中小城市发展不足。根据国家审计局对财政体制审计的结果，2007 年所调查的 18 个省（市、区）县级政府能自主调控的财力仅占其可用财力的 19.3%，其财政支出占 18 个省（市、区）财政支出总额的54.8%，却承担了 73% 的财政供养人口和 80% 以上的义务教育学生、城镇地保人员的支出，相当部分支出靠上级转移支付支撑和维持。鉴于此，国家拟在 2012 年试点成功后在全国推行省直管县的财政体制改革，扩大县级政府的"财权"及支付能力。

在此过程中，一些地区进行了财政体制改革的尝试。例如，北京市 2008 年 12 月 25日宣布实行新的市与区县分税财政体制，将超过 200 亿元的财力下放到区县，同时把增收空间大、区县征管效率高的城市维护建设税、远郊区县水资源费以及农村电费附加收入，由市县共享收入调整为区县固定收入，用于公共设施维护建设。改革之后，市区财力比例为 43：57（此前为 57：43），区县财力大大增强，拥有更大"财力"的区县政府可以更加灵活地统筹安排资金使用，集中财力办大事。而与此同时，区县的"事权"也相应扩大，一些涉及百姓切身利益的"民生"项目，也"连钱带事"一并划转区县，由区县政府统筹安排，可以较好地协调"事权"与"财权"，使它们实现均衡，促进区县城市区域的较快发展。

第三节 城市治理的法制建设

城市政治系统的建立与维系，行政职能的行使，进行决策、执行、监督、反馈等一切城市管理过程，都必须依据一定的规则，才能使其有秩序地进行；同时，城市政务的推行，也必须借助于一定的国家强制力。这就要求有一个健全的城市法制系统。它不仅是城市政治系统的运行规则，而且也是城市政府进行管理的有效手段。因而，城市管理法制化是现代城市管理系统的一个重要组成部分，也是现代城市管理的一个重要趋势。

一、城市法制的含义

所谓法制，有三个层次的含义：第一，它是指法律和制度的总称，或法律制度的简称，它是以国家强制力为保障的行为规则；第二，它是指立法、执法、守法全过程的总和；第三，它是指在法律约束、保障下的一种有秩序的良好的社会状态。法制是国家最高的规范和行为准则，是在党的领导下由人民制定的，具有至高无上的效力。其他任何规范都不能与法制相冲突或凌驾于法制之上。任何组织和个人不得通过非法秩序修改法规条例的内容，也不得贬低或废弃法规条例的效力和妨碍法规条例的贯彻执行。

城市法制，则是指有关城市管理的一系列法律制度的立法、执法及守法全过程的总和以及在法律约束、保障下的一种有秩序的良好的城市社会状态。城市法制是一个完整的体系。仅就其法律制度而言，它包括两方面的内容：一方面，是城市政府自身运行的规则。其广义上的涵义，是指有关城市立法机关、行政机关、司法机关等的组织法和程序法；狭义上的涵义，是指有关城市行政组织法、程序法，含城市政府各部门的分工、职责权限、工作程序、行政纪律等内容。另一方面，是城市政府管理公共事务的依据，亦称城市管理法，是有关管理的原则、标准、要求、方法等。

二、我国城市管理法制化的功能及特点

（一）我国城市管理法制化的功能

1. 规范市政府行为，提高政府工作效率

通过健全的城市法制，为市政府机关及其工作人员提供科学的行为规范，以提高市政府的工作质量和工作效率。具体说，这种规范作用体现在 5 个方面：

（1）使市政府工作标准化。通过具体的明确的法律规定，为市政府工作提供一整套处理问题的标准，不至于同样的问题，由于不同人不同地区，在处理问题上出现畸轻畸重、左右摇摆、严宽不一的现象。

（2）使市政府工作科学化。通过规定科学的管理原则、方法、标准、程序，进行科学

指导，弥补市政府工作人员专业科学知识的不足，把因工作人员知识不足造成的非科学因素降到最低限度。

（3）使市政府工作有序化。通过科学的系统的工作程序规定，使市政府工作按照一定程度进行。

（4）使市政府工作廉洁化。通过廉政立法、行政纪律、专门监督，监督制约城市政府工作人员的行为，使之为政清廉。

（5）使市政府高效化。城市法律规范中，除了规定科学的管理原则、方法、措施、程序、标准外，还规定办事的期限，简化办事手续，必然会提高工作效率。

2. 保护和改善城市生态环境，构建宜居城市

城市社区与环境中，影响人类生存和发展的各种天然的和经过人工改造的自然因素，如大气、水体、土地、风景等，存在着一种共生平衡的关系。城市规划建设和环境保护的法律，对城市人口和生产力、建筑物和道路等的空间结构布局，都作了符合城市生态要求的明确规定，对人们追求短期的私利行为，也作了严格限制。执行和遵守这些法律制度，城市的生态环境就得到了保护，城市的生活环境也就会得到改善。

3. 指导个人和组织的行为，维护城市社会秩序

城市社会有机体的生存和发展，不仅取决于它与自然环境之间良好的平衡共生关系，而且还取决于社会机体内部协调的人际关系。这就要求有一个共同遵循社会行为规范，指导和约束城市中的个体和群体的行为，使其按照符合共同利益的原则活动。城市法制就是这样一种规范和社会约束机制，维护着正常的工作、生活、教学、科研、经济、交易等社会秩序。

4. 调整市民与政府的关系，保护公民合法权益

城市政府和城市法制共同执行着保护公民合法权益的职能。但在现实生活中，往往出现城市政府及其工作人员侵犯公民权利的情况。当这种情况一旦出现，城市政府自身往往难以作出正确的判断和处理。这就需要通过法制的途径来解决。

（二）我国城市管理法制化的特点

1. 综合性

我国的城市管理的法规涉及很多方面，城市法制化管理是对城市进行全方位的综合的依法管理。在城市建设方面，有城市规划法、城市建设法规、城市环境保护法、城市住宅与房产法；在城市经济管理方面，其适用范围包括工业、农业、交通运输、财政、金融、工商管理与市场物价以及对外经济贸易等方面的法规。其他还有调整城市政府管理城市科技、教育、文化、卫生等工作中的社会关系的行为规则的城市科教文卫管理方面的法规，旨在调整城市政府在治安、民政管理中的各种社会关系的行为规则的城市治安、民政管理法规以及调整城市政府机关工作中的社会关系的行为规则的城市政府机关工作法。

2. 多重性

从法律层次、级别分布看，城市管理的法律法规既有国家基本法，又有行政法规、部门规章、地方法规、规章等，构成了纵向垂直的城市管理的法律法规体系。从横向、水平方面看，城市系统涉及经济、社会以及生态环境等多个方面，而每个方面（或子系统）又包含若干个更具体的层面，对这些层面甚至更具体的构成要素都作出相应的规范，则会形成一个庞大的法律法规及规章体系。

3. 地方性

由于我国的自然地理条件复杂，人口分布、人口密度各地都各不相同，所以我国目前的几百个城市之间的管理法规各不相同，使得城市管理法规在具有共性的前提下，也具有各自的特点。根据《宪法》第 107 条及《中华人民共和国地方各级人民代表大会和地方各级人民政府组织法》第 51 条规定：县以上地方各级人民政府有权规定行政措施，发布决定和命令。由于我国最低的行政层级是县级，因而，我国所有城市都享有这一立法权。

4. 创新性

城市的不断发展变化，要求城市管理的法规也要随之调整，以适应城市管理新形势的要求。我国的政治体制与发达国家不同，国情也有较大差异，城市管理体制及治理模式不能机械地生搬硬套，只能在适当学习国外先进经验的基础上，进行大胆地创新。在管理理论、手段及方法方面，随着知识经济和科学技术的发展，也需要不断创新，以满足人们不断增长的对城市公共服务和公共品以及城市总体经济社会可持续发展的需要。

三、城市管理法制化建设的内容

城市治理的一个重要手段就是法制，包括立法、执法、守法三个基本环节。城市管理法制化建设也必须从这三个基本环节入手，建立和健全城市的法律体系，有效的组织实施，并使城市的党政机关、企事业单位、社会团体和全体公民严格遵守，做到"有法可依、有法必依、执法必严、违法必究"，实现依法治市。这就是城市法制建设的基本要求。

（一）加强城市立法

所谓城市立法，是指依照法律规定享有立法权的城市，根据其市情和需求，依照法律规定和法律程序而制定、颁布实施于本行政区域的地方性法规或地方行政规章的活动。这里所讲的城市立法主要有以下几个基本特征：一是必须由享有立法权的城市行使；二是必须按照一定的法律程序；三是不得与宪法、法律和上一级立法、行政机关的法律、法规、决议、命令相抵触；四是只能实施于本行政区域内。

1. 城市的立法原则

市人大及其常委会和市政府在立法过程中必须遵循和坚持以下几个原则：

（1）法制统一原则。城市立法必须在宪法和法律规定的职责范围内履行，不得超越宪法和法律的规定，在内容上不能与宪法和法律及行政法规相抵触。同时，城市法律规范体系内部，不同部门之间在不同时间起草、制定的法规、规章，要注意协调一致，不能自相矛盾，造成执行上的困难。

（2）完整配套原则。城市立法的内容要完整，每个法规、规章都有法律或政策依据，主体明确，要有主管机关，适用范围明确等，各种法规、规章、实施细则等都要相互衔接，配套出台。

（3）具体、严密原则。城市立法都是针对具体问题的，要求在立法技术上不宜过多使用"弹性"条款，条文内容要尽量具体实在，有数量标准，便于执行和操作。文字要简明、准确、严密，避免过于笼统和易于产生歧义的措词。

（4）恪守程序原则。法律对城市地方性法规和城市行政规章两类地方法律文件，都规定了严格的制定程序。市人大和市政府在立法过程中，必须严格遵守法定的立法程序。这既是保障法律严肃性的需要，也是法律有效性的一个重要标志。

(5)灵活变动原则。城市在不断发展,城市管理面临的问题也在不断发生变化。这就要求城市管理的立法工作也要跟上形势。立法部门要及时制定适应地域性的新现象、新形势的法律规范,调控法律治理的盲点。

2. 城市的立法程序

我国现行法律对城市地方性法规和城市行政规章两类地方法律文件,都规定了严格的制定程序。在立法过程中,必须严格遵守法定的立法程序。这既是保障法律严肃性的需要,也是法律有效性的一个重要标志。

立法程序通常包括立法建议的提出、法规草案的起草、法规草案的审议修改、法规的通过及其发布四个阶段。由于城市立法包含有市人民政府作出的决定和命令,因而在其程序的具体做法上略有差异。

我国城市的立法过程,在实际工作中通常表现为如下几个程序:

(1)法规议案的提出。由市人民政府法制局(由少数市称经济法规中心,还有的市称法制办公室或法制处,下同)提出5年或年度的立法规划,经市政府办公会议讨论通过,并报市人大常委会备案。

(2)法规草案的起草及审议。由市人民政府经济法规研究中心或市政府办公厅法制局(处)负责调研,草拟法规,召集有关部门进行讨论修改,最终形成草案。根据法规的级别不同,由市人民政府常务会议或市人大及其常委会讨论、审议、修改。

(3)法规的批准及公布。根据有关组织法规定,享有立法权的市,除直辖市制定的城市法规外,都须经过省、自治区人大常委会批准后才能颁布实施。市人民政府常务会议或市人大或市人大常委会通过法案,并公布实施。城市管理法规必须由市人代会会议主席团或其常委会公布而不能交由市政府公布,也不宜送交市政府作为内部文件颁发。

3. 我国目前城市管理的法律法规体系

我国城市管理法律体系可以从各种不同的角度来划分。

(1)宪法。宪法是制定其他一切法律规范的依据,由国家最高权力机关即全国人民代表大会制定。它具有最高的法律地位,其他法律、法规和规章都不得与宪法相抵触。

(2)法律。法律有广义和狭义之分。广义的法律是指凡是法律规范都称为法律。狭义的法律,仅指全国人民代表大会及其常委会制定的法律。行政执法依据的形式之一"法律"是指狭义的法律。我国关于城市管理的中华人民共和国主要国家法律有:《城乡规划法》、《突发事件应对法》、《循环经济促进法》、《物权法》、《消防法》、《行政诉讼法》、《固体废物污染环境防治法》、《行政复议法》、《大气污染防治法》、《可再生能源法》、《公务员法》、《清洁生产促进法》、《行政处罚法》、《行政许可法》、《招标投标法》等。

(3)行政法规。行政法规是由国务院制定的。它是有关行政管理方面的专门性法律规范。例如:《物业管理条例》(国务院令379号发布国务院令504号修订);《民用建筑节能条例》(国务院令第530号);《公共机构节能条例》(国务院令第531号);《政府信息公开条例》(国务院令第492号);《行政复议法实施条例》(国务院令第499号);《城市市容和环境卫生管理条例》(国务院令第101号);《城市道路管理条例》(国务院令第198号);《城市房屋拆迁管理条例》(国务院令第305号);《医疗废物管理条例》(国务院令第380号);《石油天然气管道保护条例》(国务院令第313号)。

(4)地方性法规。地方性法规是地方人民代表大会及其常务委员会制定的。根据宪法和地方组织法的规定，省、自治区和直辖市的人大会及其常委会，省、自治区政府所在地的市人大会及其常委会，经国务院批准的较大城市的市人大会及其常委会这三个层次有权制定。

根据《宪法》第107条及《中华人民共和国地方各级人民代表大会和地方各级人民政府组织法》第51条规定：县以上地方各级人民政府有权规定行政措施，发布决定和命令。由于我国最低的行政层级是县级，因而，我国所有城市都享有这一立法权。

1978年以来，国务院先后批准了14个计划单列市、14个沿海开放城市、4个经济特区城市，再加上1987年起批准的海南省、72个经济体制改革试点城市，在不同程度上扩大了城市的管理权限，也相应的扩大了立法权。

以北京市为例，关于城市管理的法规主要有：《北京市实施〈中华人民共和国突发事件应对法〉办法》，《北京市城市基础设施特许经营条例》，《北京市市容环境卫生条例》，《北京市燃气管理条例》，《北京市烟花爆竹安全管理规定》，《北京市无障碍设施建设和管理条例》等。

（5）规章。规章分为部门规章和地方政府规章两类。部门规章是由国务院、部、委制定的。地方政府规章是由省、自治区、直辖市政府、省和自治区政府所在地的市政府以及国务院批准的较大城市（如计划单列市）的市政府制定的。

以建设部（现为住宅与城乡建设部）令颁布的《市政公用设施抗灾设防管理规定》（第1号）、《城市公厕管理办法》（第9号）、《城市生活垃圾管理办法》（第157号）、《燃气燃烧器具安装维修管理规定》（第73号）、《城市建筑垃圾管理规定》（第139号）、《市政公用事业特许经营管理办法》（第126号）、《城市道路照明设施管理规定》（第104号）、《城市地下管线工程档案管理办法》（第136号）、《城市燃气管理办法》（第62号）、《房屋建筑和市政基础设施工程施工招标投标管理办法》（第89号）；公安部令：《建设工程消防监督管理规定》（第106号），国家安监局令：《生产安全事故应急预案管理办法》（第17号）；环境保护部令：《环境行政复议办法》（第4号）以及建设部、劳动部、公安部共同颁布的《城市燃气安全管理规定》（第10号）等。

以北京市为例，地方政府规章主要有：《"门前三包"责任制管理办法》（第24号）、《除四害工作管理规定》（第34号）、《城市公用热力设施管理暂行规定》（第150号）、《城市道路管理办法》（第156号）、《实施城市管理相对集中行政处罚权办法》（第197号）、《城市建筑物外立面保持整洁管理规定》（第200号令）、《关于加强垃圾渣土管理的规定》（第200号修改）、《天安门地区管理规定》（第203号修改）、《公共场所禁止吸烟范围若干规定》（第204号）、《公共厕所管理办法》（第208号），其他如《关于禁止车辆运输泄漏遗撒的规定》、《标语宣传品设置管理规定》、《户外广告设置管理办法》、《禁止露天烧烤食品的规定》、《清洁燃料车辆加气站管理规定》、《关于扫雪铲冰管理的规定》、《地下设施检查井井盖管理规定》、《城市道路和公共场所环境卫生管理若干规定》、《住宅锅炉供暖管理规定》、《政务与公共服务信息化工程建设管理办法》、《行政规范性文件备案监督办法》、《行政处罚听证程序实施办法》、《实施行政处罚程序若干规定》、《人民政府规章制定办法》、《城市房屋拆迁施工现场防治扬尘污染管理规定》、《关于加强垃圾渣土管理的规定》、《王府井步行街地区管理规定》、《关于行政执法协调工作的若干规定》、《行政执法责任追究办法》等。

(6) 行政规范性文件。北京市市政市容管理委员会：《关于公布行政规范性文件清理结果的通知》、《关于进一步加强燃气供用气安全管理的通知》、《关于进一步规范燃气供应设施管理的通知》、《关于修改归集和公布企业信用信息暂行办法的通告》、《关于修改北京市餐厨垃圾收集运输处理管理办法的通告》、《关于修改实施北京市地下设施检查井井盖管理规定细则》、《密闭式清洁站环境卫生管理标准》、《公共电汽车车身广告设置规范》、《标语和宣传品设置规范》、《户外电子显示屏设置规范》、《户外广告设置规范》、《关于进一步加强燃气供用气安全管理的通知》等；其他如北京市人民政府办公厅《关于加强本市民用供热管理工作的暂行规定》等。

(7) 其他。①法律解释。即对法律规范的说明和补充，如最高人民法院《关于审理建筑物区分所有权纠纷案件具体应用法律若干问题的解释》（法释［2009］7号）。②自治条例和单行条例。即根据宪法规定，民族自治地方（包括自治区、自治州、自治县）的人民代表大会有权依照当地民族的政治、经济、文化的特点制定自治条例和单行条例，并报上一级人民代表大会常委会批准后生效。③国际条约和国际协定。我国批准参加的国际条约和国际协定，除声明保留的条款外，也属于我国的法律规范。

(二) 严格城市执法

立法重在执法，城市执法由行政执法和司法执法两部分组成。

1. 城市管理行政执法

城市管理行政执法是城市管理行政执行机关根据其职权实施相应的法律和行政管理法规规章的活动。例如，在城市中，工商行政管理机关实施的企业等级管理、市场管理、合同管理、商标管理以及广告管理等。

城市各级政府及其工作部门，在具体的行政活动中，必须严格按照有关的法律、法规、规章执行任务，即依法行政。严格执法是城市法治建设的基本环节和关键工程，首要的是城市政府行政机关对法律的执行。尤其随着《中华人民共和国行政诉讼法》的施行，市行政机关的具体行政行为若侵犯了公民、法人和其他组织的人身权或财产权等合法权益，就可能成为被告，与作为原告的公民、法人或其他组织，以平等身份出庭应诉，接受司法审判并可能承担诸如赔偿等相应的法律后果。这无疑对市行政机关依法行政、依法治市的要求更高了。这要求行政行为要有法可依，行政管理手段要有相应的法律依据等。

城市管理严格执法具体主要表现在以下几个方面：

(1) 严格执法管理手段。通过审批、发现、检查、监督、查处违法行为等进行执法管理，不能采用直接指挥和干预的方式。

(2) 严格掌握行政处罚的条件。构成行政处罚的条件包括：必须已经实施了违法行为；违法行为属于违反行政法规的性质；实施违法行为人是具有责任能力的责任主体，公民必须达到责任年龄；依法应当受到处罚。

(3) 严格遵循行政处罚的决定程序分简易程序、一般程序、听证程序。简易程序的内容包括：表明身份；确认违法事实，说明处罚的理由和依据；制作处罚决定书；行政处罚决定书的交付；备案。一般程序的内容有：立案；调查取证；作出处罚决定；制作处罚决定书；说明理由并告知权力；当事人陈述与申辩；正式裁决；行政处罚决定书的送达。

(4) 建立执法工作目标责任制。要把抓好执法工作作为领导者的一项责任，层层制定执法工作目标责任制，使执法工作逐步走向制度化、规范化。只有这样，才能从制度上保证法律的执行有人抓、有人管、经常抓、经常管。

2. 城市管理司法

城市管理司法是城市人民法院、人民检察院在国家宪法和法律规定的职权范围内，按照法定程序，具体依法对刑事案件、民事案件、经济案件和行政案件等进行审判和处理的专门活动。城市司法是城市行政执法的后盾和重要补充，两者相辅相成。严格城市管理司法是城市法制建设的重要内容。完善城市管理司法主要包括以下几个方面的工作：

（1）进一步完善相关法律法规。如行政诉讼法中仍然存在一些不合理的规定，包括行政赔偿太低的问题，还需要不断调整等等。

（2）完善和健全司法系统。主要是完善各种类型和性质的司法机构，例如专门处理控告、申诉、检举案件的机构，专门处理不服从行政决定、行政处分、行政处罚案件的机构，专门处理行政权限争议和对行政管理法规和规章提起争议的案件的机构等。

（3）培训城市管理司法人员。重点培训三种知识，即行政管理知识、法律知识和有关业务技术知识。

（三）增强市民的法律意识

公民普遍守法是城市法制建设的重要任务。深入进行普法教育，培养公民的法律意识，增强人民的法制观念，使广大市民成为法律的主人，使法律成为人民手中的工具，是市民自觉守法、维护法律尊严的前提。

当前，对市民的法制教育应当做好两方面的工作：

1. 在公民中普及法律常识

1985年11月22日六届全国人大常委会通过了《关于在公民中普及法律常识的决议》，其中规定，从1986年起，争取用5年左右的时间，有计划、有步骤地在一切有接受教育能力的公民中，普遍进行一次普及法律常识的教育，并且逐步做到制度化、经常化。

2. 及时宣传城市管理的行政法规、地方性法规和行政规章

对于城市公民来说，仅仅了解基本法律常识是不够的，还必须了解与他们生活息息相关的城市管理法规、规章。如《城市节约用水规定》、《市容环境卫生条例》、《道路交通管理条例》、《禁止随地吐痰的规定》等，必须及时地进行广泛的宣传。城市政府、法制工作机构和各主管部门应通力合作，做好法规、规章的宣传工作。

第四节　城市治理综合执法

城市是一个复杂的综合系统，主体多元、事务各异，因此，需要一个相对统一的主体进行综合执法。城市综合执法属于行政执法的范畴。

一、城市治理中的行政执法

（一）行政执法的含义

行政执法是指行政机关及其行政执法人员为了实现国家行政管理目的，依照法定职权和法定程序，执行法律、法规和规章，直接对特定的行政相对人和特定的行政事务采取措施并影响其权利义务的行为。行政执法行为包括三个要素：

（1）主体要素。行政执法行为是国家行政机关的行为，社会团体、其他国家机关以及企事业单位等都不能采用行政执法行为，只有在法律授权或者是行政委托的情况下，它们才可能成为特殊执法主体。

（2）权力要素。行政执法行为的关键是运用行政执法权的行为，而用其他国家权利实施的行为不属于行政执法行为。

（3）法律要素。如果行政执法行为是不具有法律意义和产生法律效果的行为则不能作为行政执法行为。

（二）行政执法的特征

行政执法是与行政立法、行政司法相对应的，行政立法主要是制定人们的行为规则，行政司法主要是为了解决行政争议。行政执法的特征是：

（1）执法目的在于落实法律规范。为了实现立法意图，具体实施法律、法规或者规章的规定，使法律规范的要求在现实生活中得以实现，促使社会活动按照法定规则运行是行政执法的主要目的。非常明显，行政执法与解决行政争议的行政司法有区别，与行政立法也有区别。

（2）执法内容直接影响权利义务。行政执法是直接赋予行政相对人一定权利或者给与一定义务的行为，其具有一次性适用和产生一次性效力的特性。

（3）执法对象为特定的人和事。行政执法不具有普遍适用性和向后的约束力，而是涉及特定的行政相对人的权益或者具体的行政管理事务的具体行政行为。行政执法与制定行政法规、规章和其他的规范性文件有很大的区别。

（4）执法主体具有单一对应性。行政执法不同于行政司法活动中存在的三方法律关系。它是行政机关及其行政执法人员通过行政执法行为与行政相对人之间形成的关系，属于管理者与被管理者之间的双方关系。

（三）行政执法的效力

行政执法效力是行政管理的生命所在，行政执法的目的就是为了产生良好的法律效果，即实现社会、经济的健康有序发展。

1. 行政执法的生效要件

行政执法的生效要件，即行政执法行为产生法律效力的必要条件，因为只有符合生效要件的行政执法才会产生法律效力。一般而言，行政执法行为产生法律效力的必须同时具备下列条件：

（1）资格要件。实施行政执法行为的主体必须是行政主体，包括：依法组成并享有行政管理权的行政机关，法律、法规及规章授予特定行政管理权的组织，受行政机关委托实施行政执法行为的组织和个人；非行政主体的组织或个人，包括非行政主体的国家机关都没有资格实施行政执法行为。

（2）职权要件。享有实施行政执法行为资格的主体，必须在自己的权限范围内从事行政执法，其行为才具有法律效力，超越权限范围，其实也就失去了执法主体的资格。

（3）内容要件。行政执法行为的内容必须合法、合理，才能产生预期的法律效果，合法要求严格依据法律、法规及规章的规定进行行政执法，合理则要求执法者在自由裁量权的范围内公正、适当地进行执法。

（4）程序要件。实施行政执法行为的方式、步骤、顺序、期限等，都必须符合法律规定，违反法律程序，即使内容合法、正确，也构成行政执法行为无效。

2. 行政执法行为的法律效力

行政执法行为符合生效要件即产生法律效力，该效力具体表现为：

（1）先定力，也称公定力。行政执法行为一经做出，当首推其合法、适当、并具有法律效力，行政相对人对此行为必须服从。即使行政相对人认为该行政执法行为是不当甚至是违法的，也不能以此否认其效力而加以抵制，只能在事后通过申请行政复议、提起行政诉讼等途径予以补救。

（2）确定力，也称不可变更力。行政执法行为一旦做出，非依法不得变更或者撤销。确定力不仅对行政相对人起作用，对行政机关也有效力。虽然行政相对人对行政执法行为可以表示异议，申请行政复议或者提起行政诉讼，但无权变更该行为；同样，做出行政执法行为的行政机关，非经法定程序，也不得随意改变该行为。

（3）约束力，即约束限制的效力。符合生效要件的行政执法行为，对行政相对人和执法机关都具有约束力：行政相对人负有服从和遵守的义务，必须履行执法决定所设定的内容；执法机关也有义务维护行政执法行为所确定的条款，不能随意改变行政执法行为或者干预行政执法行为的执行。

（4）执行力。行政执法的法律效果未能实现或者未能完全实现时，有权机关可以依法采取一定的强制手段，促使行政执法行为的效果得以实现。执行力具有两个含义：一是除非具备法定条件（行政执法行为的执行"可能造成难以弥补的损失并且停止执行不损害社会公共利益的"，可以停止执行），行政执法行为一旦生效，就必须执行，即使行政相对人申请行政复议或者提起行政诉讼，在此期间也不能停止执行；二是具有强制性，即行政相对人不履行或者拒不履行行政执法行为所设定的义务时，行政机关可以依法采取必要的手段，强迫其履行。

3. 行政执法的无效

行政执法的无效是指不符合生效要件的执法行为，自始至终都不具有法律效力。导致行政执法无效的原因主要有：

（1）执法主体不合格。实施行政执法行为的主体若不具有法定的主体资格，即使做出执法的行为，也不认为其具有行政执法的效力。

（2）不符合法定程序。法定程序是行政机关及其行政执法人员必须遵守的规范，行政执法行为不符合法定方式、随意增减步骤、颠倒顺序以及超过期限的，都将构成无效的行政执法行为。

（3）超越执法权限。执法主体虽有执法主体资格，但超越执法权限的，包括纵向超越、横向超越和超越法定范围和法定幅度，都会导致该行政执法行为无效。

（4）执法内容违法或者明显不当。行政执法在内容上必须符合法律规定，否则就是无效的行政执法行为；行政执法行为虽然合法，但却明显不合理、不适当的，同样会导致行政执法行为无效。

（四）行政执法的程序

程序也是法治的一项重要内容，程序的公正是司法公正的前提。城市管理综合执法的程序如图 4-5 所示。

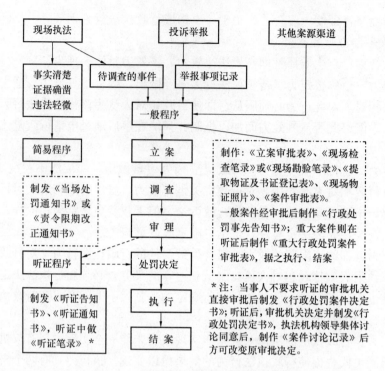

图 4-5 城市管理行政执法程序流程图

二、城市治理的综合执法

(一) 城市治理综合执法的涵义

城市管理综合执法，是指城市管理领域里的综合执法活动，即城市管理领域相对集中行政处罚权的活动。这里所指的综合执法，专指行政处罚。城市综合执法的范畴所涉及的领域是以城管、城建为基础的跨行业综合，即城市建设和管理系统的市容市貌、环境卫生、市政工程、环境保护、园林绿化、规划建设、房屋土地、城市公用等专业执法资源全部或部分集中，此外，对跨行业，涉及工商、公安管辖的无证设摊、异地经营、占路堆物、静态交通管理等违法行为，适度集中其对应的部分或者全部行政处罚权。

城市管理综合执法的核心，是由经过国家有关机关批准成立的综合执法组织根据有关法律的规定，集中行使城市过去若干个执法部门的行政处罚权，对公民、法人和其他组织遵守城市管理方面法律法规的情况进行监督检查，并对违法行为进行处罚。它有两个特点：一是城市管理综合执法组织具有独立的执法主体地位。它完全不同于过去的联合执法，也不是几个行政执法部门的简单联合。而是根据政府机构改革的要求，按照精简、统一、效能的原则，经有关国家机关批准组建的集中行使行政处罚权的组织，是同级政府在城市管理方面的一个综合执法机关。当然根据城市规模的大小，又可以设立分支机构，分级或分片来进行管理。为了体现城市管理重心下移的原则，街道办事处也将在城市管理方面发挥重要作用。二是综合执法组织的职能实现了审批、收费与处罚的分离。综合执法是相关行政执法部门原有执法职能和权利的重新配置和调整。综合执法组织集中行使城市管理方面，如市容环卫、园林绿化、工商管理、城市规划、公安交通、环境保护等部门的全部或部分行政处罚权，不再履行审批、收费等职能，可避免重审批、轻监察，以收代管、以罚代收等问题。综合执法后，凡是集中行使的行政处罚权原来的部门均不再行使，职能全部转移的执法机构则予以撤销。

（二）城市治理综合执法的意义

城市综合执法是城市管理执法体制、行政体制改革的重大举措，是提高行政执法水平、效率，降低成本，建立精简、统一、高效行政执法体制的有效途径，是维护人民合法利益，促进依法治市的重要组成部分。它体现了以民为本、依法行政和文明执法的法制观念，树立了政府和执法人员的新形象。这是国家对现行行政管理体制的重大改革。实行城市管理相对集中行政处罚权制度，对于解决城市行政管理中长期存在的多头执法、职权交叉重复和行政执法机构膨胀等问题，提高行政执法水平和效率，降低行政执法成本，建立"精简、统一、效能"的城市行政管理体制，具有十分重要的意义。

（1）实行城市管理综合执法，有利于明确职责，加大力度营造整洁有序的市容环境。

城市管理实行综合执法后，有关城市管理主要方面的行政执法内容，诸如市容环境卫生管理、城市规划管理、市政公用设施管理、园林绿化管理、户外广告和无证商贩管理、环境噪声管理、交通道路管理等，都是依法相对集中于一个行政机关管理执法。

（2）实行城市管理综合执法，有利于政令畅通，有效接受社会监督和保护群众利益。

现代城市管理是政府履行职能，营造良好投资环境和人居环境，为市民百姓造福的系统工程。机构重叠、职能交叉，职责不清、互相扯皮，政令不畅、相互内耗，必然导致人浮于事，甚至玩权弄法，滋生腐败，严重影响政府威信。实行城市管理综合执法，一方面可精简机构，减少环节，上下调节，政令畅通，而且由于一队多能，必然大幅度减少行政开支，使政府以较小的投入获得最大化和最优化的社会效益。

（3）实施城市管理综合执法，有利于建设高素质的城市管理队伍，建立良好的政府形象。

实行综合执法，首先保证了执法队伍的相对稳定。综合执法既符合行政执法人员应该具备公务员资格的法律要求，而且通过重新组建，择优录用，也能够把素质低、形象差的聘用人员拒之于综合执法队伍之外，把好了人员"进门关"，保证了队伍的高起点、正规化建设。其次，有利于城市管理综合执法队伍的统一教育、培训、考核等日常管理。实行综合执法，不仅能够统一对人、财、物的管理，更重要的是对整个队伍可以从能力、素质、纪律、作风等方面全方位培训管理，提高队伍的战斗力，树立有法必依、执法必严、违法必究的城市管理执法队伍的良好社会形象，这也是政府形象的重要部分。

（三）城市治理综合执法的特征

1. 法定性

综合执法必须符合法定规范。例如，根据《行政处罚法》规定，我国行政处罚职权执行的主体是县级以上地方人民政府具有行政处罚权的行政机关，具体执法人员是国家公务员。另外，城市管理综合执法的法定性还体现在：机构的设置、相对集中行政处罚权的内容与范围，必须取得有关部门的批准；城市管理综合执法机构，是市政府直属的行政机关；城市管理综合执法机构行使相对集中的行政处罚权后，有关职能部门的相应行政处罚权即取消，其所做出的相应行政处罚无效。

2. 层次性

综合执法通常具有独特的层级制约。这种层次性既可以体现在同一综合执法领域、体系中不同综合执法权限主体（例如省、市、区、县）之间的外部分工制约，也可以表现在同一综合执法主体内部或下设不同专职工作部门、机构（例如处、室、署、队、站、所等）之间的相互配合制约。

3. 灵活性

城市管理综合执法的灵活性，表现在体制的灵活、机制的灵活、相对集中行政处罚权内容与范围的灵活等。除极少数有特别规定的限制以外，各城市可以因地制宜设计符合本地区，本系统特点的综合执法体制。城市管理综合执法体制机制与内容的灵活性，可以及时补救行政法律资源某些滞后因素所造成的被动局面，更好地体现行政立法的本意，推进城市管理目标实现的最优化。

（四）实施城市治理综合执法应当解决的问题

通过近几年的试运行，全国城市管理综合执法工作取得了初步成效，一方面解决了城市管理中多头执法、重复执法、执法扰民和执法主体不明确等问题，提高了行政执法的效率和力度；另一方面形成了新的行政执法机制，在一定范围内实现了审批权与监督处罚权的适度分离，逐步建立起了适应社会主义市场经济体制，保证政令畅通、协调统一、调控有力的行政执法体制。

根据有关调查，城管综合执法组织职能中最难执行的案由和城管综合执法组织职能中执行难度最大的职能项目如表 4-5 和表 4-6 所示。

城管综合执法组织职能中最难执行的案由 表 4-5

执行难度	违法形态（案由）	总提及率（%）
1	违法建设（违反城市规划的建设）	97.9
2	违章占道经营	90.3
3	宠物在户外排便未及时处理	71.0
4	市容环境卫生方面的违法建设	61.0
5	机动车擅自试刹车	60.5
6	机动车在桥上试车、超车及停车	60.0
7	车辆超载、超速过桥	58.1
8	机动车、畜力车未按规定在人行道上停放	49.5
9	修建城市道路、桥梁未经验收投入使用	49.0
10	在水表井安装水管管线或穿插其他管道	48.1

资料来源：联合课题组．北京市城市管理综合行政执法职能分析报告，2006。

城管综合执法组织职能中执行难度最大的职能项目 表 4-6

执行难度	职能项目	超过 1/3 的分队认为执行难度大或根本无法执行的案由所占比例（%）
1	城市规划方面（1 个案由）	100.0
2	公安交通方面（1 个案由）	100.0
3	公用管理方面（40 个案由）	60.0

续表

执行难度	职　能　项　目	超过 1/3 的分队认为执行难度大或根本无法执行的案由所占比例（%）
4	工商行政管理方面（5 个案由）	40.0
5	城市河湖管理方面（15 个案由）	40.0
6	市政管理方面（43 个案由）	32.6
7	环境保护管理方面（7 个案由）	28.7

资料来源：联合课题组．北京市城市管理综合行政执法职能分析报告，2006。

实施城市管理综合执法应当解决以下关键问题。

1. 要更新观念，敢于打破旧的模式

现代城市的高速发展，其集聚效应和强大的辐射功能已使其成为一个国家或地区经济的重心、现代社会的窗口。如何管好现代城市，已成为当代社会的共同课题。多年来，人们习惯于任何一项工作都由政府牵头、数个部门共同完成，其实，城市管理是最具地方特色、驰骋空间最大、最富创造性、最能体现城市政府素质、水平和效率的一项工作。城市管理得好不好，不在于有没有对口的上级主管部门，不在于有没有标准模式，关键在于各级领导要充分认识到改造城市环境就是发展生产力，认识到提高城市现代化管理水平是摆在我们面前必须解决的历史性课题，像重视抓城市建设那样抓城市管理，争取尽早实施城市管理综合执法。

2. 加强地方立法，使集中行使行政处罚权有法可依

《行政处罚法》第十六条规定，使城市管理实施综合执法有了法律可能性，即如果经过批准，可将有关城市管理部门，如市容环境卫生管理部门、城市规划管理部门、公安交通管理部门、城市绿化管理部门、工商行政管理部门、环境保护管理部门、市政道路管理部门等实施的有关与城市市容管理密切相关的行政处罚权交由一个行政执法机关行使。但是，具体怎么实施，如何妥善处理综合执法部门与原相关部门的业务关系，还必须依法制定关于综合执法的地方法规或政府规章，使城市管理集中行使行政处罚权做到有法可依。

3. 加强组织建设，完善执法体系

《行政处罚权》第十六条的授权，意味着可由现有的行政机关承担综合性的执法职能，其他有关部门的执法职能，其他有关部门的执法权发生转移；也可以按政府组织法成立一个新的机关，专门行使行政处罚的综合执法权。目前，在实践中多采取第二种方式，经批准组建一个独立的职能部门，列入行政编制序列，财政全额拨付经费，明确职能、内设机构、人员编制，从而使综合执法主体的身份合法化。

公共行政是高度职业化、专门化的活动，综合执法机关集中了若干传统行政部门的行政处罚权，公务员的行政素质必须达到相应的专业、行政经验和行政伦理要求，应当与公务员法律的普遍实施相结合，实行持续有效的培训和管理。目前，需要建立一支能胜任整个城市市容环境卫生管理执法、善于协调和处理方方面面的矛盾、具有执法主体资格、能最大限度发挥其综合执法效益的队伍。

4. 加强配套制度建设

公告公开是法治国家的基本原则。公共权力机关的设立、组成、职能、执法依据、执法程序、职员岗位等应当合法化、公开化。成立综合执法机关,应当对外公告法律依据、批准程序、成立决定等,否则属于不合法。

城市管理领域相对集中行政处罚权的行政综合执法改革还在进行中,按行业划界的管理模式依旧存在,通过行政综合执法改革集中部分行政职权,只是前进了一步。这只是行政处罚权的统一,还不是综合执法改革的理想成果。但是,无论如何,相对集中行使行政处罚权,实行城市管理综合执法,是时代的呼唤,是城市管理迈入现代化、法制化的轨道的有效途径,它必将推进城市长效管理,有效发挥城市功能,使城市真正成为承载现代文明的"美的空间、人的乐园"。

复习思考题

1. 简述城市治理与城市管理、城市经营的区别。
2. 简述城市治理中的政府职能。
3. 简述城市公共政策的一般特征。
4. 解释城市法制的涵义。
5. 简述我国城市管理法制化的功能和特点。
6. 解释行政执法的涵义和基本特征。
7. 简述城市治理综合执法的意义。
8. 论述城市治理的内容与模式。

第五章　城市空间利用管理

城市土地既是城市的生产要素，又是城市功能分区的空间载体，土地供应状况直接关系到城市的发展空间、发展潜力和发展方向。土地是城市的首要生产要素，城市功能分区是城市土地及其空间结构的实现形式，是由城市级差地租的作用自发调节形成的，是城市的经济社会功能集中化形成的，是城市经济环境的空间载体。本章将主要阐述城市土地利用的原理，各种利用类型包括商业、住宅、工业以及交通等基本设施用地的特点与功能，土地利用规划及城市规划管理，产业结构与空间结构的双优化等有关问题。

第一节　城市空间结构及其演化规律

一、空间的含义及构成

所谓空间，是由一定点位向三维延伸而形成的一个客观实在，是社会经济活动得以开展的基本场所。它是由物质空间、经济空间以及社会空间所构成的一个系统。

物质空间是描述三维尺度量化表述，是不以人的意志为转移的客观实在，人们为了满足生存和发展的需要就要对其进行开发及使用，并必需道路提供通达性；经济空间人的经济活动在物质空间上的表现结果，经济空间提供生产、市场以及运输等功能；社会空间则提供人群的安居及社会联系，并通过交通扩大这种联系，这种空间表现为一种意向，或称意向空间，一般是指由于周围环境对居民的影响而使居民产生的对其直接或间接的经验认识空间，是居民头脑中的主观环境空间，它是人的大脑通过想象可以回忆起来的城市印象。三者相互联系、互为前提，共同构成一个空间概念，如图5-1所示。

城市是第二、三产业集中分布的地域。人们从事各种产业活动和生活活动的空间扩展范围，即形成了形形色色的城市空间。城市空间是城市一切社会、经济要素的物质载体，也是物质规划关注的最终成果。

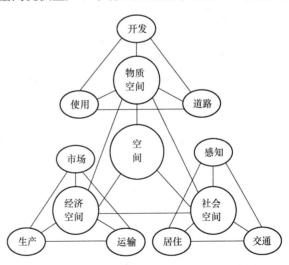

图 5-1　空间的概念体系（照参柴彦威，2000）

人类活动的结果，是形成了"点—线—面—网"的空间格局。从一个大的综合地域来说："点"概念下的区域是指城市功能区（大城市）；"线"概念下的区域是重要交通线路所表达的交通区位及其形成的"廊道效应"；"面"概念下的区域是指综合区域、农村及城郊地区、大城市地域；"网"概念下的区域是由一系列城市特征区域结成的城市网络体系。

二、影响城市空间结构的主要因素

（一）区位因素的影响

区位因素按内容体系可归纳为以下五类：

1. 繁华程度

主要反映商服繁华的情况，繁华程度可以形成较强的聚集效益，从而提高该区域内土地的利用效益。

2. 交通条件

主要包括道路通达度、交通便捷度、对外交通便利度、路网密度等因素，这些因素可以相对地改变空间位置，从而提高其利用价值。

3. 基础设施

主要包括生活设施完善度（如供水排水、供电、供气、供热和电信设施等）和公共设施完善度（如学校、粮店、煤店、菜场、邮局、医院和银行等）两个因素，它们对土地的投资效益和生产效益有极大的影响。

4. 环境条件

一般表示为自然条件优越度、环境质量优劣度、绿地覆盖率及文体设施影响度等因素，这些因素对住宅用地有更大的影响。

5. 人口状况

通常以人口密度、劳动力素质等因素来反映，它们对土地利用效率有更大的影响。

这些不同的组合形式，造成了城市空间质量的差异，而这不同质量的空间（土地）在利用上将具有不同的产出效益，这些差异形成的地租就是区位地租。

（二）政府行为对城市空间结构的影响

政府对城市空间结构最直接的影响要属贯穿了政府意图的：政府主导制定一个时期之内的区域及城市建设发展的战略、方针与政策，同时通过城市规划和城市土地利用规划来加以具体贯彻落实。

（三）土地价格对城市空间结构的影响

城市空间具有多层次多方面的价值。这些价值的综合表现形态为价格。在完全市场竞争条件下，假定城市空间单元功能性质完全由市场竞争所决定，那么，城市空间单元的价值就体现为城市空间单元的竞标价格。在不存在市场竞争以及城市空间功能性质不由市场竞争决定的情况下，城市空间单元的价值便等于城市意愿交付价格。

土地价格直接关系到城市各组成要素的空间区位分布及组合规律。在市场经济条件下，由于不同的预算约束，各个土地使用者对于同一区位单位面积土地的投入和产出的经济评估是不一致的，并且，随着与城市中心的距离递增（意味着区位易达性的递减），各种土地使用者的效益递减速率（边际效益的变化）也是不相同的。土地使用者通过土地成本和区位成本（克服空间距离的交通成本）之间的权衡，支付租能力最高的使用者因其竞争力强而获得市中心的土地，付租能力次之即斜率次大的取得市中心区外围的土地，以此类推，直到城市边缘为止。

（四）社会结构、人文类型对城市空间结构的影响

城市空间结构的演变，既呈现出物质生产统一性所决定的一系列共同性特征，更表现出由于社会结构以及人文类型的多样性所塑造的相异性特征。这一点可以在世界不同的洲际区域中不同的种族制度、宗教信仰、社会结构和人文类型背景下，充分显现出的各具特色、差异明显的城市空间结构中得以证实。

1999 年由麻省理工学院出版了具有里程碑意义的名著《空间经济学：城市、区域与国际贸易》，它是三位国际著名经济学大家的合作结晶：日本京都大学的藤田昌久、美国普林斯顿大学的保罗·克鲁格曼和英国伦敦政治经济学院的安东尼·J·维纳伯尔斯。

在这以后，众多同类著作纷纷问世，其中 2002 年由英国剑桥大学出版的"经济学前沿理论"书系中就包括两本：《集聚经济学》和《地理经济学导论》。2003 年美国普林斯顿大学又出版了《经济地理与公共政策》。最近几年来，它已成为我国经济学界的一个热门。事实上，在当代经济全球化和区域经济一体化的背景下，经济活动的空间区位对经济发展和国际经济关系的重要作用在过去的十年中已经引起人们的高度重视，从而也赋予了空间经济学崭新的生命力。

城市空间经济研究经济空间的经济现象和规律，研究生产要素的空间布局和经济活动的空间区位。经济空间主要包括两个方面：单元空间和营运空间。

三、城市用地区域演化

生产的发展开始出现剩余，交换频度和规模扩大，并出现了专门的商人，交易场所逐渐形成并固定。为了经商方便，商人便在市场区内定居下来；市场规模的扩大又吸引附近一些手工业者为节约运输费用，也到市场区内选址落户。工商业在特定地域的集聚，构成初具规模的居住、工业、商业区混合区，形成城市的雏形，进一步的发展使中心商业区周围形成了混合居住区。当聚集达到一定程度时，一些富裕的原居民为了有一个更好的居住环境，从混合居住区陆续迁出，形成独立的居住区。随着工业的进一步发展，工厂主为了寻求发展空间也从混合区内分离至近郊，从而形成独立的近郊工业区。至此，城市内各业用地分化基本形成各自的区域范围，中心商业区职能开始凸显。伴随着近郊工业区和居住区的进一步发展，城市聚集和密度进一步加大，出现了分担中心商业区部分职能的副城市中心；同时，靠近中心区域的土地因食用价值较高，工业业主为了降低成本，再加上政府为了保护环境，迫使工业进一步向远郊扩散，同类和相关的工业集聚，形成独立的郊区工业区。城市空间（用地）发展演化的过程如图 5-2 所示。

城市空间（土地利用）形成及演化取决于中心城市社会、经济发展及能量的集聚与扩散，或者说城市要素空间运动模式决定了城市空间结构。经济地理学家埃里克森将城市空间结构的集聚与扩散划分为以下三个阶段：

（一）专业化阶段

该阶段要素空间运动主要特征是"外溢"，即决定功能城市的各种要素（如产业等）向周围地区外溢，进而形成专业化的结构特征，如单功能的工业区、住宅区等。扩散作用主要发生在城市附近地区，以轴向扩散为主，对市中心的依赖性强。

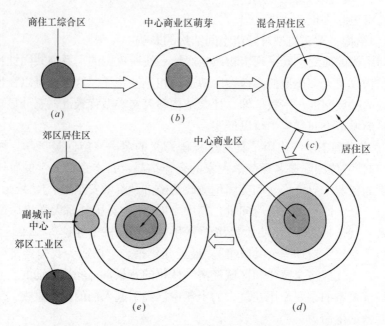

图 5-2　城市地域空间分化演变过程（参考毕宝德，2001）

（二）多样化阶段

该阶段要素空间运动主要特征是"分散"，即城市边缘地区迅速膨胀。一方面人口和工业继续向外扩散；另一方面由于小汽车及交通设施的发展，商业和城市的各项基础设施向外延伸十分突出。在本阶段，扩散在沿轴向进行的同时，开始呈现圈层状扩散，城市边缘区域的功能结构日益多样化，地区独立性增强，独立的功能区初见雏形。

（三）多核化阶段

该阶段要素空间运动主要特征是"填充"，即城市的各项要素及功能依然迅猛扩散，但反映在空间分布上则以内部填充为主，在伸展轴和环形通道之间存在的大片快速增长时期未开发的土地上开始布局一些项目。同时一些原来粗放利用的土地被再开发，一些具有特殊优势的区位点会吸引更多的人口和产业活动，形成城市边缘的次一级中心，使空间结构出现"多核化现象"。地域扩展进入静止稳定阶段。

第二节　城市土地利用及管理

一、城市土地利用及管理的内涵

城市土地利用，就是人们根据城市土地资源所固有的属性和作为城市土地的各种功能特征，对城市土地在不同经济部门之间、不同项目之间进行合理的配置和使用的过程。城市土地利用是一个综合性的概念，是对城市土地的开发、使用、改善和维护活动的总称。

城市土地管理，就是城市政府为调整城市土地关系，组织城市土地合理开发利用所进行的各项工作的总称。城市人民政府依法代表国家行使土地经营管理权，一方面对城市土地进行储备和开发。另一方面具体负责土地使用权的出让、转让、出租、抵押、终止等管理活动。

二、城市土地利用及管理的原则

城市土地管理的原则主要包括：

（一）维护城市土地公有制原则

城市土地任何时候任何地方其所有权都属于国家，任何单位和个人不得以任何理由，将土地据为己有，私自转让和滥用。

（二）遵循城市规划使用土地的总体要求原则

城市土地的使用必须严格按照城市总体规划和详细规划中对土地的使用方向的明确规定和要求来使用土地，不得违反城市总体规划的要求非法使用土地。

（三）节约集约使用土地的原则

我国人均土地占有量比世界人均水平低得多，由于土地的有限性，使人多地少的矛盾更加尖锐。因此，节约用地始终是我国必须要坚持的一项基本国策。就城市而言，首先要尽量控制向农民征用土地，严格征地审批手续；其次，在必须征地的情况下，要尽可能地征用劣等地和非农用地，尽可能不征或少征好地、菜地；再次，坚决制止多征少用，早征晚用，征而不用等情况。

（四）提高土地使用效益的原则

城市土地的利用，不仅要考虑经济效益，还要考虑其生态效益和社会效益，在城市各种用地中，做到土地使用的结构合理，所占比例恰当，使三者效益相互协调，从而取得土地最佳的使用效益。

（五）城市土地管理经济化的原则

在城市土地的使用管理中，利用价值规律和经济杠杆调节土地经济关系和土地的使用，保证土地所有权在经济上得到实现。土地必须有偿使用，破坏和污染土地者必须承担相应的经济责任。对于违规使用土地者一定要严厉惩处。

（六）对城市土地实行国家强制管理的原则

维护城市土地的国家所有制，任何人不得侵犯。国家有权依法征用集体所有制的土地。城市土地的使用规划，任何人不得侵犯。国家规定的土地费税必须缴纳。国家依法惩办违反土地法和土地规划的各种人员，直至追究其刑事责任等。

三、城市土地管理的内容

我国城市土地管理的内容主要包括以下几个方面。

（一）城市土地基础管理

城市土地基础管理就是对城市土地的调查、登记和统计等，又称地籍管理，它是城市土地管理的基础。土地调查就是以查清土地的数量、质量、分布、利用和权属状况而进行的调查。土地登记是国家用以确认土地的所有权、使用权，依法实行土地权属的申请、审核、登记造册和核发证书的一项法律措施。土地统计是国家对土地的数量、质量、分布、利用、权属状况进行统计调查、汇总、统计分析和提供土地统计资料的制度。

（二）城市土地分等定级与地价评估

城市土地等级的形成，是客观存在的级差收益在空间上的反映。评定城市土地的等级，是进行土地管理、房地产交易、城市规划等工作的重要条件。城市地价评估的标准和依据是城市土地级差收益测算。城市土地价格的评估是一项科学性、专业性很强的工作，必须由国家认可的估价师和估价机构来进行；且评估行为和评估过程受到国家法令法规和行业制度的严格限制与监督，从而保证评估结果的独立性、公正性、合理性。

（三）城市土地规划管理

城市土地规划管理是城市规划管理的基本任务。城市土地规划和利用，是牵涉城市生产力布局与城市发展的根本性问题。城市土地利用和规划的原则应是节约土地资源、优化土地配置、提高土地收益、促进经济发展。一般来说，城市土地规划包括城市土地利用总体规划、城市各类用地的具体规划和城市企业用地规划三部分，主要任务是摸清城市土地利用现状、合理分配城市土地资源、优化城市土地利用结构。

（四）城市土地的行政、经济和法制管理

城市土地的行政管理主要是指城市政府用行政手段对城市土地进行管理。城市土地的经济管理主要是指城市政府用经济手段管理城市土地。经济管理能把投入城市土地的大量资金通过城市土地的有偿使用予以回收，并再投入城市土地的整治和开发，从而实现城市建设资金的良性循环。城市土地的法制管理是指城市政府用法律手段管理城市土地。无论是城市土地的规划管理、行政管理还是经济管理都离不开法律依据和保障。完善城市土地的管理必须要有一套健全的城市土地管理法律法规体系作保障。

（五）规范城市土地市场管理

城市土地市场管理就是政府运用经济、法律和行政手段，影响土地的供给和需求，在宏观上对土地市场进行调控与管理，以促进土地市场的正常运行，更加有效的配置土地资源。

四、城市土地利用及管理存在的问题与对策建议

（一）城市土地利用中存在的问题

1. 土地供应的双轨制影响了城市土地的利用效率

现阶段我国城市采用"双轨制"的土地配置方式，虽有适应经济发展的一面，但同时也容易产生灰市交易、收益流失、非公平竞争、市场残缺等一系列问题。在城市用地大规模外延扩张的同时，我国城市已占用土地的利用效率却非常低下，绝大多数城市建成区内或多或少都有一定数量的闲置或废弃地。据国家有关部门统计，目前全国城市有闲置土地、空闲土地、批而未供的土地近 400 万亩，占建设用地的 7.8%，城市人均用地面积明显高于亚洲近邻国家和地区。

2. 城市用地规模扩张过快，用地供需矛盾尖锐

2005 年我国的城市化率达到 43%，大体上每年增长一个百分点；而全国城市土地面积 2000 年为 2.24 万平方公里，2003 年达到 2.83 万平方公里，2004 年全国城市建成区总用地面积约 3 万多平方公里，年均增长 8%左右，远远超过城市化的速度。并且，一些地方在城市建设过程中，以产业园、软件园、物流园、大学城等多种形式，大量圈占土地，占用了不少耕地，导致土地资源透支，难以在数量上满足日益增长的城市用地需求。

3. 用地结构不合理、比例失调

我国城市用地结构不合理主要体现在城市中工业用地比例过大，商业服务业及市政环境用地比例过小。目前我国城市工业用地占城市用地比重一般在 20%～30%之间，远远

高于住房和城乡建设部关于工业用地占建设用地的比例控制在 15%～25% 之间的规定，而发达国家城市工业用地比例一般不超过 15%。此外，全国城市人均道路广场用地、绿地、市政公用设施与国外综合性城市相比低 5～10 个百分点。

4. 城市用地产出水平较低

我国的城市用地产出水平与国际上城市用地产出水平较高的城市（如汉城、东京等城市）相比，地均 GDP 是偏低的。原因主要有：一是地方政府的地产经营意识不强，以至造成大量收益流失。二是许多经营不善的企业、仓储占据城市的黄金地段。三是只注重平面利用，忽视地上与地下空间的共同开发。四是功能分区混乱，空间结构不当。五是土地闲置，浪费严重。六是城区工业用地布局分散，难以发挥集约用地效率，且工业用地比例偏高，远远超过了发达国家城区工业用地占总用地面积 15% 左右的比例。七是商业、金融等服务用地的比例偏低。八是产业结构欠合理，商品内在质量不佳，商品附加值低。

（二）城市土地管理存在的问题

城市土地既是城市市民生产生活的物质空间载体，又是城市经济扩张发展的物质资本之一。城市土地管理是城市政府的一项非常重要的职责，是法律赋予各级政府土地行政主管部门的职权。但是，就目前我国城市土地管理的现状来看，仍有许多问题亟待解决。

1. 不合法不合理的征地现象普遍

随着城市化进程的加速，许多城市批租大量建筑用地，造成了近几年来的征地热现象。城市建设需要用地本是自然的现象，问题在于征地的合法性和合理性问题。一些城市政府在没有征得农民或居住地居民同意的情况下，强制征地，补偿和安置不合理；某些开发商甚至采用违法手段强制居民拆迁，引起一系列社会矛盾。另外，一些城市政府滥用审批权，对于超越审批标准的项目化整为零，越权审批。

2. 城市土地资源浪费严重，国有土地资产大量流失

一些城市为了招商引资，开辟了大量的科技园区，许多城市相互仿效，建立了众多开发区和大学城。然而，在许多城市这些园区的利用率很低，浪费了大量的土地。有些开发商或企业脱离实际，贪大求洋，盲目发展，使大量土地长期处于荒废状态，土地资源浪费现象非常严重。

3. 供给服从需求的土地供应政策亟待改变

土地供应政策是指一个国家根据土地资源的实际情况，以及经济建设和发展对土地资源的需求，制定的长期、中期和年度关于供应土地的原则、用途、数量、区域分布等方面的准则。在我国现行的土地管理体制中，土地供应与土地需求间的关系是颠倒的，即供给服从需求，实质上是一种"保障需求"的机制。这种机制不仅是导致我国经济增长长期处于粗放经营状况的原因之一，而且也是导致土地供应总量控制难以实施的根本原因，在这种体制下，作为控制建设用地的重要手段——土地利用总体规划和用地计划指标形同虚设。

4. 城市政府对土地利用行为控制力弱

城市土地市场的建立提高了土地的使用价值，同时也带来了一系列的问题。许多城市政府为了追逐经济利益，以牺牲耕地来换取经济的暂时发展，将城市土地大量批租，对土地的直接控制力弱。在我国现行的土地管理体制下，土地管理部门对地方政府的土地违法行为难以形成有效的制约和监督。各级土地管理部门是实行"块块为主"的领导机制，土

地管理部门受同级党委政府领导，并对同级人民政府负责，上下级土地管理部门间只存在业务指导关系。特别是国家土地管理部门在法律上并没有对土地违法案件的查处权。在这种情况下，土地管理部门只能是同级政府的办事机构和同级政府意志的执行者，不可能对政府的土地违法行为形成制约。这种体制弊端，是造成目前我国耕地保护中有法不依、有法难依、执法不严现象的根本原因。

五、加强城市土地促进城市土地集约利用的对策措施

（一）深化城市土地有偿使用的途径

1. 改革城市土地利用规划的方法

土地利用规划应是体现政府、企业和公众合作博弈的结果，其实是要充分发挥市场机制在土地资源配置中的基础作用，并保证公众的积极参与。城市土地利用规划包括城市用地基础研究、城市用地结构研究、城市用地布局组织研究三个核心问题，是土地经营的纲领。为了增加规划的科学性与可行性，首先要树立规划应该代表并服务于由不同利益主体组成的整个社会的观念；其次规划应由政府倡导，规划师牵头，鼓励企业与公众的积极参与，使规划能充分表达当事人的意愿；再次应理顺管理体制，建立一个政府直属的、专门的、综合的权威机构，集中统一管理城市土地利用，协调土地管理局、城市规划局等单位的矛盾；最后应进一步完善法律、法规方面的建设。

2. 逐步建立并完善土地权能市场

城市土地资源的优化配置，要在充足的制度供给下，充分发挥市场机制的作用。

（1）明晰土地产权，显化土地权能资产，建立清晰的土地产权制度，形成三权分立、责权统一的利益格局。中央政府制定相关法律法规，监督、制止土地开发利用中的违规违法行为，收取绝对地租；地方政府实行土地利用年度指标责任制、管理责任制、耕地保护目标责任制，具体组织土地的开发利用，建立统一的土地市场，促进土地资源资本化，使土地资产增值，并获取级差地租；土地使用者在缴纳地租的同时，应在一定年限内在城市规划的控制下进行开发使用土地，不符合规定的要承担责任。这样，使得土地所有者、土地经营管理者、土地使用者形成三权分离、相互制约的利害关系。

（2）实行土地有偿使用制度，促进土地产权的流动与重组，完善现有土地税制，增加国库财源。设立土地闲置税；建立土地资产增值回收制度；开征土地保有税，提高囤积土地成本，限制以土地投机、转手套利为目的的土地交易；将批租制改为年租制，并纳入物业税中，使土地收益持续不断的注入国库。

（3）实行严格的土地交易公示制度，建立阳光下的土地市场。建立公示制度，把公共权力置于法制和社会监督之下。国内目前实行省以下土地垂直管理体制，但省市县各级政府有着千丝万缕的联系，如不对行政权力予以制衡，利益和"审批权力"的结合必然滋生腐败。除主管部门和检察机关的土地检察监督外，还应进行社会监督，建立土地管理人员财产年度公示制度；建立对土地管理部门人员高消费行为的公众举报和被举报人陈述制度。

（4）进一步推进企业产权制度、住房制度等的改革，以充分发挥市场在城市土地资源配置中的基础作用，结合旧城改造、产业结构调整盘活城市存量土地，建立开放、完全的土地产权市场。

（5）对于非经营性用地或其他具有外部性的土地利用方式，政府要适当干预。

3. 公众参与是城市土地利用可持续发展的保障

公众参与可以纠正不完全信息造成的"政府失灵"和非理性的经济冲动造成的"市场失灵"。为此，首先要宣传公众参与的重要性，研究公众参与的机制，以法律的形式规定公众参与决策与参与的重要性，研究公众参与的机制，以法律的形式规定公众参与决策与参与的程序；其次要培养并支持各种非政府组织，非政府组织以研究社会发展策略、参与社会事务、服务社会为主要工作，一定程度上是公众参与决策的组织代表；最后继续推进政府机构的改革，下放城市管理权，提高公众参与的意识和能力。

（二）优化城市土地利用的对策

1. 逐步转变城市土地供给机制，不断提高土地有偿出让的比例

目前我国城市划拨土地中，有相当一部分被非经营性事业单位所占用。对这些单位用地如不采取措施在经济上加以控制，也会造成土地的大量闲置、浪费。因此，这些单位用地也应逐步纳入有偿使用和市场机制的轨道。严把土地供应政策关，规范土地交易行为。

2. 加强规划的科学性，控制建设用地数量，保持耕地总量动态平衡

科学编制土地利用总体规划，严格控制城市建设用地的供应总量，遏制城市规模的盲目扩张。在人地矛盾十分突出的前提下，要实现城市土地的可持续利用，必须考虑城市周围的耕地面积和土地承载力，保证农田数量，实现与城市人口规模相协调的耕地总量动态平衡。

3. 优化城市用地结构，实现城市土地的最大效益

土地作为一种稀缺性资源，具有很强的增值能力。面对城市用地结构不合理和城市人均占有土地的不断降低，要更好地发掘土地潜力、充分发挥土地的效益，不仅要求我们在宏观上控制用地，而且还要在微观上节约用地，因地制宜地调整城市用地结构，发挥土地的最大综合效益。

4. 优化配置土地资源，提高城市土地的利用效率

首先，要健全土地市场体系，明晰土地产权关系。健全的土地市场体系是优化配置城市土地资源的根本途径，也是理顺商品经济条件下土地产权关系所要求的。

其次，要开展土地置换，加快土地流转制度创新的步伐。土地置换可以使稀缺的城市土地资源得以重新配置，这不仅有利于促进城市土地使用制度改革的深化，而且有助于改善社会经济与生态环境。

再次，提高土地容积率，发挥城市立体效应。城市土地集约利用可以通过提高容积率，在有限的用地面积上增加更多的城市活动空间，提高土地的相对供给能力，从而提高土地利用效率，最终实现城市土地的可持续利用。

第三节　城市空间规划管理

一、城市规划管理

（一）城市规划概述

城市规划的任务是根据社会经济发展目标，在全面研究区域社会经济发展和城市的历

史、现状和自然条件等基础上，根据国家和地方的有关各项法规，确定城市性质、规模和发展方向，合理安排各类用地、规划城市布局，全面组织城市的生活、工作、休息和交通等功能，保证有秩序的建设城市、发展城市，为生产和生活创造良好的城市环境，保证城市的可持续发展。

城市规划具有以下几个特点：

（1）综合性。城市是一个复杂的机体，分析、研究城市，科学规划城市发展，涉及多学科、多领域，必须综合考虑。

（2）系统性。我国各地的城市规划大致分为总体规划、分区规划和详细规划三种。总体规划是战略性的规划方案，它通过详细规划在城市建设中体现出来。分区规划则以对不同的地段、不同区域建设的具体指导，保证城市总体规划对城市区域结构、功能定位等的实现。三类规划构成一个有机整体，充分体现了城市规划的系统性。

（3）政策性。城市建设、发展涉及社会、经济、文化等多个方面，城市规划必须依据国家经济和社会发展目标以及国家各项有关法律、法规由政府或由政府指定的专门部门制定，具有很强的政策性。

（4）强制性。经批准的城市规划，具有法律效力，任何单位和个人都有遵守的义务，都要服从城市规划的统一管理。

（二）城市规划的作用

1. 城市规划在宏观层面上的作用

从宏观层面上看，城市规划具有以下基本作用：

（1）城市规划是经济建设与城市建设的结合体，能够保障经济建设的发展。城市规划和城市建设的龙头是城市性质，即城市的主要职能或主导产业。经济计划和经济建设的核心是产业结构，即确定主导产业及其与辅助产业的关系。经济计划和经济建设从用地、建筑和效益等方面安排主导产业和辅助产业。不仅如此，主导产业和辅助产业的生产都离不开基础设施，而基础设施的部署和建造，是城市规划和城市建设重要的组成部分。

（2）城市规划是城市发展的蓝图，指明城市的性质、发展目标和发展规模。城市规划根据国家的生产力布局等确定城市的主导产业，根据主导产业的需要配置辅助产业；再根据产业规模确定城市的人口规模和用地规模；进一步根据产业、人口和用地的规模，配置基础设施。科学的城市规划，有利于提高城市的综合效益，减少城市各种资源的浪费。

（3）城市规划是用地和建筑的规范，能够提高整体土地和建筑的效益。城市规划是城市政府的规划部门审批城市用地和建筑的法律依据。它处理城市整体的、区域的和个别的用地、建筑之间的效益关系，并塑造城市平面和立体的形象。

（4）城市规划是市民生活质量的卫士，并通过指导产业设施、基础设施和生活设施的建设，提高市民的生活水平。公共绿地、道路、居民的住房阳光权利和住宅区的其他公共服务设施，是市民生活质量的基本保障，城市政府的规划部门有职责制止和处罚各种损害市民生活质量的保障行为。随着生产力和城市现代化的发展，城市规划部门还有职责规划和指导建设图书馆、公共体育场地和设施、森林公园、博物馆和美术馆等，满足市民日益增长的物质文化生活的需求。

2. 城市规划在微观层面上的作用

在我国现行的土地管理制度下，从微观层面上看，城市规划不只是提供技术服务，还具有以下制度作用：

（1）促进城市土地资源的合理配置

城市规划从宏观和微观两个层面来参与城市土地的配置。首先，在总体规划阶段对城市土地利用进行宏观层次的配置，确定了城市不同区域的功能和土地利用的主要方向；随后，详细规划阶段则从微观的角度对具体地块的土地用途、容积率等作出规定，进一步明确土地配置的具体内容。城市规划促进城市土地资源的合理配置，还表现在产业发展在城市空间的合理布局。城市土地因为能够带来巨大的经济效益，从而显得比其他地域的土地稀缺。在城市不同区域、不同地段的土地也具有不同的投资收益，对应不同的投资收益存在着不同的土地价格（地租），而对应于不同的土地成本则是不同的产业分布。

城市土地利用的内部结构要求城市规划按照经济利益的原则来安排产业在城市空间的布局，按照这个原则来安排产业在城市空间的布局，并按照这个原则来调整原有的城市土地利用空间结构，达到合理配置使城市土地充分发挥其经济效益，促进城市经济发展、经济的增长。另外，城市规划还要确定城市公共性用地和商业性用地的比例和位置，使其合理配置，促进城市环境保护、城市功能完善和城市经济发展的协调，达到城市可持续发展的目的。在城市的各个发展阶段，由于发展目标迥异，往往对城市土地利用也有不同的方向，而土地利用开发成本大、年限长，一经开发使用就不易更改。因此，预测未来城市发展方向，预留城市发展的弹性，也是城市规划的主要任务和日的。

（2）确保城市公共物品的及时提供

根据资金来源和使用中的排他性可以将社会经济生活中的各种物品分为公共物品和私人物品两种类型。公共物品可以定义为：个人消费这些物品或享受服务不会有损其他任何人的消费，不具有排他性和收费困难的物品往往就是公共物品。由于私人提供公共物品存在收费困难、"搭便车"现象严重等问题，因而在当今世界上，公共物品多数由政府提供。

但在实际生活中，公共物品和私人物品的划分并不是绝对的，许多物品兼有两类性，因此每一个消费者都会强调物品的公共特性，为私人消费提供公家补贴。城市是提供公共物品最多、最集中的区域，如城市交通设施、公园、市政管网、博物馆、义务制学校等，只有在政府提供这些公共物品的前提下，城市功能才能正常发挥。

但是，从财政能力以及公平性的角度出发，政府不可能提供消费者认为的所有公共物品，如何确定公共物品与私人物品的界限，如何配置公共物品成为政府部门的主要工作。城市规划制度的设计在这一方面发挥了重要作用。城市公共物品的配置最终应落实在土地使用这一层面上，城市规划部门通过对各类城市设施的服务对象和性质的分析来判定该类城市设施是属于公共物品还是私人物品，以确定投资主体，减少"搭便车"现象的发生，为政府投资公共物品提供依据。

（3）推动城市经济的发展

城市规划在制定、实施城市经济政策等方面发挥着重要作用，城市规划也是生产力。首先，科学的城市规划能够准确地进行城市功能定位，确定城市的产业方向，为制定行之有效的经济发展政策提供依据。其次，城市规划在创造优良的投资硬环境方面起着决定性作用。评价一个城市的投资环境，主要考察软环境和硬环境两个方面。软环境主要是指政策法规、服务管理水平、人文习俗、科学文化水平等方面；硬环境则包括城市自然环境、基础设施，如交通运输系统、邮电通信系统、能源动力系统、给水排水系统、环境保护系统以及住宅、商业网点、文化教育、医疗卫生、娱乐旅游及其他服务性设施等。可以看出对硬环境的评价实际上就是对城市规划水平和工作的评价，城市规划决定了硬环境的方方面面。再次，科学的城市规划有利于树立良好的城市形象，在对外招商引资和文化交流等方面发挥积极作用。

（4）降低交易费用，减少寻租行为

城市土地使用权的出让和获得，实质上也是一种交易行为。土地所有者和土地使用者在法律上处于平等的地位，二者通过谈判来确定土地出让的具体细节。但作为土地出让者的政府，可能会借口保护公共利益，而对土地出让附加一些条件，这些条件有一些是正确合理的，有一些可能是出于其他目的。土地使用者出于利润最大化的考虑，也会对土地使用提出一些要求。政府和土地使用者为达成共识，需要进行多次沟通和谈判，大大增加了交易费用。城市规划制度将城市规划部门设计为政府与土地使用者之间一个技术服务机构，公正、科学的评判双方的用地条件，降低土地出让过程中的交易费用，提高社会经济运行效率。城市规划在土地管理中的另一个重要作用是减少寻租行为。

土地国有和土地有偿使用是土地出让和管理中产生寻租行为的根源，一方面由于土地的稀缺性使得土地管理者可以在选择土地使用者的时候进行寻租；另一方面，土地出让的附加条件，包括用地性质、容积率等也可以成为土地管理者的寻租内容。土地管理过程中的寻租行为扰乱了正常的土地市场，侵害了公共利益。寻租可以实现的主要原因一方面与土地管理的不规范、缺乏公正科学的监督机构和评判机构有关，另一方面也与土地出让过程中土地用途和容积率的随意确定有很大关系。随着城市规划的逐步深入，土地的用途和容积率等一些基本控制要素得以科学的确定，使得土地出让的透明度增加，减少土地管理者因为土地使用控制要素的随意性而进行的寻租现象，从而可以树立政府机构的廉洁形象，提高办事效率。

（三）城市规划的管理活动

1. 规划区内建设用地的规划管理

城市的发展建设离不开土地，因而城市土地利用是城市规划的核心内容之一。要实现合理用地、节约用地、保证用地，就应该充分发挥城市土地的价值和作用，按照城市规划进行科学的规划管理。

（1）对建设用地提出选址意见书。在城市规划区内进行建设需要申请用地，建设项目无论是使用原来已有的土地，还是申请新的用地，建设单位和个人都要向城市规划部门提出建设用地选址的书面申请，并附国家或地方批准建设项目的计划文件和有关资料。城市规划部门应在一定期限内做出选址批复和提出规划设计要求。

（2）审定建设项目的初步设计方案中的用地位置和界限。在城市规划部门提出选址意见书的同时，应向建设单位和个人提出规划设计要求，初步编制设计方案。城市规划部门根据各项技术规定、规划设计要求和节约用地的原则、审定初步设计方案中的用地位置和界限。审定用地位置和界限后，一方面可以据此申办用地规划许可证手续，另一方面建设单位和个人即可委托设计单位开始设计施工图。

（3）核发建设用地规划许可证。建设单位和个人在城市规划部门核定初步设计方案后，要在一定期限内提交用地范围图和建筑设计方案，并填写申请表，向规划部门申请核发建设用地规划许可证。城市规划部门在接到申请后，发征询单征询区、县政府规划部门的意见，主要是了解农田分界、土地上有无乡镇企业需要另行择地安置、农田水利和通信管线是否会有阻塞或需改道等情况。规划部门还要根据建设项目的性质，分别征求环保、消防、卫生防疫、机场净空、河港岸线和文物等管理部门的意见。城市规划部门在综合各方面意见的基础上，审查通过并签发建设用地规划许可证。建设单位和个人在取得建设用地规划许可证后，方可向县级以上地方政府土地管理部门申请划拨土地；建设用地上有房屋需要拆迁的，还应该按照房屋拆迁管理办法，向房产管理部门办理审批手续。

2. 规划区内建设工程的规划管理

（1）对一般建筑核发建设工程规划许可证。首先，在城市规划区内新建、扩建和改建建筑物、构筑物、道路、管线和其他工程设施，建设单位和个人必须填报《建设工程规划设计送审单》，并附地形图、土地使用权属证件和建设项目批准文件，向城市规划部门提出申请；城市规划部门予以复核同意。最后，建设单位和个人填报《建设工程执照申请单》，并附施工图及消防、卫生防疫等有关部门的审核意见。城市规划部门在审查施工图与批准的建筑设计方案相符后，即可核发建筑工程执照即建设工程规划许可证。

（2）对城市基础设施中的管线铺设核发建设工程规划许可证。管线管理，是城市规划部门根据城市的工程管线规划，与城市政府的路政部门和管线铺设公司相协调，在城市基础设施的管线建设和维护中，监督处理地下管线与地上建筑、地下管线之间关系的一种城市规划管理。城市规划部门进行管线管理的内容是：①会同城市政府的道路管理部门和管线敷设公司，编制年度道路与管线修建综合计划，统一施工。②审查管线平面设计图，确定管线位置、管线相互间水平距离和垂直距离以及管线交叉点。③核发建设工程规划许可证。在规划区内修建城市基础设施的各类管线，除了按规定向市政府的路政部门和交通管理部门申请掘路执照和道路施工许可证外，都必须向城市规划部门申请核发建设工程规划许可证。

（3）对城市基础设施中的道路桥梁施工核发建设工程规划许可证。新建、改建道路桥梁，除了按照规定先申请城市建设用地规划许可证外，也需要按照规定协议设计要点，申请建设工程规划许可证。城市规划部门对道路桥梁审核建设工程规划许可证的内容有：①道路的走向。道路的中心线不能改变。②坐标和标高。道路桥梁的标高必须和两旁建筑的标高相吻合，如果过高或过低，会造成积水。③道路宽度。④道路等级。⑤交叉口设计。⑥道路横断面设计。道路横断面设计必须和地下管线相配合。

（4）对建筑的其他方面进行规划管理。①在城市规划区内进行临时建设，必须在批准的使用期限拆除。禁止在批准临时使用的土地上建设永久性建筑物、构筑物和其他设施。②私房的修建，不得妨碍道路交通和消防安全，并依法处理截水、排水、通风和采光等方面的相邻关系。

二、城市住房管理

（一）城市住房管理的内容

城市住房属生活资料，是城市居民赖以生存的基本物质条件。城市住房管理的规划、建设、使用、流通等是关系城市居民安居乐业、社会稳定与进步的重要环节。城市住房管理是城市房屋管理的主体。一般而言，市场经济条件下，城市政府房产管理部门对城市房屋进行管理应该包括房屋产籍管理、房屋产权管理、房屋交易管理、房屋修缮管理等。但是，由于我国城市住房制度的变迁，我国城市住房管理的内容有很大的变化。

现阶段我国城市的住房管理主要包括以下几方面的内容。

1. 城市住房规划管理

住宅规划管理是城市政府满足人们生活需求，引导城市社会经济发展的重要工作。精心规划城市住宅区是搞好城市住房建设的首要环节，是为市民创造良好居住条件的重要手段。城市住宅发展规划是城市总体规划的一个有机组成部分，是对城市住宅的建设规模、速度和平面布局等做出的总体安排。它直接制约着城市住宅的自然、经济、社会条件以及技术要求。

城市住宅规划管理制约着城市住宅再生产运行的基本方向，是城市政府进行住房管理的重要依据。因此，城市政府在制定城市住宅发展规划时，必须依据城市的性质、规模和结构，充分考虑城市住宅的自然、经济和社会条件以及技术要求。具体地说，科学、良好的城市住宅发展必须坚持以下原则：符合城市总体规划的要求，实现住宅发展与城市发展相协调；符合居民的生活活动规律，创造舒适、优美、安全、卫生、方便的居住环境；合理、有效地利用城市土地和空间，实现城市住宅建设的经济效益、生态效益和社会效益的有机统一；充分考虑城市的地方特色，力求城市住宅建设的个性；搞好城市住宅区公共服务设施的规划；为城市住宅生产和施工工业化以及建筑群体多样化创造条件。

2. 城市住房建设管理

城市政府对城市住宅建设的管理主要包括：

（1）加强城市住宅建设标准管理。为了制止城市住宅建设中的混乱状态，降低城市住宅造价，提高城市住宅建设投资的社会经济效益，城市政府要强化城市住宅建筑标准管理。所谓城市住宅建筑标准是国家对一定时期内城市住宅建设的主要经济指标所作的统一规定，包括面积、造价、层次、层高、住户比例、民用建筑综合指标等。

（2）积极推行城市住宅的综合开发。城市住宅综合开发是指统一规划、合理布局、综合开发、配套设施的建设方式。综合开发既适用于新城区征地开发，也适用于老城区拆迁再开发，它能打破条条块块的界限，相对集中使用人、财、物，并按照系统工程原理，合理配置建房资源，实现规划、设计、施工、管理的专业化协作，从而降低城市住宅建设的成本，提高城市住宅建设的整体效益。

3. 城市住宅流通管理

由于城市住宅具体位置的固定性、使用的长期性及价值量大等特点，城市政府要加强对城市住宅流通的管理，以保证城市住宅流通的顺利实现。城市住宅流通管理包括城市住房的产籍管理、产权管理、交易管理等。

4. 城市住宅分配和消费管理

城市住宅的分配和消费对城市住宅的总需求和总供给有着很大的影响，城市政府根据城市住宅发展规划的要求，加强对城市住宅分配和消费的监督管理，能确保城市住宅总需求与总供给的均衡发展。

（二）城市住房管理中的问题及对策

住宅货币化改革是我国住房管理体制中的一大进步，它不但有效地解决了城市居民住房难的问题，而且激活了房地产业，刺激了经济的增长。但就目前我国的住房管理现状看，仍存在着一些需要解决的问题。

1. 房地产投资较热、房价持续走高

近年来国家不断加强对房地产业的宏观调控，防止房地产投资过热，保证其稳定增长，但我国房地产的投资率依然没有明显放缓，即使是在全球性经济危机爆发的最近时期，房地产投资仍然较热。据全国 70 个大中城市的数据显示，房地产投资占全社会固定资产的比例 2007 年为 21.5%，2008 年为 20.6%，2009 年上半年为 18.6%；相应的住宅平均价格则分别为 3665 元/平方米、3654 元/平方米和 4460 元/平方米。房地产投资没有明显下降，房价却持续走高，房价过高直接影响了经济的发展和社会的稳定。因此，抑制房价过快增长、加强保障性住房的供应，成了城市政府的一项紧迫任务。

2. 房产发展中商品房供应结构不合理

从近年来的商品房供应结构看，非住宅项目供应比重大，低价位房供不应求，高价位的多是别墅和商用地产，而老百姓真正需要的中低价位的经济适用房相当缺乏。

3. 房地产业仍属粗放型发展模式

主要体现在建筑业中建筑能耗高、建设质量较差、各项建设指标较低。目前，我国建筑能耗是相同气候条件发达国家的 3 倍。由于建筑材料性能和建筑技术较低，保温效果较差，使得冬季取暖能耗普遍高于欧美国家；采用新型墙体材料只占 35%。一些地方不顾自身资源条件，盲目发展高耗水、耗能、高污染的项目和大草坪、水景观等。

针对城市住宅管理存在的问题，城市政府在住房管理方面许多工作都有待进一步深入开展，城市管理应该以防止房地产泡沫、抑制房价、减少耗能等为核心。具体包括以下两方面：

一方面，要加强城市住宅规划管理和对房地产市场的宏观调控。城市政府首先要从源头上入手，通过立法等手段，做好城市土地资源的规划，保障城市土地利用的合理性，确保城市房地产发展的合理规模和速度。其次，城市政府要加强对城市房地产市场的规范管理。要加强对区域内房地产市场的宏观调控能力；采用税收、金融、土地等手段确保房地产业的稳定发展。此外，完善的市场信息的供给，也是政府规范管理调控市场的重要内容。

另一方面，要建立多层次的住房供应体系。1998 年，在《国务院关于进一步深化城镇住房制度改革、加快住房建设的通知》中，对不同收入家庭实行不同的住房供应体系做出了规定，即"最低收入家庭租赁由政府或单位提供的廉租房；中低收入家庭购买经济适用房；其他收入高的家庭购买、租赁市场价商品住房"。建立分层次的住房供应体系的思想能够有针对性地解决城市不同收入层次居民的住房问题，通过实践，取得了明显的成效。

第四节　城市空间结构的优化调控

一、城市空间结构的内涵与模式

（一）城市空间结构的含义与特征

1. 城市空间结构的含义

城市空间结构是指城市空间范围内经济的和社会的物质实体在空间形成的普遍联系，

是城市经济结构、社会结构的空间投影，是城市经济、社会存在发展的空间形式。城市空间结构是城市各种结构的基础结构，是城市功能组织在地域空间的投影，是城市政治、经济、文化、社会、自然条件和工程技术以及建筑空间组合的综合反映。优良的城市空间结构能使城市土地资源的配置效益最大化，社会资源最有效地被利用，从而产生良好的经济效益、社会效益和环境效益。

2. 城市空间结构的特征

城市空间结构具有整体性、转换性和自调性三个基本特征。

（1）整体性。主要体现在要素与要素之间的关联性上。"关联"的普遍性和连续性是结构整体性的前提。一方面，城市构成要素与活动规定着城市结构的性质；另一方面，由于城市是各种要素和各种活动交织形成的整体，那么它必然有自身的性质与规律，表现出一定的空间形态、地域特点、文化风貌及场所价值等。

（2）转换性。城市空间结构的整体性意味着"结构"能成为若干的"转换"体系，即转换性就是组成城市空间结构的规则。这些规则既联系着各个要素，同时又营造着整体，也就是说，整体性是转换性的结果，转换性是实现整体性的手段。

（3）自调节性。整体性和转换性使得城市空间结构具有自调节性，自调性带来了结构的守恒性和稳定性，并使结构始终处于一种动态平衡的过程。

总之，城市空间结构的整体性隐含着规律与秩序，转换性寓含着构成与组织，自调节性表明结构是一种动态过程。这些特征使得持续性、兼容性和进步性成为城市空间结构的价值追求。

城市空间结构是在长期经济发展与要素流动过程中人类活动和区位选择的结果。城市空间结构具有整体性、有序性、时滞性、动态性等特征。区域内各个空间单元是一个相互联系、相互依赖的集合体。城市区域空间结构与经济发展速度相比具有明显的滞后性，在相对时间内，它表示为一种静态结构，在较长时期内，则表示出一种动态的地域演化过程。

城市区域空间结构的功能是城市区域空间结构内部关系和外部关系中所表现出来的特性和能力。由于城市区域所处的发育阶段的不同，则呈现出不同的功能，依据空间结构构成要素的多样化及其高度交织程度的不同使其衍生出指示功能、组织功能、优化功能和载体功能。如图 5-3 所示。

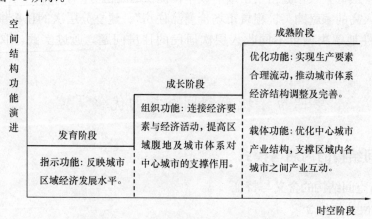

图 5-3　城市区域空间结构功能演化模式

城市区域空间结构的形成和演化是城市区域内部、外部各种力量相互作用的物质空间反映。这一过程的实现需要有动力的牵引，各种动力在相互作用之后的耦合力体现为区域空间结构的重组或扩展。总的来看，导致城市区域空间结构的形成和演化的力量主要包括资源环境及其地域组合、科技进步、要素集聚与扩散、产业结构升级以及制度与规划引导等方面（图5-4）。

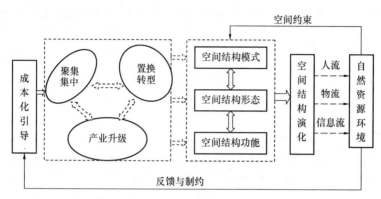

图 5-4　城市区域空间结构演化机制模式

（二）城市空间结构的布局模式

城市空间布局是一定环境条件下城市经济活动累积性发展的结果，是城市和生活依照自身要求进行空间组合后的结果，在物质形态上体现为各级城市中心、开放空间、居住区、工业局的分布和连接各个功能区的交通网络。城市空间布局模式反映了城市空间结构的演化过程，其特征一方面可以描述一个城市发展的阶段，另一方面可以预测城市发展的未来方向。城市空间布局的模式大体上分为以下几种。

1. 同心圆带状结构模型

1923 年由伯吉斯提出同心圆结构。同心圆模式是指一个城市的空间布局围绕一个单一中心从内向外呈同心圆状发展的模式。这个单一中心往往是一个城市的中央商务区CBD、第二个圆环通常是低收入阶层的居住区，而低收入阶层居住区之外的是中等收入家庭居住区，最外层是豪华居住区。同心圆学说的城市空间结构模式基本符合一元结构城市的特点，从动态变化入手，为探讨城市空间结构形态提供了一种思想方法。

2. 扇形结构模型

1939 年由霍伊特提出的模型，该模式打破了原有的城市布局，将城市的不同功能分布在彼此相邻的不同扇形中，每一个扇形区都作为某一特殊用地的载体。这种布局将城市进行功能分区，使工业、商业可以获得足够的聚集经济效益，同时也使居民区能够避免工商业活动所带来的不利干扰。扇形结构比同心圆带状结构模型更具合理性。

3. 多核心结构模型

1945 年由哈里斯和厄尔曼提出的多核心结构模型，该模式是指城市在空间布局中不局限于只有一个中心，而是由一个或多个层级不同的中心及外围构成。该模型首先将同心圆带状模型看做是城市的整体结构。而对居住区的结构时则主张采纳扇形结构模型。多核心模式更现实地描述了城市地域结构状况。城市在多种力量的相互作用下往往呈现多元结构，这比较符合当今城市发展的趋势。

4. 理想城市模式

1963 年 E. J. 塔弗（Taaffe），B. J. 加纳（Garner）和 M. H. 蒂托斯（Teatos）从城市社会学角度提出了城市地域理想结构模式，该模式将城市分为 5 个部分：①中央商务区。摩天大楼、银行、保险公司的总办事机构、股票交易市场、百货商店和文化娱乐场所主要都分布在该区。②中心边缘区。它靠近中央商务区，分布着商业地段、工业小区和住宅区。③中间带。由高级单元住宅区、中级单元住宅区和低级单元住宅区组成，高密度住宅区距中央商务区较近，在它外围的是低密度住宅区。④外缘带。食品、服装、纺织、日用化工业等轻工业在该地带分布，这里还是中等收入者的独户住宅区，由于交通便利，中级旅馆、大面积停车场、大型购物中心也分布于此区。⑤近郊区。主要是近郊住宅区、近郊工业区和近郊农牧区等。

二、城市空间结构的优化

城市空间布局是影响城市经济效益和社会效益的重要因素。城市经济的运行与城市内部复杂的经济网络、人文网络密不可分，而且二者之间相互制约。城市布局决定城市网络的布局，城市布局合理，网络布局才会合理。合理的布局和网络，可以缩短人、物、资金、能源、信息的流动时间和空间，方便流动，提高经济效益。城市空间布局的优化，就是要在现有的科技条件和城市管理体制下最大限度地优化城市的网络布局，发挥城市布局的正的毗邻效应，降低城市布局带来的负的毗邻效应，这是一个动态优化的过程。

城市空间结构优化的过程包括内部空间结构优化和外部空间结构优化两个过程。

（一）城市内部空间结构优化

城市内部空间结构的优化影响到城市的方方面面。城市内部空间优化的主要内容包括以下几个方面。

1. 城市内部功能区布局的调整

主要是指商业中心区、工业生产区、城市公共空间区域、交通街道的布局调整。城市中心区域的一些企业应"退城进郊"，向城市郊区的各种"园区"集中。"城中村"的改造有助于调整城市功能紊乱的状态，为城市的发展奠定坚实的基础。

2. 城市社区重构

由于历史大量存在的旧居住区，特别是一些军队、垄断部门单位管理而城市政府难以进行统一规划和管理的区域，使得城市土地空间整合、单位社区化整合任务艰巨，致使以社区为主体核心的城市管理体系建设步伐缓慢。

3. 城市统一的土地市场亟待形成

城市中的大量优质土地被军队、铁路、银行等"系统"占用，使得城市内部空间整合和进一步优化困难重重，并且地方城市政府难以协调。各种国有土地、集体土地使用权拥有者的利益亟待重新整合。一个城市的城市土地市场亟待形成。

4. 城市"市政府"亟待建立

当前的城市政府，多数还是行政区式的城市政府，计划经济色彩还有些浓厚。城市政府应以公共行政、宏观战略规划取代对市场的直接干涉，改革与创新财政体制，以充分发挥城市政府对城市空间自主优化的功能。实践证明，市政府与市民协商，自主决定其城市发展战略更加符合地方发展的现实。

（二）城市外部空间结构的优化

城市化不仅要求研究城市内部的结构优化问题，更重要的是研究城市之间、城市与区域之间的空间布局优化问题，即城市外部空间结构的优化。城市外部空间结构优化的主要内容包括以下几个方面。

1. 更新城市发展的区域观念

城市外部空间结构优化是市场经济条件下各个城市共同面临的新问题。首先城市空间优化不仅仅是城市个体的，更是经济、政治特别是体制的变迁，以及对城市之间关系的深远影响的结果。城市区域化在中国应该日益发展成为共识：城市发展应该在有特定密切联系范围的城市之间，追求区域整体利益最大化，保证相关城市利益共同增进，在竞争的环境中追求城际合作。

2. 树立城市区域"竞争—合作"的系统观念

各个城市不应该仅仅局限于经济，特别是成本方面的考虑。在很多方面应该更加注重城市之间的合作及区域协同。当前中国的城市区域合作，应该注重统一区域市场，拓展市场空间，获得各种规模效益，调整产业格局，形成有特色、可持续增长的产业群体和创新空间，获得良好的经济和社会效益。真正的区域实体的形成还有待时日，有赖于区域内市场的充分发育和拓展。挖掘城市区域市场的潜力是今后城市发展的主要方向。

三、城市空间调控的思路与途径

（一）我国城市经济空间发展面临的挑战与问题

目前，我国城市经济空间发展存在的主要问题包括❶以下几个方面。

1. 空间布局不合理

主要表现为：一是城市工业布局混乱。一些工业企业布置在居民区、风景旅游区中间或周围，污染严重的企业布局在城市的上风向或城市水域的上游等；二是商业、服务业疏密失衡，即城市中心区的商业和服务业网点分布过密，周边地区分布过疏，市级—区级—居住区级—居住小区级的商业和服务业网点体系不健全；三是交通布局网络不完善。城市内外交通衔接不好形成交通瓶颈，过境交通通过城市，人为分割城区和严重干扰与污染城区，通路横断面多，影响运输的通畅性，交通场站布置分散，加大了流通压力。

2. 空间结构同城市功能不对称

城市空间结构的不对称主要表现为，一是指单一的空间结构同城市应有的多种功能不匹配，我国的煤城、钢城等普遍存在这类问题；二是指空间结构同城市的主要功能相背离，如在旅游城市风景区附近建工厂就是典型的例子。

3. 三维空间利用缺乏有效性

从静态讲，只注重地面空间的利用，有时是过度利用，而缺乏对地下空间和地上空间的有效开发。现实生活中，"见缝插楼"就是过度利用地面空间的真实写照。在城市地下空间和上空空间的有效开发方面，我国的城市远远落后于世界上的发达城市——伦敦、纽约和东京等国际大都市的地铁都已形成网络，而我国的北京、上海等大城市的地铁正在建设发展之中。从动态讲，马路"拉链"现象就是城市地下空间不合理利用的有力证明。

---

❶　参见：丁健. 现代城市经济. 上海：同济大学出版社，2001。

4. 空间景观欠美观

高层建筑建造过程中只注重单体的表现，忽略了总体的协调，从而破坏了原有和谐的天际轮廓，使整个空间景观遭到破坏；不按客观规律办事，将建筑风格和建筑功能完全不同的物体配置在同一区域，造成空间景观上的不和谐。

这些问题的大量存在使得我国城市经济空间效益往往不能达到最佳，在许多情况下甚至是负效益。因此，必须对我国城市空间结构加以调整和优化。

(二) 调整和优化我国城市经济空间的思路和途径❶

调整和优化城市经济空间是一项长期而艰巨的任务，它既涉及某些产业和居民的迁移，又关系到调整优化后空间结构趋于合理所产生的巨大效益。因此，确立正确的调整和优化思路是十分必要的。我们认为，调整和优化我国城市经济空间结构的思路应该是：加强理论研究，通过广泛宣传，提高对空间特征的认识；加快制定相关法律，充分运用经济杠杆对空间进行调整和优化；借鉴国外有益经验，制定科学的空间利用评价指标，进而通过观念的转变、法规的约束、体制的保证、市场的运作、指标的测定来促进我国城市经济空间从无序到有序，从不合理到合理，从负效益或低效益到高效益。

我国城市经济空间调整和优化的途径主要包括以下几个方面。

1. 转变空间利用观念，尊重空间利用规律

城市经济空间具有公共性、垄断性、三维性和效益的递减性。公共性要求人们在城市空间利用过程中不仅要考虑自身的利益，尤其要注重公共利益。如果自身利益追求最大化的话，那么，公共利益必然受到损害，其空间利用的整体效益就不会很高；反过来，它又会影响个体的自身利益。由于空间的利用与土地利用密切相关，因此，它带有较强的垄断性。这就要求我们在空间利用时慎重决策，合理地将不同要素配置在一定的空间，并产生各种效益。三维性要求空间利用三维结构相匹配，并且，必须做好各空间之间的衔接，消除衔接瓶颈，提高利用效率。效益的递减性要求人们转变为追求经济利益而盲目提高平面密度和立体容积率的观念，科学合理地利用空间，努力做到单位空间利用的边际成本最低和总效益最高。

2. 加强空间利用的法规建设，为依法利用空间创造必要的法律保障

首先，必须制定同城市空间利用有关的法规，如《城市规划法》、《房地产管理法》等，制定必要的主干法律。其次，在主干法律的基础上制定相关法规，如《城市空间开发利用法》、《城市空间景观管理条例》等，以形成完整的法规体系。再次，实行法规创新，即通过法律程序推出地上空间权和地下空间权等概念，并允许其在一定的条件下进入市场交易。在空间利用法规体系逐步完善的过程中，必须制定好法规实施细则和法规执行程序，为依法利用空间提供有效的操作依据。

3. 充分运用市场手段来调整和优化空间

一是设置空间发展权，控制空间平面密度和立体容积率较高地区的空间利用程度。如果是开发商要在开发控制区高容积率开发，必须向政府购买空间发展权，否则就要追究其法律责任。二是根据区位和级差地租原理，通过市场大力推广有偿的空间置换，使各种要素在正确透明的市场价格引导下各归其位，达到最优配置。三是对新辟城市空间的利用必

---

❶ 参见：丁健. 现代城市经济. 上海：同济大学出版社，2001

须采取招投标的方式，使投资方案最有利于空间的利用。

4. 转变政府职能，改革空间利用的管理体制

由于城市经济空间具有公共性和垄断性，所以空间的供给也必须充分顾及公共利益，并具有垄断性和可调控性。这就要求建立以城市规划管理部门和土地管理部门为主体，其他相关部门协调配合的垂直型管理体制，使空间利用的管理克服多头现象，达到纵向到底，同时彻底打破原有的城市投资与土地及空间利用管理体制，建立制度（取得土地—取得空间利用的规划许可—申请投资项目—投资项目审批—取得施工许可—工程开工—空间利用跟踪监测），从提高单位空间的合理有效利用做起，最终达到整体空间利用的高效性。

5. 制定科学有效的空间利用绩效评价指标

城市空间利用绩效评价指标可分为建筑空间利用评价指标、地下空间利用评价指标、开敞空间评价指标、空间景观评价指标等。在更具体的指标设置上，除目前使用的一般性静态指标（如人均道路面积、建筑容积率、城市道路网平均密度等）以外，还应制定一些新指标（特别是动态指标），如城市交通工具时速测定指标等，

图 5-5　城市空间利用绩效评价指标体系

形成对城市空间利用效率的合理及客观评价。城市空间利用绩效评价指标体系见图 5-5。

6. 城市产业结构与城市空间结构的双优化

产业结构优化升级的驱动方式是城市区域空间地域扩展在社会经济系统运行上的外在表现形式，是城市区域空间结构优化的直接动力。产业经济增长的速度、规模、方式等将直接影响城市区域的空间地域扩展的速度、规模、方式等，进而对城市区域空间结构演化产生重大影响。在不同历史发展阶段，不同产业形态对特定历史时期的城市区域空间地域扩展与空间结构演化的作用也是不同的。在农业经济社会，由于产业经济增长总量较小，关联性弱，所以对城市区域空间地域扩展的推动力量就弱，空间结构演进较慢；在工业经济社会，以资源为依托的大工业经济增长总量较大，关联性强，所以，空间地域扩展规模较大，空间结构演化速度也较快；而在信息经济社会，以知识信息资源为依托的现代产业系统，对区域空间地域扩展的推动力更强，出现了网络化空间结构趋势，从而推动城市区域空间结构的更新和重塑，加速了城市区域的整合优化。

产业结构整合优化推动了城市区域空间的结构重组与优化。产业结构整合优化是产业要素、部门结构重组、一体化的发展过程。产业结构整合优化将促使产业集聚与优化。城市区域空间单元以产业联系为纽带，通过空间政策调整在城市区域内发展成职能相对突出的空间组团，形成"主核"带动下的"多中心"城市区域空间布局。产业结构知识化也将驱动城市区域空间结构演化。产业结构知识化，就是建立区内相互依存的产业联系体系，形成一种"技术生物链"。对于城市区域已有的产业发展，应重视相关产业的网络体系的建立，努力形成大中小企业密切配合、专业分工与协作完善的城市区域空间布局网络体系。同时，现代新型产业的柔性生产方式，拓宽了中心城市的空间辐射范围，而"硅谷"型卫星城镇是城市区域高新技术产业空间区位的主要选择。由此可见，现代产业的空间扩散强化了城市区域节点与城市间合理化的功能布局，进而促进了城市区域空间结构的

优化。

　　城市产业结构调整与城市空间结构演变优化之间具有密切的内在联系。产业结构调整将进一步提高城市产业效率和经济竞争力，改善产业布局，同时必然会对城市空间组成要素的布局带来影响。空间结构的优化也会显著地提高城市的运转效率，改善发展环境。城市产业结构调整为城市空间向合理化演变提供了难得的机遇。较高水平的城市产业结构和空间结构是实现城市现代化的客观要求。产业结构关系到城市经济发展的活力，结构调整是动态的、永恒的，空间结构是城市作为地域实体的基本形态，也处于不断演变之中。在我国城市的现代化建设中，产业发达、布局合理是共同性的目标。我国城市产业发展水平总体上处于工业化中后期阶段，在产业结构调整的过程中，应该按照城市总体规划，突出优化空间结构指导思想，发挥产业结构调整带来的积极作用，使两个结构得到同步的调整优化。

　　总之，城市空间结构是城市范围内经济的和社会的物质实体在空间形成的普遍联系的体系，是城市经济结构、社会结构的空间投影，是城市经济、社会存在发展的空间形式。在城市空间配置的变迁中，优良的城市空间结构能使城市土地资源的配置效益最大化，社会资源最有效地被利用，从而产生良好的经济效益、社会效益和生态效益，促进城市的健康与可持续发展。政府与市场作用下产业布局及空间结构双优化发展机制如图5-6所示。

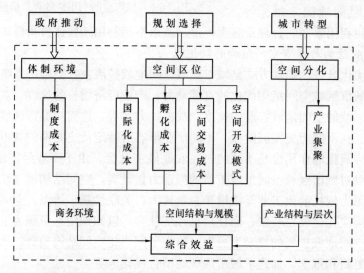

图5-6　政府与市场作用下产业布局及空间结构双优化发展机制示意图

复习思考题

1. 简述城市空间涵义及地域空间分化演变过程。
2. 简述城市土地利用的内涵及其管理的原则。
3. 影响城市空间结构的主要因素有哪些？
4. 简述城市空间利用评价指标体系。
5. 什么是城市规划？城市规划具有哪些作用？
6. 实施城市规划管理活动包括哪些内容？
7. 何为城市空间结构？其布局模式有哪几种？
8. 试述我国城市经济空间调整和优化的机制与途径。

第六章 城市经济管理

城市经济在国民经济中的核心地位决定了加强城市经济管理的重要性和必要性。物质是第一性的，城市经济的发展不仅为城市建设与发展奠定良好的物质基础，而且还能够促进就业，提高的居民收入水平以及加快社会公益事业等的发展。城市经济管理不仅是对城市产业、经济组织等内容层面上的管理，而且还表现在利用经济手段对城市各项事业发展进行管理。城市经济管理是城市管理体系和整个国民经济管理体系的有机组成部分，其目的是充分发挥城市经济在社会经济运行中的重要作用，促进和保证社会经济有序地正常运转。

第一节 城市经济管理的任务与原则

一、城市经济管理的涵义及特征

（一）城市经济管理的涵义

城市经济管理是以城市政府为核心的公共部门，对城市经济的各个领域，通过对生产力各个要素进行合理组织和对不同产业、不同行业以及不同社会集团之间的经济利益关系进行合理调节，以实现城市经济发展目的的活动与过程。

（二）城市经济管理的特征

城市经济管理是城市政府对城市经济活动的决策、计划、组织、调控和监督，是国民经济管理的重要组成部分。城市经济管理具有以下几个特征。

1. 区域性

所谓区域性，是指城市经济管理是城市政府及其所属机构对本城市区域范围内的经济体系和经济活动的管理，因此，它实质上是一种区域经济管理。

2. 综合性

所谓综合性，是指城市经济管理既包括城市再生产过程的生产、分配、交换、消费的各个环节，又包括各个部门、各企业的平衡、协调和控制。城市政府要在城市经济各环节、各部门、各企业加强自身管理的基础上，进行全面、系统、综合地管理，以实现城市经济的协调发展。

3. 双重性

所谓双重性，是指城市经济管理既要服从中央政府的统一规划、统一政策，服从国家的宪法和法律，维护国家的整体利益；又要从城市的实际情况出发，把国家的整体要求和总体利益与城市的实际需要、实际可能以及正当局部利益有机结合起来，使城市的经济发展与城市的城市性质相适应，以避免城市经济盲目畸形发展，实现城市经济结构的合理化和城市经济功能的优化。

二、城市经济管理的任务及原则

(一) 城市经济管理的现实意义

城市经济管理是指城市政府对城市的经济活动进行调控和监管的活动,它既包括对工商业等非农经济部门的城市经济管理,也包括对城市区域内农村经济的管理;既包括对公有制经济的管理,也包括对非公有制经济的管理。在现代城市发展背景中,对城市经济进行有效的管理已成为维持城市经济正常运转、促进城市经济健康发展的基本的、必要的手段,同时,也是实现整个国民经济可持续发展的重要环节。具体来说,城市经济管理的意义包括以下几个方面:

(1) 城市经济管理是保证我国经济持续快速健康发展,实现全面建设小康社会目标的重要途径。

城市经济是国民经济在空间上的聚集,这种聚集组成了国民经济总量的绝大部分。自改革开放以来,随着我国城市化进程的不断加速发展,城市经济在国民经济和区域经济中的比重越来越大,并在国民经济和区域经济的发展中发挥越来越重要的作用。城市经济管理直接作用于城市经济的运行。

(2) 城市经济管理是充分、合理利用城市资源,实现城市经济可持续发展战略的有效手段。

城市空间的人口、各类产业、住宅和交通网络高度密集,城市的这种聚集性决定了城市资源的稀缺性,尤其是自然资源。这些城市资源的保护和有效使用是城市可持续发展的重要物质保证。只有通过对各类城市经济资源进行科学的管理、合理的开发和利用,减少或消除对城市资源的破坏和浪费现象,才能使城市经济进入良性运转,使城市经济走健康的、集约化的发展道路,实现城市经济的可持续发展。

(3) 城市经济管理是保证城市居民生活供给,提高城市居民生活质量的基本手段。

城市是人口高度密集的地方,数量巨大的城市居民必须依靠城市经济体系的有效运转获取生活物资。目前,在我国城市人均生活水平还有待大幅度提高的状况下,城市经济的协调运转和快速增长,更离不开高效的城市经济管理。

(4) 城市经济管理是当今经济全球化和贸易自由化背景下促进城市经济和社会发展的必然要求。

在经济全球化和贸易自由化的趋势下,城市的发展需要城市经济管理为其制定符合各自城市特征的经济发展战略,并实施相应的经济政策,以有效推动城市对外经济交流与合作。富有成效的城市经济管理是处于全球化发展趋势中的城市生存和发展的重要保证。

(5) 城市经济管理是调控市场经济活动、保证国民经济有效运行、加快完善市场经济体系的重要一环。

在市场经济中,市场的重要主体、市场的重心都在城市中,城市是市场经济中生产、分配、交换和消费的主要空间地域。建设我国社会主义市场经济,除了中央政府正确及时地宏观调控外,有效的城市经济管理也是完善我国市场经济体系,监督和调控市场经济运转,保证国民经济持续、稳定、健康发展的重要环节。

（二）城市经济管理的任务

城市经济管理的任务就是要编制好城市经济发展的总体和阶段性计划，为经济活动创造公平开发的市场环境，不断完善城市经济结构，实现城市经济的增长以及经济和社会、生态的平衡。城市经济管理包括财税管理、市场管理、产业结构调整、房地产管理等多方面内容，管理的任务主要集中在以下三个方面。

1. 制定和实施城市经济发展战略及发展规划

在国家统一发展战略和规划的指导下，根据城市的具体情况，制定符合城市的城市经济发展的战略目标、战略重点以及实施步骤和措施，在此基础上制定城市经济发展计划，协调城市经济发展与城市规划之间的关系。

2. 治理和改善城市经济环境

城市经济环境指直接影响城市经济活动的各种因素的总称，主要包括两个方面的内容。一是城市的市场环境和秩序，二是城市基础设施的建设情况。治理和改善城市经济环境就是要从这两个方面入手，为经济发展创造良好的条件。具体而言，城市政府应完善保护市场秩序的相关法律法规，打破垄断、消除地方保护主义，为平等的市场竞争创造环境。

3. 调整和优化城市经济结构

城市经济结构由多重要素构成，主要包括产业结构、企业结构和技术结构以及分配结构、消费结构等。只有城市经济结构实现了平衡，城市经济才能稳步前进。因此，调整和优化城市经济结构是城市经济管理的一项重要任务。城市政府可以以产业结构的调整为龙头，通过法律、经济和行政等多种手段，逐渐实现城市经济结构的合理化。

（三）城市经济管理的原则

城市经济管理必须从城市的实际出发，按照城市发展的客观规律办事。为此必须遵循以下原则。

1. 经济效益最佳的原则

按照社会主义生产目的的要求，在城市经济发展中，必须最大限度地满足城市居民的物质文化需要，只有不断提高城市经济效益，以最小的消耗，创造更多的适应社会需要的产品，建设繁荣的、现代化的城市经济，才能满足城市居民的需要，同时也是保证城市生产正常运转的要求。

2. 政企分开、职责分明的原则

传统城市经济管理政企不分，政府直接干预企业的生产经营活动，结果导致企业失去活力。政企分开，就是要使企业成为按照市场经济需要依法自主经营、自负盈亏、自我约束、自我发展的商品生产者和经营者，成为独立享有民事权利和承担民事义务的经济法人；而城市政府不再直接干预企业的经营管理，主要搞好经济调控、社会管理和公共服务。要实行政企分开，必须实行城市政府社会经济管理职能与国有资产所有者职能分开、国有资产管理和国有资产经营分开、政企职责分开。

3. 兼顾国家、企业、劳动者个人三者利益的原则

在城市经济管理中，国家、企业、劳动者个人三者的责、权、利应当是一致的，但在复杂多变的城市经济体系中又经常产生新的矛盾，这就需要及时调整和解决。在城市经济管理中，国家、企业、劳动者个人三者关系实际上是一种物质利益关系。在社会主义制度下，三者的根本利益是一致的，但在一些实际利益上，三者之间会产生一系列差别或矛盾。因此，在城市经济管理中，必须兼顾三者利益，做到国家整体利益、企业局部利益和劳动者个人利益的有机结合，并使企业局部利益、劳动者个人利益服从国家整体利益。

4. 条块结合、综合管理的原则

城市经济管理既是条块管理结合的管理，这就要求按照经济规律的客观要求，依照经济活动的内在联系，打破部门所有制和地区所有制的界限，把行业分工和地区分工有机结合起来。条块结合的实质是正确处理好部门分工原则和地区分工原则的关系，以促进地区专业化和部门专业化，发展跨地区、跨部门的协作，调动地区、部门和企业的积极性。条块结合的核心是依托城市，把城市作为条块管理的结合点。

第二节 城市资本及城建投融资管理

一、城市资本及其运动

（一）城市资本的涵义

城市资本从总体上来说，是指城市内有价值的物品，包括固定资本和流动资本。固定资本又包括自然资本（natural capital）和人造资本（human-made capital），前者是指以自然资源为本底的有价值的物品（如土地、水域、自然林木等），后者则包括由于人类投资而形成的固定设施（如各类基础设施、不动产等）。流动资本一般是指流动性很强的价值品或价值凭证（如资金、有价证券等）。城市固定资本如同城市这个有机体的骨骼框架，城市流动资本则是城市有机体的血液，共同维持着城市有机体的机能。其中，城市流动资本由于其较好的流动性，在资源的配置中起着特殊的作用。

（二）城市资本的流动

城市资本的流动从大的方面来讲可以分为资本流入及流出两大方面。在城市内部也有若干个资金流动循环。

从城市系统本身来说主要是资本流循环。资本的流入主要包括：贸易性流入（包括技术转让、服务收入等）、投资性流入、来自区外的就业收入、中央或上一级政府的投资或转移性支付等。资本的流出主要包括：城市企业或居民购置区外要素的支出、对区外的投资性支出、政府对外部经济的净支出等。

从城市系统内部不同主体来说，包括城市政府（各级）、企业（包括入驻的外资企业等）、居民（含临时性居住人员）以及第三部门等。政府主要通过来自企业及居民个人的税收、规费、资产收益等获得收入，而通过公共支出预算对城市设施等公共品投资、对企业补贴、对居民补助等进行支出；企业一方面主要通过销售产品或服务获得收入，另一方面主要通过购置各类生产要素而向其他主体支出和向供职的居民支付工资、并向政府缴纳税费等进行支出；城市居民通过就业（在政府部门、企业或其他部门）、投资等获得收入，而通过支付家庭及个人各项消费形成支出；第三部门通过政府支持、外界捐助以及最基本的服务收费而构成收入，通过提供准公共品服务而进行支出。

在城市流动资本的运行过程中，有一类重要的企业就是金融机构（银行等）。正是由于金融机构的作用，才使得城市资本能够融会贯通，配置其他经济要素、沟通城市各种经济关系，维持城市系统的正常运行。

城市系统的各主要主体的经济关系及城市经济的收入流模型如图 6-1 所示。

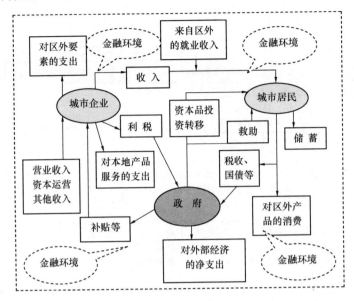

图 6-1　城市经济的收入流模型（Income-flow Model）

注：国有企业向国家缴纳利润

（三）城市固定资本投资及资金来源

城镇固定资产投资作为全社会固定资产投资的一个重要组成部分，它包括城市（镇）基础设施建设（或称广义的市政公用事业）和城市房地产。城市建设、城市基础设施、市政公用设施投资三者之间的关系，如图 6-2 所示❶。

"十五"期间我国城市市政公共设施投资与城镇固定资产投资和城市基础设施投资之间的数量关系见表 6-1。城镇基础设施投资占城镇固定资产投资比重平均是 30.78%，而市政公用设施投资占城镇固定资产投资比重平均仅占 8.27%，不足 1/10。相对于房屋投资（公共建筑及工业建筑、民用建筑），城镇基础设施投资及其市政公用设施投资便显得明显不足。

城市市政公共设施投资与城镇固定资产投资和城市基础设施投资之间的数量关系　表 6-1

	2001 年	2001 年	2003 年	2004 年	2005 年	合计
城市市政公用设施投资（亿元）	2352	3123	4462	4762	5602	20302
城镇基础设施（狭义）投资（亿元）	8531	9740	15180	18910	23174	75534
城镇固定资产投资（亿元）	30001	35489	45812	59028	75095	245425
市政公用设施投资占城镇基础设施投资比重（%）	27.57%	32.07%	29.40%	25.18%	24.17%	26.88%
市政公用设施投资占城镇固定资产投资比重（%）	7.84%	8.80%	9.74%	8.07%	7.46%	8.27%
城镇基础设施投资占城镇固定资产投资比重（%）	28.43%	27.44%	33.14%	32.04%	30.86%	30.78%

资料来源：2001—2005 年中国统计年鉴、城市统计年鉴等整理。

---

❶　建设部课题组. 市政公用事业改革与发展研究. 中国建筑工业出版社，2007.

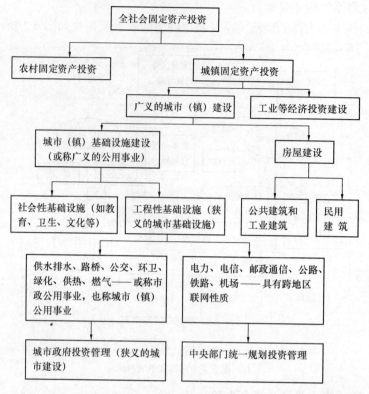

图 6-2　城市建设、城市基础设施、市政公用设施三者之间的关系

从城市基础设施投资的资金来源结构来看，主要依靠国内贷款（32.52％）、自筹资金（31.97％）、财政资金（21.83％），三者共占 86.32％。而靠债券融资只占 0.30％，利用外资仅 2.98％。城市基础设施投资资金来源结构如图 6-3 所示。

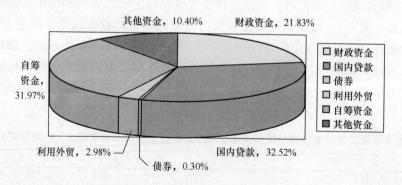

图 6-3　城市基础设施投资资金来源结构

城市维护资金是保障城市系统（主要是城市市政设施）正常运行的基本费用，其运用效果如何直接影响着城市运行效率。城市维护资金管理程序见图 6-4。

二、城市建设项目投融资体制

（一）城市建设项目投融资体制的内涵

融资是指为了投资活动的正常进行而事先筹集社会资金的活动，投资是指项目建设整

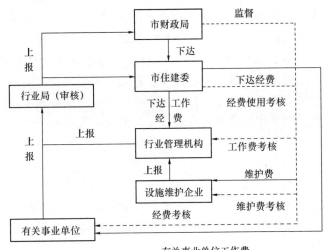

图 6-4 城市维护资金管理程序

个周期的经济活动，投资的结果是资本（包括固定资本和流动资本）的形成。我国正处于城市化快速发展时期，在城市社会中，无论是私人产品的生产，还是公共产品的生产，都存在着日益增长的大量社会需求，从而形成对城市资本规模扩大的需要。这种对城市资本规模的扩大要求，导致对投资资金的日益增长的需要。投融资体制是投融资活动的组织形式、投融资方法和管理方式的总称。主要内容包括投融资主体的确定，投融资决策制度，投融资资金筹措实施方式及运作，投融资收益分配结构，以及投融资监督体系和调控方式等。

我国的城市建设项目资金的来源主要有四个方面：一是国家财政拨款，包括基本建设安排的投资、中央财政拨给的专款以及地方财政给城市建设的拨款；二是税收、税收附加和国家规定的收费，主要包括城市维护建设税、城市公用事业附加费、排污费、水资源费；三是城建系统预算外收入，主要有城市房管部门收入、园林收入、环卫收入以及其他收入；四是资金市场融资和民间投资及一些城市发行的城市建设债券。城市建设项目作为国民经济和社会发展基本建设事业的组成部分，要求建设资金的一次性投入较大，而且由于城市建设项目的工期一般较长，许多城市建设产品的收费较低，其自身收益不能抵偿其成本，导致建设资金的回收周期较长。

（二）我国建设项目投融资中存在的问题

我国现行的投融资体制，除了融资渠道，投资主体、投资决策、资金筹措、投资收益分配、投资监督体系、调控方式都是单一化的，即都是由国家政府直接决策、直接管理、直接融资、直接监督、直接受益的。这种传统的投融资模式是制约我国城市经济增长潜力发挥、制约资金配置效率提高的关键性障碍，主要存在以下几个问题。

1. 资本市场不健全，融资渠道狭窄，主要依赖银行贷款

这种单一渠道使基础设施建设资金严重不足，形成投资者过高的财务成本，同时增大了融资风险，缺乏机构投资者和高财务杠杆、高负债激励和约束；而民间资本对个人大量融资，存在潜在风险。

2. 公共产品投资主体地位不明确，产权关系不明晰，投融资机制不顺

一些公共产品建设主体的公司，只承担建设任务，既不承担资金筹集职能，又不承担还贷责任，缺少约束机制；而作为资金管理部门的政府部门既不能直接贷款，又不能提供担保，在管理和协调上存在很多困难，而社会投资主体市场准入标准模糊，审批代价太大，很多社会资本难以进入上述领域。这样仅靠财政已难堪负重，结果是出现工程款大量拖欠、施工企业无奈垫资等普遍现象。投资主体单一，投资决策和项目经营管理主要依赖政府，并长期垄断经营缺乏市场竞争力和风险机制约束，既不利于调动全社会特别是提供公共产品企业的积极性，又影响管理服务水平的提高，如供水、供暖、供气等，往往服务不到位。

3. 资产存量迅速膨胀，而资本运营成效不大

其主要表现为大量社会资金闲置，没有做到有效配置，造成资源浪费。此外，由于决策失误，运作不当，财政投资不足，出现了一些因财政后续资金供应断档而涌现出的一批城市"半拉子"工程。

4. 投融资中介服务体系不健全，无法适应现代市场经济投融资要求

投融资中介服务体系是现代金融体系一个重要构成部分，如担保及信用评价体系等，它可以使社会资金配置更具效率。但是，当前我国城市投融资体制尚不能满足城市建设及发展的需要。一方面，这种投融资中介服务体系难以建立独立可信的社会评估监督机制和完整的社会信用体系，另一方面，投资者很难从市场上获得满意的投融资中介服务。

5. 政府对投融资活动管理不力，投融资效率较低

这主要表现为管理方式是长期缺乏约束的行政审批为主的项目管制式和国家金融机构不良资产的增长两方面。在这种管理下，广泛存在低水平重复建设，中小企业缺乏应有投融资支持等问题。

6. 政府直接投融资活动缺乏社会监督，致使财政投资资金存在大量损失和浪费

主要表现是：投资决策"暗箱"操作，社会监督难以奏效。当投资大量集中表现为政府财政性直接投资，并由一个或几个政府部门主持操作时，就必须会使招投标失去有效监督。政府的各种寻租行为得到了配合，进而导致腐败。一些开发区最近查处的几起案件，其当事人全部出自负责政府财政性投资的部门，就是代价昂贵的反面教材。

三、国外城市公共建设项目的投融资机制

（一）日本的城市公共建设项目投融资机制

1. 利用税收的再分配机制

日本政府收取的税收中约有一半左右由中央向地方进行再分配，一般有三种形式：地方税收主要用于平衡各地方的财政水平、地方让与税主要用于支持地方政府进行道路等基础设施类建设、国库负担金主要用于中央政府对地方特定专业的分担费用，其中40％用于各类建设项目。包括道路、桥梁、港湾、公园、住宅、排水管道、学校等公共设施建设，土地改良、造林等农业基础设施和抗灾工程建设。国库负担金起着引导地方财政资金支出方向的作用，通过提高或降低国库负担率，可鼓励或抑制某些地方的项目建设。

2. 公债

公债包括国债、市政债券等。市政债券是收益性市政设施的主要融资手段，政府为了

满足大型工程性城市基础设施项目资金的需要或维护市政设施对资金的需要,通常会按照特定程序发行市政债券,以保证相应的资金来源。

3. 财政投融资

财政投融资是指以国家担保的邮政储蓄、退休公积金等为财源,为实现政府目标而实施以受益者担负为原则的政府投融资活动。投融资的总额高达国家一般预算的50%左右,被称为国家的第二预算。投融资金交付国家和地方的事业团体等政府型企业去投资、建设、管理和回收,其中相当部分用于道路等基础设施建设。

4. 与公共建设相关的投融资制度

(1) 目的税制度。目的税是指特定目的的税收,交纳该税的公众是此特定投资的受益者。与道路建设相关的目的税有汽油税、天然气税、地方道路让与税、轻油交易税、小汽车购买税、汽车让与税。

(2) 财政投融资制度。在税收之外,必须额外开发财源。但要求企业和居民负担部分费用必须事先争得其同意。在经济增长的初级阶段,日本的做法是利用国民高储蓄率,利用邮政储蓄等国家利用的民间资金作为基础设施建设的新财源。利用这种财源设立各种公团、公社等社会基础设施建设共有事业团体,有计划地实施国家的增长方针和政策。各单位均采用企业管理体制,即从财政投融资活动中获得资金,建设相关设施,并负责设施的管理和投资的回收。

(3) 城市规划税制度。用于实施城市规划工程和土地区划整理工程,征收对象为建成区内的土地或房屋所有者。指导思想是有产者相互出资,城市政府统筹安排,改善城市设施和环境。

(二) 美国的城市公共建设项目投融资机制

美国城市的供水、供电、供气及电话均由私营公司经营,因此美国城市政府的主要公共建设项目是道路建设和污水处理工程。政府对于这两个项目的投资直接影响着开发商的投资方向。

美国城市公共建设项目的资金来源主要有三个渠道:地方财政、中央补助、由地方房地产税中提取的公众建筑资金以及公共建设受益者的分担费用。其中,中央财政和州财政的补贴日趋减少,城市政府不得不在城市内增加筹资,发行债券,所得资金已占总投资的一半左右。另外,每年有15%左右的资金列为"待定",实际上是靠私人资金及增加城市政府筹款来解决的。

1. 地方财政

(1) 基础设施企业的投入。主要包括水费、污水处理费、机场使用费、城市高架道路收费等收入。此收入主要用于:基础设施企业自身的运营开支;支付市政建设债券的本息;大型公共建设项目的对口投资。另外一部分是从地方税务收入而来的协作基金,包括房地产税的一部分、商业营业税以及其他地方税。主要用于城市基础设施的日常运营开支,也用于少数基础设施项目的投资。

(2) 市政建设债券。市政建设债券是基于"建设项目受益者有责任承担部分投资"的思路发行的,主要有房地产税收入作偿还的债券和由各项使用费作偿还的债券。

(3) 汽油税收入。美国政府采用分税制,由州政府抽取的汽油税,按照一定比例分配给城市政府。主要用于道路的日常维修以及与交通有关的建设项目。

（4）TIF 方式，即"税收递增财务安排"。这是近几年美国城市公共建设投融资的常用方式。城市政府先行投资进行某一地区的基础设施建设或改造，完成后，将该地区内的各项税率提高，增税至全部投资回收，或最多到 23 年为限。由于基础设施的建设或改造，该地区的各行业均受益，因此有责任将收入增加部分以纳税的方式还给政府。同时只对该地区增税，城市其他地区不受影响，体现了公平原则。

2. 中央补助

（1）地面交通项目。凡由中央投资建设的高速公路以及一般公路的维修、重修，以及城市主干道与这些高速公路相连接的路段，均由中央投资。但是地方政府必须提供相当于总额 20％的配套资金。

（2）公共交通补助。中央按照城市人口数以及公共交通运行里程数作补贴。地方政府必须提供相当于总额 20％的配套资金。

（3）公路桥梁维修基金。由中央交通部管理，地方上报，中央拨款。

（4）社区发展基金（CDBG 基金）。这是专供低收入社区所用的中央拨款，每年按照城市人口数、低收入人口数拨给各城市。由各城市的社区发展委员会核定用途和拨款。一般用于低收入社区廉价住宅的建设、街道整修以及失业培训、幼托机构的建设项目。

3. 公共建设资金和私人基金

从房地产税中提取，用于城市内公共建筑的维修。受益者与城市政府分担某一公共建设项目。也可以是，政府投资主干道，受益者投资连接到自己的路段。

总之，美国城市公共建设项目的投融资方式比较多，投资渠道及管理有法律保证，具有延续性。

四、我国城市建设投融资模式选择

进入新世纪以来，我国城市投融资模式随着改革的深化正处于一系列重要的转化过程中，呈现出一种新旧模式交替、效果和问题并存的复杂局面。由于市场机制的推动，我国城市投融资模式随着城市化进程的加速，已经形成一种多元化的城市融资模式。

（一）城市公共财政的投融资模式

我国财政体制正在向公共财政体制转化，这对整个投融资体制带来了巨大影响。因为公共财政的本质要求政府投资和管理职能明晰，职责到位；允许多元投资主体和融资方式多样化，要求具有完善的间接宏观调控体系。所以，公共财政取向的改革过程要求政府职能要实行彻底转变，从集权组织者、全民生产资料所有者、生产经营指挥者和组织者三位一体向市场体制下的社会管理者转变。首先，政府在进行公共产品的投融资活动中不必大包大揽，财政资金要发挥带动效应，以"四两拨千斤"的气势撬动社会投资来满足社会对公共产品和准公共产品的需要；其次，公共财政为社会投资主体提供了大量新机遇。政府将从竞争性、营业性和盈利性领域退出，为社会投资主体介入这些领域充分发挥自身优势腾出空间，与此同时公共财政为社会投资主体提供税收优惠、财政补贴和信贷担保等条件，并鼓励有效竞争，在充分发挥社会投融资主体积极性的同时，使投资效果不断提高；再次，公共财政体制允许民间投资主体介入准公共物品的投资领域，这样社会投资主体的投融资介入范围将更加扩大，使其投融资活动有了更广泛的选择空间，这就为社会资金的有效利用创造了体制上的条件。

（二）国有商业银行和城市商业银行交融发展的城市银行投融资模式

银行信贷资金是传统的融资方式，它通过传统的负债业务和资产业务发挥融通社会资金的作用，并通过中介服务（结算、信托、租赁、信用卡等）为社会资金的良性流动服务。在我国城市中，国有商业银行一直是商业融资的主要渠道。改革开放以来，许多城市为了灵活的运用社会资金，成立了城市商业银行，为地方生产和建设服务发挥了重要的作用，但是，由于这些银行机构还没有脱离国家机构的运行模式，在向市场经济转化的过程中，由不计资金使用效益转变为不敢承担风险而惜贷。

当前我国城市银行融资的主要问题是：银行资金富裕，却难以对接高技术创新时代的资金需求，银行资金转化为高技术创新的通道存在着机制创新的不足，结果银行被动的跟在其他融资方式的后面，已经不适应高新技术创新已成为竞争核心的国际形势。因此，银行贷款有必要建立新的融资机制体系，如连接、锁定、参与、投资高技术投资组织和风险投资基金，或者成立风险投资基金并委托给开展风险投资比较好的银行或风险投资公司，或者提供占总贷款额度 1%～5% 的用于风险投资项目的特别贷款，或者购买高比例的信用保险等。这样，高技术创新就能通过银行的外部机制、隔离机制、低风险收益机制和风险补偿机制，得到政府性组织的程序性和采购性的优先扶持。

高技术贷款的中介专业化和相应的政策支持，以微小比例的银行资金设立为高技术创新的风险贷款特别基金，双方都能充分降低风险且有合理补偿。充分利用信用体系、风险投资网络体系，银行业务的创新和机构创新，促进高技术企业融资。上海近 10 个亿的创新基金的专业化国际集团的外包式管理的设计，银行与科技部等合作解决高技术创业难的问题有了新进展，这些都已初步奠定了高技术的创新融资方式发展的架构。

（三）企业上市融资模式

企业上市是直接融资模式，可以减少金融风险。目前，我国的股份资金市场包括主办市场和二板市场。主办市场是我国为了适应国有企业深化改革（改制）、解决企业运行矛盾对社会资金的大量需求，而设立的资金（股份）市场。上市国有股份公司（国家控股 51% 以上），是在一定的企业资金条件下，由国务院直接审查和批准。这些企业通过面向公众发行股票的公募形式，直接向社会融资，获得良好的社会资金支持，而一些暂时还不能上市的企业和有良好发展前途的项目，还采取了私募的融资形式，实践表明这也是企业（通过券商）融资的有效选择途径。

2004 年 6 月，我国根据一些高科技企业发展融资的需要和一些冒险家对资金交易的需要，设立了创业板市场，其市场主体是高新技术企业、民营企业和中小企业。它不是现有市场的补充，而是与现有市场并行发展的服务于不同领域的新市场。与主板市场比较起来，它具有上市门槛较低，监管体系严格，券商保荐的重大责任和股本全额流通的特点。目前，创业板市场已经对中小企业融资发挥了重要作用。从金融领域的改革和资金需求的发展趋势看，中国城市还需要发展一些地方性的小交易所，以进一步的形成投资市场多元化的格局，人们把这种股市成为"三板市场"。

（四）BOT 类融资方式

这一类投资方式是指以政府和私人机构之间达成的协议为前提，政府向私人机构颁布特许，允许其在一定时期内筹集资金建设某一基础设施并管理和经营该设施及其相应的产品和服务。政府对该机构提供的公共产品或服务的数量和价格可以有所限制，但保证私人资本具有获取利润的机会。整个过程中的风险由政府和私人机构分担。当特许期限结束时，私人机构按约定将该设施移交给政府，转由政府指定的部门经营和管理。这是建设城市公共产品充分利用社会资金的有效方式。其具体种类可以包括：

（1）BOT（Build-Operate-Transfer，建设—经营—转让）；

（2）BOOT（Build-Own-Operate-Transfer，建设—拥有—经营—转让）；

（3）BOO（Build-Own-Operate，建设—拥有—经营）；

（4）BLT（Build-Lease-Transfer，建设—租赁—转让）；

（5）TOT（Transfer-Operate-Transfer，转让—经营—转让）。

在 BOT 投融资方式中，政府是 BOT 项目的控制主体，业主是 BOT 项目的执行主体，所有关系到 BOT 项目的筹资、分包、建设、验收、经营管理体制以及还债和偿付利息都由业主负责。BOT 项目实施过程包括立项、招标、投标、谈判、履约 5 个阶段。一般而言，法规健全、政策透明度高、市场竞争有效，将为 BOT 的发展提供良好的土壤。BOT 管理方式大体上分为两种模式：一是建立对国内所有的 BOT 项目都适用的通用法规的管理模式；另一种是针对每一个 BOT 项目的具体情况定立单独具有法律效力的合同或协议的管理模式。

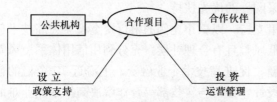

图 6-5　PPP（Public Private Partnership，公私合营）基本特征图

（五）PPP 融资方式

所谓 PPP 融资方式，即公共机构与民营组织就公共基础设施和公用事业的建设和运营通过签署合作协议明确双方权利和义务的一种公司合营方式。该方式的基本特征：合作各方共同出资、共同经营、共担风险、共享利益；合同的标的是公共基础设施和公用事业的建设和运营。这种运营方式的基本特征以及具体运行模式如图 6-5 和图 6-6 所示。

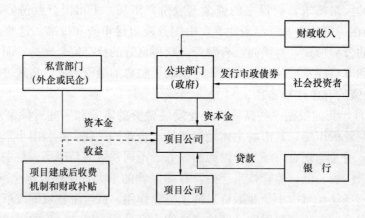

图 6-6　PPP 模式运作及融资来源图（毛腾飞，2008）

（六）证券类融资模式

证券类融资模式是以发展各种证券来向社会融资的。除了企业上市发行股票的形式外，各种银行等金融机构、企业或政府部门获得国家有关部门批准，都可以发行专门的证券融资，用于国家批准的专门项目建设。这种方式随着体制改革的深化，地方政府有可能

具有独立的融资权时，可以考虑发行地方政府证券用于城市基础设施的建设。ABS（Asset-backed Securitization）融资方式。它是以资产为支持的证券化，是指以项目所属的资产为基础，以该项目资产所能带来的预期收益为保证，通过资本市场发行证券来募集资金的一种项目融资方式。它通过一种严谨有效的交易结构来保证融资成功。其交易结构由原始权益人（政府）、特设信托机构和投资者构成。原始权益人（政府）将自己拥有的财产（如大桥）以"真实出售"的方式过户给特设信托机构，特设信托机构获得该资产，发行以资产的预期收入流量为基础的资产支持证券，并凭借对资产的所有权确保未来的现金收入流量首先用于证券投资者的还本付息。这是城市政府建设基础设施的一种有效方式。

（七）社会基金和基金会类融资方式

社会基金是国家政府、社会团体或企业为了支持某种社会公益类活动而建立的专用基金，由专门的社会基金组织负责这种专用基金的保值增值和资助使用活动，著名的如洛克菲勒基金、福特基金等。我国进入市场经济以来，原有的全面社会福利由于公共管理体制取向的改革而发生了极大的变化，许多公益事业和准公共物品的生产要靠社会资金。在这一背景下，鼓励富人捐资建立各种社会基金，资助公益性事业或慈善事业是实现社会收入转移支付的有效途径。这种基金一旦建立便成为一种社会所有的财产，由专门的基金管理委员会管理，按照基金章程规定的用途运作，可用于资助科学研究、文化、教育、医疗、卫生等事业，或用于扶贫帮困、助学、救难等慈善事业。因而，它是我国城市发展社会文化等公益事业的良好途径，而基金会类的社会融资组织，是以盈利为目的专门营运社会资金的金融类组织。这类组织的资金来源于社会存款，其资金使用十分灵活，也可以作为城市建设和企业融资的一种形式，但它的资金成本往往很高。

（八）信托类融资模式

现代信托已日益演变为一种营业化的特殊金融形式，是由委托人将其合法拥有的财产转移给受托人，受托人以信托财产的名义持有人运营资金，信托财产不受任何信托关系当事人的绝对控制，具有超然独立法律特征类融资模式。它是一种高度专业化的理财工具。信托机构不仅接受土地、房屋等有形财产的委托而进行财产管理，而且接受金钱、有价证券的委托，从事投资和融资活动。已经与银行业、证券业、保险业一起构成了现代金融业的四大支柱。信托方式可以避免社会集资的高交易成本和非专业股东干预的投资风险，土地使用者将待开发土地的使用权以信托方式交付给信托投资公司，在整个地块上进行开发建设，最后按照信托文件规定，向土地原使用者交付房产或出售房产的资金。由于信托不但可以满足不同土地使用者的各种合理要求，而且能够吸纳小投资者参与房地产开发，从而获得充足的地产和资金，有效地进行城市改造。因此，相对于银行贷款和企业债券等融资方式，信托融资具有自身的优势和特点，是城市建设融资的一种可选途径。

此外，租赁融资方式也是城市经济主体融资的必要方式，通过产品租赁、土地租赁以及劳务租赁，满足经济主体供给和需求的各种意愿。

第三节　城市财政管理

城市财政是城市政府活动的代表与核心，城市财政的运行与管理对城市经济乃至国民经济都具有举足轻重的影响。为了最优地实现城市政府职能，保证城市政府各环节的良好运作,并使城市财政与城市经济发展间形成良性循环,必须加强和改善城市财政管理。

一、城市财政管理的内涵和功能

城市财政,是城市政府为了满足社会公共需要,在城市范围内利用价值形式对社会产品和国民收入进行分配和再分配的工具。城市政府作为一级地方政府,其财政管理属于地方财政管理的范畴,它是国家财政管理体系的重要组成部分。城市政府凭借国家赋予的权限,通过税收及其他多种形式实现财政收入,以作为城市政府实现各种政府职能的经济基础和财力保证,并通过财政也就是利用价值形式参与国民收入大小额分配和再分配。城市财政管理支出针对这些方面所进行的管理。为最优地实现政府的职能,并保证政府机构各方面的良好运作,城市财政方面的管理仍需要进一步加强并适时改革。

城市财政作为公共财政的一个构成部分,具有公共财政所具有的一般职能,即资源配置、收入分配和稳定经济。

(一) 资源配置职能

该职能是指城市政府通过筹集资金、供应资金的财力分配方式,引导城市域内资源流向,促进城市域内资源在公共领域和私人领域的合理配置,公共物品和公共服务的有效供给,使城市社会福利最大化的作用和功能。在城市经济系统中,城市财政的资源配置职能是城市经济顺利运行的基础,但是这一职能的顺利实现取决于中央与地方的财权划分以及城市政府的聚财与用财能力。

(二) 收入分配职能

该职能是城市财政部门通过税收调解城市区域内居民的收入水平,通过教育、公共福利等支出手段保障城市低收入阶层居民生活水平,最终达到调解城市居民收入分配水平,缩小收入差别的作用和功能。这一职能的本质是减少和消除分配不公的现象,"校正"原有的分配格局,促进公平分配目标的实现。

(三) 稳定经济职能

该职能是从属于中央财政的,它是指城市政府通过财政收支规模、财政支出结构的调整,配合中央财政逆经济风向而动的财政政策,实现国民经济的稳定发展目标。

二、城市财政管理的特征

(一) 城市财政管理的非盈利性

城市政府及其财政管理活动于市场失灵的领域内,不能直接进入市场去追逐利润,只能以社会利益为活动目的,从事非盈利性的活动,因此具有非盈利性的特点。尤其在城市政府维护市场经济秩序的过程中,出于一定的需要可能会涉及一些行政性的处罚,这种权力的运用决不能以盈利为目的,否则不仅不能达到维护良好市场经济秩序的目的,而且还会适得其反。非盈利性并不是指政府不能介入有收入的领域,而是指政府及其财政活动不能以盈利为目的。若某个行业为社会公众所必须,但却不能达到社会平均利润水平,这时可由政府财政适当介入或由政府与企业共同承担,以达到服务社会民生的目的。

(二) 城市财政管理的法制性

市场经济是一种高度法制化的经济,在这种经济模式下,各市场竞争的主体存在着由法律确认的平等关系。但政府是被排除在市场竞争主体之外的,它作为凌驾于社会之上的政权机构，有着不同于私人和企业的政治地位，它以非市场的方式参与社会资源的配置，因而需要法律对其行为加以约束和规范，使政府财政既为市场提供不可或缺的服务，又不能侵犯市场正常的活动。在这之中，政府财政管理行为的法制化是十分重要的一环。但是，在我国当前财政管理的法制化尤其是作为重点的预算管理的法制化过程中，仍然存在一系列问题。

（三）城市财政管理的结合性

城市财政管理坚持统一领导与分级管理的结合。作为一级地方政府，城市政府在进行财政收入、支出及预算管理时，既要遵循中央政府制定的全国统一的财政方针政策、财政计划和全国统一的财政制度，又有必要根据本地区的实际情况在国家预算规定的范围内，统筹安排本地区的总预算。同时，城市政府有权支配和使用依国家规定给其留下的机动财力，以根据本地的实际情况，制定具体的执行办法和实施细节。

三、城市财政收入管理

城市财政管理由城市财政收入管理和城市财政支出管理两大部分构成。城市财政收入是整个城市财政分配的前提，是城市政府为行使城市公共管理职能，依据一定的权力原则或生产资料的所有权，从分散在各个微观经济主体的社会产品价值中集中起来的一部分货币收入。在我国，城市财政收入的构成主要有税收收入和非税收收入两种形式。

税收是现代城市财政的主要来源，一般占城市全部财政收入的90％左右。税收是政府凭借国家政治权力，依法强制地、无偿地向一些法人和个人取得财政收入的一种形式。与其他财政收入形式相比，税收除了具有强制性、无偿性的特点，还有固定性的特点。城市税收的设立和设施，不仅是城市财政问题，而且是城市经济问题，它在直接影响城市政府的财政收入水平的同时，对城市经济也产生较大的影响，使城市经济产生积极或消极的效应。

非税收入主要包括城市公债收入和城市公共服务收费。城市公债收入指城市政府依据借贷原则，从社会吸收资金来满足城市公共支出需要的一种收入形式。目前，我国城市公债发行权在中央，城市的债务收入所占的比重很小，随着改革的深入，今后应有广阔的发展前景。城市公共服务收费指城市政府以政府权力为基础，向市民提供行政性、事业性、服务性公共物品，并以此为依据向服务对象或使用者收取一定费用。这部分费用占城市财政收入的比重不大，但它能有效调节城市中一些重要的权利与利益关系。

四、城市财政支出管理

城市财政支出是城市财政活动也是城市政府活动的一个重要方面。由于城市财政负有实现城市政府职能的重大使命，其支出即财政资金的运用也必须遵循着一定的原则。

（一）立足实际，量力而行

财政支出的安排，应该在合理组织财政收入的基础上，根据本市财政收入和社会经济发展的现实来安排支出，支出总量不能超过财政收入的总量。也就是城市政府应该坚持收支平衡、减少赤字的原则。所谓赤字，是指城市财政支出超出收入的差额。为了促进城市经济社会的发展，在必要的条件下，可以允许一定时期内出现赤字。但是，总的原则是长期内城市财政支出要保持基本平衡。

（二）支出结构最优化

在安排财政支出时，应该合理地安排财政支出中各项费用的比例，使之实现结构的最优组合，以促进经济的协调稳定发展。这要求正确处理财政支出中所要涉及的多种关系，主要包括正确处理积累与消费的比例关系、国民经济各部门之间的比例关系以及生产性支出与非生产性支出之间的比例关系。

（三）坚持计划，讲究效益

财政支出应该尽量根据预算执行，对一些大的建设项目尤其要做深入细致的可行性研究、财务分析和多方案比较，力求"少花钱、多办事、办好事"，力求经济效益与社会效益并重，使有限的财力实实在在地服务于城市建设和经济发展。

城市财政支出是将城市财政收入按财政预算计划进行分配的过程，包括以下几个方面。

1. 城市基础设施支出

城市基础设施支出指用于城市基础设施等方面的建设和维护费用。由于城市规模、人口集中而产生的对基础设施和服务的需求是提升聚集效益最重要的物质基础，特别是当产业和人口集中达到一定程度时，城市能否实现可持续发展，在很大程度上取决于城市发展所要求的基础设施和公共服务的供给状况。因而，充足的城市基础设施支出，是城市经济发展和城市走向现代化的重要保证。

2. 城市科学技术支出

城市科学技术支出是指财政支出中用于科技活动的经费。无论是在传统经济中，还是在信息化时代，科学技术都是一个城市持续发展的源动力。现代中心城市的一个重要功能就是科学技术和信息中心的功能，离开科技创新能力，一个城市就会在竞争中失去原有的重要地位，甚至失去在技术转化和更新中承接机会的能力。财政投入，是加强科技项目建设，推进城市科技发展的主要手段。

3. 城市教育支出

城市教育支出是用于投资教育、培养人才的财政支出部分。教育是城市发展的基础环境和共同需要。教育对城市发展的意义是非常广泛的，它不仅为城市生产提供大量的专业人才，使城市始终有能力迎接技术进步带来的挑战，而且教育水平的提高还是城市文明程度提高的基础，这又会促进城市经济的发展。在我国，财政教育支出覆盖了所有教育领域，而城市是各类教育的集中地，城市财政必然成为教育支出的主要力量。城市财政教育支出规模的大小和管理能力的高低，直接影响我国教育事业的发展。

4. 社会福利和社会保障支出

社会保障支出是指用于维持或提高城市居民基本福利和基本社会保障的财政支出部分。在市场经济条件下，社会福利和社会保障是保证社会稳定的安全网，为社会提供一个安定的气氛；同时，也具有经济调节功能，即通过收入分配的方式，使社会财富在不同阶层的社会成员之间重新配置，以平衡各自的可支配收入。为了使社会财富在不同阶层的社会成员之间重新分配，以平衡各自的可支配收入，为了使城市社会保持公平和稳定，城市财政必须通过其强大的收入再分配功能，对弱势群体提供救济，以保障居民有一定的收入，达到提升社会福利水平、防御灾害、公平调节分配以及抑制经济周期性波动的目的。

以上海市为例，关于城市的基本建设财政支出见表6-2。

1990～2004 年上海市部分财政支出构成 表 6-2

年份	财政支出总额	基本建设支出	企业挖潜改造支出	科技三项费用	城市维护费	科教文卫事业费	行政管理费
1990	100	18.49	9.11	0.50	8.89	24.42	3.04
1995	100	15.78	10.68	0.06	6.54	22.78	3.59
2000	100	21.26	12.46	0.22	5.70	21.78	3.62
2001	100	19.90	13.89	0.18	5.56	21.48	3.78
2002	100	20.98	13.81	0.22	5.43	19.45	4.09
2003	100	22.20	14.22	0.14	5.06	17.79	3.14
2004	100	22.26	13.89	0.12	5.69	16.75	4.03

资料来源：《上海统计年鉴 2005》（转引王佃利，曹现强．城市管理学，2007）

归纳起来，我国城市公共财政资金的运行机制及管理体制如图 6-7 所示。

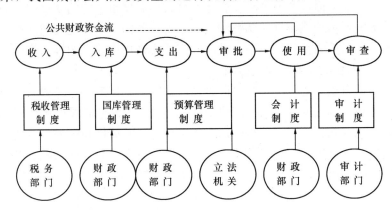

图 6-7 城市公共财政资金的运行及管理机制

第四节 城市产业发展规划管理

一、产业规划的概念

目前，产业规划的概念在学术界尚无统一定义。普遍的理解是：产业规划是产业发展的战略性决策，是对产业发展布局、产业结构调整进行整体布置和规划，是实现产业长远发展目标的方案体系，是为产业发展所制定的指导性纲领。具体来看，就是政府从产业发展的历史、现状和趋势出发，综合运用各种理论分析工具，从当地实际状况出发，充分考虑国际国内及区域经济发展态势，明确规划产业发展方向和发展目标，对区域产业发展中的重点发展领域、发展程度、资源配置、产业支撑条件等进行统筹安排，并提出具体实施政策的全面而长远的区域产业发展构想。它是描绘区域产业未来发展的蓝图，具有系统性、战略性、前瞻性和可操作性等特点。

二、产业规划与城市规划的关系

从规划制定的角度看，不同的规划有不同的对象、功能和内容。按规划对象的功能分，规划可以分为国民经济和社会发展总体规划、专项规划和区域规划等三个层次。专项规划主要研究特定领域的发展和建设问题，其作用主要体现在履行政府职责，提供目标、任务、重点、布局、项目、政策、措施等决策信息。产业发展规划与城市建设规划都属于专项规划，两者都侧重解决各自领域内的操作层面的问题。相对独立的地位决定了两者在目标、规划主体、规划内容、规划方法以及规划发生作用的形式等诸多方面的不同。但城市规划与产业规划的关系紧密，表现为以下三点。

（一）产业规划和城市规划相互促进

国内外城市发展的实践和经验表明，产业竞争力和城市发展相互促进、协调发展，城市规划与产业规划在发展过程中存在着双向促进的关系，它们互为条件，相互作用，不断提升着区域经济的发展水平，提高人们的社会生活素质，使城市不断地向更高层次发展，构成了城市化过程与区域经济发展的良性循环。产业规划和城市规划之间的这种双向促进关系主要体现为：一方面，产业规划、产业发展会引起城市功能的变化，从而对城市规划提出新要求，促进城市功能布局的调整和改善；另一方面，城市规划制约和引导产业的空间布局，影响产业发展的性质和方向，进而对产业规划形成较大的推动作用。

（二）产业规划和城市规划相互协调

产业规划和城市规划之间的相互协调关系，实际上就是产业布局和城市功能之间的协调。产业布局体现的是各区域之间的产业的分工与协作。产业布局的协调要求城市的各产业区域之间要实现功能互补，分工有序，避免出现因产业结构和服务功能的雷同、重复而产生的恶性竞争。产业布局要和城市功能相互协调，是由产业发展和城市发展的相互关系决定的。城市功能体现城市发展的整体效益原则、优势互补原则、可持续发展原则，协调各城市的规划和建设行为，使城市群的性质、规模、等级、层次等方面被纳入法制化轨道。

产业规划和城市规划相互协调发展的实现途径是调整城市的规划布局，具体包含了两个方面：一是对城市的产业布局和内城空间进行调整和改造；二是向外扩张产业的布局空间和城市的发展空间。

（三）城市规划与产业规划的相容与相悖关系

产业规划与城市规划存在着现实的矛盾与冲突，两者侧重解决各自互不相同的领域内操作层面问题。因而，这就使得产业规划和城市规划具有不同的规划目标、规划主体、规划内容及方法等，两者具有相对独立性。而当这两个相对独立的规划系统在城市空间资源的约束条件下相互碰撞时，就会在规划目标、侧重点等问题上产生现实的冲突。产业发展规划的目的在于因地制宜、充分挖掘利用现有资源，通过产业的选择、产业发展规模的评价、产业布局的合理化等手段提高区域的产业竞争力，因此产业发展规划往往考虑近期、不超过 5 年的产业发展问题；而城市规划则侧重在人口确定和土地确定的前提下，平衡各种城市资源，保证城市功能的稳定和协调，因此城市规划往往考虑 20 年左右，甚至更长时间的人居环境与条件。因而，产业规划和城市规划的目标、规划期和侧重点各有不同，这是它们之间有可能产生矛盾和不协调的根源所在。

另一方面，产业规划与城市规划又存在相容性。从产业集聚的微观角度看，产业规划侧重从产业链或产业网的角度考虑产业的纵向关系，而城市规划则更多地从城市的支持配套和空间布局等方面研究产业的横向协作。产业规划研究产业的"聚合"问题，而城市规划则侧重于产业的"集中"问题。从产业集聚的微观角度，可以理解产业规划与城市规划之间的互动关系，两者之间显现的包容性。

三、产业规划的原则

编制城市产业规划，主要应遵循以下原则。

（一）相互衔接原则

规划是一个体系，牵一发而动全身，编制产业规划不能只关注产业自身的问题，还要注意与其他规划相衔接。需要明确产业规划在规划编制体系中的地位和作用，使产业规划与其他专项规划相互衔接。例如钢铁产业的规划，不能只想着引进多少企业，需要多少资金，还要与我国整体的宏观调控目标相协调，需要综合考虑煤炭、矿石、电力、用水以及环境污染等方面的问题。否则，产业规划不仅起不到应有的作用，还会对地方发展有所损害。从规划体系中理解上述问题，就要协调两个关系。一是产业规划与总体规划的协调，二是产业规划与其他专项规划的协调。

（二）目标适当原则

产业规划是介于宏观与微观之间的中观层面的问题，是衔接宏观经济发展与微观企业效益的重要一环。在目标定位上，要做到既清晰又可调；对当地所处的发展阶段要有准确把握，既不能落后于时代，又不能过度超前于时代。产业规划既要体现对经济增长和经济发展的推动作用，又要依托企业经济效率的提升；产业规划目标既要符合经济社会发展的总体目标，又要能够促进生产率的提升。因此，产业规划是一个推动产业发展，使之在总量和结构中保持平衡的动态过程。可以说，总量、结构和协调是产业规划的三个核心指标。产业规划的目标必须合理，设定必须实事求是。产业规划的目标可以适当超前，但又要符合该地区经济发展的阶段，要将产业的发展与社会进步和人的发展相结合。

（三）整体协调发展原则

国内外城市化进程的实践和经验表明，从整体上协调好区域内三大产业（一、二、三次产业）的发展以及该区域与周边地区的关系，能有力推动区内建设，优化城市空间布局，促进产业结构升级，实现城市工业产业的快速健康发展。因此，在城市规划过程中，要充分重视这一原则，协调好三大产业的发展比例及布局，协调好与周边地区在经济上的分工协作，制定正确的产业发展战略。

（四）可持续发展原则

科学发展观的目标下，产业规划必须与人口、资源、环境相协调，人的发展不仅要考虑满足当代人的需求，还要考虑代际约束，以满足经济社会的可持续发展。城市的可持续发展包括城市经济的可持续发展潜力和城市可持续发展的生态环境。城市经济的可持续发展潜力一般是由知识和技术的创新系统、知识传播和应用系统等构成一个体系。而知识和技术创新系统是衡量一个地区可持续竞争能力的重要指标。因此，在产业规划过程中，要重视知识和技术的创新，加大"产学研"的结合力度，统筹规划相关高校、现有研究机构及相关产业用地的布局，形成高教、科研、开发区三者之间的互动关系，推动知识和技术创新。城市可持续的生态环境则要求在产业规划中融入生态设计的理念，确立"空间均衡"的原则，在人口和资源的承载能力以及生态环境容量的约束内，大力发展循环经济，合理规划产业发展大计，实现城市可持续发展。

（五）区域分工合作原则

在城市产业规划过程中，不能简单地就城市论城市，而要有区域观念，充分重视区域的分工协作。随着经济全球化、一体化进程的加速，城市不再是一个孤立的封闭单元，而是处于区域的循环和国际交流圈中的。因此，必须本着区域分工合作的精神，强调区域的整合，采用跨越式的产业布局模式。

四、产业规划的内容

从产业规划内部体系来看，产业规划包含了发展预测、组织形式和规划过程三个基本要素。发展预测是指围绕经济增长和发展目标，在产业基础、资源条件、市场需求等多种约束条件下制定最优化产业发展目标。组织形式是指产业规划要将政府组织和市场组织有效结合起来，以充分发挥两者的优势，促进产业规划目标的实现。目前，以产业集中和分散规律为主要研究对象的产业集聚理论已经成为指导产业发展的重要理论，它也为研究产业规划的组织体系提供了重要的理论工具。产业规划过程就是根据特定的经济增长与发展目标，在产业基础、资源条件、要素条件等多重约束下，进行目标最优化的过程，它是产业规划内部体系中最关键的一个因素。

产业规划过程主要包括产业规划的制定和产业规划的实施与评价等环节。产业规划制定首先要对产业发展的内外部环境做一个全面地了解和分析，要对当地的区域定位、资源约束、产业基础、人口及环境、产业发展空间、消费市场、区域竞争与合作情况等基本情况进行总体的把握。在此基础上，制定一个切实符合当地情况的产业规划方案。产业规划的实施主要是运用各种政策手段，为产业规划组织提供具体的政策保障，保证产业规划目标的实现。产业规划的评价是产业规划过程的最后一环节，它是对产业规划的最后总结和建议，能更有效地指导今后产业规划方案的优化。

产业规划的制定可从以下方面入手：

首先，制定产业规划目标。产业规划目标受到经济增长和经济发展理论、可持续发展理论和循环经济理论的制约和约束。

其次，产业现状分析。主要是以产业结构理论和发展阶段理论为指导分析当地的现有产业结构和产业阶段，为产业规划的编制奠定基础。

第三，产业发展条件分析。主要是分析全球、全国和区域的产业梯度转移、周边城市的产业外迁、区域政策，本地区的区位、土地、人才、产业基础等机遇、挑战和优势、劣势，这一阶段的适用理论主要是区位理论、增长极理论等空间结构理论。

第四，总体战略布局。该阶段的主要任务是确定产业结构升级、区域协作、产业组织集群、生产方式技术化和生态化等总体战略，依据劳动地域分工理论、主导产业理论、产业集聚理论、产业链理论等主要理论，并根据当地实际条件选择主导或优势产业。

最后，产业布局规划。根据现状产业分布和"发展连片、企业进园"等原则，确定"点、轴、圆、片、带"的总体布局，或提出优势产业布局意向、明确各区产业类型及规模；产业布局规划的指导理论主要是区位理论、空间结构理论等。

直观地表达，产业规划的程序和内容如图6-8所示。

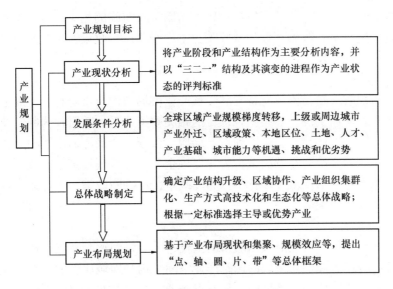

图 6-8 产业规划的程序及内容体系

五、政府产业政策

(一) 产业政策的含义

产业政策是政府根据区域经济发展的目标要求及特定时期内产业的现状与变化趋势，对产业结构、产业组织以及产业布局等进行规划、干预和引导的一系列政策总和。其目标是引导社会资源在产业部门之间以及产业内部的优化配置，建立合理协调的产业结构，促进区域经济健康发展。城市产业政策是城市政府在城市这样一个中观层面上的中观性质的公共政策，是政府管理城市经济的有力手段。

(二) 产业政策的效应

1. 促进社会资源的有效配置

有效的产业政策可以通过调控社会供给与需求的总量及其结构，使之达到均衡，从而改善社会资源在不同产业部门之间的分配，实现全社会资源的合理配置。

2. 促进产业结构的合理优化

有效的产业政策可以根据城市一个时期经济社会发展的具体情况，制定一系列产业政策，调整现有产业结构，使之趋于优化。

3. 促进市场结构与产业组织的完善

有效的产业政策可以通过价格政策、市场准入、进出口许可等政策，调控优化市场结构，进而改善产业组织，形成合理的多元化产业组织体系。

4. 促进产业竞争力的提高

有效的产业政策可以通过创设优化的政策环境，促进新兴产业的发展、产业技术进步以及技术转移及共享，适当保护弱质产业及民族工业，提升产业竞争力。

(三) 产业政策的内容体系

1. 产业结构政策

城市产业结构政策是指城市政府为了实现城市产业结构的合理化和高度化，通过确定城市产业的构成比例、相互关系和发展次序等而制定及实施的相关政策。具体而言，主要包括产业结构调整政策、基础产业扶持政策、主导产业选择政策、传统产业更新改造政策以及高新技术产业优先发展政策等。

2. 产业组织政策

城市产业组织政策是指由政府指导和干预产业市场结构及市场行为，规范和协调企业竞争与经济规模，从而实现产业组织合理化的相关政策体系。政府作为制定及实施产业组织政策的主体，通过产业政策直接干预市场结构、市场行为诸方面来影响产业市场，进而影响产业内各企业的生产与经营决策行为，促进企业实现规模经济效益及合理的竞争。城市产业组织政策主要包括规范市场竞争行为的政策、反垄断政策、企业兼并政策、中小企业政策以及个体经营政策等。

3. 产业布局政策

城市产业布局政策是指政府根据城市的区位特征、资源禀赋特点，在一定时期内，为实现城市产业的合理布局，而采取的调整产业空间结构和地域比例的一系列政策措施。它通常是通过一系列差别性的政策措施，使重点产业布局区域的投资环境具有一定的优势，从而吸引更多的企业、资源或要素流入。例如，制定产业布局战略及规划，采取无息或低息贷款手段等支持性政策鼓励某类企业入驻某一区域，采取限制性政策阻止某些产业在特定区域的发展，如征收特别税或实行投资许可制等。

复习思考题

1. 简述城市经济管理的内涵和特征。
2. 简述城市经济管理的意义。
3. 什么是 BOT 和 PPP 方式？试以本地实际案例说明并对其进行评价。
4. 城市经济管理的原则有哪些？
5. 解释城市财政管理的内涵和功能。
6. 什么是城市财政支出管理？支出管理的原则和内容有哪些？
7. 简述影响城市产业结构调整的因素。
8. 简述城市资本流系统模型及城市维护资金管理程序。
9. 论述我国城市产业规划的程序及内容体系。

第七章　城市基础设施管理

城市基础设施是城市系统最基础的物质构成，同时也是支撑城市经济社会运行最基础的物质条件，恰如人体的骨骼支撑着人的生命机体，城市基础设施是支持城市系统运行的基本架构。城市基础设施提供的产品或服务，通常是满足居民"衣食住行、生老病死、安居乐业"的必需品，或者说是涉及城市社会公共福利的"公共品"，其生产和供应不同于一般的消费品，其运行状况如何，不仅影响城市总体的经济社会运行质量，而且还影响千家万户城市居民的生活质量。正是由于该类设施是城市最基本的管理对象，才使得城市基础设施管理成了城市管理学研究的重要内容。

第一节　城市基础设施概述

一、城市基础设施的涵义及分类

所谓城市基础设施（urban infrastructure），是指满足城市生产和居民生活需要的基本设施。它有广义和狭义之分。广义的"城市基础设施"包括的范围较广，在我国《城市规划基本术语标准》GB/T 50280—98 的解释中，"城市基础建设"是指城市生存和发展所必须具备的工程性基础设施和社会性基础设施的总称，这与西方市场经济国家"public facility"（公共设施）基本对应。其中，工程性基础设施一般指能源供应、给水排水、交通运输、邮电通信、环境保护、防灾安全等工程设施；社会性基础设施则指文化教育、医疗卫生、科技体育等设施。狭义的城市基础设施，又称技术性或工程性城市基础设施，包括城市公用事业，如自来水、电力、燃气、公共交通和通信以及市政工程设施，如道路、桥梁、隧道和地下道等。世界银行《1994 年世界银行发展报告》将其称为"经济基础设施"，并定义为"永久性的工程构筑、设备、设施和它们所提供的为居民所用和用于经济生产的服务"。从更广泛的意义上来讲，城市基础设施还包括装备城市工业、建筑业、商服与流通业的工程性设施以及城市科技信息平台，或称"泛义的城市基础设施"。城市基础设施分类体系如图 7-1 所示。

"市政公用设施"这一概念，是在我国长期行业行政管理条块分工体制上形成的，是指由国家城市建设行政主管部门（住房和城乡建设部）分工进行行业管理，具体由城市政府组织实施管理的部分城市基础设施。具体包括：①城市供水、供气、供热、公共交通等城市公用事业；②城市道路、排水（包括污水处理）、防洪、照明等市政工程；③城市市容、公共场所保洁、垃圾和粪便清运处理、公共厕所等市容环境卫生事业；④城市园林、绿化等园林绿化业。

由此可见，市政公用设施是城市基础设施的一个组成部分，在实际工作中，通常"市

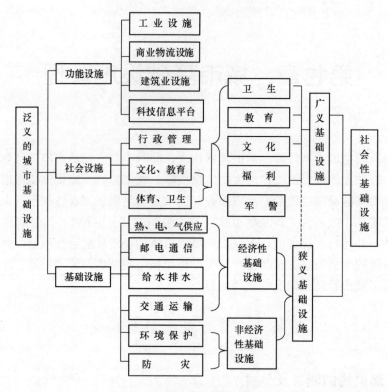

图 7-1 城市基本设施分类图（树）

政公用设施"也被称为"市政公用基础设施"，两者涵义基本一致。

市政公用设施除了与城市基础设施在概念上相关以外，还是城市建设的一个重要组成部分。"城市建设"一词是历史延续下来的通用说法，范围最广，涵义相对来说也最模糊。早在《国务院关于加强城市建设工作的通知》（国发〔1987〕47号）中就提出："城市建设是形成和完善城市多种功能、发挥城市中心作用的基础性工作。"在这里，城市建设包括了城市规划、建设和管理的全部活动，是城市政府的重要职能，而城市建设主要是指其中的建设活动。

在我国，城市基础设施中的电力、电信、邮政通信、公路、铁路、机场、码头等设施具有跨地区联网性质，是由中央部门统一规划、投资和管理的设施，一般不作为市政公用设施讨论。城市建设通常特指由城市政府主要负责规划、投资和管理的那些工程性基础设施，在实践中则通常是市政公用设施。因此，市政公用设施的建设也被称为狭义的城市建设。

二、城市基本设施的特征

（一）投资的门槛性和网络性

城市基础设施具有明显的规模效益性，因此其投资具有"门槛"特性，例如，城市供水的设计容量是满足30万人口的需要，当人口规模超过该门槛时，就会出现部分人口用水不足，并且随着城市人口的继续增加，供需矛盾会逐渐尖锐，而为了满足继续增长的需求，需要一次性投资达到下一个"门槛"的要求，如50万人口规模，这样，投资才能收到较好的效益。同时，大多数城市基础设施具有网络性特征，如供水网络、供气网络等，专业决定了其经营具有垄断性。城市基础设施投资的门槛性和经营的网络性、垄断性，决定了政府直接干预经营及加强监管的必要性。

（二）设施的垄断性和资产性

城市基础设施建设一般都是依靠政府的财政投资进行的，加上基础设施具有公益性和规模经济效益，在基础设施的每个领域，城市政府只允许少数几家企业进入，开展必要的竞争，因此城市基础设施具有自然垄断性。城市基础设施作为活劳动和物化劳动的凝结，投入了大量的资本，并且在城市生产和生活中发挥着重要的经济功能，在使用中直接创造和带来经济利益，同时在市场经济中可以交易和转让，因此，城市基础设施也是一种资产和财富。对城市来说，是城市政府可以直接掌握和运用的巨额财产。

（三）使用的共享性和福利性

城市基础设施一般主要是依靠财政投资建成的，其相当一部分不是为某个人、某个单位所专用，而是供所有城市居民和从事生产、运营及其他活动的单位使用。所以政府提供的基础设施带有社会福利性质，城市居民可以平等的享受和使用。

（四）运行的系统性和协调性

规模经济要求城市基础设施必须以整体的、完整的、庞大的系统提供生产和服务的供应。城市基础设施是由几大子系统集合而成的综合系统，是以一个整体提供其特殊的产品和服务的，所以其建设与运营都要从整体上考虑。从城市基础设施的功能发挥和效率提高上看，城市基础设施的运行不仅必须与城市整体运行合拍，满足城市整体运行的要求，也要在自身内部的各子系统之间保持合理的协调关系。为此，城市基础设施各自隶属的管理部门之间应协调一致，形成综合服务能力。

（五）建设的超前性和阶段性

城市基础设施建设项目一般都具有规模大、投资多、施工周期长的特点，而城市的发展需要基础设施建设的同步服务，所以在基础设施的供给量和技术水平不仅要满足当前的需要，还必须考虑城市的发展，满足将来的需要。城市基础设施的内容随着科学技术进步，社会生产力发展而不断变化，因此各个时期城市基础设施建设有不同的内容重点。城市基础设施的发展必须与城市的发展相适应必须要区分轻重缓急，根据财力、人力、物力的情况，有计划分阶段的逐步进行。

（六）服务的双重性和效益性

双重性是指城市基础设施既为城市的物质生产服务，又为城市居民的生活服务。例如，天然气、自来水、电力等，既供工业生产使用又供居民使用，具有典型的双重性。城市基础设施六大系统属于公益性设施，其余设施是介于公益事业和竞争性生产设施之间的设施，既有为社会公众服务的公益性成分，也有可以通过运营获得经济效益的一面。但在竞争性和公用性、盈利性和非盈利性之间，是以公用性和非盈利性为主。

（七）效益回收的间接性与长期性

由于城市基础设施建设具有非盈利性的特点，其建设投入往往无法直接从公用设施的运行效益中直接收回，因此城市基础设施建设必须由政府投资和兴建。城市基础设施的管理和运营，其主要目的是为整个城市的发展提供前提条件，促进城市其他各项事业的发展，增进城市的总体效能。因此除了一些有明显经济效益的设施项目可以直接收回建设资金外，大多数基础设施的投资费用是不可能直接从项目中直接收回的。根据国际调查资料显示，通信事业的总效益中，直接效益仅占 5％～10％，间接效益却能高达 90％～95％。城市基础设施投资大、使用周期长、设施建设的社会效益、经济效益和环境效益在短期内难以得到反映，只有通过一段时间的使用和运营才能表现出来。

三、城市基础设施与城市公共品

城市公共品（urban public goods）是指满足公众需要而不具排他性的物品（或服务）。其分类及含义如图 7-2 所示。可以看出，广义的城市基础设施与狭义的城市公共品内涵是一致的。城市物品的竞争性和排他性特征如图 7-3 所示。

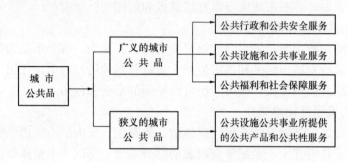

图 7-2　城市公共品的概念框架

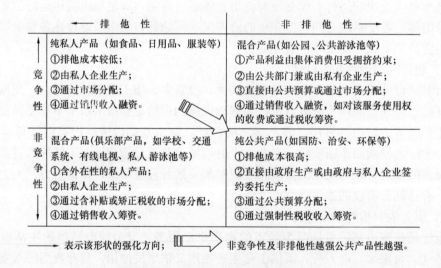

图 7-3　城市物品的竞争性和排他性特征

从图 7-3 可以看出，具有较强竞争性和排他性的物品，属于纯私人物品，其配置依靠市场机制；较强非竞争性和非排他性的物品，则属于纯公共物品，其配置依靠政府组织或公共组织；较强非竞争性或者较强排他性的物品，属于混合物品（或称俱乐部产品），其配置模式要视非竞争性或非排他性的强弱，以及政府的偏好和市民的消费习惯而具体决定。

第二节　城市基础设施管理

一、城市基础设施内容

（一）城市基础设施的构成

我国的城市基础设施一般是指狭义的涵义。具体是指城市中为满足城市发展和城市居民生活需要，向城市居民和各企业单位提供基本服务的公共物质设施以及相关的产业和部门的服务的总称，即相应的机构、系统、组织和服务，是整个国民经济系统的基础设施建设在城市地域内的延伸。其外延则包括城市社会设施中的工程性设施，如校舍、医疗卫生设施等。

城市基础设施包含设施、产品（服务）和产业三种形态。设施一般指城市基础设施自身的物质形态，既不是产品，也不是产业。产品是指借助于城市基础设施而开展的经济活动所生产和提供的产品和服务。产业是指把基础设施实体或产品（服务）作为经营对象的产业和行业，例如通信产业、自来水公司、公共交通企业等。城市基础设施是一个系统工程，主要包括六大系统：能源供应系统、供水排水系统、交通运输系统、邮电通信系统、环保环卫处理系统和防卫防灾系统❶。

（1）能源供应系统。包括城市电力生产和输变电设施，天然气、石油液化气的生产和供应设施，城市集中供热的热能生产及供应设施。

（2）供水排水系统。包括水资源的开发、利用设施，自来水的生产、供应设施以及雨水排放与处理设施等。

（3）交通运输系统。包括城市对内交通运输的道路、隧道、桥梁等公共交通场站设施和公共货运汽车、出租车等工具设施，城市内外交通运输的公路、铁路、航空、水运和管道运输等设施和飞机、汽车和火车等工具设施。

（4）邮电通信系统。包括邮政、电信、电话等设施。

（5）环保环卫处理系统。包括环境卫生和垃圾清理、环境监测保护及园林绿化等设施。

（6）防卫防灾系统。包括防火、防洪、防地震、防地面下沉、防风雪以及人防备战等设施。

（二）城市基础设施的分类

城市基础设施的分类按照不同的标准有不同的分类形式。

1. 按照政府对基础设施所有权的控制程度及其客观属性来划分

可以分为垄断性城市基础设施和非垄断性城市基础设施两类。垄断性城市基础设施是指决定国计民生、影响重大、由城市政府控制其所有权，经营权可以按照市场规律放开，但对其产品和服务的价格和收费标准还是要进行必要的合法的干预的一类基础设施。非垄断性城市基础设施是相对于垄断性基础设施而言的，其基础地位虽然重要，但可以通过多

---

❶　林凌、陈永忠：《城市百科辞典》，人民出版社，1991年版

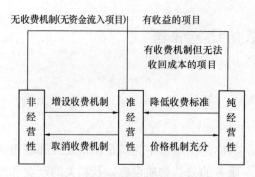

图 7-4　城市基础设施项目区分

元化经营、竞争来降低成本，实现自然资源和社会资源的合理配置。目前较为通行的分类方法是由上海城市信息研究中心提出的项目区分理论，即根据城市基础设施的性质和特征将其分为非经营性基础设施、纯经营性基础设施和准经营性基础设施（图 7-4）。

2. 按照城市基础设施的建设投资及其经营权的可市场化程度来划分

可以分为经营性城市基础设施和非完全经营性城市基础设施两类。经营性城市基础设施可以通过国家的立法作保证，以经营权的市场化为手段，采取投资、融资、建设、合理定价（收费）等方式，实现建设、经营、发展的良性循环。根据工业化国家的经验，城市供水、供电、邮电通信、污水处理、环卫、燃气、供热等基础设施属于这一类。非完全经营性城市基础设施是那些工艺性极强、难以明确具体服务对象、以达到社会和环境效益为主要目的的基础设施，必须由政府财政投资及补贴来维持经营和发展。它包括城市道路、防灾、绿地、环境监测等设施。

3. 按照城市基础设施的性质划分

可以分为"社会性"（福利性）基础设施和技术性基础设施；前者包括居民住宅、医疗卫生、文化教育、幼儿保健等设施，后者包括市政工程、公用事业、环境卫生、园林绿化和电力、通信等。

4. 按照产出（产品形态）划分

基础设施可以分为产品型、服务型和共享型。产品型基础设施如燃气、自来水、电力等，与其他产品基本类似，是供消费者使用的某种有形商品。服务型基础设施如公园、邮政、电信等，并不是提供有形产品，只提供某种服务，以满足消费者的某种需要。共享型基础设施，如道路和桥梁等固定设备和装备，提供的是某种公共服务，产品和服务是不能分割的，归政府所有，供公众享用。

5. 按照统计应用的标准划分

在我国有关的城市统计书籍中，将城市基础设施分成电力建设、运输邮电和公用设施三大类。运输邮电又分为交通运输和邮电通信两大类；公用设施再分为市政建设和公用事业两大类。市政建设包括园林绿化、环境卫生、市政工程管理等；公用事业包括自来水、燃气、市内公共交通等。

（三）城市基础设施的功能

1. 城市基础设施为城市存在和发展提供的必要的物质基础

城市是经济聚集体，其经济效益来自于企业和居民的集中，交通、能源、通信、供水、排水等物质条件的相对集中，使企业能够扩大生产，居民得以生存和生活，城市经济得以运转。离开这些物质基础和条件，城市就无法提高生产效益，不能形成聚集经济效益。基础设施是生产设施和生活设施发挥作用的前提。因此，城市基础设施是城市存在和发展的重要的物质基础。

2. 城市基础设施是城市社会生产不可缺少的外部条件

现代化的大生产，要求生产力和劳动力高度集中，要求有高度专业化协作的生产方式，城市便是这种客观要求的产物和存在形式。社会的第一、二、三产业都离不开基础设施的作用。首先，基础设施可以为各单位提供能源条件，如水电和各种能源的供应；其次，基础设施为各单位提供各种经济信息交流；再次，基础设施可以为各单位提供生产所必不可少的生产要素，如交通、通信、排污等；最后，基础设施可以为各单位提供的产品和服务的数量、主要技术、质量、时间等都直接决定和影响企业的生产效益和产品质量，企业的生产效益和竞争能力在很大程度上取决于城市基础设施的完善程度。

3. 城市基础设施为城市居民生活提供必不可少的基本条件

城市基础设施的完善和良好能为居民创造优美而舒适的工作环境和生活条件，提高城市居民的生活质量，增强城市居民对城市发展的向心力和凝聚力，促进城市经济的发展和城市文明的进步。城市居民生活水平越高，对基础设施的依赖性就越强。

4. 城市基础设施建设为城市发挥和提高其聚集效益提供物质动力

城市最基本的特性在于集聚。城市基础设施在城市集聚过程中起到了举足轻重的作用，它不仅为集聚提供了最基本的物质条件，而且本身作为集聚的一个要素，对集聚也起到了巨大的推动作用。城市集聚能够产生较高的城市经济效益。城市是区域人口、物资、资金、信息的聚集地，城市基础设施的发展，不仅促进了城市各部门分工的发展，而且还为各部门分工提供了物质条件，并且还可以把城市的各种要素组合为有机整体，城市的分工进一步提高了城市的生产力，同时也使城市聚集的经济效益和相邻的经济效益得到了充分的发挥。所以没有城市基础设施，城市经济的集聚性和集聚经济效益就无法存在和发展。

5. 城市基础设施为提升整个城市的核心竞争力提供了有效手段

经济全球化浪潮使国与国之间、城市与城市之间、企业与企业之间的竞争日益激烈，企业之间的竞争不仅取决于企业自身的技术水平、经济实力等因素，而且还在很大程度上取决于城市的经济环境，特别是基础设施的先进性和完善程度。城市核心竞争力能力的强化在于增强城市本身的经济实力和综合服务能力，而城市基础设施则是城市综合服务能力的重要组成部分。基础设施可以为城市经济发展创造了良好的外部环境。如果城市基础设施是健全和完善的，城市的中心作用就可能得到充分发挥，城市的核心竞争力就会增强。城市基础设施所具有的增强城市核心竞争力的有效作用，是其他设施所无法替代的。

6. 城市基础设施是增强城市现代化程度的基础前提和重要标志

对于城市现代化来说，先进完善的基础设施是城市发展具有决定性的条件和标志，是城市发展所无可替代的"硬件"，是现代化城市的物质表现和承载体。经济发达国家所走过的城市化道路已经为我们积累了正反两方面的经验，其城市化和城市的现代化走的就是一条先行完善城市基础设施以带动整个城市现代化，带动城市经济、社会的全面发展和生活质量的提高的道路。

二、城市基础设施建设投资

水、电、气是城市居民生活最主要的公共品，也是城市基础设施的最主要构成，因此其投资建设十分重要。"九五"及"十五"期间，我国城市（镇）电力、燃气及水的生产和供应固定资产投资增长率与全社会固定资产投资增长率基本相当，但与城镇固定资产投资增长率相比，则明显偏低。"九五"及"十五"期间城镇人口与电气水的固定资产投资增长情况以及"十五"期间全国城市交通设施发展状况分别见表 7-1 和表 7-2。水电气三项基本公共品的投资在"十五"期间的后期增长明显，特别是最后一年，比"九五"之初（1996 年）增长了 3.28 倍。全国城市交通设施发展状况在"十五"后期也明显改善。

"九五"及"十五"期间城镇人口与电气水的固定资产投资增长情况（单位：亿元）
表 7-1

年份	城镇人口数（万人）	城市化率（%）	全社会固定资产投资	城镇固定资产投资	城镇电力、燃气及水的生产和供应固定资产投资额	城镇电力、燃气及水的生产和供应固定资产投资额
1996	37304	30.48	22913	17567	1856	1294
1997	39449	31.91	24941	19194	2267	1466
1998	41608	33.35	28406	22491	2560	2102
1999	43748	34.78	29854	23732	2705	2096
2000	45906	36.22	32917	26221	3008	2507
2001	48064	37.66	37213	30001	2737	2047
2002	50212	39.09	43499	35488	3111	2308
2003	52376	40.53	55566	45811	3803	2228
2004	54283	41.76	70477	59028	5525	3110
2005	56212	42.99	88604	75096	7286	3429
平均增长率（%）	4.66	1.25	28.7	32.7	29.2	16.4

资料来源：相关年份中国统计年鉴。

"十五"期间全国城市交通设施发展状况
表 7-2

交通设施状况	2001 年	2002 年	2003 年	2004 年	2005 年
城市公共交通运营数（万辆）	23.1	24.6	26.4	28.1	31.3
每万人拥有公交车辆（标台）	6.1	6.7	7.7	8.4	8.6
公共交通客运总量（亿人）	350.7	372.8	381.3	427.3	483.7
出租汽车数量（万辆）	87.0	88.4	90.3	90.4	93.7
城市道路长度（万公里）	17.60	19.14	20.8	22.3	24.7
每万人拥有道路长度（公里）	4.9	5.4	6.2	6.5	6.9
城市道路面积（亿平方米）	24.9	27.7	31.6	35.3	39.2
人均拥有道路面积（平方米/人）	7.0	7.9	9.3	10.3	10.9
城市桥梁（万座）	3.9	4.7	5.1	5.1	5.2
城市路灯（万盏）	564	707	873	1053	1207

资料来源：根据 2001—2006 年中国统计年鉴整理。

　　"十五"期间全国市政公用设施各行业投资均呈现出明显的逐年上升趋势，鉴于大多数城市公共交通问题比较突出的实际，"十一五"期间在该行业的投资结构性增长显著。"十五"期间全国市政公用设施各行业投资及所占比重及"十一五"预测见表 7-3 和图 7-5。

"十五"期间全国市政公用设施各行业投资及所占比重及"十一五"预测　　表 7-3

行业	投资额及所占比重	2001 年	2002 年	2003 年	2004 年	2005 年	"十五"合计	"十一五"预测
道路桥梁	投资额（亿元）	856.40	1182.20	2041.40	2128.70	2543.20	8751.90	19050.0
	所占比重	36.41%	37.85%	45.75%	44.70%	45.40%	43.11%	36.13%
城市供水	投资额（亿元）	169.40	170.90	181.80	225.10	225.60	972.80	1725.00
	所占比重	7.20%	5.47%	4.07%	4.73%	4.03%	4.79%	3.27%
燃气供应	投资额（亿元）	75.50	88.40	133.50	148.30	142.40	588.10	1125.00
	所占比重	3.21%	2.83%	2.99%	3.11%	2.54%	2.90%	2.13%
集中供热	投资额（亿元）	82.00	121.40	145.80	173.40	220.20	742.80	1267.50
	所占比重	3.49%	3.89%	3.27%	3.64%	3.93%	3.66%	2.40%
公共交通	投资额（亿元）	194.90	293.80	281.90	328.50	476.70	1575.80	8473.00
	所占比重	8.29%	9.41%	6.32%	6.90%	8.51%	7.76%	16.07%
排水污水	投资额（亿元）	224.50	275.00	375.20	352.30	368.00	1595.00	4219.00
	所占比重	9.55%	8.81%	8.41%	7.40%	6.57%	7.86%	8.00%
防洪	投资额（亿元）	70.50	135.10	124.50	100.30	120.00	550.40	1582.00
	所占比重	3.00%	4.33%	2.79%	2.11%	2.14%	2.71%	3.00%
园林绿化	投资额（亿元）	163.20	239.50	321.90	359.50	411.30	1495.40	3690.00
	所占比重	6.94%	7.67%	7.21%	7.55%	7.34%	7.37%	7.00%
市容环境	投资额（亿元）	50.60	64.80	96.00	107.80	147.80	467.00	1582.00
	所占比重	2.15%	2.07%	2.15%	2.26%	2.64%	2.30%	≥3.0%
其他	投资额（亿元）	466.60	551.00	760.40	838.40	947.00	3563.40	10019.0
	所占比重	19.84%	17.64%	17.04%	17.61%	16.90%	17.55%	19.00%

资料来源：建设部课题组．市政公用事业改革与发展研究．中国建筑工业出版社，2007．

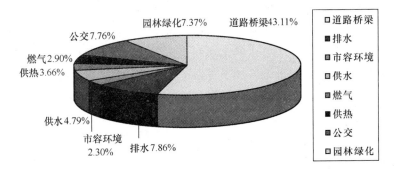

图 7-5　"十五"期间我国市政公用设施投资不同部门所占比重

三、城市基础设施管理体系

（一）城市基础设施管理的机构

城市基础设施管理的机构包括以下几个方面。

1. 综合管理机构

城市政府设置的建设委员会或规划建设委员会以及类似的机构，一般是综合管理机构。因为城市基础设施管理的专业机构均履行各自的职能权限，但动态中的城市基础设施管理必然产生大量的相互交叉和相互协调的职能，而城市政府又无力或很难直接履行这项职能，所以，综合管理机构代表城市政府对城市基础设施进行有效、统一地宏观管理。

2. 专业管理机构

根据技术性质和功能特点，城市基础设施可以划分为若干专门机构，如水系统、交通系统、电系统、通信系统、环境系统等。从事专门系统的管理机构就是专业管理机构。例如，在大中城市政府里一般设有公用事业管理局、市政工程局、园林绿化、环境卫生、公共交通、邮电通信等专业局。

3. 协调机构

城市政府为了协调城市基础设施管理和城市其他各项事业管理的关系，以达到城市管理的综合效益而设置的跨部门、跨专业、跨领域的委员会。例如，有的城市设置的交通管理委员会，就是运用各种机构的资源综合管理交通，其职能就是协调规划、市政、公安、工商、交通运输等有关部门的横向联系，对全市交通实行统一管理。

4. 临时机构

影响城市基础设施管理的动态因素很多，特别是我国城市与城市管理正处于发展完善阶段，难免面临一些重要的新出现的或突击性的任务。这些任务依靠常设机构往往难以顺利而高效的完成。因此，有时需要设置一些临时机构。例如，为了使重要的市政工程早投产、早收益，有的城市专门成立的"××工程指挥部"。这些机构完成任务后就随之撤销。❶

（二）城市基础设施管理的内容

城市基础设施管理主要包括城市供电管理、城市供水管理、城市供气管理、城市道路管理、城市灾害管理等。

1. 城市供水管理

城市供水管理的内容是：①水资源管理。要防止地表水被污染，合理安排取水量。地下水宜饮用，但需要平衡采水与灌水，控制地面沉降。②供水工程的建设管理。它包括取水、净水和配水的工程管理。③供水的水质和水压管理。根据具体情况，可分别采取水厂一次加压、管网中途加压或局部地区加压等做法。④节约用水管理。一是加强宣传；二是实施计划用水；三是使用节水设备；四是提高水的重复利用率。

2. 城市供电管理

城市供电管理的内容是：①输变电建设管理，包括做好负荷预测，制定电网发展规划；变电所所址选择；送电线路的路径选择。②供电设备运行、检修管理。运行管理要加强巡视检查；进行定期计划检修和事故抢修；预防季节性事故和外力破坏事故；加强技术管理。③用电营业管理。一是做好用户业务扩充管理工作；二是加强电能质量管理，包括频率质量管理、电压质量管理和供电可靠性管理；三是抓好计划、节约、安全用电。

---

❶ 张丽堂、唐学斌，市政学，台北：台湾五南图书出版公司，1983

3. 城市供气管理

城市供气管理的内容是：①供气规划管理。国外城市的燃气化，大多是经历了从煤制气到油制气，再到以天然气为主的过程。②供气工程的建设管理。一方面选择燃气化的途径；另一方面确定供气规模。③供气的安全管理。要控制燃气的质量；监督执行燃气器具的标准；提倡安装燃气警报器。

4. 城市供热管理

冬季采暖是我国北方地区居民基本的生活需求，因此组织好热暖供应十分重要。城市供热管理的内容包括：热源的规划及组织，价格管理，系统维护等。

5. 城市道路管理

城市道路管理的内容是：①对新建或改建道路的质量、进度的监督。②对道路的维修和养护。③路政管理，包括掘路管理，占用路面管理以及对人为损坏道路的管理。

6. 城市灾害管理

城市灾害管理的内容是：①各种防灾设施的建设和维护。②防灾报警系统和预警系统的建设和管理。③防灾物资的储备管理。④普及防灾救灾知识。[1]

（三）城市基础设施管理的模式

城市基础设施管理是城市基础设施效能和综合服务能力有效发挥的催化剂，科学的管理模式与经营方式是城市基础设施良性运营的重要条件。城市基础设施的管理模式是指在一定体制条件下的管理形式的框架。根据政府在城市基础设施管理中的地位和作用的不同，可以将城市基础设施管理的模式划分为以下几种[2]。

1. 政府全包全管模式

在这种模式下，电信、电力、铁路、自来水和燃气供应等基础设施，由政府或政府的公营部门来垄断经营，因此涉及基础设施的行业或产业被称为自然垄断行业。由于政府的财力、精力和信息等有限，基础设施产业的垄断经营不仅会导致配置上的低效率，而且会产生较高的生产成本，形成生产上的低效率。随着市场化程度不断加深，市场投资主体的多元化和业务品种不断增多，政府全包全管模式将不再适应市场经济的要求。

2. 政府公共管理模式

这种管理模式的特点是：①政府职能明确，只管理和经营关系国计民生的具有非经营性和非排他性的基础设施、产品或服务及产业，那些具有准经营性和纯经营性项目引入竞争机制，交由社会来承担和经营，实现投资主体的多元化以及所有权和经营权的分离。②财政支出小且范围清晰，基础设施管理的综合成本相对较低，管理效率较高。③基础设施的管理与经营以法律和经济手段为主，约束力强，使管理行为有章可循，有法可依，从而促进了管理秩序的合理规范。

3. 政府分级管理模式

该模式是特大城市或大城市经常采用的，其体制基础是城市的分级分权管理制度。这一管理模式的优点有：①有利于减轻市级政府的管理负担和财政负荷，使其具有充足的精力、时间和财力来设计和制定城市基础设施管理与经营的总体规划和蓝图。②有利于调动

---

[1]　张永桃. 市政学. 北京：高等教育出版社，2001.

[2]　转引自丁健：《城市基础设施管理模式的简要剖析》，载《上海城市管理职业技术学院学报》，2001（2）

区、县级政府管理和经营城市基础设施的积极性、主动性和创造性；③有助区、县级政府因地制宜，根据各自地区的具体客观实际情况，制定城市基础设施建设的发展战略和规划，但这一管理模式也容易造成上下级政府之间的管理职能和权限的模糊与错位。因此要划分和协调好不同级别和不同领域的政府之间的管理职能和范围，建立健全有效的监督和协调机制，减少管理经营中的摩擦。

4. 政府调控管理、市场多元化运作相结合的模式

该模式的体制基础是较完善的基础设施管理市场和较强的政府调控能力的管理制度，这一模式的特点是：①城市基础设施供给的多元化。②政府对城市基础设施的建设和管理实行宏观调控和指导。政府调控指导的重点是政府财力投放对象的控制，基础设施产品或服务的定价管理以及基础设施经营权的拍卖和招标等管理。③设施供给多元化和政府调控职能都与相关的法律、市场规则等相协调、一致。

四、我国城市基础设施管理现状及存在问题

目前，我国城市基础设施状况已得到很大改善，但由于历史欠账太多，原有的基础设施薄弱，与城市经济社会发展的需要相比，城市基础设施的发展水平仍显不足和落后，严重滞后于城市的发展。表7-4表明，中国城市基础设施建设的服务供给水平较低，尤其是在国际间的横向比较中更显落后。

中国城市基础设施平均水平与国外一些城市比较　　　　　　　　　　　表 7-4

城市 项目	中国城市平均水平		国外城市（1981 年前后数据）								
	1985 年	1986 年	墨西哥	汉城	布达佩斯	华沙	莫斯科	东京	伦敦	巴黎	纽约
人均道路面积（m²/人）	3.05	8.26		8.4	9.5	8.2	7.2	9.68	26.3	9.3	28
万人均公汽电车（辆/万人）	3.43	8.6	9.14	15.31	14.6	13.53			30.7		
人均生活用水量［升/（人·d）］	151	214	206	265	320	245	440～600	340～500	290～300	320	
污水处理率（%）	2.42	29.56			39		95	90	95	93	
煤气普及率（%）	23.2	78.78			71.5		98		85～100		
人均公共绿地面积（m²/人）	2.8	6.06		13	7.74	25.3	18.8	1.6	30.4	12.21	19.2
垃圾处理率（%）	1.69	58.41						100		100	

资料来源：冯长春、刘庆．中国大陆城市基础设施建设与发展，《重庆建筑大学学报》，2001 年 10 月

我国城市基础设施建设管理存在的问题主要表现在以下三个方面。

（一）城市基础设施规划滞后

我国许多城市存在着严重的"重建设、轻规划"现象，有些地方甚至建设在先，规划在后。首先是城市基础设施规划缺乏超前性和战略眼光，往往只顾满足一时的需求或只顾眼前的经济利益，使有些基础设施不但不能促进城市经济的发展，而且阻碍了城市经济发

展。其次是城市基础设施缺乏科学性，有些大型基础设施项目没有经过科学的调查、勘探和完善的设计，也没有经过专家的论证或听取广大市民的意见，致使拆掉的是文物，割断的是历史，建成的却是现代化的城市垃圾。再次，城市基础设施规划缺乏切实可行性，许多城市领导为追求政绩，大搞"政绩工程"或"形象工程"，盲目地求大、求高、求全，投入巨额资金，造成了城市资源的严重浪费，不利于城市的协调发展。

（二）城市基础设施效益低下

现代城市要求城市基础设施的社会化，但从我国城市发展的现状来看，城市基础设施建设普遍存在着"小而全"、"大而全"的重复建设问题，不注重城市基础设施建设的社会和经济效益，城市基础设施建设在质量和数量、空间和时间上无法与城市的各项建设协调发展，给政府带来了沉重的财政负担，也影响了城市的发展。城市基础设施建设效率低下，其发挥效能的时间大大落后于其他设施发挥效能的时间，由于城市基础设施拖后发挥效能，致使其他设施如住房或娱乐设施等不能及时交付使用，从而制约了整体城市的发展。

（三）城市基础设施管理乏力

城市管理工作薄弱、缺乏章法，造成了城市管理混乱、城市基础设施运行效率低或损坏严重等现象的频繁产生。许多马路新修之后又被挖开铺设管线，这类普遍存在的现象不仅反映了城市基础设施规划缺乏超前性，也反映了城市基础设施管理工作的不规范、不协调。城市基础设施管理不规范、城市建筑规划杂乱，致使城市的发展陷于停滞状态。此外城市基础设施管理的专业人才缺乏也是城市基础设施管理乏力的主要原因之一。

五、我国城市基础设施管理的发展

（一）"十一五"期间城市基础设施发展目标任务

1. 总体发展目标[1]

通过深化市政公用事业改革，基本建立适应社会主义市场经济体制要求的市场竞争机制、企业经营机制和政府监督机制，初步形成布局合理、投资多元、资源节约、运行安全、服务优良、法制健全、监管有力的市政公用事业发展新格局。

2. 具体发展目标

根据一般发展要求，市政公用设施总体投资水平保持在城市 GDP 的 6%～8%，不低于整个国家 GDP 的 5%；按照我国的财力和可能，"十一五"期间，我国市政公用设施投资总规模达到 50000 亿元左右，占 GDP 的比重不低于 4%，年增长速度达到 20%；考虑城镇化快速发展阶段的需要，我国每年从农村向城市转移的人口大约 1300 多万，还存在着流动性农民工 1.2 亿左右；着眼解决地下市政公用设施不足等突出薄弱环节，确定我国市政公用事业的发展目标：

（1）优先发展公共交通，完善公共交通网络体系，基本确立公共交通在城市交通中的主体地位。着力改善公共交通结构，提高公共交通在城市居民日常出行中的比重，"十一五"期间，公共车辆增加 13.1 万标台，到 2010 年，每万人拥有公共车辆实现 10.4 标台，共拥有公交车辆 44.1 万标台。城市轨道交通运行线路路网长度达到 2000 公里。

---

❶ 原建设部课题组："市政公用事业改革与发展研究"，"市政公用事业'十一五'发展规划"。

（2）确保城镇供水的供给安全和水质安全，全面提高水质、改善供水服务，加强供水安全保障体系建设。到 2010 年，实现全国设市城市供水普及率不低于 95％，同时，提高供水设施利用效率，降低供水管网漏损率，供水水质满足高标准要求。

（3）配套建设城镇排水设施，资金投入向城市污水管网建设倾斜，切实发挥其防涝、排渍和保障城镇水环境质量的作用。到 2010 年，全国城市污水处理率不低于 70％。污水处理厂的脱水污泥基本上得到利用。缺水城市再生水利用率达到 20％以上。

（4）加强城镇燃气设施建设，在气源结构、监督体制、技术管理和经营服务上推进城镇燃气行业体制改革。到 2010 年，城镇天然气供应量达到 650 亿立方米/年，液化石油其供应量达到 1600 万吨/年，城镇燃气普及率达到 90％以上。

（5）实行用热商品化，供热社会化，不断提高服务质量后经济效益，深化城镇供热体制改革。"十一五"期间，北方城市集中供热每年将增加 2 亿平方米，共新增 10 亿平方米；南方城市以每年增加 0.6 亿平方米计算，共新增 3 亿平方米。两项合计共新增集中供热面积 13 亿平方米。

（6）大力推行垃圾减量化、资源化和无害化处理，提高城镇生活垃圾处理无害化水平，全面改革城镇市容市貌和环境卫生。2010 年，生活垃圾无害化处理率不低于 60％，逐步实现生活垃圾处理产业化。初步建立我国城镇环境卫生体系，建立完善环境卫生市场运作机制和突发事件应急处理机制。

（7）加强城市园林绿化和生态环境建设。加强城镇节约型园林绿化建设，合理布局，协调发展用地规模，充分发挥城市绿地的生态、社会和经济功能，增加融资渠道，加大城市绿化建设和维护投资力度，满足快速城镇化过程中的环境需求。

（8）提高市政公用设施综合防灾能力，加强市政公用设施建设选址、规划、设计、建设和运营各个阶段的防灾管理，增强生命线工程的综合防御各种自然灾害和次生灾害的能力，建立防御自然灾害的长效机制。积极开展风险隐患排查工作，加强城市应急避难疏散场地建设，完善防线防范预警制度。

（二）完善我国城市基础设施管理的基本思路

随着信息社会和知识经济时代的到来，世界各国都在加速发展新经济时代所需求的城市基础设施建设，面对我国基础设施的落后局面和基础设施领域的日益激烈的国际竞争，我们必须要探索基础设施的发展规律，研究基础设施发展中的一系列问题，寻找提升基础设施管理水平的措施。

1. 正确认识城市基础设施建设的规律及指导思想

要认真总结国内外城市基础设施建设的经验和教训，认清城市基础设施的特点及在城市建设中的作用。要想在实践中彻底改变我国现阶段城市基础设施建设和管理的低水平现状，必须要加大对城市基础设施建设的研究。要聘用相关专家根据城市的现状和整体发展规划，分别提出有针对性的建议，供城市和相关部门决策参考。此外，还要培养专门的城市建设管理人才，学习和借鉴国内外先进经验，使我国的城市基础设施建设，能够逐步适应生产发展和人民生活水平提高的要求。

2. 建立完善的城市基础设施管理法规体系

城市基础设施管理法规体系是指国家颁布的城市基础设施管理的法律和为执行这些法律所规定的若干有内在联系的规章、制度所构成的一整套规范性文件体系。完善的城市基础设施管理法规体系是做好城市基础设施管理的重要保证。针对目前我国城市基础设施管理不同程度上仍存在无法可依、有法难依、有法不依、违法难究的现象，进一步加强城市基础设施管理的立法工作是十分必要和重要的，这对规范和加强城市管理工作，消除城市管理工作，消除城市管理中的"人治"影响，全方位提升城市的综合竞争力具有重要的现实意义和积极影响。

3. 改革城市建设体制促进城市基础设施管理的良性发展

改革城市建设体制式解决城市基础设施发展和管理落后的关键。城市是一个综合有机体，城市基础设施的发展和建设应当与整个城市的建设和发展有机地结合在一起，才能为整个城市社会的发展提供相应的服务能力。在以前，我国的城市建设中的各项建设计划、指标、资金往往切块层层分到各个部门，实行分散建设和管理的城市建设管理体制，这就给城市基础设施建设的发展带来了极大的困难。要想实现城市建设的良性发展，使城市管理更加科学有效，就必须做到"两个统一"：统一规划建设管理、统一投资开发建设。

4. 营造开放的城市发展环境

现代城市是一个开放系统，在当今社会生产分工日趋严密细致、社会联系日益广泛的条件下，为了求得城市自身的生存和发展，任何城市几乎都不可能成为封闭型城市，而必须是开放型城市。随着科学技术的飞速进步和生产力的发展，城市活动的脉搏和运动的频率正在以前所未有的速度加快，人员、物资、能源、资金和信息的流动，物流、信息流的输入输出反映出城市的开放性功能，显示城市的辐射力和吸引力的大小。因此，我们必须根据现代化城市这种物流和信息流的动态性质，来确立城市管理开放性的政策，在开放和交流过程中，逐步提高城市基础设施管理的水平。

第三节　城市社会设施及公共事业管理

一、城市社会设施管理概述

（一）城市社会设施

所谓城市社会设施，是指为了提高居民素质、满足其文化及精神生活的需要，而提供的教育、科技、文化、卫生和体育等基本设施及相应服务的总称。它通常是指满足城市社会公共性必需品（服务）的功能集合，其基本构成有三类要素：一是物质性设施，如满足城市社会医疗需求功能医疗设备器具、病房、手术室设施等；二是具体的服务，如疾病检查、治疗、预防等；三是由专业人员、管理人员等按照一定体制规则而形成的组织体系，如内科、外科、神经科、护理中心以及后勤处、财务处等。单从硬件设施来说，与工程性城市基础设施没有太大区别，其承载的服务产品也是以满足城市"人"的再生产的基本需要为目的的，因此，在广义上，城市社会设施也称为城市基础设施。

毕竟"设施"这一术语，无法列入国民经济中的产业或行业名录，而这些"设施"所承载的服务活动及组织，则可统称为"城市公共事业"；与之略有区别的工程性城市基础设施可以称为"城市公用设施"。一般前者具有弱排他性和弱经营性，而后者则具有相对强排他性和强经营性，且后者所提供产品或服务的替代性较之于后者相对较强。往往前者多是直接提供人们以"服务"，更能够体现"以人为本"的准则；而后者则更着重物质产品的生产及运营，间接地服务于消费者。

（二）城市社会设施管理的内容

城市社会设施管理，就是城市政府职能部门，为了城市社会的公共利益，有效地组织和利用城市各种资源，通过经济、行政、法律、技术、宣传等手段，对教育、科技、文化、卫生及体育等社会设施及其对应的公共事业，所进行的一系列计划、组织、指导、协调、控制等活动，是城市政府及其职能部门、行业组织、市民等城市主体，依据一定的法律法规、规章制度、行业规范、道德伦理等，并按照一定的程序作用于这些公共事业所赖以支撑的物质设施、服务产品以及组织机构等客体的动态过程。

城市社会设施管理的内容主要包括以下几方面。

1. 城市教育设施及教育事业

教育事业是专门从事为社会培养人才（人力资源）行业和部门，是兴国之本。其构成包括：城市教育设施，包括校园不动产、教学及实验设备设施，师资队伍、后勤服务队伍、行政管理队伍等构成的组织体系，以及将专业知识和技能传授与学生的服务过程。

2. 城市科技设施及科技事业

科学技术事业是指专门从事基础科学研究、应用技术开发、公益性科学技术研究以及科学技术普及推广的行业和部门，科学技术是第一生产力，是提升市民素质的重要行业。它包括：科研机构或部门所使用的不动产、仪器设备等硬件设施，科研院所、企业研发部门等构成的组织体系，专利、定理等知识产品。由于知识（科技产品）具有明显的外溢性，因此，该项事业所研发的产品及服务能够惠及社会公众，体现出明显的公共性。

3. 城市文化设施及文化事业

文化事业是专门为社会提供文化产品及服务的行业和部门，它可以提升市民文化素质、丰富人们精神生活，塑造市民及城市形象，提高城市竞争的软实力。它包括影剧院、图书馆、文化馆、博物馆、美术馆、电视台等城市文化设施，相应的各类人员形成的文化组织以及文化产品等。由于这些服务（产品）往往是为了满足人们较高层次的需求，其"付费性"明显，较容易发展成为一种产业（文化产业或文化创意产业）。但其外溢性以及易传播或宣传的特征，使其也具有一定的公共品特性，从而也具有公益性。

4. 城市卫生设施及卫生事业

卫生事业是指为维护公众健康和生命安全而设立的医疗及卫生行业和部门，如医院等医疗机构、卫生防疫部门等，治病救人、救死扶伤是医疗机构的宗旨和医疗人员的天职，防止疾病流行、保证公共卫生安全，是卫生防疫部门的基本职责。城市医疗卫生设施具有突出的公共品性质，医疗卫生事业公共性和公益性明显。

5. 城市体育设施及体育事业

体育事业是城市体育场馆、设备设施、运动项目及其组织体系的总和。从总体上它可以分为竞技体育和大众体育，前者能够满足人们高层次需求，具有消费的拥挤效应，宜付费消费，同时竞技体育更多地与企业紧密结合（如广告宣传、形象代言等）已逐步发展为一种产业。而大众体育，如社区体育设施、全民健身运动等，仍然具有鲜明的公共性和公益性。

二、城市公共安全管理

(一) 城市公共安全管理的含义

所谓城市公共治安管理，是指为了有效地建立和维护社会公共安全秩序，建设"平安城市"，保障城市各项事业正常运行以及城市社会成员能够正常地工作、生活，城市政府及其公安机关依法对城市社会公共秩序进行维护，对各种违法犯罪活动进行打击和处理等一系列活动。它包括户口管理、治安管理、刑事侦查、消防管理、交通管理以及对违法犯罪人员实行惩罚和教育改造等方面的内容，其中预防和打击违法犯罪活动是中心任务。

(二) 城市公共安全管理的特征

城市公共安全管理具有以下特征。

1. 预测、监测与避免

城市公共安全事件具有突发性、隐蔽性、系统性、综合性、连锁性、衍生性等特点，一旦发生，事态规模大、涉及面广、影响深、危害程度高。判断城市公共安全管理是否完善和有效，不仅要看它应对和解决各类突发性城市公共安全问题的能力，还要看它预见、监测和避免问题的能力。

2. 一元指挥与整体联动

城市公共安全事件一旦发生，需要多个部门的协作，协调多方资源。因此，在由相互关联或相互作用的众多要素所构成的城市公共安全管理中，必须强调一元指挥与整体联动。一元指挥是指组建高效、精干的常设领导机构，在公共安全事件发生时，行使紧急处置权力，进行统一指挥，协调各方的应急行动，调配应急资源。整体联动是指不同部门或机构进入应急状态后必须保持相互联络与相互协调。

3. 规范、标准与柔性

健全的城市公共安全管理不仅具有规范、标准等程序化特点，还应体现一定的灵活性。前者指的是体系的应急响应、应急指挥、应急行动等均应按照既定的标准化程序（SOP）进行；后者是指一些新出现的城市公共安全问题往往出人意料，在无章可循的情况下，应采取灵活的处理措施。

(三) 城市公共安全管理机构及其职能

1. 城市公共治安的管理机构

城市公共治安管理机构是指国家政权体系中依法行使城市社会治安管理职权的专门机关。这些机构包括城市区划内的各级各类公安机关和司法行政机关。其中通常人们所称的"公、检、法"，尤其是公安机关是城市社会治安管理的主要机构，承担着城市社会治安管理的绝大部分工作。除此之外，我国城市中还存在一些其他形式的社会治安管理机构。比如城市机关、企事业单位设立的内部保卫部门。我国城市各种经济社会组织中普遍设立的治安保卫委员会等。

2. 城市社会治安管理的职责

城市社会治安管理机构的职责是：根据国家的有关政策和法律，维护城市社会治安秩序，预防和打击各类违法犯罪活动，保护社会主义共有财产和其他合法财产，保护公民的合法权益不受侵犯，保卫人民民主专政的国家政权和以公有制为基础的社会主义制度，确保社会主义现代化事业在安全、稳定的社会环境中顺利发展。具体来说，城市社会治安管理机构的一般职责包括：执行和实施国家有关预防和打击违法犯罪活动的法律法规和方针政策；研究制定城市社会治安管理的政策和法律草案；研究制定城市社会治安管理的规划及其实施措施；组织和开展城市社会治安的综合治理。

除了上述指责以外，城市社会治安管理机构还需从事其他与社会秩序和社会安全有关的活动，如户籍管理、居民身份证管理、武器管理、公共场所管理等。

（四）城市公共治安综合治理的内容

城市社会治安综合治理的内容，是指由什么主体和采取哪些措施来贯彻实施综合治理的方针，主要包括以下两个方面。

1. 主体方面的综合治理

城市政府是城市社会治安综合治理的领导者，其主要职责包括：一是制定正确的预防犯罪的总的和具体的方针、政策作为各方面工作的准则；二是统一部署全市范围内对重大违法犯罪活动的打击与预防；三是协调各单位各部门关系，组织社会各个方面的力量，形成齐心协力，齐抓共管的治安工作态势。

公安行政机关、司法机关，在城市社会治安综合治理中担负着贯彻落实党和政府方针、政策的具体组织工作的责任。尤其公安行政机关是预防和打击城市违法犯罪的中坚和骨干，必须切实负起责任，保证综合治理方针的贯彻实施。

城市街道、企事业单位、工青妇组织及其他社会团体和社会基层组织，是贯彻执行党和政府的方针、政策和国家法律、政令的基础，应积极参与和承担城市社会治安综合治理的具体工作，在自己职权范围内采取切实可行的措施，预防违法犯罪。

家庭是社会的细胞，是社会成员社会化的第一站。婚姻家庭问题、家庭成员问题或邻里关系处理的好坏直接影响着社会是否安定。因此，在城市社会治安综合治理中，家庭也负有重要的责任。

2. 措施方面的综合治理

首先，应加强思想教育，特别是通过家庭、学校、社会加强犯罪心理预防。其重点是进行政治思想教育、理想教育、法制教育和道德教育，削弱和排除形成犯罪的不良心理因素，使市民树立和培养起正确的人生观、法制观、道德观。

其次，采取经济与社会的措施。城市政府及有关机关应扎扎实实地解决有关的社会实际问题，如就业问题、住房问题、文体活动问题以及解除劳教和刑满释放人员的妥善安置问题等，减少引发违法犯罪的社会问题因素。

再次，采取治安与私法措施。这主要是城市公安保卫部门通过加强对复杂场所的控制、特种行业的管理，以及对刑事犯罪嫌疑分子的调查和控制、对违警的处罚和强制劳动教育等专门工作，预防和减少犯罪。同时，还要动用强制手段特别是刑罚手段惩治犯罪分子。最后，采取法制措施，即制定和执行有关城市社会治安与安全的法律、法规和各项规章制度。

（五）完善城市公共安全管理的对策

健全和完善城市公共安全管理的法律体系。法治是我国治国的基本策略，也是城市公共安全管理的基本原则。依法建立统一协调的城市公共安全管理的组织体系，成立城市公共安全管理事务委员会；建立城市公共安全管理信息系统和信息协调、共享机制，加强信息的采集、交换和应对能力；建立城市公共安全管理专家咨询委员会，加强对城市公共安全问题的研究，编制城市公共安全状况白皮书，强化城市公共安全管理的科学性；建立城市公共安全管理的应急避难体系和场所，提高应对突发公共安全事件的能力；建立城市公共安全全民参与机制，提高公民公共安全意识；完善公共安全资源的保障体系，重视公共安全产品的开发研制，培育公共安全服务产业，为城市公共安全管理提供物质保障。

三、城市社会保障管理

（一）社会保障的内涵

所谓社会保障，是指国家为了保障社会安全和经济发展而依法建立的，由国家和社会通过国民收入再分配，提供货币、物质或劳务形式的帮助，以维持公民一定生活水平或质量的制度。

社会保障制度的要点是：

（1）社会保障的责任主体是国家和社会。包括两个层次的社会保障责任主体，即国家和企事业单位。国家作为全社会的管理者、全民利益的代表者和国民收入的分配者有责任组织社会力量，企事业单位等社会组织作为社会劳动力资源的使用者和社会经济活动的获利者，有责任出让部分利益并通过政府和非政府公共机构，为公民生活水平或质量的提高提供物质保障。

（2）社会保障的权利主体是生活困难的公民。生存权是公民的基本权利。任何公民，无论什么原因而陷入贫困，都有权要求国家和社会提供物质帮助，以保障其基本生活需要。相对于农村公民而言，城市公民具有更加强烈的保障要求，因为农村公民可以依靠土地等生活资料维持生存，而城市公民则难以依靠自给自足来维持生存。

（3）社会保障的方式是通过国民收入再分配来提供物质帮助。即政府和非政府公共机构将通过征税、收费等方式所筹集的资金，用于向生活发生困难的公民提供货币、实物、劳务等形式的帮助。

（4）社会保障有两个目的。一是保障公民在生活发生困难时仍能获得维持一定生活水平或质量的需要，二是为实现社会安全和经济发展创造条件。

（5）社会保障的依据是相应的法律规范。即社会保障的规则由立法规定，享受社会保障是公民的法定权利，提供社会保障是国家和社会的法定责任。

（二）城市社会保障管理

城市社会保障管理是指城市社会保障职能机构贯彻落实国家的社会保障法律和政策，依法建立社会保障体系，筹集和运行社会保障资金、调节保障分配、维持保障秩序等一系列管理活动。

我国城市社会保障体系包括社会福利、社会保险、社会救助、优抚安置等。社会保险是社会保障体系的核心部分，包括养老保险、失业保险、医疗保险、工伤联保险和生育保险。城市社会保障组织体系中的管理机构，主要包括城市政府及其领导下的社会保障委员会，以及城市社会保障主管机构、社会保障监督机构和社会保障争议处理机构。

1. 城市社会福利——社会保障的最高层次

广义的城市社会福利，泛指国家和社会对全体城市公民在生命全过程中所需要的生活、卫生、环境、住房、教育、就业等方面提供的各种公共服务；狭义的城市社会福利，是指国家和社会为了维持和提高城镇公民的一定生活质量而提供的一定物质帮助，以满足城市公民的共同和特殊生活需要的社会保障制度。城市社会福利带有普遍性。

2. 城市社会保险——社会保障的核心

城市社会保险是指根据立法，由城市劳动者、工作单位或所在社区及国家共同筹集资金，用以帮助劳动者及其亲属在遭遇年老、疾病、工伤、生育、残疾、死亡、失业等风险时，防止收入的中断、减少和丧失以及应付意外，保障其基本生活制度。社会保险是一种事先防险机制，参加保险的成员资格通过立法确定，带有强制性。

3. 城市社会救助——社会保障的最低层次

城市社会救助就是指当无能力或因自然灾害无法发挥劳动能力的市民，难以维持最低生活水平时，由国家和社会按照法定的程序和标准，向其提供基本物质生活所需要的一种保障制度。社会救助是一种救济性机制，强调国家和社会对个人的责任，在权利义务关系上具有单向性的特点。

4. 城市社会优抚

城市社会优抚是指国家和社会对城市中的革命军人及军烈属等优抚对象，实行优待、抚恤及其他物质照顾和精神鼓励的一种社会保障。社会优抚的对象是特殊的群体，通常可以划分为现役军人及其家属优抚、军人退休生活保障、退伍军人就业安置和烈属抚恤。

第四节　城市社会公用事业管理

一、城市社会公用事业的涵义与管理原则

城市公用事业指运用城市基础设施为社会提供公共产品和公共服务并受市民公共规制的社会基础性产业和部门。从城市现代化发展的管理需要出发，城市公用事业应限定在城市范围内，与城市基础设施具有很强的依赖关系，所提供的公共产品和服务能满足城市社会的共同需要。城市公用事业是面向城市所有居民和经济活动单位提供社会化产品和服务的部门，是一个公共的、开放的体系。城市公共事业各系统均以全覆盖的网络状系统存在，其运转具有强烈的系统协调性。

我国城市公用事业的发展应遵循以下几条原则。

（一）政府目标与企业目标相平衡的原则

根据国家的经济发展水平和社会文化特征，寻找表达社会公共利益的政府目标和表现企业经济利益的企业目标之间的平衡点，是世界各国普遍遵循的城市公用事业管理的原则。世界各国的实践表明，城市公用事业的经营管理，无论是忽视社会公共利益还是忽视企业经济利益，都将产生不良的后果。我国城市公用事业管理必须坚持政府目标与企业目标相平衡的原则。

（二）收支平衡的原则

这一原则主要是指城市公用事业的经营企业要在实现其基本职能的前提下尽量实现自身收支平衡。根据政府目标和企业目标相平衡的原则，公用事业要同时兼顾社会公共利益和市场化原则导致的企业利益。这决定了公用事业部门只能以收支平衡作为基本的管理原则。

（三）为市民服务的原则

这一原则要求公用事业部门在因地制宜的前提下，根据城市经济主体的多样化需求提供多样化的服务。首先，城市各种生活与生产活动对城市公用产品和服务具有高度依赖性，要求公用事业部门提供"即时服务"；其次，经济活动的社会分工与专业化程度日益提高，科技的进步与管理手段的提高要求满足经济主体的个性化需求；第三，市民期望优质的公用事业服务，城市的公用事业部门必须本着"顾客就是上帝"的服务理念，保证城市公用产品的生产与供应实现"即时服务"。

（四）政府规制的原则

这一原则要求城市政府根据法规，从保护和实现市民公共利益出发，针对市政经济活动中的市场过度和市场缺损等市场失灵现象，对城市公用事业产业部门的经济活动和行为进行行政性约束。

二、城市社会公用事业市场化改革的问题

改革开放以来，我国城市公用事业得到了快速发展，但市场化改革的进程却大大滞后于其他行业，与市场经济发展不相适应。城市公用事业在投资建设和运营管理上积累的矛盾和问题也日益突出。目前我国社会公用事业发展的许多方面，诸如道路交通设施滞后于经济发展，负面效应大；能源供应设施不足，能源利用率低；环境污染严重，环保设施不完善；城市防灾减灾能力弱等，都在一定程度上制约了城市经济社会的发展。

目前，我国城市公用事业市场化改革的进程中还存在许多问题，主要表现如下。

（一）政企不分，建管部分，权责明确，公共产品界限模糊

我国目前的城市公用事业产品供给中，政府始终直接参与公共产业部门和公用企业的建设、生产和服务的全过程。这样容易形成在整个公用事业投资、建设、生产、供应、经营、服务、监理、仲裁等方面，政企不分，建管不分，权责不明，谁都有权管，而又谁都管不过来或管不好的局面，导致公用企业对公用事业发展缺乏激励机制，缺乏自我发展意识和能力。

（二）城市公用事业建设资金严重短缺，多元化投资机制尚未形成

据联合国有关组织研究建议，发展中国家的城市基础设施建设的投资比例一般应维护在同期国内生产总值的 3％～5％的水平上，或者在固定资产投资的 10％～15％的水平上，这样才能保证设施建设与经济增长的需求相协调。发达国家的经验表明，在工业化和城市化发展的起飞阶段，保持必要的基础设施建设的投资比例是十分关键的。我国上述两项指标数值历史上最高的 1998 年才分别为 1.8％和 5％。可见，我国城市公用事业建设投资仍然处于短缺状态。

（三）公用事业价格体系不合理，价格机制配置公共事业资源的效率较低

目前，我国现行的公用事业价格体系仍具有较强的计划管制色彩，是以成本为基础的低效率价格形成机制，各级政府物价管理部门确定公用事业产品或服务价格水平的依据主要是被管制的运营企业自我申报的成本，但这种成本实际上是在特定地理范围内垄断经营企业的个别成本，而非由多家企业的平均成本决定的社会成本。以此作为定价的基础，企业不仅不会有降低成本的压力，而且还可能虚报成本，结果是成本涨多少，价格也涨多少，甚至可能出现价格有多高，成本就涨多快、成本比价格涨得更快的低效率现象。

（四）公用企业现代企业制度改革滞后

体制改革滞后，导致我国城市公用企业政企不分、建管不分、权责不明；垄断经营，缺乏竞争压力，成本居高不下，亏损严重；管理手段落后，"跑、冒、滴、漏"现象严重。以供水为例，先进国家的耗损率不超过 15％，而我国大多数城市达不到这一水平，一般都在 20％～25％以上。公用企业经营困难重重的根本原因，是公用企业现代企业制度改革滞后，没能彻底地改造成为国有经济与市场经济相结合的、能自主经营、自负盈亏、自我发展、自我约束的经济实体和市场主体，致使其不能适应社会主义市场经济发展的要求❶。

（五）城市市政公用事业改革相关的政策法规不够完善，政府管理不规范

就目前情况而言，城市公用事业在政府管理和市场运行两个方面都存在不规范的问题。政府对市场准入、投资、资源利用的管理和监督体系还未完全形成，没有建立起规范市场行为和防止不正当竞争的保障体系；对于城市公用企业承担的社会职责，没有明确的政策，使他们无法进行平等竞争；供水、管道燃气、公交等公用事业的价格形成机制没有明确，企业的政策性亏损和经营性亏损界定不清，使政府与企业的关系难以理顺；对事业单位转制的养老保险费缴纳、离退休人员待遇、富余人员的安置、现有资产的清查处置等方面的政策还不明确，使事业单位改革迟迟难以实施和推进；对市政公用企业实行政企分开没有具体可操作的措施，企业难以真正建立公司制法人治理结构。城市市政公用事业法规体系尚未健全，直接影响了改革的进程。❷

三、我国城市社会公用事业市场化改革

根据我国城市公用事业所具有的经济属性和特点，结合我国城市公用事业运行和管理的现实，参照国外发达国家城市运行管理的经验，我国公用事业改革，必须按市场经济规律要求走市场化道路。

（一）我国城市社会公用事业市场化改革

城市基础设施由于其特性不同决定了其供应模式的差异。表 7-5 列出了水、电、气、环卫等几种主要基础设施竞争的潜力、货物与服务的特征、以使用费弥补成本的潜力、公共服务义务、环境的外部影响以及市场化指数等特征指标的差异性，据此可以判断私营部门提供基础设施及服务的市场化可能性与可行性，进而根据政府的直接投资管理能力（如财力情况）或其监管能力、私人经营这些设施的能力，选择具体的城市基础设施经营方式，见表 7-6。

私营部门提供基础设施及服务的市场化可能性与可行性　　　　　　　表 7-5

项　目	特征性指标	竞争的潜力	货物与服务的特征	以使用费弥补成本的潜力	公共服务义务（权益问题）	环境的外部影响	市场化指数*
电力天然气	热电	高	私人	高	极少	高	2.6
	输电	低	会员	高	极少	低	2.4
	配电	中	私人	高	很多	低	2.4
	天然气的生产与输送	高	私人	高	极少	低	3.0

❶　夏书章，市政学，北京：高等教育出版社，1991

❷　张永桃，市政学，北京：高等教育出版社，2002

续表

项　目	特征性指标	竞争的潜力	货物与服务的特征	以使用费弥补成本的潜力	公共服务义务（权益问题）	环境的外部影响	市场化指数*
水	城区管道网络	中	私人	高	很多	高	2.0
	非管道系统	高	私人	高	中	高	2.4
卫生设施	管道排污和处理	低	会员	中	极少	高	1.8
	公寓污水处理	中	会员	高	中	高	2.0
	现场处理	高	私人	高	中	高	2.4
废弃物	收集	高	私人共有财产	中	极少	低	2.8
	环境卫生处理	中		中	极少	高	2.0
灌溉	主渠道与二级网络	低	会员	低	中	高	1.4
	三级网络（田间）	中	私人	高	中	中	2.4

注：＊市场化指数是指各栏评级结果的平均值，表示各种设施的商品化程度。

（1.0＝不适宜在市场上出售；2.0＝基本适宜在市场上出售；3.0＝最适宜在市场上出售）

资料来源：世界银行：《1994 年世界发展报告》中国财政经济出版社 1994 年版第 115 页。

城市基础设施的经营方式选择　　　　　　　　　　　　　　表 7-6

经营方式	选择依据	竞争性	排他性	收益性	举　例
公有公营	政府财力	弱	弱	低	城市绿化、交通标志
公私合营	监测能力	强	弱	较低	市内交通、铁路、排水
公私合营	监测能力	弱	强	一般	收费高速公路、供水等
公有私营	私人财力	强	强	高	电信、机场、港口等

（二）我国城市社会公用事业市场化改革的主要对策

1. 提高对城市资产经营的认识、形成经营城市的理念

城市资产是城市建设发展过程中形成的各类有形资产和无形资产的总称。对城市资产进行整合、配置和经营，可以优化结构，增强总量，从而实现城市资产的滚动增值，实现良好的经济效益和社会效益。建设现代化城市必须树立经营品牌城市的观念，确立规划为先、市场化、与国际接轨和可持续发展的原则，积极实施城市化战略。

2. 广泛拓展融资渠道、吸纳更多发展资金

拓宽融资渠道、形成投资主体多元化、资金筹集多样化的城市公用设施投资格局。要解决城市建设资金短缺的困难，必须按照"谁投资、谁受益"的原则，以实现投资主体多元化。积极引进各类市场主体，允许各种类型的企业、个人进行项目投资，形成多元化主体结构，进行市场化融资、投资管理和经营。

3. 构建投融资管理的新体制及机制

改革投资建设管理体制，强化激励和约束机制，提高城市公用事业的效益。一是明确投资主体，理顺产权关系，实现城建投资资金的集中运作管理；二是通过建立建设项目法人责任制，建设项目资本金制度、工程招投标制度、投资决策责任制以及全方位的监督体系，强化投资风险约束机制，提高投资效益。

4. 全面推进城市公用事业资产的市场化经营

要积极搭建城市基础设施投融资平台及资产运营平台。注意发挥政府资金引导作用，

盘活存量资产从根本上解决不断扩大的投资对政府的依赖。城市政府应从一些公共事业经营中退出来，搭建新的市场运营体系，进行资本营运，并相应承担盈亏责任和市场竞争风险。对于有收益的公共设施，可以实行完全的市场化运作。

5. 逐步完善投资开发建设管理活动的外部环境

为适应投资体制改革要求，特别是为了与强化风险约束机制相配套，必须大力发展各类中介服务机构，建立工程咨询、设计、工程监理等社会化服务体系，为投资决策、工程建设和经营管理提供全面、公正、科学、可靠的服务，并尽快形成规范的市场，建立健全投资市场法律体系，以及与市场化建设相关配套的措施。

6. 强化政府经济调节、市场监管和公共服务职能

坚持"公开、公正、公平"的原则，对参与城市基础设施建设的国有资本、民间资本和外国资本一视同仁。建立重大城市基础设施项目规划、投融资方案的专家论证制度，增强制定规划的前瞻性、科学性和透明度。强化事前控制和事后评价机制，依法对企业的市场进入、价格决定、产品质量和服务条件等进行管理，实现政府由直接管理经营者向市场监管者的转变。建立联席会议制度，统一协调城市基础设施投融资体制改革工作。

总之，要通过城市公用事业市场化运作，最终实现城市资本"投入—经营—增值—再投入"的良性循环，真正建立"以城养城、以城建城"的城建新机制。

复习思考题

1. 简述城市基础设施的涵义及分类。
2. 城市基础设施的特性有哪些？
3. 简述城市基础设施的公共品特性。
4. 简述城市基础设施管理的内容体系。
5. 简述城市社会设施的内涵。
6. 什么是城市社会保障？简述我国城市社会保障体系的主要内容。
7. 如何选择城市基础设施的经营方式？
8. 试论述我国城市社会公用事业市场化改革的对策措施。

第八章 城市人口及物流管理

城市中的人、财、物是城市综合系统基本的构成要素，它们是支撑城市发展的基本动力，同时也是城市生产关系的客体。特别是城市中的"人"，既是城市各类组织的最微观构成及城市管理的最微观主体，也是城市管理及服务的基本对象，现代城市管理最根本的原则就是"以人为本"，城市管理组织系统的根本宗旨就是充分调动和发挥"人"的主观能动性，最大限度地满足其不断发展的各种需求。城市中的人、财、物及其组合是城市系统运行的主要"输入或投入"要素，同时也是其"输出或产出"的成果，是进行城市系统运行绩效评价及调控的主要对象及依据。加强城市物流建设及管理提高物流效率也是城市管理的内容之一，虽然"财"（资金或资本）也是城市的一项主要的微观要素，但在本书其他相关章节详细论述，本章将不再赘述。

第一节 城 市 人 口 管 理

城市人口是城市社会、经济活动的主体。城市人口的变动和发展，对城市发展产生一系列根本性的影响。同时，城市人口问题又与城市社会治安与社会保障问题存在紧密联系。因此，分析和了解城市，自然要从城市人口入手。在现代城市管理中，加强对城市人口的管理尤为迫切和必要。

一、城市人口与城市人口管理

（一）城市人口的涵义和特征

城市人口泛指居住在城市范围内从事生产经营活动和其他工作的非农业人口，包括拥有城市户籍的常住城市人口（即通常讲的城市居民），以及来自其他城市和农村的暂住的流动人口。城市常住人口是城市人口的主体，但是，随着我国城市化进程的快速推进，乡村人口日益向城市集中，经济欠发达地区的城乡人口不断向经济发达地区城市涌入，这部分流动人口也是我国城市人口的组成部分。因此，作为城市管理意义上的城市人口应该是指在市、镇范围之内的全部人口，包括常住人口和流动人口。

城市人口是城市社会的主体，城市人口对城市经济社会的发展具有重要意义。一方面，城市人口是城市经济社会赖以发展的基本劳动力资源。城市人口作为基本的社会生产力要素是城市产生和发展的基本前提。城市人口作为生产要素发挥作用，受城市人口生产过程和城市经济发展水平的制约。另一方面，城市人口又是城市消费的主体，城市人口为消费市场的扩大提供了有利条件。城市人口在扩大消费市场方面的作用，取决于城市经济和社会发展水平。我国城市人口具有以下特征：

第一，随着城市化的逐步推进，城市人口占总人口比重在不断提高，呈现高密度性。

城市人口的急剧增长，给城市管理工作带来了很大的压力和挑战。

第二，城市人口老龄化趋势日益显著。随着经济持续快速发展，人民生活水平日益提高，我国人均寿命不断增长。据统计，2000 年我国已有 1.3 亿老龄人，约占人口总数的10%，且绝大部分离退休职工又主要集中在城市，城市人口老龄化尤为明显。

第三，城市人口科技文化素质增强，受教育水平不断提升。由于各级各类的大中专院校集中在城市，加上初、高中教育的普及，城市人口的文化素质不断上升。

第四，城市人口就业渠道多元化，职业种类差异明显。随着改革开放的深入，市场经济体制逐步建立，人们的择业观念发生改变，特别是个体经营经济蓬勃发展，城市招商引资力度加大，城市择业的结构也由原来主要就业于国有、集体所有制单位向非公有制等性质的单位转化，就业结构呈现多元化趋势。

第五，在多元城市文化熏陶下，城市居民心理和价值观相比于农村，其异质性和多元性明显。

（二）城市人口管理的任务

城市人口管理，指城市政府对城市居民户籍和人口变动的行政管理工作以及对城市人口的数量、质量和流动人口等的管理工作。其核心内容是城市人口的数量控制、质量提高和就业引导。

城市人口管理是城市政府的重要职能之一。首先，城市人口是城市社会的主体，加强人口管理是任何城市政府不可忽视的一项工作。其次，加强城市人口管理是城市发展的客观要求。我国正处于城市化进程加速发展的时期，这就更加突出了城市人口管理的必要性和重要性。再次，加强城市人口管理是充分发挥城市功能的有力保障。如果城市人口规模超越了城市的经济社会发展状况和基础设施承受能力，就会引发各种各样的"城市病"。最后，加强城市人口管理是维护城市正常生产生活秩序的必要条件。城市人口的有序管理有利于保护安定团结的政治局面，提高城市经济效益和市民生活质量。

我国城市人口管理的主要任务包括以下三个方面：其一，贯彻计划生育的基本国策。我国所有城市无论大小都必须大力推行计划生育政策，严格控制城市人口的自然增长。其二，严格控制城市人口数量。各城市应根据自身的特点，调节控制城市人口的规模、密度、结构、布局等，使之与城市的发展状况和承载能力相适应。其三，实行对城市流动人口全面统一的管理。既要发挥流动人口对城市经济发展的积极作用，又必须避免盲目流动带来的多种弊端。

（三）城市人口管理的基本原则

城市人口管理最基本的原则就是"以人为本"。"以人为本"就是从人的需求出发，最大程度地满足城市人口的各个层次需求，这也是社会主义城市社会经济发展的根本目的，也是城市人力资源再生产的基本前提。图 8-1 从城市居民需求体系的角度阐释了"以人为本"的基本原则。

首先，人们要满足最基本的生存物质需求。人们要生存必须有饭吃、有衣穿、有房住，并具有基本的出行条件，保证"人"的再生产的最基本条件得到满足。衡量"食"的指标包括恩格尔系数、食物结构性指标等，衡量"衣"的指标包括衣物支出比重等，衡量"住"的指标包括人均居住面积（我国规定人均居住面积不足 4 平方米为居住困难户）等，衡量"行"的指标包括人均道路面积、公共交通出行率等。

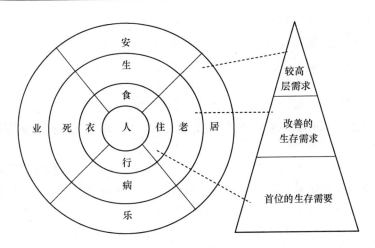

图 8-1　城市居民的需求层次体系示意图

其次，人们要满足最主要的公共服务需求。"生、老、病、死"是人们对城市公共基础服务的基本需求，其中"生"包括新生儿死亡率、义务教育普及率等，"老"主要指老有所养，如养老院供给等，"病"主要指医疗卫生服务状况，"死"包括人的平均寿命等指标。

再次，人们要满足提升和发展的物质和服务需求。"安、居、乐、业"是人们对城市物质条件、公共基础服务以及社会关系更高层次的需求，其中"安"是人们对公共安全、社会保障的要求，包括社会治安、公共危机防范、失业保险等，以满足人们对自身的生命财产安全及心理安全；"居"是指人们对良好的人居环境条件的要求，"宜居城市"、"生态城市"等能满足这类需求；"乐"是指人们对文化、休憩等的要求，包括对文化及体育产品及服务的消费需求、休闲设施的消费等，也包括人们对和谐家庭关系及社会关系的诉求；"业"是指自己事业或自身价值实现的追求，对理想实现、高成就感的渴望等。

（四）城市人口管理的内容

城市人口管理，从不同角度看，管理的内容不尽相同。按管理对象分，城市人口管理的内容包括常住人口的管理和流动人口的管理，按管理的事务分，城市人口管理的内容可分为人口户政管理、人口普查与预测、计划生育管理和城市人口就业管理等。

1. 城市常住人口管理

城市常住人口管理是指针对拥有城市户籍的城市人口的管理。我国各城市的公安局、公安分局均设有户籍管理部门，城市公安局或公安分局的派出所是城市常住人口户政管理的基层单位，也是户口登记的专门机关。城市常住人口管理包括常住人口的质量管理和数量管理。我国城市常住人口的质量管理主要包括三方面的内容：第一，建立完善的城市常住人口质量管理组织体系；第二，城市常住人口优生的质量管理；第三，城市常住人口优育的质量管理。

2. 城市流动人口的管理

流动人口是非城市常住户口而暂住或暂时逗留于城市的人口。城市流动人口可分为正常流动人口和非正常流动人口两大类。正常流动人口包括探亲访友、旅游、求学、公务、劳动等类型的外地人；非正常流动人口包括盲目流入城市的无业游民、乞丐、躲避计划生育进城生育的孕妇以及流窜作案的犯罪分子和逃避通缉的罪犯等。

在今后较长的时间里，我国城市流动人口将继续呈现增长趋势，流动人口的构成也将日益复杂化、多样化。城市流动人口一方面是城市经济发展的"财富"，另一方面又可能成为城市经济发展的"包袱"。因此，城市流动人口管理对于一个城市的整体发展而言具有不可忽视的作用。对城市流动人口管理主要应从以下几个方面努力：

（1）转换管理思路。城市流动人口是社会发展的必然趋势，应该改变把其作为对立面的防范式管理思想模式，确立以服务为主的管理思想和管理模式，努力实现流动人口与常住人口的和谐。

（2）有效宏观控制。政府及相关部门对城市流动人口的增长速度和人员结构，根据需要进行合理调节和控制。建立健全城市整体管理体制，从根本上防止人口的盲目流动。

（3）精细化管理。加强对城市流动人口的具体管理，实施完整配套的对策。管理应细化到流动人口户口迁移、子女入学、生活保障等各个方面。同时要加强对流动人口的思想转变、情操培养、文化学习和法制教育，兴利除弊，促进城市经济社会的全面发展。

3. 城市人口的户政管理

城市人口的户政管理机构是城市公安局或公安分局的派出所，它们是城市常住人口户政管理的基层单位，也是户口登记的专门机关。派出所管辖区即户口管辖区。辖区内机关、团体、学校、企业、事业单位内部和集体宿舍的居民户口由各单位指定专人协助户口登记机关办理户口登记；分散居住的居民户口，由户口登记机关直接办理户口登记。户口登记以户为单位，人户必须统一。

城市户政管理机构对城市常住人口的户政管理主要有以下五个方面：

（1）户口登记。是户政管理工作的基础，也是户政管理工作最基本的原始凭证。城市户口登记实行常住、暂住、出生、死亡、迁出、迁入、变更更正七项登记制度，由户口登记机关用其登记的户口登记簿进行登记。

（2）人口卡片。是城市户口管理工作的一项重要业务。在户口登记的基础上，户口登记机关应以人为单位，建立具有户口登记项目的人口卡片，以便于科学管理和查找。

（3）居民身份证管理。我国于1985年9月正式公布的《中华人民共和国居民身份证条例》规定，居民身份证由公安机关统一印刷、颁发和管理。

（4）人口统计。城市户口管理部门应在户口登记和资料调查的基础上，按公安部统一制发的人口统计报表进行统计，逐级汇总上报并向城市政府和有关部门提供人口统计资料。

（5）户口迁移工作。要遵照国家相关的政策和制度，处理户口迁移，同时要保障广大居民的正当迁移。凡是符合政策的准予迁移，并且给予方便，不允许乱加限制。符合规定的正当迁移发给迁移证，凭证落户。

4. 人口普查和预测

（1）人口普查。人口普查的目的在于了解一个时点、某一个国家或整个地区内人口状况的静态资料。新中国成立以来，我国已经在1953年、1964年、1982年、1990年、2000年进行了五次人口普查工作。

（2）人口预测。人口预测又称城市人口发展规模的预测，就是根据城镇人口规模的现状和发展特点，通过运用科学的方法，推测若干年后城市人口的状况。人口预测包括人口数量预测和人口质量预测两个方面。城市人口数量是城市规划的重要依据，因此，搞好城市人口预测对制定城市发展规划、预见未来城市经济和社会发展趋势有重要意义。

5. 城市人口的计划生育管理

我国人口已经超过了 13 亿，控制人口数量、提高人口质量是我国的一项基本国策。计划生育管理对我国经济和社会发展具有重大的战略意义。城市政府负责计划生育管理的常设机构是计划生育办公室。

落实计划生育政策是一项经常性的工作，目标是有效地控制人口的自然增长，提高城市人口质量，使城市人口增长与城市经济和社会发展状况相适应。我国的城市常住人口的计划生育管理主要内容包括：①广泛开展深入持久的计划生育宣传教育工作，使计划生育观念进一步深入人心。②制定和实施人口生育计划，使之更具科学性、可行性。③与城市医疗卫生部门相配合，做好计划生育的卫生保健服务和技术服务工作。④运用经济和社会福利手段，奖励执行计划生育者，处罚不执行计划生育者。

6. 城市人口的就业管理

城市劳动就业的管理机构是劳动就业管理局和人事局，在大城市的市辖区、街道办事处以及居委会也有相应的劳动就业机构。随着近些年流动劳务人口的增加，城市劳动部门及工商管理部门对流动劳动人口实行松散而较灵活的管理。当前城市人口管理中，做好就业和再就业工作是城市社会管理工作的重点和难点。城市人口就业不仅是突出的城市社会问题，更是一个重大的政治问题，直接关系到广大市民百姓的切身利益和社会的安定团结。从城市职能角度出发，城市政府对城市人口的就业管理主要包括：根据不同城市的就业形势制定相关劳动就业政策、规范劳动力市场及中介组织、提供培训机会等。

二、影响城市发展的人口因素

（一）城市人口数量

所谓城市人口数量是指生活在某一时期城市的人数。直接影响人口数量的有出生、死亡和迁移三个因素，其中出生的后果有助于城市人口正方向的增长，死亡的结果有助于人口负增长，人口迁移对人口的影响正反不定。在城市中，人口生死状况并不仅仅受人口繁殖规律所支配，而且更多的受婚姻制度、家庭关系、生育制度、风俗习惯、社会经济水平以及宗教特性和法律所制约。所以，研究城市之间生育率与死亡率的差异，以及两者变动的原因、相关因素和后果，对了解城市人口数量的变化十分必要。

在城市人口增长的所有因素中，迁移是最复杂的一种。它是一种社会变迁的征兆和重要力量。城市的新兴产业和商业为移居者提供了大量的就业机会，一些居民会移居到城市中，这就是所谓"吸引"因子。另一方面，在工业革命的同时，农业生产中越来越广泛的使用机器，出现剩余劳动力，这样，一部分农民被迫离开土地，进入城市寻找工作，这也是一种推力。农村社区的推力还包括农村日益减少的自然资源、农业生产中不断增加的成本、恶劣的生态与生活环境等。城市的引力包括较高的收入和生活水平，更多的受教育、训练机会及多元化的生活方式、更多的自我选择和自我实现的可能等。

人口过多或过少对城市的发展都有不利影响，必须保持一个适度的人口数量，才能保持城市的持续发展。所谓适度的城市人口就是一个城市以最令人满意的方式达到特定目标的人口。一方面人口数量不至于减少到使城市居民需付出更高的成本，另一方面也不致多到使城市难以维持良好的结构和功能。衡量城市人口规模适度与否的指标，包括个人福利、需要的满足、增加财富、充分就业、城市实力雄厚、居民健康长寿、文化知识丰富多样、社会和谐、家庭稳定、人民安居乐业等。

（二）城市人口构成

城市人口结构是人口在不同阶层、文化水平、宗教信仰、收入水平等方面的分布。一个城市的人口构成包括多方面的特征。如性别、年龄、种族、残疾人员构成以及与此相关的其他方面，如婚姻状况、家庭组成、职业类型、阶级阶层划分、民族组成和宗教信仰、教育、消费水平等，这些组成是由个人的生长地和活动及所受文化熏陶的程度不同而形成的。它反映城市人口现有的水平、文化背景、受教育程度和权力结构及与之相连的互动形式、组织形式和社会问题。

（三）城市人口分布

城市人口分布，是指某一城市体系中人口的自然或地理分布，包括他们的密度、距离、互相交换或与其他城市相联系的方式。可以说，社会结构在时间和空间上总是伴随着人口分布的变化而变化。从小聚落、村庄、集镇、城市、大都市到国家，人口分布不仅仅是一系列个人自愿选择的结果，而且还受经济、政治、文化、科技等因素的影响。在现代世界，经济文化因素比地理条件对人口分布的影响更重要。

城市人口分布与社会经济发展有密切的关系，人口过疏或过密对城市的发展都不利。人口规模过大，会产生个性异化和群体涣散，造成严重的社会问题。人口密度过高，会造成社会分化、劳动分工及制度的复杂化，甚至涉及城市生活水平的波动及社会秩序的紊乱。相反，人口分布密度过低的城市，会出现劳动力不足、城市发展成本加大、社会交往频率低、社会关系单一等问题。

（四）城市人口素质

城市人口的数量、构成和分布形成城市的基础，决定了城市的存在和规模。但对于城市的发展来说，人口的素质则更有意义。一个城市的居民如果具有强健的体魄，良好的道德风尚，较高的思想文化水平，城市就有了永久的生命力。

人口素质包括人口的体质和文化素质，其中人口的文化素质是我国亟待解决的问题。多年来我国由于普及教育程度低，导致人口素质提高不快。提高我国人口素质的途径有很多种：首先是实行优生优育，健全卫生保健制度；其次是加强教育的投资，普及中小学教育和职业教育；第三是增加大众传媒渠道，使市民能通过各种生动的形式认识科学文化知识等。

三、我国城市人口管理制度的改革

（一）我国原有城市人口管理制度的特点及弊端

我国原有城市人口管理制度是在计划经济体制下形成的，其基本特点是努力控制大中城市人口增长，特别着重于严格户口管理，限制农村人口向城市转移，限制中小城市人口向大城市转移，限制内地城市人口向沿海城市转移。随着我国社会主义市场经济体制的确立和发展，原有的城市人口管理制度弊端日益突现，已经不能适应城市经济社会的发展。

1. 造成了城乡居民实际上的不平等

原有户籍制度，人为地将全体国民划分为城市和农村户口，造成了今天的城乡"二元"结构，将农村和城市通过户籍制度分割开来，无形中造成了市民和农民的贵贱等级之分，造成城乡对立。在原有的户籍制度下，由于人们所能得到的利益与他们的户籍性质相关联，市民与农民相比可享受多种生活、工作待遇和各种保障，无形中造成了市民和农民的贵贱等级之分，而户籍性质具有事实上的血缘继承性，从而使这种不平等得以延续。这种户籍制度已经不能适应市场经济发展的要求。

2. 阻碍了劳动力的合理流动

在原有的人口管理制度下，农村劳动力因不具有城镇户口而不能流入城市，而城市居民也不愿意放弃城镇户口离开城市，限制了农村劳动力向二、三产业的转移，也限制了城乡之间劳动力的合理流动，妨碍了统一的劳动力市场的形成。

3. 延缓了城市化的进程

原有户口管理制度担负着控制城市人口机械增长的重任，对人口流动的限制，决定了我国城市人口的机械增长在很长时间内对城市化的作用弱化，导致了我国城市人口的增长缓慢，限制了中小城市和小城镇的发展，延缓了城市化的进程。

4. 城市人口管理工作出现了一定程度的混乱

首先，按是否吃商品粮划分农业和非农业户口进行人口统计，造成户口统计失实；其次，户籍法规滞后，政策和实际相脱节，造成城市流动人口管理严重失控；第三，各种形式的优惠造成名目繁多的"地方性户口"，甚至引发公开买卖户口的现象。

(二) 我国城市人口管理制度改革的总体思路

我国城市人口管理制度必须进行改革，而改革的核心在于户籍制度的改革。近年来，一些城市在户籍制度改革方面作了一些有益的探索。如降低城市户籍准入"门槛"，实行城市户籍准入制度，放开小城镇户口等。公安部也会同有关专家学者对城镇户籍制度进行了大量调查研究，在此基础上形成了户籍制度改革的大体思路：

(1) 取消农业、非农业户口，废止"农转非"的政策规定，逐步实行城乡统一的中华人民共和国居民户口。

(2) 对人口的管理实行居住地登记原则。即建立以常住户口、暂住户口、寄住户口为基础的户口登记制度和以户口簿、身份证、出生证为主的人口管理办法。

(3) 实行以公民住房、职业和收入来源等主要生活基础为落户标准与政策控制相结合的户籍迁移制度。

(4) 实行社会待遇与户籍脱钩的政策，取消一切附加条件，恢复户籍本来面目。

(5) 实行大城市控制，中小城市放宽，小城镇全面放开的方针，保证人口的合理流动。

(6) 建立以科学、合理的户籍登记内容为基础的户籍体系，逐步建立现代化的全国户籍管理信息网络。

总之，户籍改革是一项庞大的系统工程。改革的成功与否既取决于国家经济发展水平和财力状况，也取决于广大人民群众的理解和支持程度。对此项改革，既要积极，又要稳妥，分清轻重缓急，从易处入手，分步实施，确保顺利进行。

四、城市贫困及贫困人口管理

城市贫困是任何国家城市化进程中都不可避免并难以从根本上解决的困境。所谓城市贫困，是指由于就业技能不足或政府公共品供给匮乏等原因而引起的部分家庭成员就业不足、收入减少，以至于不能维持家庭生活基本的物质及服务需求的困窘状况。城市贫困的出现，导致部分人口素质下降、城市犯罪活动增加，影响了共同富裕、和谐社会建设目标的实现。因此，加强城市贫困人口管理、全面建设小康社会，便成为我国城市管理的重要内容之一，表8-1显示了我国贫困人口的状况。

全国城市贫困人口年度变化表　　　　　表 8-1

年　份	贫困线人均年收入（元）	贫困规模（百万人）	贫困发生率（%）
1981	171	3.9	1.9
1985	215	0.9	0.4
1990	321	1.3	0.4
1995	2107	19.1	5.4
2000	1875	10.5	2.3
2005	600～2442	22.33	5.3

资料来源：王有捐：《中国城市贫困状况测量》，《中国人口与劳动问题报告 NO.4》，中国社会科学出版社，2003；相关年份的《城市统计年鉴》和《统计年鉴》。

城市贫困人口管理需考虑城市社会发展不同阶段与城市人口生活状况等，如表8-2所示。我国大多数城市正处于由小康型向富裕型甚至发达型阶段的过渡，部分城市已经达到了发达型，但这些城市仍然存在部分生活困难的家庭，城市社会或城市政府有责任对他们进行救助，并促使他们获得更高的技能，促进就业，改善其生活质量。

城市社会不同发展阶段需求及生活状况表　　　　　表 8-2

阶段\项目	I	II	III	IV	V	VI
发展阶段	传统社会	起飞前阶段	起飞阶段	技术成熟阶段	大众消费阶段	生活质量阶段
需求水平	生存需求	安全需求	物质需求	综合物质需求	发展需求	精神需求
生活状态	赤贫型	贫困型	温饱型	小康型	富裕型	发达型
EI（恩格尔系数）	＞70%	70%～50%	50%～30%	30%～25%	25%～20%	＜20%
人均GDP（美元）	600以下	600～1200	1200～3000	3000～6000	6000～10000	10000以上

注：人均GDP（美元）数字为2005年价格水平

城市贫困人口管理的思路需要从以下两方面入手，需要通过社会流动，打破贫困循环，进入城市人口的良性循环或富裕循环，如图8-2所示。发展经济、扩大就业、增加收入无疑是最直接、最现实的使城市居民摆脱贫困的措施；但大力发展教育事业、扩大对市民的文化及专业技能培训，提升其素质，同时，加强城市基础设施及公共事业的发展，扩大公共品供给，搞好社会工作，协调好各种矛盾冲突，才能从根本上使市民步入健康富裕的循环。

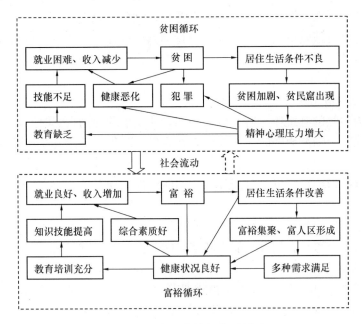

图 8-2 城市的富裕与贫困循环

第二节 城市人力资源管理

一、城市人力资源的涵义与特点

(一) 城市人力资源的涵义

所谓城市人力资源是指城市中能够推动整个经济和社会发展的劳动者的能力，即处在劳动年龄的已直接投入建设及尚未投入建设的人口能力。人力资源在宏观意义上是以部门和企事业单位进行划分和计量的。

人力的最基本方面包括体力和智力。如果从现实的应用形态来看，则包括体质、智力、知识和技能四个方面。人力资源的构成包括 8 个方面：①处于劳动年龄之内、正在从事社会劳动的人口，它占据人力资源的大部分，可称为"适龄就业人口"；②尚未达到劳动年龄、已经从事社会劳动的人口，即"未成年劳动者"或"未成年就业人口"；③已经超过劳动年龄、继续从事社会劳动的人口，即"老年劳动者"或"老年就业人口"；④处于劳动年龄之内、具有劳动能力并要求参加社会劳动的人口，这部分称为"求业人口"或"待业人口"，它与前三部分一起构成经济活动人口；⑤处于劳动年龄之内、正在从事学习的人口，即"就学人口"；⑥处于劳动年龄之内、正在从事家务劳动的人口；⑦处于劳动年龄之内、正在军队服役的人口；⑧处于劳动年龄之内的其他人口。

(二) 城市人力资源的特点

城市人力资源作为国民经济资源中的一个特殊部分，具有以下六大特点。

1. 人力资源具有能动性

人不同于自然界的其他生物，因为人具有思想、感情，具有主观能动性，能够有目的地进行活动，能动的改造客观世界。人具有意识，这种意识不是低级水平的动物意识，而是对自身和外界具有清晰的看法的、对自身行动做出抉择的、调节自身与外部关系的社会意识。由于作为劳动者的人具有社会意识，并在社会生产中处于主体地位，因此表现出主观能动作用。

2. 人力资源具有动态性

由于人作为生物的有机体，有其生命周期，能从事劳动的自然时间被限定在生命周期的中间一段；人的劳动能力随时间而变化，在青年、壮年、老年各个年龄组人口的数量及其相互联系，特别是劳动人口与被抚养人口的比例，都是不断变化的。因此，每个城市必须研究人力资源的形成、开发、分配和使用的时效性、动态性。

3. 人力资源具有智力性

人在劳动中创造了机器和工具，通过开发智力，使得自身的功能迅速扩大。人的智力具有继承性。人力资源具有的劳动能力随着时间的推移而得以积累、延续和增强。

4. 人力资源具有再生性

经济资源分为可再生性资源和非再生性资源两大类。非再生性资源最典型的是矿藏，如煤矿、金矿、铁矿、石油等，每开发和使用一批，其总量就减少一批，决不可能靠自身机制所恢复。另一些资源，如森林，在开发使用过后，只要保持其必要的条件，可以再生，保持资源总体的数量。人力资源具有再生性。它基于人口的再生产和劳动力的再生产，通过人口总体内个体的不断更替和"劳动力耗费→劳动力生产→劳动力再次耗费→劳动力再次生产"的过程得以实现。当然，人力资源的再生性不同于一般生物资源的再生性，除了遵守一般生物学规律之外，它还受人类意识的支配和人类活动的影响。

5. 人力资源具有社会性

从人类社会经济活动角度看，人类劳动是群体性劳动，不同的劳动者一般都分别处于各个劳动集体之中，构成了人力资源社会性的微观基础。从宏观上看，人力资源总是与一定的社会环境相联系，它的形成、配置、开发和使用都是一种社会活动。从本质上讲，人力资源是一种社会资源，应当归整个社会所有，而不应仅仅归属于某一个具体的社会经济单位。

6. 人力资源具有资本性

人是知识、技能的载体，是城市获得某些优势的基础。人的知识、技能会产生独特的创意、观念、战略体制、经营管理，为城市带来独特的竞争力，从性质上看，人力资源能够为城市创造无法估量的价值，是城市发展中不断增值的资本。

二、城市人力资源开发与管理的涵义和特征

（一）城市人力资源开发与管理的涵义

所谓城市人力资源的开发与管理，就是指运用现代化的科学方法，对与一定物力相结合的人力进行合理的培训、组织与调配，使人力、物力经常保持最佳比例，同时对人的思想、心理和行为进行恰当的诱导、控制和协调，充分发挥人的主观能动性，使人尽其才，事得其人，人事相宜，以实现城市和谐发展的目标。

作为城市最主要的资源——人力资源，必须进行科学有效的开发和管理，才能最大限

度地造福社会、造福人类。城市人力资源的开发和管理应着重从以下两个方面入手。

1. 对人力资源外在要素——量的管理

凡是社会化大生产都要求人力与物力按比例合理配置，在生产过程中人力与物力在价值量上的比例是客观存在的。对人力资源进行量的管理，就是根据人力和物力及其变化，对人力进行恰当的培训、组织和协调，使两者保持最佳比例和有机结合，使人和物都充分发挥出最佳效应。

2. 人力资源内在要素——质的管理

质的管理是对人的心理和行为的管理。就人的个体而言，主观能动性是积极性和创造性的基础，而人的思想、心理活动和行为都是人的主观能动性的表现。就人的群体而言，每一个个体的主观能动性，并不一定都能形成群体功能的最佳效应，只有群体在观念上一致、在感情上融洽、在行动上协作，才能使群体的功能等于或大于每一个个体功能的总和。对人力资源质的管理，就是指采用现代化的科学方法，对人的思想、心理和行为进行有效的管理（包括对个体和群体的思想、心理、行为的协调、控制与管理），充分发挥人的主观能动性，以实现组织目标。

（二）城市人力资源开发与管理的特点

城市人力资源开发与管理，作为一个新兴的研究领域，具有如下特点。

1. 综合性

人力资源的开发与管理是一门相当复杂的综合性学科，需要考虑种种因素，如经济因素、政治因素、文化因素、组织因素、心理因素、生理因素、民族因素、地缘因素等。它涉及经济学、社会学、人类学、心理学、人才学、管理学等多种学科，是一门综合学科。

2. 实践性

人力资源开发与管理的理论，来源于实际生活中对人力管理的经验，是对这些经验的概括和总结，并反过来指导实践，接受实践的检验。人力资源开发与管理成为一门学科，仅仅是近二三十年的事情，它是现代社会化大生产高度发达、市场竞争全球化和白热化的产物，其主要理论诞生于发达国家。研究中国城市人力资源开发与管理应该从中国城市发展的实际出发，借鉴发达国家人力资源开发与管理的研究成果，解决中国城市人力资源开发与管理中的实际问题，充分发挥城市人力资源在城市发展中的重要作用。

3. 发展性

人们对客观规律的认识总要受一系列主客观条件的制约，不可能一次完成，是需要一个漫长时间的认识过程。因此，各个学科都不是封闭的、停滞的体系，而是开放的、发展的认识体系。作为一个新兴学科，人力资源开发与管理更具发展性。

4. 民族性

人毕竟不同于物，人的行为深受其思想观念和感情的影响，而人的思想感情无不受到民族文化传统的制约。因此，对人力资源的开发和管理带有鲜明的民族特色，不顾民族特点对他国的经验进行盲目搬用，在人力资源开发管理领域最为有害。

5. 社会性

现代经济是社会化程度非常高的经济，影响劳动者工作积极性和工作效率的诸因素中，生产关系（分配制度、领导方式、劳动关系、所有制关系等）和意识形态是两个重要因素，而它们都与社会制度密切相关。

三、城市人力资源开发与管理的目标和任务

在一切资源中，人力资源是最宝贵的，人力资源管理是现代管理的核心。不断提高人力资源开发与管理水平，不仅是当前发展经济、提高竞争力的需求，也是一个国家、一个民族、一个地区、一个单位长期兴旺发达的重要保证。我国城市人力资源开发与管理的目标和任务主要有以下三点。

（一）取得最大的使用价值

城市人力资源开发与管理的首要目标，就是通过合理的开发和管理，实现人力资源的精干和高效。我国劳动人事制度的改革，其根本目的就在于此。具体化即为：

$$人的使用价值达到最大＝人的有效技能最大地发挥$$
$$人的有效技能＝人的劳动技能×适用率×发挥率×有效率$$

式中　适用率＝适用技能/拥有技能（即是否用其所长）；

发挥率＝耗用技能/适用技能（即干劲如何）；

有效率＝有效技能/耗用技能（即效果怎样）；

我国劳动人事制度改革的努力方向是提高适用率、发挥率、有效率。

（二）发挥最大的主观能动性

美国学者通过调查发现：按时计酬的职工每天只需发挥自己 20%～30%的能力，就足以保住个人的饭碗。但若充分调动其积极性、创造性，其潜力可以发挥出 80%～90%。两相对比，差距如此悬殊，可见发挥人的主观能动性是人力资源管理的十分重要的目标和任务。

（三）培养全面发展的人

人类社会，无论是经济的、政治的、军事的、文化的发展，最终的目的都要落实到人，一切都是为了人本身的发展。为此应该不断提高人的工作、生活质量，使人变得更富裕、更文明、更有教养、更趋完美。因此，教育与培训在人力资源的开发管理中的地位越来越高。教育不仅是提高社会生产力的一种方法，而且是造就全面发展的人的唯一方法。

随着市场经济的发展，国家民族间的竞争、企业间的竞争更加激烈，透过产品的质量、价格和服务竞争的层层迷雾，我们看到的是不同国家、不同民族、不同企业之间人力资源的竞争。因此，无论是国家领导人，还是企业家，均把培养高素质的人当作首要任务。

城市人力资源是一个城市发展过程中最为重要的资源，因此，城市人力资源管理一定要把培养和塑造高素质的城市管理人才作为第一目标，使城市人力资源能够在城市建设和发展中充分发挥主观能动性，促进城市的和谐进步。

第三节　城市物流管理

一、城市物流及其特点

（一）城市物流的概念

城市是物资高度集聚并高速运转的场所，"物畅其流"是现代城市高效运行的重要

标志。城市的兴起和城市经济的形成是社会生产力和商品经济的产物，是生产力空间存在的重要形式，也是社会再生产各环节——生产、分配、交换、消费，以及各经济部门在城市空间上的集中表现。在城市经济发展过程中，城市商品市场成为城市经济存在和发展的条件。商品市场的发展，必然伴随商品的大进大出，从而产生和形成了与城市经济和城市市场相适应的城市物流。从这个意义上讲，城市经济的形成，是城市物流存在的条件。同时，城市物流及其物流产业也就视为城市经济的一个有机组成部分。

对现代城市而言，城市物流具有重要的功能。具体地说，城市物流的功能可分为生产功能、生活功能与社会功能。其中，生产功能是指城市物流对企业经营的贡献，即城市物流可以为城市各类企业的生产经营活动做出重大贡献。无论是生产制造业还是流通、服务企业，都离不开城市物流系统的支撑，城市物流不仅是实现企业价值、降低成本的重要手段，也是企业提高顾客服务水平、创造价值的竞争战略。生活功能是指城市物流对消费者购物、生活方面的贡献，高效率的城市物流可以方便消费者低价、及时购物，同时，城市物流还可以为消费者提供各种生活上的便利。社会功能是指城市物流对全社会的贡献或影响，主要体现在对城市交通、环境、能源消耗等方面的贡献与影响。城市物流系统组织运行得越好，越有助于缓解城市交通拥挤、减少交通事故、减少环境污染、节约能源消耗；反之，则会加剧交通与环境的恶化，降低整个城市的福利水平。

（二）城市物流的主体

城市物流的主体包括货主、物流事业者、消费者及城市政府四大相关主体。

（1）货主。货主是货物的所有者，包括发货货主和收货货主。货主是物流服务需求者，货主的期望目标是谋求物流成本、速度、安全、货物在途信息等方面的最优化。

（2）物流事业者。物流事业者是物流服务的提供者，即专业化的物流企业。其目标是尽量减低物流成本，实现自身利益的最大化。

（3）消费者。消费者的目标是希望达到尽可能低的物价，同时，作为居民的消费者，还希望缓解交通拥挤、减少噪声与大气污染，以及减少生活空间的交通事故。

（4）城市政府。城市政府的目标是在实现地方或全国的社会经济发展、保证就业目标的同时，提高城市的竞争力，并缓解辖区内的交通拥挤、改善环境、减少交通事故。

上述四大主体的目标与行为是相互影响、相互制约的。要实现城市物流系统的整体最优，必须在充分考虑上述主体目标和相互关系的基础上，努力促进他们之间的合作。

（三）城市物流的特点

城市物流既包括发生在城市内的物流，又包括以城市为依托的物流。城市物流的特点是由城市经济的特征所决定的。与企业物流相比，城市物流归纳起来有以下几方面的特点：

（1）从物流活动所涉及的领域看，城市物流不仅包括生产领域、流通领域，而且还包括消费领域，因此，它涉及社会再生产全过程的每一个环节；同时，对一个国家来讲，按城市物流的涵义，可以认为是中观物流，属于区域物流。而企业物流虽然涉及社会再生产的全过程，但主要的还是指生产领域的物流，在范围上也仅限于一个企业，属于微观物流。

（2）从物流的对象看，城市物流流动的物质资料，既有生产消费所需要的各种原材料、机器设备等生产资料，又有人们生活消费的各种消费品，还包括城市废弃物的流动。在企业物流中，通常只考察企业经营活动过程中所发生的原材料和企业产成品的物流问题，而企业劳动者所需的生活资料的物流问题并未考虑在内。

（3）从物流的规模和流量来看，城市物流的规模和流量不仅取决于城市自身经济社会的发展状况，而且要受其他城市或周围农村，乃至其他国家经济发展的影响。而企业物流，就单个企业而言，物流的规模或流量仅由该企业的生产经营规模的大小来决定。

（4）从物流的形式来看，城市物流一般有三种形式：第一种，货物通过的形式，它是指某一城市外的其他城市之间或地区之间货物移动时经过该城市的物流；第二种，货物的集、散，它是指城市本身对某些货物为发货点（本城市生产满足其他城市或地区需求的产品）或收货点（其他城市或地区满足本城市需求的产品），或者对某些货物既是发货点又是收货点；第三种，干线运输的物流，它是指伴随铁路、船舶、路线卡车等干线运输而产生的物流，诸如在城市设有进出城的港湾、机场、货物车站、卡车终端等。而企业物流形式仅仅是企业生产经营过程的一个环节。

（5）从物流管理上来看，城市物流管理所涉及的面广，既有城市内成千上万家企业、单位和家庭，又有其他城市和周围农村的企业、单位和家庭；所涉及的部门多，几乎包括了三次产业的所有部门；所涉及的因素繁多，包括影响经济社会发展的所有因素等。因此，城市物流管理是一项巨大的系统工程，需要各行业、各部门，以及社会各个方面共同配合、协作，实现物流的有效管理。企业物流管理，相对于城市物流来讲，其所涉及的面要小得多。

二、城市物流系统

（一）城市物流系统的基本框架

所谓城市物流系统，是由城市中多个既互相区别又相互联系的单元结合起来，以物资为工作对象，以完成物资物质实体流动为目的的有机结合体。最基本的城市物流系统由包装、装卸、运输、储存、加工及信息处理等子系统中的一个或几个有机地结合而成。每个子系统又可以分成更小的子系统。物流系统本身又处在更大的系统之中。

城市物流系统的基本框架结构包括：城市外围区布置大型的物流园区；城市中心区；在这两者中间布置各类的物流中心和配送中心。其各部分功能如下。

1. 物流园区

物流园区是指由相对集中分布的多个物流组织设施和不同的专业化物流企业构成，具有产业组织、经济运行等功能规模化的物流组织区域，除了一般的仓储、运输、加工（工业加工和流通加工）等功能，还具有与之配套的信息、咨询、维修、综合服务等各种服务项目。

2. 物流中心

我国《物流术语》标准给物流中心下的定义是：从事物流活动的场所或组织。因此，凡是举行大规模、多功能物流活动的场所便可称为物流中心。物流中心的主要功能是大规模集结、吞吐货物，因此物流中心通常具备运输、储存、保管、分拣、装卸、搬运、配载、包装、加工、单证处理、信息传递、结算等主要功能，以及贸易、展示、货运代理、报关检验、物流方案设计等一系列延伸功能。

3. 配送中心

配送中心是从事货物配备（集货、加工、分货、拣选、配货）和组织对用户的送货，以实现高效率销售或供应的现代流通设施。从配送中心的作用看，配送中心可分为专业配送中心、柔性配送中心、供应配送中心、销售配送中心、城市配送中心、区域配送中心以及储存型配送中心、流通型配送中心、加工配送中心等。目前，以销售配送中心为主的发展方向成为我国物流配送的主要发展趋势。

（二）城市物流网络

1. 城市物流网络的涵义

城市物流网络是指由物流据点与物流据点之间的线路构成的具有从事物流活动功能的集合。城市物流中心网络的形成应该说是区域经济发展的结果，是通过区域物流中心的合理布局实现的。

目前我国城市物流中心网络形成的主要格局如下：

第一，在大城市，特别是工业生产发达、内外贸易繁荣的枢纽地区，建立大型物流中心，专门从事物品储存、运输等物流活动，为整个国民经济各部门的物品集散、吞吐服务。

第二，在中小城市工商贸易发达的地区，建立中小型物流中心，专门从事物品运输、储存等物流业务，为物品购销部门服务。

第三，在县及县级以下城镇，根据实际情况建立小型物流企业，专门从事当地工商业的物品储存、运输业务。

由此在全国范围内逐步形成了以大中城市为依托，以小城镇为网络，纵横贯通、互相联系、四通八达的物流中心网络。这种物流中心网络的建立，对宏观经济发展具有十分重要意义。

电子商务是以计算机网络为基础，通过电子网络方式进行商品交换的商业模式。与传统商业经营相比，电子商务在购物方式、货币支付方式和货物运输方式上存在着很大的差别（见表 8-3）。

传统店面配送与电子商务配送的区别   表 8-3

	传统店面配送	电子商务中的家庭配送
配送数量	批量大	批量小
配送频率	基本稳定	不稳定
配送批次	较少	多
配送点	较集中、固定、点少	分散、不固定、点多
包装单位	大	小（一般用包裹）
货物聚类	大量同宗货物	货物同类性低

电子商务是一种全新的商业业态。在这种业态下，城市物流网络具有以下新的特征：①物流网络不稳定，处于不断变化之中。由于购买者的需求不同，货物配送路线处于不断

的变化中，因而物流网络结构、空间范围也处于不断变化之中。②网络运行呈现不规则的频度变化。零散客户的需求千变万化，使货物配送时间无法统一、固定，配送频率无规则。③由于货物配送直接面对成千上万的零散客户，其所形成的物流网络在空间上覆盖城市的各个角落，因而城市物流网络错综复杂，网络运行的难度非常高。

2. 城市物流网络的类型

城市物流网络类型的特征是由服务用户的分布特征所决定的，一般可分为四种类型。

（1）辐射型。这种类型的物流中心位于许多用户的一个居中位置，货物从中心向各方向用户运送，形成辐射状。这种物流中心，只有在用户相对集中的经济区域，且各用户对货物只能起吸收作用时，或者是主干输送线路上的转运站，当货物到达物流中心后，采取终端输送或配送形式将货物分送到各用户时，具有其优势。

（2）吸收型。吸收型与辐射型相对应。吸收型的物流中心位于许多货主的某一居中位置，货物从各个货主点向该中心运送，形成中心对各货主的吸收。因此这种物流中心大多属于集货中心。

（3）聚集型。它类似于吸收型，但处于中心位置的不是物流中心，而是一个生产企业密集的经济区域，四周分散的是物流中心。

（4）扇形型。货物从物流中心向一个方向运送，属于单向辐射，形状像扇子一样，称之为扇形型。这种类型布局形成的特点是货物有一定的流向，物流中心可能是位于干线中途或终端，物流中心的辐射方向与货物在干线上的运动方向一致，这样就可避免逆向运输。

三、城市物流管理

（一）物流园区建设管理

物流园区是政府从城市整体利益出发，为解决城市功能紊乱，缓解城市交通拥挤，减轻环境压力，顺应物流业发展趋势，实现"货畅其流"，在郊区或城乡边缘带主要交通干道附近专辟用地，通过逐步配套完善各项基础设施、服务设施，提供各种优惠政策，使其获得规模效益，降低物流成本。

（二）物流园区建设管理原则

1. 提高物流经营的规模效益

组建物流园区，首要的管理原则是提高物流经营的规模效益。以日本政府为例，通过组建物流园区，吸引多个配送中心在此集中，共享基础设施和配套服务设施，降低了环保等多方面成本，获得了可观的规模效益。

2. 加强环境控制，维护社会整体利益

物流企业作为配送中心的利益主体，以获取最大利润为目标，在建设发展配送中心过程中很少顾及对周围环境和景观的影响。因此，物流园区建设要采取各种措施加强对配送中心建设的环境控制。

3. 鼓励发展多式联运，减轻环境压力

政府为减轻大型货车长途运输所造成的环境和生态负面影响，推行综合运输政策，鼓励发展多式联运，对于长距离运输，尽可能使用铁路和水路等运输方式，两头的衔接和集疏则以公路运输为主，并为此专门规划建设货运中心。

（三）交通运输管理

1. 交通运输管理的原则

就物流而言，组织运输工作，应贯彻执行"及时、准确、经济、安全"的原则。

（1）及时。及时就是按照产、供、运、销情况，及时把货物从产地运到销地，尽量缩短货物在途时间，及时供应工农业生产和人民生活的需要。

（2）准确。准确就是在货物运输过程中，切实防止各种差错事故，做到不错不乱，准确无误地完成运输任务。

（3）经济。即有效地利用各种运输工具和运输设施，节约人力、物力和动力，提高运输经济效益，降低货物运输费用。

（4）安全。就是货物在运输过程中，不发生霉烂、残损、丢失、燃烧、爆炸等事故，保证货物安全地运达目的地。

2. 交通运输管理的主要内容

（1）运输计划管理。运输计划是国民经济计划的一个重要组成部分，在运输竞争市场初步形成的今天，加强运输计划管理，仍然是顺利完成运输任务的主要保障。编制运输计划时要注意几点：①编制运输计划，必须要有全局观念，正确处理好全局与局部、重点与一般的关系；②要根据市场特点与规律，统筹兼顾，尽量组织均衡运输，以充分利用运输能力；③做好运量预测，这是准确编制运输计划的前提；④加强运输统计分析。运输统计要及时、准确和全面。

（2）发运管理。发运业务是物流企业按照交通运输部门规定，根据运输计划安排，把货物从产地或起运地运到销售地的第一道环节，是运输业务的开始。物流企业必须紧密配合交通运输部门，协调行动，做好发运前的一切准备工作。特别应强调发运时间，备货和调车要衔接一致，保证按时调车、按时装车、按时发运。

（3）接运管理。接运业务，是指物流企业或运输部门，在接到交通运输部门的到货通知后，认真做好接运准备工作，把到达的货物完整无损地接运进来的业务活动。它关系到运输时间、货物质量和能否及时入库和出售。接运单位必须要与交通运输部门协调好，做到手续清楚，责任分明。接卸货物要注意安全，保证质量。

（4）中转管理。中转运输起承前继后的作用，一方面需要把发来的货物接运进来；另一方面，又要把接运的货物发运出去。加强中转管理，首先要衔接运输计划，发货单位应提前将需要中转的运输计划通知中转单位；其次，要事先做好接运和中转准备工作；再次，要对中转货物包装进行加固检查；最后，物流企业在货物到达后，要及时理货。

（5）运输安全管理。运输安全管理是运输管理的一项重要工作。货物通过运输后，经过发运、接运、中转等多次装卸搬运和几道手续环节，容易发生各种事故。物流企业和交通运输部门，必须要加强运输安全管理，减少货损货差。第一要建立健全运输安全制度，实行运输安全岗位责任制；第二要及时处理运输事故；第三要实事求是，划清事故责任。

城市交通管理过程中，还需要结合我国城市的不同交通管理模式进行管理。目前，我国中心城市存在三种交通管理模式，见表8-4。

我国中心城市交通管理体制的三种模式　　　　　　　　　　　　　　　表 8-4

类　别	模　式　一	模　式　二	模　式　三
体　制	分别由交通、城建、市政、公安等部门对交通实施交叉管理	实行城乡道路运输一体化管理	"一城一交"综合交通管理
代表城市	南京、昆明、福州、南宁、杭州	沈阳、哈尔滨、乌鲁木齐、西宁	北京、广州、重庆、深圳、武汉
管理职能	市交通局作为政府的组成部门，主要负责公路运输（货运、长途客运、郊区出租）、公路和场站规划建设以及水路交通运输的行业管理；市政公用局负责城市公交和城市客运出租汽车的管理；市城建部门负责中心城区的道路规划与建设；市公安部门负责城市市区内的交通管理与控制	市交通局除负责公路规划建设和水路交通运输管理职能外，还对公路客运、城市公交和市域范围内的出租车进行统一管理	市交通委员会或交通局是市政府的组成部门，除负责对道路（城市道路和公路）、水路、城市公交、出租汽车的行业管理外，还承担对城市内的铁路、民航等其他交通方式的综合协调
典型特征	多家管理、行业分割、部门分割、职能交叉、政出多门、行政成本高	初步整合了道路运输资源，但不具备对城乡交通统一管理、统一规划、统一决策和统一建设职能	正在朝形成交通运输的综合管理方向努力

资料来源：李忠奎．基于提供完整运输产品的中心城市交通管理体制改革研究．《北京交通大学学报》，2005（4）。

（四）库存管理

1. 库存管理的概念

所谓库存管理，就是对库存物资的管理。主要包括库存业务管理、库存物资品种数量管理、库存成本管理和库存量的控制管理。

2. 库存管理的目标——合理化库存

库存合理化是用最经济的办法实现储存的功能。合理库存的实质是在保证储存功能实现的前提下尽量少投入。库存合理化的主要标志有：

（1）质量标志。保证被储存物的质量，是完成储存功能的根本要求，只有这样，商品的使用价值才能得以最终实现。

（2）数量标志。在保证功能实现前提下，有一个合理的数量范围。目前管理科学的方法已能在各种约束条件下，对合理数量范围作出决策。

（3）时间标志。在保证功能实现前提下，寻求一个合理的储存时间，往往用周转速度指标来反映。

（4）结构标志。从被储存物品不同品种、不同规格、不同花色的储存数量比例关系对储存合理性的判断。尤其是相关性很强的各种物资之间的比例关系更能反映储存合理与否。

（5）分布标志。指不同地区储存的数量与当地需求比来判断对需求的保障程度。

（6）费用标志。仓租费、维护费、保管费、损失费、资金占用利息支出等，都能从实际费用上判断储存合理与否。

（五）我国城市物流的问题及其合理化对策

1. 我国城市物流中所存在的问题

目前，我国城市物流面临着市场经济发展所带来的城市经济高速增长对城市物流提出的新的更高要求的挑战。由于我国长期重生产轻流通，所以在流通中有重商流轻物流的现象，使我国物流尤其是城市物流存在着明显的不协调状况，成为城市经济以及整个社会经济效益提高的一大障碍。其具体表现在如下三个方面：

（1）城市交通运输基础设施落后、陈旧，运输能力与货运量的增长不相适应，严重影响了物流效率。同时，由于商品采购、调拨不合理，造成了迂回、倒流和交叉运输，增加了流通环节，增大了物流费用，加剧了城市运输紧张度，造成国家运力的大量浪费。

（2）城市内部运输工具缺乏统一组织管理，重复运输、单程运输引起交通混乱，车辆拥挤现象比较严重，而且还加剧了噪声等社会公害。

（3）城市物流管理体制的"条块分割"，把物流的连续过程人为的分割，并归属不同部门所有，影响了城市的物流合理化、效率化。

2. 实现城市物流合理化的战略步骤

根据城市物流合理化的要求，从战略上设计物流系统的主要步骤如下：

（1）制定物流战略、方针和措施。制定与物流服务有关的战略、方针和措施以及与实现战略目标的物流费用有关的方针、措施。

（2）确定物流网络结构。要周密研究各类物流中心的分布与建设及投资方案。

（3）设计物流管理系统。对物流各子系统的活动、衔接的实施与管理控制方案进行组织设计和技术设计。

（4）综合评价物流系统并逐步完善物流系统。注意长期与短期、宏观与具体内容相结合。

3. 促进城市物流合理化的对策建议

如何有效迅速地改变我国城市落后的物流状况，需要从以下诸方面入手。

（1）制定我国宏观物流政策，指导物流活动顺利进行。

对我国城市物流的现状进行深入的调查研究，并根据市场经济的要求及发展趋势，制定出具有中国特色的切实可行的宏观物流政策，以推进城市物流现代化的进程。

（2）确定城市发展战略与规划，加强城市物流的研究。

为了保证城市经济的协调运行，发挥物流在社会经济发展中的多功能作用，不仅要制定弹性的战略性发展规划，又要制定战术性的布局规划。在制定城市发展规划和布局规划时，要加强对物流的研究，把其落实到各项工程规划上，把城市物流合理化作为今后城市规划的重点来部署。

（3）整顿城市仓储设施，建立城市物流中心，开展物流配送业务。

通过对城市各个方位现有货物流量的调查以及对未来货物流量水平的预测，按照城市物流中心布局的原则和要求，进行合理规划，建立我国的城市物流中心。迅速推行物流配送业务，做到及时、准确、高效送货。

（4）实行货物分流，合理确定城市道路功能，提高物流速度。

应改变城市物流中存在的交通拥挤等问题，合理确定道路的功能，实现货物的快慢分流、人车分流。城市快速干道具有车速快、通行能力大、运行安全的特点，是一种现代化、高效益的城市道路。大城市应规划和建设城市快速道路系统，并与城市对外交通（主要是指城市间高速公路和一级公路指标）衔接，形成快速畅通的城市交通走廊，加速货物流通。

（5）采取多种方式筹集资金，加快城市物流基础设施的建设。城市物流基础设施是实现城市物流合理化的物质基础，需采用多种方式筹集资源，加快建设。

（6）统一管理货运车辆，建立联合发送体系，推进城市物流合理化、高效化。

市内输送的主要工具是载重汽车，目前我国城市企业都有自营车辆，无效空车运行率很高。为了提高交通工具利用效率，实现输送合理化，可从以下几方面着手：①对货运车辆进行统一管理，这是实现城市运输合理化的前提；②借鉴国外联合发送的经验和方法，组建我国城市联合发送体系；③建立大城市公共货运汽车中转站，负责承担物流中心的输送业务，以便组织双程运输，合理使用车辆；④各物流企业应结合物流配送中心合理设置网点，实现运输网络化，使城市物流渠道流畅。

（7）推进城市物流标准化，提高物流服务质量。

在物流作业过程和装载器具等方面推行物流标准化，有利于合理的物流衔接和现代化管理。物流企业属于第三产业的范畴，是经营服务型且以服务为主的企业，因此提高职工素质，制定服务规范，做到保管安全、运送及时、收费合理、信用可靠、服务热情等，为社会提供高标准的服务水平，是物流企业的服务宗旨，同时也是扩大业务范围，发展物流企业，实现物流合理化，提高综合经济效益的基础和保障。

复 习 思 考 题

1. 简述城市人口的涵义和特征。
2. 城市人口管理包含哪些内容？
3. 何谓城市人力资源开发与管理？其特点是什么？
4. 当前我国城市人力资源开发与管理的目标和任务是什么？
5. 什么是城市物流？城市物流有哪些特点？
6. 城市物流系统对城市经济具有哪些方面的影响？
7. 简述交通运输管理包括哪些内容。
8. 目前我国的城市物流存在哪些问题。
9. 论述我国原有城市人口管理制度的特点与弊端，以及城市人口管理制度改革的总体思路。

第九章　城市文化管理与城市形象塑造

文化不仅是一种社会现象，更是一种生产力。先进的文化能够极大地促进社会经济发展。"城市是一本打开的书"，作为区域文化中心的城市，其文化建设具有更加重要的意义。城市形象是城市文化的生动反映，也是城市发展环境的一个重要组成部分，良好的城市形象有助于城市竞争力的提升。城市文化根植于社区，广大市民基于文化内涵的行为也是城市文化的基本构成成分，因此，社区便成为学习型城市的重点区域。

第一节　城 市 文 化 概 述

一、城市文化的内涵

城市文化是人类文化的一种特殊形态，是人类文化发展到一定阶段的结果。因此，研究城市文化，需从对一般人类文化的理解开始。

广义的文化指人类社会历史事件过程中所创造的物质财富和精神财富的总和，包括物质文化、制度文化和精神文化三个层次；而狭义上的文化是指社会的意识形态和社会心理，对应着精神文化。城市文化的建设及管理通常是广义上的城市文化。

对城市文化的内涵可以从以下几个方面加以理解。

1. 城市文化是城市的历史传统和社会发展的结果

城市社会的变迁本身是一个文化的大题目。它的外在表现是城市建设和人文景观。"城市是一本打开的书"，城市的规划、布局、生态环境、市政设施、建筑艺术等所构成的人文景观，是城市的光荣和骄傲，也是城市的困惑和失落。

2. 城市文化反映城市的制度组织和社会结构

城市的权力结构、自主程度、决策和管理、城市的政治生活和公共生活、社会分工和专业分化、社会团体和组织程度等，反映出城市是充满活力、高效和有机的、以人为中心的，还是僵硬而低效、非理性的，两种不同的管理和制度。

3. 城市文化是城市的文化建设和文化产品成果的反映

城市的文化建设和文化产品包括学校、学术机构、图书馆、博物馆、体育场、公园、剧院、公共娱乐场所等文化设施的建设；城市文化建设还表现为文化艺术活动、新闻出版、广播电视、文化团体的建设以及各类文化产品的数量和质量、价值和功能、风格和特色、品位和层次等等。这是狭义的文化所反映的城市文化状态。

4. 城市文化体现城市的人口构成及其文化素质

城市人口在民族、年龄、职业、信仰、健康的动因，也是城市文化的有机组成部分和重要指标。

5. 市民的生活方式和生活质量是城市文化的深层基础

城市人的风俗民情、人际关系、人格心理、行为特征、价值观念、婚姻家庭、闲暇生活，对生活的不同态度等市民的世俗生活和日常表现，是城市文化的深层基础。

城市文化的内涵及其构成可以用图 9-1 来表示。

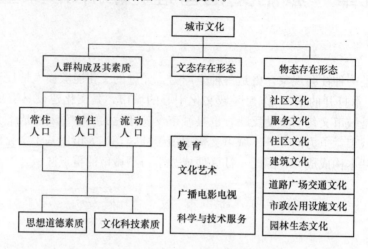

图 9-1　城市文化的内容结构图

城市文化的本质是人文精神的状态和追求，是城市在长期的历史发展过程中形成的，它反映了城市的特色和品位，影响着城市的发展，是城市核心竞争力的重要组成部分。今天城市文化是城市的一种无形的资源，能否对城市文化进行合理经营直接决定着城市品牌能否建立。因此，对城市文化进行有效管理是一项艰巨而重要的任务。

二、城市文化的结构

城市文化有其特定的文化系统或体系，它由众多子系统组成，城市文化系统或体系所表现出的不同层次，就是城市文化的结构。一般可以将城市文化划分为以下几个层次。

（一）城市的物质文化

城市的物质文化是城市文化的表层，它由城市中可感知的、有形的各类基础设施构成，包括城市布局、城市建筑、城市道路、城市通信设施、水源及排水设施、垃圾处理设施以及市场上流通的各色商品以及行道树、草地、花卉等人工自然环境所构成的城市物质文化的外壳。这些物质现象之所以也被纳入城市文化的范围，不仅仅是由于它们典型地体现了"人化自然"的特征，而且也是一个城市的布局、城市的空间结构，同时也形象地反映了一个城市的文化特征，如城市中的广场等。

（二）城市的制度文化

城市的制度文化是城市文化的中层结构。城市制度是城市文化制度化、规范化以后的一种结果，是城市文化的一种实体化的表现形式。因此，城市文化的变迁必然会通过城市的各种制度的变迁表现出来。城市的制度文化以城市的物质文化为基础，但主要满足城市居民更深层次的需求，即由于人的交往需求而产生的合理处置个人之间、个人与群体之间关系的需求。在城市的制度文化中，最重要的有家庭制度、经济制度和政治制度。

（三）城市的精神文化

城市的精神文化是城市文化的深层结构。城市的精神文化是相对于城市物质文化、制度文化的城市精神文明的综合，它包括一个城市的知识、信仰、艺术、道德、法律、习俗以及作为一个城市成员所习得的其他一切能力和习惯。

城市的精神文化又可以分成两个部分，一部分是通过一定的物质载体得以记录、表现、保存、传递的文化。另一部分则是以思想观念、心理状态等形式存在于市民的意识和行为中。但这些意识支配的行为必须在遵纪守法的前提之下，或者说理念与行为之间必须有制度体系来保证。如此，城市文化可以细分为四个层次。如图9-2所示。

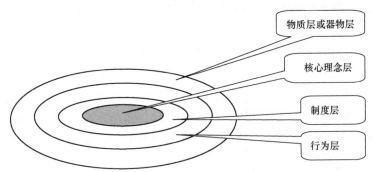

图 9-2　城市文化的构成层次示意图

总之，城市文化结构的各个层面，并不是孤立存在的，而是相互影响、相互联系的。它们共同形成一个浑然有机的整体。城市的物质文化是城市的"外衣"，城市的发展离不开房屋、道路、公共设施等物质文化要素；城市的制度文化是城市的"骨架"，它为城市的物质文化和精神文化提供制度保证。城市的精神文化则是城市的"灵魂"，它是城市社会现实在居民头脑中的反映，又反过来影响和改造现实，影响城市物质文化。

城市文化结构还可以表现为其他形式，如图9-3所示，可将城市文化进一步剖析为核心层、媒介层和表观层，核心层反映城市居民和组织共享价值观，媒介层反映城市的远景、使命、目标、战略等，表观层反映了城市居民和组织的群体意识、组织氛围、制度范围、沟通渠道和城市的外在形象等。

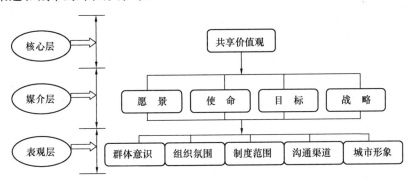

图 9-3　城市文化的层次及结构图示

三、城市文化的功能及作用

城市文化对于一个城市的发展来说，起着决定性的作用，其对城市实施发展战略、提升城市竞争力、城市社会效益、凝聚城市居民等诸多方面具有十分重要的意义，重视城市文化已经成为城市管理者的共识。

（一）城市文化的功能

城市文化从其基本结构来看，主要有以下基本功能。

1. 凝聚功能

积极的城市文化适宜城市居民的成长，城市文化通过向城市居民宣传城市的发展价值观把城市的发展和居民的个人追求紧密联系在一起，使居民有归属感和荣誉感的同时，也影响着居民的生活方式和价值取向，使居民自觉地愿意为城市贡献自己的力量。这种凝聚功能调整着城市内部的人际关系和员工的精神状态，而且鼓励居民愿意为城市的发展尽职尽责。

2. 教化功能

具有特色、生机勃勃的城市文化，能通过职业技能培训、技术操作、居民素质训练、思想教育等多种方式对居民价值观和行为方式进行熏陶和教化。城市文化的教化功能既可以为城市提供源源不断的优秀员工，同时也能造就出一批领袖式人物和企业家。

当然，理解城市文化的教化功能要从两个方面：优秀的城市文化给城市居民以积极正面的教育和熏陶，而病态的城市文化则会使城市居民颓废堕落。

3. 激励功能

通过优秀、积极向上的城市文化的引导，可以发挥城市居民的积极性，使城市居民愿意为自己所居住的城市献计献策、努力工作、遵循城市规则。城市是一个文化共同体，维系文化共同体的核心是城市文化，而城市文化是城市居民特有的集体精神面貌，只有通过城市文化的引导，才能使每位城市居民愿意为了城市的发展目标而努力。

4. 协调和约束功能

城市文化通过潜移默化的作用方式在城市居民中建立起一系列的城市居民行为准则和道德规范标准，这对城市居民的行为形成了无形的约束力。

5. 塑造形象作用

城市文化是城市巨大的无形资产，优秀的城市文化可以宣传城市的良好精神面貌、扩大城市的影响，提升城市形象，从而为城市塑造良好的整体形象。

城市文化在城市发展中具有重要的战略意义。城市文化是一个城市普遍和公认的价值观念、道德规范、社会意识、行为准则等，是一个城市的灵魂，是城市核心竞争力的重要动力和强大支撑，是城市现代化的根基。无论是塑造城市灵魂，培植城市的竞争能力，还是塑造城市形象，都需要先进的文化作指导。一个城市表面的繁荣可以用林立的高楼、宽敞的马路来表现，而更深层的只有文化才能支撑。因此，城市文化决定着城市迈向现代化的脚步是否坚定，只有拥有丰富城市文化积淀的城市才能拥有自信和个性。英国曼彻斯特市在其文化产业的战略报告中断言，"21世纪的成功城市将是文化的城市。"

（二）城市文化的作用

1. 先进城市文化是促进生产力发展的强大的内在动力

戴维·兰德斯在《国富国穷》一书中断言，经济发展带给人们的启示就是文化乃举足轻重之因素。文化绝不是简单的外在包装，而是能够充分融入经济方方面面的血液和神经。这种促进作用表现在：首先，先进的城市文化能够极大地促进人的思想道德和科技素质的提高。先进文化通过对社会共同理想的确立，把社会发展的内在要求转化为广大人民群众的奋斗目标，成为动员和组织人民群众为理想而奋斗的精神力量，为城市发展提供强大的精神动力。人是生产力的首要因素，人的素质的提高必然会有力地提高社会生产力的整体水平，为生产力的发展提供强有力的智力支持和思想保证。其次，先进的城市文化可以优化城市环境，提高城市品位，增强城市的辐射力和吸引力，从而为城市经济持续、快速、健康地发展创造良好的环境。先进文化是城市重要的软环境，城市文化是城市竞争力的重要因素。不同的文化氛围会使城市呈现出不同的吸引力。最后，文化作为一个产业本身就是一种可永续利用的资源。

2. 先进城市文化可以塑造市民精神，提高市民素质

美国著名现代化问题研究专家英戈尔斯明确指出，任何一个国家，如果其国民不经历心理上和人格上向现代化的转移，仅仅依赖于外国的援助及先进技术、设备的引进，都不能成功地从一个落后的国家跨入自身拥有持续发展能力的现代化国家的行列。而城市文化是实现这种心理和人格现代化转移的重要途径。在城市社会文化氛围的渲染之下，城市人口在有意无意之间改变着他们的行为规则、生活方式乃至价值取向。英国前首相丘吉尔讲过一句很有哲理的话：我们塑造城市，城市又在塑造我们。因此，城市的现代化首先必须实现文化的现代化。

3. 先进的城市文化可以解决城市化过程中的城市病

城市化进程的加快所带来的当然是经济的繁荣和社会的进步，但同时人们更透过表面看到城市化进程中人的变迁。城市化进程中，城市的强大吸纳能力进一步打破了城乡间的壁垒，怀抱着谋生、求职、读书、发财、享乐的人们蜂拥而上，使得原有的中小型市民群体逐渐发展成为人口迅速膨胀、物质性日益增强的"市民社会"。加之市场经济时代，社会的文化价值体系发生了巨大的变化，社会的价值取向趋于多元化，并且有着明显的功利化倾向，文化的发展也日趋世俗化，由于在多元价值之上缺乏更高价值的统摄，社会也出现了一定程度的文化共识危机。信仰缺乏、精神上的迷茫和社会伦理秩序的瓦解等问题不容忽视。在这一特定的外部环境下，忽视对文化的思考，就不能满足市民社会不断提高生活质量的要求，城市便只能最终发展成为钢筋水泥的丛林，刻板而毫无生机。市民社会也会因为市区城市文化的教化与规范而变得杂乱无章。当前我国掀起的城市化浪潮，实际上也是一种文化重建的过程，其目标是建立现代城市文化体系，包括公文化、和文化、善文化、俭文化、信文化等，并以此来更好地实现城市化。

4. 先进城市文化是城市发展水平的重要标志

随着人类社会经济水平的提高，标志城市发展水平的城市现代化的内涵也发生了根本的变化。创新的快速化、社会信息化、政治上的民主化和法制化、经济社会发展的持续化和协调化已成为描述现代城市发展水平的重要指标。很明显，这些指标都是城市文化的表现形式。

总之，城市的发展，既取决于其经济活力，也取决于其文化状况。城市的先进文化是城市全面发展的动力基础，培育先进的城市文化是每一代城市人的历史责任，培育先进城市文化势在必行。

第二节　城市文化建设与管理

一、城市文化建设的意义

21世纪是城市世纪，城市之间的竞争不仅仅是规模的竞争、经济的竞争，更表现为

城市文化的竞争，重视城市文化建设成为众多城市获取核心竞争力的重要途径。

（一）城市文化建设是城市现代化建设的重要内容

由于城市文化内容的包容性，城市现代化建设无论从制度层面还是基本层面（非政府层面），都会涉及城市文化。城市现代化建设是一场深刻的社会变革，它不仅改变着城市的社会结构、家庭结构，也改变着人们的生活方式、行为方式和社会心理。从某种意义上说，城市现代化就是文化的现代化。一般认为一个城市的现代化必须具备以下十个特征，即政治现代化、经济现代化、基础设施现代化、环境现代化、居住方式现代化、科学技术现代化、社会现代化、文化现代化、教育现代化和人的现代化。

（二）城市文化是维系现代城市生存的基本因素

随着现代经济的发展，城市已经成为人类主要的居住区，集中了人类活动的大部分内容。但城市的过度发展特别是第二次世界大战后西方国家的许多城市，单纯强调以经济增长为本，以积累财富为主题，背离了人的家园的概念。许多城市人口过度膨胀，土地过度承载，居住条件恶化，文化设施稀少，休息场所不足，犯罪率上升，安全感下降，交通拥挤不堪，环境污染严重，出现了"现代城市病。"许多西方城市的富有阶层纷纷逃离城市，流向郊区。现代城市病严重阻碍了城市经济社会的发展。这一时期文化在城市的复兴过程中起了关键作用。

（三）文化是促进现代城市发展的一个重要因素

城市发展经历了工业革命时期的洗礼后逐渐步入以发展文化产业为龙头的现代时期。据资料统计，在美国，体育经济的收入，超过了石油工业与证券交易所的收入所得。图书、报刊出版业也成为美国经济的支柱产业之一。以历史文化遗产、自然景观和文化服务为基础的现代旅游业，已成为世界最大的产业。文化产业已成为发展现代城市的支柱产业。北京市在1996年提出"要充分利用丰富的文化资源和人才优势，大力发展文化产业，使其成为北京的支柱产业之一，使北京成为全国重要的文化产业基地。"上海市提出了"世界一流城市，必须有世界一流的文化设施"的建设方针；广州提出了"实行经济、社会、文化一体化的发展战略，把文化发展作为广州建设现代化国际大都市的重要内容，加快步伐，使广州成为一个区域性国际文化中心"的战略目标。可见，随着城市的发展，城市文化建设愈来愈为城市政府所重视。

二、城市文化建设的内容

城市文化建设对城市经济增长和社会发展的贡献在不断提高，城市文化建设的内容也在不断充实，目前城市文化建设的主要内容包括以下几方面。

（一）提高人口素质

城市、文化、人构成了城市的文化系统，一种有机的动态结构，这是一个人造城市、城市造人、人造文化、文化造人、城市造文化、文化造城市的互动过程，在这一过程中，人是一切活动的主体，只有高素质的"人"才能造就高品质的文化。

1. 提高市民素质

一般来说，市民素质包括文化素质、法制意识、道德修养、思想素质四个方面。这四个方面相辅相成、有机结合，构成市民的整体素质。城市市民是城市建设的参与者，城市设施的维护者，城市发展利益的共享者，他们的素质直接影响到城市功能运作的效益；他们的思想意识、道德品质和行为习惯直接影响城市文化建设的品位。

2. 提高城市领导者、决策层的素质

城市领导者是城市建设、城市管理的核心，领导者的组织、指挥、协调、控制能力直接关系到城市建设管理的成败。提高领导者、决策层素质可以归结为决策的民主化、科学化和法制化。

3. 提高城市规划、建设与管理部门科技队伍的素质

城市规划、建设与管理部门的科技人员在技术方面拥有一定决策权，城市规划的编制主要由这些相关部门的人员进行，直接关系到规划建设项目的质量与效益。他们的素质高低，在相当程度上影响城市建设水平。城市规划、建设、管理工作的性质与特点，要求他们深刻理解方针、政策，精通业务，熟悉城市发展过程和现状存在的问题，了解市民的愿望与需求，对城市的未来发展有高度的历史责任感和对公益事业的热情关心。

（二）建设社区文化

社区文化建设主要是从城市社会学的角度，研究街道、居委会如何按建设文明社区目标开展各项活动，提高社区文化品质。目前，强调街道在城市管理与社区基层行政管理职能的作用，对深化经济体制改革、改善社区环境、加强精神文明建设、提高社区文化品质均有十分重要的意义。街道组织的文明社区创建活动、开办社区读书及其他文体活动竞赛等都是社区文化建设的重要内容。

（三）建设好建筑文化、园林文化和街景文化

占有城市绝大部分空间的建筑、以各种形式布置的绿色植被和纵横交错于城市的每一功能区的道路和交通流，还有沿街报亭、广告、多彩的灯光等，构成了一幅幅动与静相结合的生动画面。复合交融在这些画面里的有建筑文化、道路交通文化、广场文化、园林文化、广告文化等，可以统称为街景文化。

街景文化是城市的主要景观，即体现城市品质的主要城市形象，是城市形象中最富有标志性，因而也最容易识别和最敏感的部分。它对城市文化品质的表现主要是：建筑物功能、建筑技术、空间序列艺术性、交通秩序、绿化覆盖率与园林艺术、市政公用设施的建造与布置的技术与艺术水平、环境清洁度、广告内容的文化趋向等。

（四）塑造城市精神

城市精神是一个城市的灵魂，城市精神既以观念形态、心理状态等形式存在于城市居民的头脑中，又展现为城市居民的价值取向、精神境界、理想信念、伦理道德、思维方式和文化传统。将一个城市和一个乡村区别开来的不是它的范围，而是它与生俱来的城市精神。城市精神引导着城市的成长方向，决定着城市的发展路径。每个城市都拥有其反映时代特色和地缘特色的城市精神。打造城市文化，核心是要塑造城市精神。

（五）建设社会主义和谐文化

建设社会主义和谐文化，是构建社会主义和谐社会的基本内容和重要任务。

社会主义和谐文化的内涵和特色包括：一是主导文化与多元文化、主旋律与多样化相融合的中国化和谐文化。二是继承和创新相融合的民族化和谐文化。以改革创新为核心的时代精神，是中国人民敢于走在时代前列、奋发有为、蓬勃向上精神风貌的集中体现。要树立与时代进步潮流相适应的思想观念、价值取向和行为方式。三是以中为主、中西融合的现代化和谐文化。和谐文化是开放的文化、现代化的文化。四是以科学发展观为指导，

解放思想和实事求是相融合的科学化和谐文化。科学发展观是马克思主义中国化最新成果，也是和谐文化建设的指导方针。必须使科学发展观统率和落到和谐文化构建的整体及其全过程。以科学发展观指导和谐文化建设，必须以解放思想和实事求是相结合的科学态度、科学精神、科学方法来了解、研究、构建和谐文化，提出方案和实施办法。五是民主

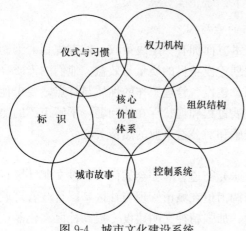

图 9-4　城市文化建设系统

与法治相融合的民主化和谐文化。将"民主法治"放在第一位。"加强社会主义民主政治建设，发展社会主义民主，实施依法治国的方略，建设社会主义法制国家"。这是对民主法治总的要求。民主和法治是辩证地结合起来的。没有民主法治，就没有社会主义，更没有社会主义的和谐文化与和谐社会。

概言之，可以从核心价值体系、组织结构、权力机构、仪式与习惯、控制系统、标识、城市故事等方面入手建设城市文化，如图 9-4 所示。

城市文化建设的内容会随着时间、外部形势的变化有所侧重，表 9-1 反映了北京、上海、深圳不同时期城市文化建设的主题。

北京、上海、深圳城市文化主题变化一览表　　　　　　　　　　　　　表 9-1

上　　海		深　　圳		北　　京	
年份	副标题	年份	副标题	年份	副标题
2001	经济全球化与上海文化发展	—	—	—	—
2002	文化创新与城市发展	—	—	—	—
2003	文化发展与国际大都市建设	2003	文化体制改革与文化产业发展	—	—
2004	培育上海城市精神	2004	文化立市与国际化城市建设	2004	首都文化与首都文化建设
2005	文化体制改革与上海文化建设	2005	城市文化战略与高品位文化城市	2005	北京奥运文化挑战
2006	创意上海	2006	城市文化产业与发展模式创新	2006	改革与首都文化生产力素质
2006～2007	构建公共文化服务体系	2007	城市文化创新与和谐文化建设	2007	文化创意与城市精神

牛凤瑞，潘家华主编．中国城市发展报告．北京：社会科学文献出版社，2007

三、城市文化的内在作用机制

城市文化发展以核心价值观和根本宗旨为统帅，以远景规划为发展目标，体现着人、社会与自然的和谐，如图 9-5 所示。

城市文化发展需要以核心价值观为统领，核心价值观是一个组织重要的、永恒的信

条，它是一个长期的指导组织成员行为的基本原则，对于组织成员具有内在的价值和重要性，是团结及凝聚成员形成向心力的聚合剂。基本宗旨是组织存在的理由，它能有效地履行便是成员努力工作的理想动力。

图 9-5 城市文化的内在作用机制示意图

党的十六届六中全会通过的《中共中央关于构建社会主义和谐社会若干重大问题的决定》，第一次明确提出了"建设社会主义核心价值体系"这个重大命题和战略任务。马克思主义指导思想，中国特色社会主义共同理想，以爱国主义为核心的民族精神和以改革创新为核心的时代精神，社会主义荣辱观，构成社会主义核心价值体系的基本内容。理解社会主义核心价值观需要从以下几方面把握：

（1）马克思主义指导思想是立党立国的根本指针，是社会主义意识形态的灵魂。在社会主义核心价值体系中，马克思主义提供的是科学的世界观，是认识世界和改造世界的立场、观点、方法。

（2）中国特色社会主义共同理想是全国各族人民团结奋斗的强大动力。随着我国改革开放的深入和经济迅速发展，社会发生了深刻变化，不可避免会出现社会意识的多样化。尤其是我们的时代是一个思想大活跃、观念大碰撞、文化大交融的时代，在先进文化、有益文化、落后文化和腐朽文化同时并存，正确思想和错误思想、主流意识形态和非主流意识形态相互交织，各种思想文化相互渗透、融合的同时，也相互排斥、斗争。对不同文化的碰撞、冲突，如果不注意协调、妥善解决，就会引起思想混乱，甚至导致社会危机。这需要一个能够代表广大人民根本利益、为社会各个阶层广泛认可和接受的共同理想，以有效凝聚各方面的智慧和力量，打牢全党全国各族人民团结奋斗的思想基础。这个共同理想，就是在中国共产党领导下，走中国特色社会主义道路，实现中华民族的伟大复兴。振兴中华，摆脱贫穷落后，走向富强民主文明和谐，是中华儿女世世代代的梦想和追求。

（3）以爱国主义为核心的民族精神和以改革创新为核心的时代精神，是中华民族生生不息、薪火相传的精神支撑。高扬爱国主义、社会主义旗帜，就能最大限度地凝聚和动员全民族的力量，为振兴中华而奋斗。以爱国主义为核心的伟大民族精神中的创新是民族进步的灵魂。全民族的创造精神和创新能力，是实现中华民族伟大复兴的不竭动力。

（4）以"八荣八耻"为主要内容的社会主义荣辱观，是中华民族传统美德、优秀革命道德与时代精神的完美结合。社会主义荣辱观是社会主义核心价值体系的具体化，社会主义荣辱观中的基本理念、标准体系和规范体系体现了社会主义核心价值体系中的核心内容、根本价值标准、根本价值追求、基本价值原则和基本价值。它从每个公民自律角度，强调人的自身修养，塑造健全的人格和良好的意志品质：坚持以热爱祖国为荣、以危害祖国为耻，以服务人民为荣、以背离人民为耻，以崇尚科学为荣、以愚昧无知为耻，以辛勤劳动为荣、以好逸恶劳为耻，以团结互助为荣、以损人利己为耻，以诚实守信为荣、以见利忘义为耻，以遵纪守法为荣、以违法乱纪为耻，以艰苦奋斗为荣、以骄奢淫逸为耻。和谐最终取决于内心。"八荣八耻"强调人的道德修养、自我完善，强调道德良心和道德人格是社会和谐的基本条件。因为只有获得社会主义道德的支持，才能有效培育与人为善、乐于助人的道德情感，履行见利思义、顾全大局的道德准则；才能在处理利益关系和各种矛盾时，互谅互让、友好协商，形成良好的道德风尚。在社会主义思想道德的基础上，才能培育和谐精神，形成解决社会矛盾的新认识、处理社会关系的新方法，引导人们用和谐的思想认识事物，用和谐的态度对待问题，用和谐的方式处理矛盾，使崇尚和谐、维护和谐内化为人们的思维方式和道德习惯。

社会主义核心价值体系不仅作用于经济、政治、文化和社会生活的各个方面，而且对每个社会成员的世界观、人生观、价值观都有着深刻的影响。随着世界多极化、经济全球化深入发展，世界范围内各种思想文化交流、交融、交锋更加频繁，进一步凸显了文化软实力在综合国力竞争中的战略地位，凸显了核心价值体系在社会发展中的生命线作用。建设社会主义核心价值体系，为进一步巩固和壮大社会主义意识形态提供了重要遵循，为进一步传承和弘扬优秀中华文化明确了努力方向，有利于掌握意识形态领域的主动权、主导权、话语权，有利于增强中华民族的凝聚力和创造力，扩大中华文化的影响力。

四、城市文化管理的主要内容

城市文化建设和城市文化管理是两个不同的概念，每一个城市居民和组织都是城市文化的建设者，但城市文化需要正确的导向和管理，这是城市管理者的职责。具体地说，对城市文化的管理表现为以下几方面。

（一）制定城市文化发展战略

城市文化发展战略是城市文化发展的纲领，其实质在于使文化系统与政治、经济等其他系统的发展相协调，并使城市文化促进社会不断进步。因此，城市政府要把文化发展看作一个系统工程，研究城市文化结构、城市文化发展的目标和模式。

（二）城市文化事业机构和活动的指导与管理

城市各专业文化机构和群众业余文化团体，是城市文化活动的主要承担者和推动者。城市政府及其文化主管部门必须对这些机构及其文化活动进行指导和管理，以保证城市文化的健康、繁荣发展。

（三）城市文化设施的建设与管理

文化设施不仅是城市文化活动的载体和物质基础，也是一个城市文化建设的直观反映，体现着一个城市的文明程度。它主要包括图书馆、博物馆、文化馆、影剧院、音乐厅、青少年宫、体育馆、高等院校、园林名胜以及各种游乐场等。目前，我国城市文化设施建设中存在着文化设施数量与人口数量不相适应、文化设施布局不合理等问题。为了改变这种现状，就需城市政府及其文化主管部门认真研究和解决问题，大力发展城市文化设施的建设。

（四）城市文化市场的管理

随着城市经济体制改革的深入，以商品形式向人们提供精神产品和文化娱乐服务的文化市场十分活跃。作为城市市场体系的一个组成部分，加上文化产品对社会影响的广泛性，城市文化主管部门必须对其生产、经营和行为进行严格的管理。

第三节 城市形象设计

一、城市形象的基本概念

城市形象是城市内外的人们对城市的一种看法和认知。城市形象的客体是城市，涉及的主体有两个：一是赋予区域内以形象的主体，二是评价城市形象的主体。实际上，前者通常就是我们说的城市政府和城市市民，其活动目的是塑造良好的城市形象，通过改善城市内部和外部的相关环境，提升城市的地位和信誉度；后者则是评价城市形象的主体，比如外来的游客，其活动是对城市的看法、认识。塑造城市形象的目的就是使城市在改善自身硬环境和软环境的同时，能给第二主体以美好的印象。

城市的基本形象包括"认知"、"信赖"和"好感"三个要素："认知"，就是认识和知道，即首先要让人了解城市；"信赖"是由于"认知"的不断加强，通过信息不断传入人的大脑，逐渐成为大脑的确定信号——信赖；"好感"则是指城市已经得到了肯定的评价，进而塑造城市形象的目的，就是要让评价城市形象的主体对城市产生好感。

城市形象是城市文化的映像，是城市文化通过形象、具体、生动的表现形式而传达给城市市民及外界的一种感知，如图96所示。因此，城市形象是表象，而其所表现的城市文化才是本质。

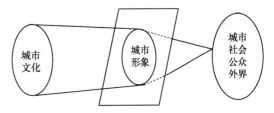

图 9-6 城市文化在传播媒介上形成城市形象

二、城市形象设计方法

城市形象设计的主要方法分为两大流派。一派来自于城市规划与建筑设计。城市设计与景观建筑学兴起后，现在形成了一个新学科——景观环境规划设计。现代景观环境规划设计包括视觉景观形象、环境生态绿化、大众行为心理三方面内容。这三个方面内容又被称为现代景观规划设计三元素。纵览全球景观环境规划设计实例，任何一个具有时代风格和现代意识的成功之作，无不包含着对这三个方面的刻意追求和深思熟虑，所不同的只是视具体规划设计情况，三元素所占的比例不同而已，如图9-7城市中心景观物质系统与社会文化生活的对应关系示意图从另一侧面反映了三者之间的关系。另一派借用企业经营管理中的企业形象识别系统建立方法，进行城市形象设计，即 CIS 城市形象塑造（也简称为 CI）。企业形象识别系统的英文缩写为 CIS，该概念于1905 年由德意志制造联盟贝伦斯率先提出。1955 年，IBM 公司引进 CIS，一举成为计算机业的"蓝色巨人"；20 世纪 70 年代末 CIS 进入日本；20 世纪 80 年代末 CIS 传入中国。CI 的主要含义是指将企业文化与经营理念统一设计，利用整体表现体系（尤其是视觉表达系统），对公众传达企业营销概念，使其对企业生产一致认同，以形成良好的企业形象，最终促进企业产品或服务的销售。CI 有 MI（理念识别）、BI（行为识别）、VI（视觉识别）三个方面。狭义的 CI 指 VI，它利用各种视觉传播媒体，将企业活动的规范等抽象的语意转换为标志、标准字、标准色等视觉符号，塑造企业独特的视觉形象。在 CI 中，视觉识别系统设计是最有感染力的，也是易于被公众所接受的，而且具

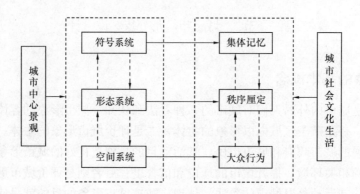

图 9-7　城市中心景观物质系统与社会文化生活的对应关系示意图

有新奇和整体等特点。

三、城市形象形成机制及设计过程

（一）城市形象形成机制

城市形象形成机制表现为双向互动的过程：一方面从城市各方面的表征及直观印象系统上升为理念系统，另一方面将理念系统具体化、生动化，贯穿于城市各类表征及直观印象系统，经过多次反复形成城市形象，如图 9-8 所示。

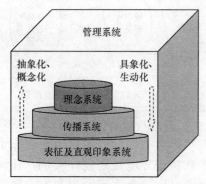

图 9-8　城市管理理念的生成及传播机制

（二）城市形象的设计过程

1. 城市形象的定位

在进行城市形象设计以前先要对城市形象有清楚的定位。这个定位一般是与城市在国家中的地位、城市的经济结构等相关。除此以外，定位工作还要大致确定该城市应该具有什么样的特征、风格、类型等。定位工作是一项重要的工作，从某种意义上说，它甚至比后来的设计工作本身更加重要，因为它决定着设计工作的方向。一旦方向有误，所有工作的结构都会因此而产生偏差，从而影响到设计工作的效果。

对于城市的定位分析，主要从以下六个方面来考虑：

（1）认知度分析。对认知度的分析，主要考察两个方面：第一个方面是城市知名度。这个问题主要是针对非本城市居民而言，主要是看本城是否为外人所知道。第二个方面是针对已知本地区的区外对象以及区内人员，了解其对本地区的总体印象。

（2）认知途径分析。认知途径是指外界知晓、了解本地区的渠道。研究本地区被他人认知的途径，对以后进行本地区宣传工作选择媒体提供重要参考。区域对外认知途径一般包括区域对外广告、对外公关活动以及新闻报道、本地产品销售等。

（3）基本形象分析。基本形象由好感和信赖度组成。信赖是一种理性的判断，而好感则是一种感性的情绪。基本形象分析是对本地的形象做出的判断。在进行基本形象分析时，要做到客观、公正，无论是正面还是负面，都要进一步分析研究其原因。

（4）辅助形象设计。辅助形象是一个地区各个方面的具体形象，是构成整体形象的要素。进行辅助形象分析，实际上就是对区域总体形象进行分解研究，了解整体形象的各个方面情况，探求基本形象好或是不好的原因。地区辅助形象一般包括地区经济发展、区域规划环境、市政环境、政府形象、社会治安、文体教育、综合竞争力等方面。

（5）名称形象及视觉形象分析。名称形象是指一个区域对外的中文、英文全称及简称。名称分析包括两部分内容：第一个内容是对现有名称进行测试，以便决定是否要改以及如何改。测试的标准一般有"简洁"、"易发音"、"易记忆"等。第二个内容是方向测试，即举几个不同类型、特点（代表不同的设计方向）的名称作为候选名称，让调查者选择，以测试大众对地区名称的倾向性。视觉形象是地区直观的对外形象。这部分分析将直接服务于地区视觉识别系统的设计，主要包括地区标志、标准色、标准字等内容。

（6）地区理念分析。地区理念是地区形象的核心。地区理念分析是对调查中获得的现有理念要素进行总结、评估，同时对调查中获得的有关理念的意见进行研究、分析，找出理念设计的思路和方向。地区理念要素包括战略形象、事业领域、发展策略、区域精神等。

2. 城市理念识别设计

城市理念识别包括六大要素：①城市战略形象，即服务于城市发展战略目标的形象化表述；②活动领域，是指城市在何种经济和文化领域、社会环境内开展组织活动；③组织目标，即城市的发展目标，是对城市未来发展的定位，是一种高度概括；④价值观，即城市把什么看做是值得努力争取的东西，价值观的确立，更容易使公众对城市加以识别，从而产生认同和好感；⑤行为准则，可分为对内行为准则和对外行为准则，是城市活动的最高原则，具有指导性的意义和作用；⑥城市精神，是城市内在本质的集中体现，是城市整个行为的高度概括。

3. 城市行为识别设计

城市行为识别包括城市对内活动的识别和对外活动的识别，涉及城市群众和个体的管理、教育，包括五大要素：①行为准则，它是纲领性的东西，是所有其他一切行为必须遵守的基本准则；②公务员行为规范，它分为领导层行为规范和工作人员行为规范；③居民行为规范，是指对城市内全部居民的行为做出的规范；④群体行为规范，是指对城市各个团体、组织的行为做出的规范；⑤媒介行为规范，是指城市公共关系活动、新闻发布活动、广告活动的规范。

4. 城市视觉识别设计

城市视觉识别的基本要素包括城市标志、城市名称标准字、城市标准色、标准组合形式、专用印刷字体等。这个阶段的工作就是对这些要素进行设计。

5. 城市形象发布

经过四个阶段的工作之后，制定初步的可行性方案，让各个阶段的参与者对初稿与设计思想进行对比分析，对出现差错的地方，进行修正，最后予以发布。

城市形象设计过程中需要特别注意文化名城的保护。根据《中华人民共和国文物保护法》，历史文化名城是指"保存文物特别丰富，具有重大历史文化价值和革命意义的城市"。表 9-2 列出了我国历史文化名城。

我国历史文化名城表　　　　表 9-2

1982 年（24 个）	1986 年（38 个）	1994 年（37 个）	2008 年（14 个）
北京、承德、大同、南京、苏州、扬州、杭州、绍兴、泉州、景德镇、曲阜、洛阳、开封、江陵、长沙、广州、桂林、成都、遵义、昆明、大理、拉萨、西安、延安	上海、天津、沈阳、武汉、南昌、重庆、保定、平遥、呼和浩特、镇江、常熟、徐州、淮安、宁波、歙县、寿县、亳州、福州、漳州、济南、安阳、南阳、商丘、襄樊、潮州、阆中、宜宾、自贡、镇远、丽江、日喀则、韩城、榆林、武威、张掖、敦煌、银川、喀什	琼山、乐山、都江堰、泸州、建水、巍山、江孜、咸阳、汉中、天水、同仁、正定、邯郸、新绛、代县、祁县、哈尔滨、吉林、集安、衢州、临海、长汀、赣州、青岛、聊城、邹城、临淄、郑州、浚县、随州、钟祥、岳阳、肇庆、佛山、梅州、海康、柳州	南通、无锡、山海关、金华、绩溪、泰安、濮阳、荆州、凤凰县、雷州、海口、敦煌、吐鲁番、特克斯县

第四节　学习型城市建设

在建设学习型社会的全新理念引导下，学习型城市的观念正深入人心。而在日益高涨的城市化浪潮之中，学习型城市又成为其新的内涵之一，推动城市文明的不断发展。在我国，"学习型城市"的口号已被许多城市提及，常州、大连、上海、青岛等城市还制定了相当明确的、系统的建设学习型城市行动纲要或方案。人们开始认识到必须营造"人人是学习之人，时时是学习之机，处处是学习之所"的城市文化氛围，才能使市民将提升、完善自身素质内化为自觉的愿望与行动，外在于现代城市文明形象之上，进而跻身于"全球村"村民之列。

一、学习型城市的内涵及特征

所谓学习型城市，是指以城市战略发展目标为广大市民的共同奋斗方向，以人的发展为中心，以提高人的综合素质为目的，通过更新人的学习观念和学习行为，建立社会化、终身教育体系和网络，加速知识更新，营造"人人是学习之人，时时是学习之机，处处是学习之所"的城市文化氛围，培养和造就大批各级各类人才，建设人才高地使城市在未来发展中具有不竭的创造力和竞争力。它是一种城市现代化发展的新模式。

学习型城市主要具有以下几方面的特征：

（一）学习意识的普遍化

学习型城市应该是每个市民都认识到学习的重要性，都具有学习的愿望和需求。在学习型城市中，每个行业、每个单位、每个人都时时刻刻感受到竞争的压力，从而使他们产生学习的动力。

（二）学习行为的终身化

在学习型城市中，学习将成为一种生活方式。学校只是学习的一种场所，人的一生无法区分成"学习阶段"和"工作阶段",而是强调终身学习,社会将为每个人提供不断学习的机会。

(三) 学习体系的社会化

学习型城市中学习体系将不再局限于传统意义上的学校系统,而是充分整合社会系统中各种可以利用的教育资源,构建社会化的学习体系。

(四) 学习方式的科学化

学习型城市中的组织和个人不仅要有学习的愿望,而且还有科学的学习方式,不仅要愿意学,而且要善于学。

总之,学习型城市的特点是全民重视学习、全民开展学习、全民不断学习和全民善于学习;学习将由个人行为转向群体行为,教育将由阶段教育扩展为终身教育,学习将成为人们生活中不可或缺的重要部分。

二、建设学习型城市的关键要素:市民素质与终身教育风尚

学习型城市的管理水平在很大程度上取决于市民素质的提升与市民精神的铸就,然而素质的提升、精神的铸造并非一蹴而就,而必然要在长期的实践、自觉的学习中逐步发展,也必然要求教育做出积极的回应,也必然推动现行教育体制的改革。

当代中国社会处于"共时性"的现代化进程中,整个社会的发展也不平衡,在这样的社会化背景中,人的社会化往往体现出双重性,为了适应社会发展和个人发展的需要,身处转型中的人就必须继续社会化,或亦可称之为"再社会化",以不断地获得现代性,这主要包括价值观念、思维方式、生活方式和行为方式由传统到现代的历史转变。作为现代化城市的市民无疑都应进行这样的"再社会化",以实现对传统的扬弃。而这"再社会化"的过程必然要通过市民自觉的学习和社会的不断教化而逐步完成。

现代社会的发展、学习型城市的建设要求人与社会的同步发展,这就要求全体市民尽快提升素质,跨越传统,实现现代化的转变。同时,城市社会的建设发展也在改变着市民、推动着市民素质的提升。市民素质的提升,是城市实现可持续发展的基石,也是市民自我实现的必由之路。

现代社会是由具有现代性精神气质与人格特质的社会成员所组成的生活共同体,不仅具有高度发达的科学技术与高度繁荣的物质基础,具有基本公正的社会交往关系结构与制度体系,更重要的还在于其具有那样一种现代性的社会精神气质,在于具有现代性精神的现代性人格。

综合起来就是现代社会需要有具备现代性社会精神与人格特质的人,只有这样的人才能建立起现代社会。现代化的过程是长期的,那么实践、学习的过程也是长期的。对于每一个市民来说,唯有经过长期的、终身的学习与实践,与时俱进,才能逐步走出传统,成为一个具有现代社会精神和人格特质的现代人,我们的城市才能成为现代化的学习型城市。建设现代化城市,与构建终身教育体系和学习型城市就是这样相依相存、互动互进的。

三、构建学习型城市的基本架构

(一) 建立学习型机关

学习型机关建设,以建设政治坚定、务实高效、勤政廉洁、人民满意的党政机关为奋

斗目标。通过政治理论素质和专业业务素质学习教育，健全和完善机关学习制度，加强领导干部、公务员的学习培训和考核工作，按照建设社会主义市场经济体制和加入 WTO 后与国际接轨的要求，改革行政管理体制，调整机关现有职能及办事程序，推进学习型机关建设，为城市经济发展服务。

（二）建立学习型系统

建立学习型系统要以本系统未来发展思路、任务以及建设与之相适应的高素质员工队伍为共同奋斗目标。围绕树立先进学习理念、健全系统学习体系、建立科学的人才培养机制，提高系统创新调试能力的要求来进行。

（三）建立学习型企业

建立学习型企业，以大力推进制度创新、科技创新、经营管理创新，不断增强企业的竞争优势，建设现代化的企业为共同奋斗目标。围绕造就高素质经营管理人才、外向型经贸人才、专业技术人才和职工队伍，以及培育企业文化和创新的要求来进行。

（四）建设学习型社区

建设学习型社区以提高社区文明水平、市民综合素质和满足居民精神文化生活需要的总体要求为共同奋斗目标。通过建设和完善社区市民学校、社区图书室、阅览室、图书报刊销售网点、科普画廊等社区学习教育阵地，组织开展各类适合社区和各类人群休闲娱乐特点的教育文化活动，组建社区文化学习指导员队伍和各种社区文体团队，推进学习型社区建设，提高市民素质，培育良好的社会心理。

（五）建立学习型村镇

建设学习型村镇要以建设经济发达、行为文明、秩序优良、环境优美、人的思想道德和科学文化素养明显提高的现代化村镇为共同的奋斗目标。围绕调整产业结构，增强致富技能，提高农民思想道德素质和科学文化素质，建设社会主义新农村的总体要求来进行，为城郊经济的发展创造动力。

（六）建设学习型家庭

以有强烈的社会责任感、团结和谐、道德高尚为共同目标。通过开展"以德立家、以法护家、信息富家、文化兴家"活动，推进学习型家庭建设，创造和谐的社会环境。

同时各城市政府还应加快制定出有关的鼓励政策，并在条件成熟时逐步提升为地方性法律法规，使其在法律的轨道上健康有序发展。

四、建设社区文化

社区是聚居于一定地域范围内的人口群体，依据共同的利益关系和相应规则秩序结合而成的生活共同体。其特征：一是要有一个相对稳定的、相对独立的地域或聚居场所；二是要有一定的社会关系为纽带而组织起来，并且有相应数量的人口群体；三是要有一个能够维护该地域及人群公共利益与秩序的管理机构；四是生活于该地域的人员要具有一种地缘上的归属感和心理文化上的认同感。

社区文化是在一定区域内生活的人们，长期、逐步地形成的共同的文化观念、行为观念以及民俗习惯等。它源于群众，根植于社区。

随着社会经济的发展和人民生活水平的提高，城市居民对于文化生活的需求日益紧迫，参与心理日益强烈，社区文化已经成为以社区为依托，以开展文化活动为纽带，将社区内各行各业不同阶层的成员连为一体的开放的社会化活动形式。发展社区文化，能够满足群众文化社会化的需求，能够为群众文化活动提供场所，因此是提高社区成员的整体素质和文明程度，建设社会主义精神文明，提高社区成员认同感和归属感的有效手段。

（一）社区文化的内容

1. 公益文化

公益文化是社区的核心文化。比如公共图书馆、文化馆、居委会文化活动室、广场活动等。在目前的情况下，大多数居民的文化消费依赖于公益文化。

2. 科普文化

科普文化的主旨是通过一系列科普活动宣传和普及科学文化知识，提高社区居民的人口素质和居民的生活质量，促进社区的文化和精神文明建设。如板报、招贴画、各类模型、科普知识讲座等。

3. 娱乐文化

发展娱乐文化主要目的是丰富社区的文化活动内容。尽管一些演出活动和娱乐项目是商业性活动，但这些活动在盈利的同时也为社区带来了丰富的文化生活内容。如演唱会、歌舞厅、电影院等。

4. 民俗文化

民俗文化如春节、元宵节中秋等传统文化节日组织的社区文化活动。民俗文化有民族特色和地方特色的习俗和聚会等文化活动类型，其对社区文化发展有弘扬传统文化的重要作用。

5. 群体文化

在群体文化中，各类娱乐项目由群众参与和主办。如交谊舞队、模特队、瑜伽队等。群体文化丰富了整个社区所有公众的文化生活内容。

6. 专题文化

专题文化是针对重大的社会性主体或节日开展。如"七一合唱会"、电视节、食品节等。有时部分专题文化与商业活动结合在一起，形成独特的文化节日活动。

另外在社区文化内容中还有休闲文化、企业文化、观念文化等。

（二）社区文化的功能

1. 宣传教育和普及知识的功能

社区可以通过张贴宣传画、举办各类活动、开设各种学习班、定期举行座谈会和文艺演出等多种形式使社区居民受到教育和学习各类知识，特别是在宣传党的路线方针政策方面和对居民进行思想道德教育方面，社区文化能发挥其巨大的功能。

2. 服务功能

社区文化中会开设各类技能培训、知识教育、便民活动等，这些都直接体现了社区文化为居民服务的功能特点。比如创建文明家庭活动、开设服装设计和缝纫培训班、义务为老人做居室清洁等。

3. 娱乐休憩功能

社区居民通过社区举办的各类娱乐活动可以修身养性、锻炼身体，使精神生活更充实、身体更健康。特别是针对退休人员和空巢家庭，社区组织的文艺体育活动吸引他们走出家庭，参加各式各样的各具特色的社区文体活动。

（三）社区文化的特征

1. 区域性与差异性

社区文化具有区域特点。主要是针对本社区长期居住的居民的要求，组织相关活动和开设本社区内居民喜欢的培训项目。

2. 大众性和广泛性

社区文化的主要特征是社区居民参与的广泛性和大众性。每一项社区活动都是针对全体社区居民，各项文体活动、各类培训班都是在广泛收集居民的建议基础上开展，甚至有些活动首先是由居民自发提出和组织起来以后才变为正式的社区活动内容。

3. 自发性

社区文化受社会主流文化的影响，自上而下由群众自发形成，政府部门应该抓住这一特点，加以引导和管理，使之向主流价值观聚拢，将自发性活动变为有序的自觉活动。

4. 开放性

社区文化属于"业余"文化，任何社区居民都可以根据自己的兴趣爱好参加各类活动。

5. 综合性

社区活动没有重点和非重点之分，方式方法多种多样。只要是社区居民喜闻乐见的活动都可以用社区活动的方式进行。例如演唱会、征文比赛、接力长跑、知识竞赛等多种模式。

（四）社区文化建设的对策

1. 认识到位、引领到位

社区文化属于社区服务的一个分支，同时又肩负着社区精神文明建设教育的重任。要充分认识到社区文化建设的重要性，做到社区文化建设和社区精神文明建设并举。同时要引领社区文化的发展方向，从政治的高度来重视社区文化建设。

2. 把握特点、寓教于乐

社区文化要形成它特有的吸引力，吸引和组织社区居民共同参与并积极开展各类文艺体育活动，并通过各类活动将党的方针政策和文化知识传播给广大社区居民。

3. 形式多样、教育与文化建设结合

社区教育的目的是建设和发展社区，消除社会问题，提高社区成员的生活质量，而发展社区文化能促进本社区的精神文明建设，要通过组织各类灵活多样的社区文艺体育活动，吸引广大社区居民参加，将形式多样、内容健康、活泼高雅的文体活动和精神文明建设、社区居民素质提高、文化水平提高结合，起到相辅相成的作用。

复 习 思 考 题

1. 如何理解城市文化的内涵和城市文化的结构？
2. 城市文化管理包括哪些内容？
3. 简述城市文化建设的内容。
4. 如何进行城市形象设计？
5. 什么是学习型城市？如何建构学习型城市？
6. 简述社区文化的内容及功能。

第十章　城市竞争力管理

随着知识经济时代的到来和全球一体化的迅猛发展，城市在当今世界经济与社会发展体系中占据着越来越重要的地位，城市间的竞争也日趋激烈。城市竞争力成为整个竞争体系的核心之所在，成为新世纪决定城市发展的关键之所在。培育和提高城市竞争力，使城市在新世纪的区域性乃至全球性竞争中占有一席之地，已成为近年来城市管理研究的新课题，是城市战略中最为核心的内容之一，也是当前国内外城市管理理论研究及实际工作的重点。

第一节　城市竞争力的内涵和特征

一、城市竞争力的内涵

（一）城市竞争力的概念综述

竞争力的概念最早来源于企业，世界经济论坛（WEF，World Economy Forum）在《关于竞争能力的报告》中指出，企业竞争力是指"企业目前和未来在各自的环境中，以比国内和国外的竞争者更具吸引力的价格和质量来进行设计、生产并销售货物及提供服务的能力和机会。"目前竞争的概念已被引用到区域之中，但主要研究的是国家竞争力。

美国竞争力委员会（1997）认为：国家竞争力是在自由及公平的良好的市场环境下，国家能够在国际市场上提供好的产品、好的服务，同时又能提高本国人民生活水平的能力。这个定义强调贸易竞争力的重要性，即一国生产的产品和服务必须经受国际市场的检验，才能证明是否有竞争力。（美国，《关于工业竞争能力的总统委员会报告》）

世界经济论坛（1999）认为：国家竞争力是一个国家使人均国内生产总值高速、持续增长的能力。并且进一步提出以下公式：国际竞争力＝竞争力资产×竞争力过程。这个定义显然强调了增长的重要性，不管一国贸易状况如何，只要人均GDP实现持续增长即为有竞争力。

"国家的竞争力是在社会、经济结构、价值观、文化、制度政策等多个因素综合作用下创造和维持的。在此过程中，国家的作用不断提升，最终形成一个综合性的国家竞争力。"（美国学者麦克尔·波特，《国家竞争优势》）

俄亥俄州立大学教授Malecki认为，地方、区域、国家的竞争力是指当地经济、社会为其居住者提供日益完善的较高的生活水平的能力。

"在一定体制下的国民经济在国际竞争中表现出来的综合国力的强弱程度，实际上也就是企业和企业家们在各种环境中成功的从事各种经营活动的能力，就是一个区域为其自身发展在其从属的大区域中进行资源优化配置的能力。"（《中国国际竞争力发展报告

（1996 年）》联合研究组）

城市竞争力的概念来源于国家竞争力研究的启发，目前关于城市竞争力概念的阐述，国内外理论界众说纷纭：

美国哈佛大学教授波特认为：城市竞争力是指城市创造财富、提高收入的能力。Gerdenand Cheshire 教授（1998）指出，城市竞争力是一个城市在其边界之内能够比其他城市创造更多的收入和就业。这意味着一个城市的竞争力是城市之间在区位、所在企业的优势与劣势相互比较中体现出的能力。斯坦福大学亚太研究中心的学者 Douglas Webster 指出，城市竞争力是指一个城市能够生产和销售比其他城市更好的产品。非交易性的劳务也是竞争力的一个重要组成部分。

《中国城市发展报告》（2001—2002）认为，城市竞争力是指城市在国际化和市场化的舞台上，在生产力要素的综合表达上、在提升生产力水平的动力培育上、在发展模式选择与制度创新上所表现出的比较优势和综合潜力。东南大学教授徐康宁认为，城市竞争力是指通过提供自然的、经济的、文化的和制度的环境，集聚、吸收和利用各种促进经济和社会发展的文明要素的能力，并最终表现为比其他城市具有更强、更有持续的发展能力和发展趋势。南开大学博士生导师郝寿义认为，城市竞争力是指一个城市在国内外市场上与其他城市相比所具有的自身创造财富和推动地区、国家或世界创造更多社会财富的现实的和潜在的能力。城市竞争力综合反映了城市的生产能力、生活质量、社会全面进步及对外影响。南京大学于涛方提出，城市竞争力是一个城市为满足区域、国家或国际市场的需要生产商品、创造财富和提供服务的能力以及提高纯收入、改善生活质量、促进社会可持续发展的能力。城市竞争力是城市的生产能力、生活质量、社会全面进步及其对外影响的综合反映。它是城市"竞争资本"和"竞争过程"的统一，城市之间的竞争不遵循"零和游戏规则"，城市竞争过程需要政策和制度的协调。中国社科院财贸经济研究所倪鹏飞认为，城市竞争力主要是指一个城市在竞争和发展过程中与其他城市相比较所具有的吸引、争夺、拥有、控制和转化资源，争夺、占领和控制市场，以创造价值，为其居民提供福利的能力。

综上所述，城市竞争力是指一个城市在社会、经济结构、价值观、文化、制度政策等多个因素的综合作用下，所具有的利用并发挥自身条件，集聚、吸引和利用各种促进经济和社会发展的资源要素，加速其自身经济持续高速增长，以及推动地区、国家或世界创造更多社会财富，以达到城市发展的目的，进而实现城市价值的一种现实的和潜在的能力。城市竞争力是一个综合的概念，它集中反映了在相当长的时期内，城市发展潜力的来源，而发展潜力的大小决定了一个城市在较长时期内的发展地位和竞争水平。城市竞争力追求的终极目标是城市的可持续发展和居民生活水平的提高，提升城市竞争力的途径和过程是进行财富创造，城市竞争力最根本的因素和基础是资源的吸引、争夺、拥有、控制和转化的能力。

城市竞争力的概念应该与城市综合实力的概念区分开来：①城市综合实力是从经济发展的规模与总量上衡量城市的综合发展力量，而城市竞争力是从质量和效益上衡量城市的竞争能力；②城市综合实力主要是从静态上强调城市的纵向比较，而城市竞争力则是从动态上强调城市的横向比较以及各城市之间的相互作用，是一个相对的概念；③城市综合实力着眼于城市的现实状态，即城市当前的发展水平，是绝对指标的量化，而城市竞争力不

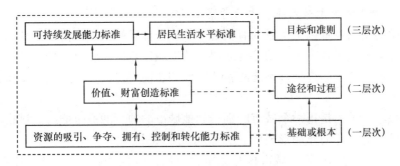

图 10-1 城市竞争力的概念辨析图

仅是现实的，更放眼于城市的发展潜力与增长后劲，是用人均、增长比例等相对指标计算的。城市竞争力和城市综合实力之间存在着正反馈关系，当某些因素导致竞争力上升时将会使城市综合实力增强，而后者的增强又会使前者进一步上升。

（二）城市竞争力的内涵

一般来说，城市竞争力的内涵主要包含以下几个方面：

1. 参与城市竞争力的主体是城市而非国家

城市竞争力实质上是运用微观经济学的原理进行较为宏观的经济研究，即一个城市仿佛是一个"企业"，区域内城市相互之间的竞争相当于企业与企业之间在市场上的竞争，因而城市竞争力体现为一个"企业"在国内外市场上较竞争对手获得更多财富的能力。

2. 自然禀赋和非自然资源构成了城市竞争力的基础条件

例如，独特的区位优势，丰富的自然禀赋往往会构成城市竞争力的一个重要条件。20世纪 80 年代深圳的崛起，与紧靠香港有着内在的联系。20 世纪 90 年代苏州开放性经济的迅速发展，也和临近上海有很大关系。非自然资源与环境构成城市竞争力条件的因素更多，有经济方面的，如产业基础、城市规模、人力资源、市场体系等；有制度方面的，如企业制度、政府服务、市场规范等；也有文化方面的，如价值观、教育水准、文化意识等。

3. 城市竞争力受经济、社会文化、政策制度等诸多因素综合作用

城市竞争力本质上是一个城市的综合发展能力，无论是构成城市竞争力的条件，即城市为形成竞争优势而提供的环境，还是构成城市竞争力主体的集聚、吸收和优化各种城市文明要素的能力，都是综合性、多层次、多方面的。这些环境和文明要素不仅涉及经济领域各个方面，而且也涉及政治、文化、人才等多个领域。因此，城市竞争力是组织的系统合力，而不是局部或环节上的能力，也不是城市的职能活动。其本质是城市为了个体的发展而在所属的区域内进行资源优化配置的能力，其最终目标是促进城市和区域经济的高效运行以及持续高速增长。

4. 城市竞争力是过程与结果的有机统一

城市竞争力既是一个结果，又是一个过程。它是竞争中的城市占有和争取有限资源的一种过程，在促进经济和社会发展的过程中，这些资源就转化成各种文明要素，既包括有利于物质文明增长的要素，如资本、技术、人力、信息等，也包括有利于城市精神文明积累的要素，如先进观念、先进文化、先进思想等。其结果是将所集聚、吸收的文明要素，通过合理的配置及优化，转换成巨大的生产力，使本地区的城市经济保持高效运行和持续快速增长，以实现城市价值。

5. 城市竞争力侧重于对系统整体的考察

城市竞争力是由各种因素构成的有机统一整体，涉及政治、经济、文化、人才、环境等领域，其强弱取决于各个因素的综合结果。营造城市竞争力将是一项系统工程，必须从整体出发，全面考察，始终把握系统的整体特性和功能，从而达到从整体上增强城市竞争力的目的。

城市的核心竞争力是指一个城市区别于其他城市的独特的竞争能力。城市内部的关键资源和资源整合能力互动作用形成的合力就构成了城市的核心竞争力（Urban core competition capacity）（表 10-1）。城市核心竞争力是由比较优势和竞争优势共同组成的，基于关键资源的比较优势赋予核心竞争力的独特性是基础，而基于城市核心竞争力的竞争优势突出了城市经济的内生能力是主导方面（赵修卫，2001）。核心竞争力是城市发展的"中流砥柱"，凭借这种竞争力，城市可以在瞬息万变的外部环境中发挥自身优势，提升城市价值。城市资源反映了一个城市的竞争绩效，而城市的核心竞争力则决定了一个城市未来的发展潜力，决定了一个城市在较长时期内的发展地位和竞争水平。

中国部分城市的核心竞争力　　　　　　　　　　　　　　　表 10-1

城　　市	核心竞争力的重要标志	城　　市	核心竞争力的重要标志
温州	民营经济	大连	城市环境形象
苏州	外向型经济	青岛	国际知名品牌产业簇群
深圳	风险经济	广州	报业集团、企业管理与城市经营
北京	中关村高新产业区	长沙	电视业

资料来源：姚士谋，周振华等：南京城市综合竞争力会议上的讲话整理归纳，2002。

二、城市竞争力的特征

（一）动态性

由于在经济运行过程中，各种因素总是处于不断的发展变化之中，导致城市竞争力的内涵也会不断的发生变化，因此城市竞争力是一个动态平衡的开放系统。

（二）历史性

竞争力是针对市场经济环境而言的，城市竞争力则是在经济全球化背景下，在经济增长方式由粗放型向集约型转变的前提下，由对城市的规模、总量的综合实力的衡量向更高一级的城市整体的质量、效率的竞争能力的衡量转变而产生的新理念。

（三）相对性

城市竞争力是一个相对的概念。首先，在某一研究范围内判定城市的竞争力状况决定了城市竞争力的相对性。这种相对性可能体现在某一空间范围内，看某个城市是属于某一区域竞争力较强的城市，还是国内竞争力较强的城市，或是在国际上竞争力较强的城市。其次，这种相对性还体现为城市竞争力总是对各个城市进行横向比较。城市竞争力是抗衡和超越竞争对手的一种力量，其强弱或大小，不仅取决于城市自身，还与竞争对手的竞争态势及总体竞争态势相关。必须在比较中排定各城市的竞争力的高低。再次，从某一时点去观察城市的竞争状况所得到的各个城市的竞争力状况必然是相对的。随着选取的时点的不同，同一城市在不同的发展阶段竞争力水平也各不相同。因此，城市竞争力具有相对性的特点。

（四）系统性

城市竞争力是由各种因素构成的有机的统一整体，它的大小取决于各个要素综合作用的结果，如果只强调其中某一个因素或几个因素，都会陷入盲目性和片面性。因此，营造城市竞争力将是一项系统工程，必须从整体出发，全面考虑，始终把握系统的整体特性和功能，从而达到在整体上增强城市竞争力的目的。

（五）差异性

城市竞争力表现形式是多种多样的，更强的吸引能力、更好的人居环境、更多的发展创业机会、更优秀的人才聚集，都有可能发展成为城市的竞争优势。各个城市提升城市竞争力是存在一定的地区差异的。

第二节　城市竞争力的理论模型

一、城市竞争力的理论归纳

城市竞争力是近年来兴起的新的研究课题，有关城市如何吸引投资和提升竞争力的研究机构和相关文献大量涌现，目前学术界尚未形成统一认识，纵观国内外城市竞争力的研究，具有代表意义的方法和模型主要有以下几种观点（表10-2）：

有关城市竞争力理论的综合归纳表　　　　　　　　　　　表 10-2

作　者	关键性论述
Ohlin，1993；North，1995；Tiebout，1956	输出基础理论：一个区域的增长是由自然优势的开发和作为输出基础的增长
Schumpter，1939	Schumpter 的著名的创造性毁灭；当然包括城市建设的爆发；既包括建设基础设施，特别是新的交通系统，又包括跟随新的商业和居住发展而创造的机会
Porter，1990，1996	提出竞争优势的钻石模型，提出集群理论：产业集群是发达国家的关键特征和竞争优势来源
Putnam，1993	提出北意大利和南意大利市民传统的差异报告：北意大利发展基于丰富的合作网络，而南意大利基于独立的资助
Storper，1995	竞争反映出一个经济体吸引和维持不断增长的企业能力和创造持续改进的生活标准
Amin and Tomaney，1995	竞争力取决于维持导致生产率增长、经济结构变化和政策力求塑造的因素的变化。因此制度和组织的变化与人力和物质能力的投资是一样重要的
Ciampi，1996	竞争不是零和博弈，相反，不同国家、地区生产率和效率的获得是一体的，也是相互促进的
OECD，1997	对于一个国家或区域来说，竞争力反应出自由和公平的市场环境下生产物品和提高服务以满足国际市场的程度，而同时维持和拓展该国或区域人民长期的收入水平
D. Weber and L. Muller（2000）	区域的竞争优势来自于该区域的人力资源、制度环境、区域禀赋、经济结构四个因素的共同作用，通过其获得综合的竞争优势和竞争力
European Enterprise DG，2000	创新是最重要的长期竞争、增长和就业的压力
Simmie，2001	城市增长其财富（竞争力）的两招：高质量的资源和本地化、本国化和国际化的企业

资料来源：踪家峰著．城市与区域治理．北京：经济科学出版社，2008

二、城市竞争力的理论基础

（一）WEF-IMD 的国际竞争力理论

国际竞争力是一个国家在国际市场上通过对资产与转化过程，对吸引力与扩张力，对全球化与本地化的管理，并对这些关系进行整合，以形成一种经济与社会发展模式，来创造附加价值并增加国家财富的能力❶。WEF 与 IMD 以国家竞争力为研究对象，以探讨世界各国的竞争力排名，认为国家竞争力的核心是企业竞争力，而企业的国际竞争力又以国家经济体制和宏观经济环境对企业营运的有利或不利的影响程度为基础，二者相互作用、相互补充，以获得持续发展。国际竞争力评价体系包括国内经济实力、企业管理、国际化、政府管理、金融、基础设施、科学技术、国民素质八大要素，每个要素又包括若干方面，具体指标共 200 多个，分别反映国际竞争力的各项功能（见图 10-2）。

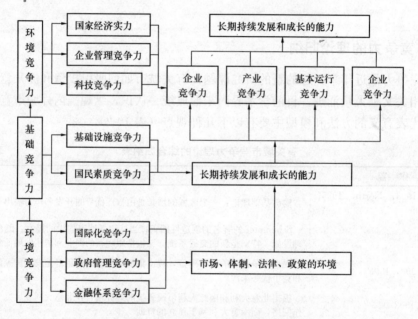

图 10-2　国际竞争力理论框架图

八大要素方面又取决于四大环境要素，即本地化与全球化、吸引力与扩张力、资产与过程、冒险和和谐四组因素的相对组合关系（见图 10-3）。

（二）波特的国家竞争力模型

WEF-IMD 评价国际竞争力是以经济增长为出发点的，与之不同的，迈克尔·波特对国际竞争力的研究是从影响国家竞争力的深层次原因入手的，即层次因素分析。他的独创研究集中体现在《国家的竞争优势》一书中，形成了著名的国家竞争优势的"钻石理论"。其认为：一国在某一产业的国际竞争力，是一个国家能否创造一个良好的商业环境，使该国企业获得产业竞争优势的能力，这可以把企业、产业和国家竞争力的分析结合起来。波特认为，劳动成本、利率和规模经济是竞争力的最主要的决定因素，一个国家的竞争力集

---

❶　转引自《The World Competitiveness Yearbook 1996》IMD。

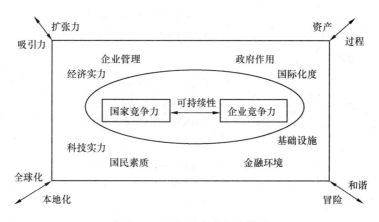

图 10-3　IMD 国家竞争力模型

中体现在其产业在国际市场中的竞争表现。而一国的特定产业能否在国际竞争中取胜，取决于四个因素：生产要素，需求状况，相关和支持产业，企业战略、结构和竞争的优劣程度。此外，政府的作用以及机遇因素也具有相当大的影响力。这六大因素构成了著名的"钻石模型"，即波特的国家竞争力模型（如图 10-4）。

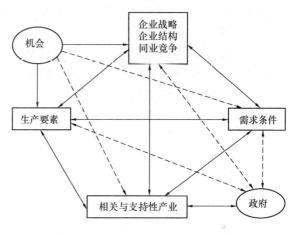

三、城市竞争力模型

（一）Kresl 的多变量评价研究

Kresl 认为，竞争力不是一种可以直接测度的性质，我们可做的全部是由其所投下的影子来估量其本质和量值。在这一思想的指导下，他将显示性框架和解释性框架容纳于自己的研

图 10-4　国家竞争力的"钻石理论"模型

究中。在显示性框架之中，他选取一个小型变量系来反映一个城市的竞争力，表示为：

城市竞争力＝（Δ 制造业增加值，Δ 商品零售额，Δ 商业服务收入）。

在解释性分析框架中，他参考了现代增长理论，将决定因素分为两类：经济决定要素与战略决定要素。选择了一套解释竞争力的变量，表示为：

城市竞争力（UC）＝ f（经济因素，战略因素）

其中，经济因素＝生产要素＋基础设施＋区位＋经济结构＋城市环境

战略因素＝政府效率＋城市战略＋公私部门合作＋制度弹性

Kresl 强调，在评估城市竞争力时，指标的选择至关重要，并且对城市竞争力与国家竞争力加以区分是评价城市竞争力的关键。他用多变量把抽象的竞争力显示成具体的可比较的竞争力，是对城市竞争力研究的一个重要贡献，但是由于技术和数据资料的限制，他选择的多指标只能显示城市竞争力的一些侧面而非全部。

（二）Douglas Webster 的城市竞争力模型

Douglas Webster 认为经济全球化使得国家政策和社会经济状况对城市竞争力的影响变得越发重要起来，城市的竞争力由国家政治的稳定程度所决定。而同时，国家经济政策

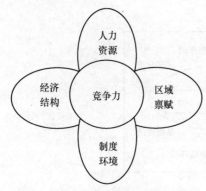

图 10-5 Douglas Webster
的城市竞争力模型

对城市竞争力的影响逐渐弱化，并且一国内部的行政分权可能会使决定某一区域竞争力的关键要素发生转化。在关键性要素中，属于区域性的要素数量逐步增加。因而，需要相应地调整现有的城市竞争力评价体系。

如图 10-5 所示，Douglas Webster 将决定城市竞争力的要素划分为经济结构、区域性禀赋、人力资源和制度环境等 4 个方面。其中，经济结构是各个竞争力评价体系的关键所在，区域性禀赋是专属一个特定资源、基本上不可转移的地区性特征，人力资源是指技能水平、适用性和劳动力成本，制度环境是指企业文化、管理框架（包括激励机构）、政策导向和网络行为倾向。

（三）Linnamaa 的城市竞争力模型

Linnamaa 将城市作为一个整体来经营，有意识地发展城市的核心竞争优势。根据 Linnamaa 的研究，一个城市的竞争力主要由 6 个要素决定，即基础设施、企业、人力资源、生活环境的质量、制度和政策网络、网络中的成员。这 6 个要素的构成如图 10-6 所示。在经济全球化和国内经济政治管理变化的推动下，网络管理越来越成为城市竞争力的一个要素。世界各城市开始注意提升自己城市的竞争力，并且把城市的发展模式越来越建立在合作和网络的基础之上。

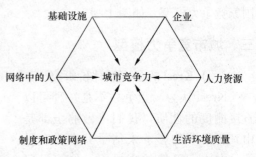

图 10-6 Linnamaa 的城市竞争力模型图

（四）Iain 的城市竞争力模型

Iain Begg 将城市竞争资本和潜在竞争结果二者有机结合起来，提出一个复杂的"迷宫"来说明城市绩效的"投入"（自上而下的部门趋势和宏观影响、公司特质、贸易环境、创新和学习能力）和"产出"（就业率和生产所决定的具体生活水平）的关系，将城市竞争力的显性要素和决定要素的分析有机地结合了起来（见图 10-7）。

（五）唐礼智等的城市竞争力模型

华东师大的唐礼智等人根据中国城市发展的特点，在借鉴 Porter 和 IMD 两种国家竞争力模型的基础上，提出以综合经济实力、产业竞争力、企业竞争力、科技实力为核心因素构建城市竞争力模型（见图 10-8），并且指出，城市竞争力受金融环境、政府作用、基础设施、国民素质、对外开放程度、城市环境质量等因素影响或制约。该模型在强调了城市竞争力的两大核心（产业竞争力和企业竞争力）的同时，也兼顾了城市发展的现状水平和未来的可持续发展，较为

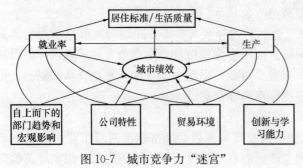

图 10-7 城市竞争力"迷宫"

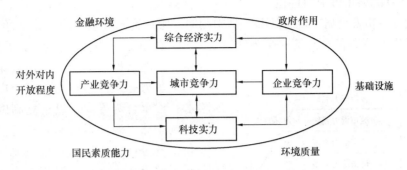

图 10-8　唐礼智等城市竞争力模型

全面地反映城市竞争力的深刻内涵和独特性。

（六）倪鹏飞的弓弦理论模型

倪鹏飞认为，城市竞争力是一个复杂的综合系统，其众多的要素和子系统以不同的方式存在，共同集合构成城市综合竞争力，决定城市的价值收益。城市竞争力的子系统按表现方式的不同可分为两类：即硬竞争力要素系统和软竞争力要素系统。其中，硬竞争力和软竞争力又由许多具体的分力构成。

$$城市竞争力（UC）＝F（硬竞争力＋软竞争力）$$

$$硬竞争力（HC）＝人才竞争力＋资本竞争力＋科技竞争力＋结构竞争力$$

$$＋区位竞争力＋环境竞争力＋设施竞争力$$

$$软竞争力（SC）＝秩序竞争力＋制度竞争力＋文化竞争力＋管理竞争力＋开放竞争力$$

如图 10-9 所示，在这一模型中，将硬要素比作弓，软要素比作弦，城市产业比作箭。它们相互作用，共同形成城市竞争力。这些要素共同构成一个有机整体，任何一个要素出现问题，都可能形成薄弱环节而影响城市价值的获取。

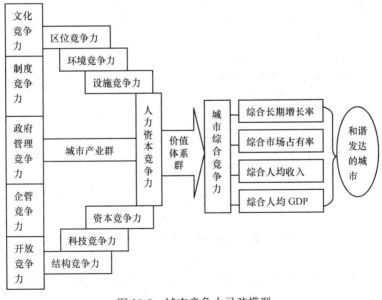

图 10-9　城市竞争力弓弦模型

（七）IUD 的城市价值链理论

北京国际城市发展研究院（IUD）是中国第一个研究与评价中国城市竞争力的机构，它以国际竞争力理论和国家竞争优势理论为基础，建立了中国城市竞争力的"城市价值链"模型（见图 10-10）。该理论强调，城市竞争力必须以市场为目标，以战略为核心，以整合为导向，以建立高度区域一体化的全球资源配置机制和运行模式。城市价值链包括价值活动和价值流。价值活动包括城市实力系统、城市能力系统、城市活力系统、城市潜力系统和城市魅力系统。价值流是城市价值取向的主要决定因素，包括物流、人力流、资本流、技术流、信息流和服务流等。城市价值链模型将城市资源的配置过程描述为一个链条，强调城市竞争是各自价值链之间的竞争，只有对价值链的各系统进行有效分解与整合，才能形成真正的竞争优势。

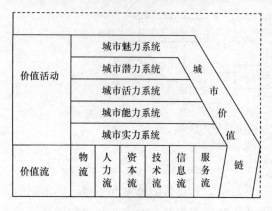

图 10-10　城市价值链模型

（八）廖远涛、顾朝林等的城市竞争力模型

廖远涛等构建了城市竞争力模型（见图 10-11）。在这个模型中他们指出：城市竞争力的终极目标是生活标准、生活质量的提高；城市竞争力外在表现为社会就业、经济实力、城市环境，三者构成了其表现层；创新与学习能力、关键性生产要素、需求条件、开放程度、企业竞争力和产业竞争力等构成了城市竞争力影响层；政府角色（政策制度等）和机遇（突发性的因素等）是城市竞争力随机层，其为"变数"，有时影响巨大。

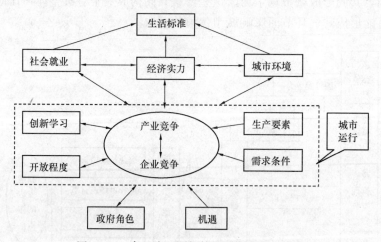

图 10-11　廖远涛、顾朝林的城市竞争力模型

第三节　城市竞争力的评价指标体系

城市竞争力是由多种因素构成的有机整体，是一种系统的合力，它的大小取决于各个要素综合作用的结果。在经济运行过程中，各种因素不断的发展变化，导致了城市竞争力

的内涵也在不断变化。城市竞争力是一个相对的概念，各城市竞争力水平的相对强弱只能通过城市之间的横向比较及不同时段的对比才能体现出来。只有对城市竞争力进行评价，才能发现与城市竞争力关联性最强、贡献度最大的因素，从而为城市规划者和管理者提升城市竞争力提供定量的科学决策依据。因此，建立一套科学的城市竞争力评价指标体系，是衡量城市竞争力的首要条件，是经营城市，提升城市价值的关键所在。

一、城市核心竞争力指标评价体系的设置原则

（一）科学性原则

科学性是指指标选取必须服从系统综合性原则，不能以偏概全，要根据需要选取最能反映城市竞争力研究的指标，科学地反映城市竞争力的主要内涵。

（二）可行性原则

一是指标的数据必须能够采集到，或可以通过采集到的指标处理得到。即指标的数据必须以可以操作、可得到为原则。二是指标容易量化，对定量指标要保证其可信度，而定性指标应尽量少用，以减少主观臆断的误差。

（三）可比性原则

要从城市发展的实际情况出发，自行选择指标尽可能突出城市发展的特点，使指标体系既符合城市间的可代表性和通用性，又要体现城市竞争力是一个世界性和历史性的动态发展过程，使指标具有相对可比性，从而提高指标体系的使用范围。

（四）前瞻性原则

前瞻性是指适当选择一些既能反映城市未来发展潜力、对城市未来的竞争力起促进作用，又与城市当前的竞争能力相关的指标。从城市发展的现实出发，考虑指标的先进性，力求使每个设置指标都能够反映城市竞争力的本质特征、时代特点和未来取向。

（五）层次性原则

由于构建城市竞争力的要素较多，按照其层次高低和作用的大小可以不断细分。

（六）综合性原则

综合性要求在选取指标时，要综合考虑指标体系内在的关联性，力求全面反映城市竞争力的各个方面。应尽可能使所选择的指标能够全面覆盖城市竞争力的各个方面。

关于城市竞争力的指标体系，目前国内外并没有一个成熟的并被广泛认可的测度城市竞争力的方法及其指标体系。目前国内外研究的指标体系主要涉及两方面的内容：一是与其他城市相比可以精确测量的相对地位与水平，如城市规模、人均 GDP、城市产品在国内或国际市场上的占有率、利用外资规模等；二是无法精确测量但确实构成城市竞争优势的一些不可取舍的重要因素，如城市知名度、城市影响力、城市创新能力、城市魅力等。

二、国外及港台地区城市竞争力衡量的指标体系（表 10-3）

海外城市竞争力衡量的指标体系表 表 10-3

学　者	主要评价指标因素			
Iain（1999）	·生活标准	·就业率	·生产力	·公司特质
	·商业环境	·创新及学习能力	·上下部门趋势及其总体影响	

续表

学　者	主要评价指标因素		
Robert（1999）	·环境、氛围/气候 ·住宅成本与使用能力 ·犯罪/公共安全 ·艺术/文化多元化 ·生活成本	·生活形态机会 ·运输 ·教育提供/水平/娱乐 ·政府税收 ·政治掌控力	·就业、退休 ·健康服务与公共卫生 ·经济/商业景气 ·商业空间、市场型 ·工资水平
段樵等（2002）	·经济持续发展的条件 1. 生产因素条件：人力资本，科技实力，创业精神/环境 2. 既有经济基础、制度基础：企业文化，产业结构 3. 城市社会经济发展政策，政府管治水平 ·引资环境 4. 运营商环境法规，行政，开放，生产条件，劳动 5. 生活环境设施，环保 ·国际化形象		

三、国内城市竞争力指标体系研究

（一）上海社会科学院的比较指标设置

上海社会科学院城市综合竞争力比较研究中心的《国内若干大城市综合竞争力比较研究》中城市综合竞争力的比较指标设置如图 10-12 所示。

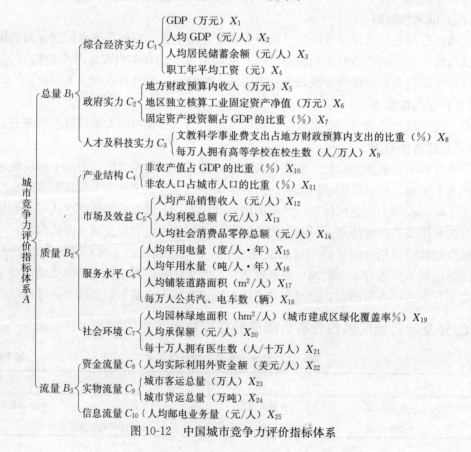

图 10-12　中国城市竞争力评价指标体系

该城市竞争力指标体系的设置主要从集聚和扩散功能的比较着手，把城市综合竞争力划分为总量、质量和流量三个一级指标（$B1 \sim B3$），总量指标包括综合经济实力、政府实力、人才及科技实力三个子系统。质量指标包括产业结构水平、市场及效益、服务水平和社会环境四个层次。流量指标包括资金流量、实物流量和信息流量。该指标体系已基本涵盖城市竞争力的具体内容和分类指标，比较全面系统。

（二）IUD 的城市竞争力评价指标体系

IUD 把城市竞争力的指标体系分为五大系统，即城市实力系统、城市能力系统、城市活力系统、城市潜力系统和城市魅力系统。

1. 城市实力系统

该系统对一个城市的经济、社会和可持续发展等状况作出了全面评价，反映了一个城市现阶段所拥有的整体实力。包括：①经济规模；②后工业化时代的城市产业结构；③基础设施和城市功能；④社会进步程度；⑤人口资源和环境的可持续发展。它总共有 5 个层面，29 项三级指标，主要指标有：GDP 的比重、城市化指数、信息化指数、生活质量指数、知识发展指数、人口自然增长率、资源和能源的消耗速率、生态环境退化率等。

2. 城市能力系统

该系统反映的是城市吸收、控制、转化资源和持续高效创造价值的核心能力。包括：①对人、企业、资金等资源的集聚能力；②对外争夺、占领、控制资源与市场的能力；③物资、人力、资本、技术、信息等资源要素的流通能力；④城市价值增长的速度。它包括 4 个层面，32 个三级指标，主要包括：人口密度、资本密度、企业密度、城市要素外向依存度、城市价值流量、投资增长率、消费增长率、进出口增长率、劳动就业率等指标。

3. 城市活力系统

该系统衡量的是城市进行有效资源配置的综合水平，揭示了城市各要素和资源的活跃度与利用度。包括：①企业活跃度；②资本市场成熟度；③行政力量影响市场资源配置的程度；④科技创新环境；⑤城市治理结构。它包括 5 个层面，33 个三级指标。主要指标包括非国有企业占 GDP 的比重、金融信用指数、企业融资难易度、政府干预程度、关键性产业的非垄断程度、地方保护程度、企业家贡献率、中等收入阶层比重、政府职能转换指数、政府控制力指数、政府透明度指数、政府公信力指数等。

4. 城市潜力系统

该系统反映了城市在未来或潜在竞争中争夺、控制制高点的完备程度，以及获得城市再生和更高层次新生的后发优势。包括：①潜在市场空间；②资源的合理利用程度；③投资吸引力；④经营城市的社会成本；⑤人力资源的规模与质量。共有 5 个层面，28 个三级指标，主要指标有：市场规模、市场占有率、市场购买力、资源消耗量、资源转换率、可再生资源利用率、综合服务质量、法制环境、国际化水平、交易成本指数、人力结构指数和人力素质指数等。

5. 城市魅力系统

该系统评价的是一个城市的知名度、影响力等无形资产对外界施加影响的综合水平，反映了该城市的对外吸引力。包括：①城市品牌认知度；②城市形象影响力；③城市文化凝聚力；④城市游客满意度。共设 4 个层面，18 个三级指标，主要包括城市知名度、美誉度、忠诚度和联想度，城市理念识别、行为识别、视觉识别，文化传播指数、本土文化独特性、外来文化兼容度等。

该评价指标体系在国内具有较大影响力，是中国城市竞争力解决方案的核心；共设有一、二、三级指标三个层次，五大系统：城市实力系统、城市能力系统、城市活力系统、城市潜力系统和城市魅力系统。该指标体系注重数据决策模型应用，强调通过集群升级使城市竞争力主体资源共享，要素互动，优势互补和利益互惠。通过竞争、对话、合作、共同决策、系统协作制度建立高度区域一体化的全球资源配置机制和共赢模式。

（三）宁越敏、唐礼智城市竞争力的测度指标体系（表 10-4）

城市竞争力的测度指标体系表　　　　　　　　　　　表 10-4

一级指标	二级指标	三 级 指 标
城市综合经济实力	城市经济总量	人均 GDP
	城市经济增长速度	GDP 的增长率，财政收入的增长率
	城市资本实力	银行存贷数量，固定资产投资率
	城市居民收入	人均可支配收入
	市场购买力	社会消费品零售总额，人均社会消费品零售总额
产业竞争力	产业结构的比重	二三产业产值占 GDP 的比重，二三产业就业人员占总就业人员比重
	高新技术产业比重	
	产业结构的效益	城市社会劳动生产率、城市工业资金利税率，城市工业企业固定资产产值率，城市工业产品销售率
企业竞争力	产品市场占有率	城市主要产品在国内市场上的占有
	企业结构	所有制结构，规模结构，高科技民营企业数等
	劳动生产率、企业文化	
科学技术生产力	高科技队伍	科研机构数，城市从事自然科技的人员总数，每万人从事自然科技活动的人员数
	科技投入	R&D 经费总额，每万人 R&D 经费金额
	科技项目和成果	国家指导性计划科技项目总数，专利授权量
	科技转化	技术市场成交合同金额
	高等学校规模	高等学校教师数量，学生数量
	高等学校质量	高等学校博士点数量，国家重点学科数量等
对外对内开放程度	经济的外向度	外贸商品进出口总额，外贸依存度
	吸引外资的能力	人均实际利用外资额，实践利用外资的增长率
	国际旅游活动	国际游客数，人均旅游创汇总额
	国内资本市场的地位	城市以外地区国内资本利用量等
	国内旅游活动	国内游客数等
基础设施	能源	人均年用电量
	通信	人均邮电业务量，电话普及率，电脑普及率，上网比例等
	对外交通	航空、铁路、公路、水运客货运量
	城市道路状况	道路长度，道路面积，人均道路面积，高等公路数量等
	供水排水状况	人均用水量，排水设施等

续表

一级指标	二级指标	三 级 指 标
国民素质	文化素质	每万人普通高校在校学生数，专科以上受教育人口所占的比例，文盲、半文盲占 15 岁以上人口的比例
	健康素质	每万人医生数，每万人医院床位数，婴儿死亡率，人口平均寿命
	就业情况	就业率，失业率，下岗比率，再就业率等
政府作用	政府的调控能力	年地方财政收入，年地方财政支出，预算外收入等
	政府的管理水平	政府的行政形象和管理效率
金融环境	上市公司数量	
	国内外金融机构数量	银行数量，保险公司数量
	金融业务量	
环境质量	大气状况	
	水环境质量	
	绿化情况	
	垃圾处理情况	

资料来源：宁越敏、唐礼智。《城市竞争力的概念和指标体系》。

该指标体系所涵盖的基础指标最多，也最齐全。其中包括城市综合经济实力、产业竞争力、企业竞争力、科学技术生产力、对内对外开放程度、基础设施、国民素质、政府作用、金融环境、环境质量等，基本涵盖了城市的竞争力的内涵。

（四）徐康宁的城市竞争力测度指标体系

徐康宁教授在其著作《文明与繁荣——中外城市经济发展环境比较研究》中，设置了城市竞争力测度指标体系，如表 10-5 所示。

城市竞争力测度指标体系表 表 10-5

一级指标	二级指标	三 级 指 标
环境要素	城市规模	城市面积、市区面积、辐射区域、城市人口、建成区面积等
	城市素质	城市化水平、城市信息化水平、每万人拥有高校人数、每万人拥有公共图书馆藏书数、每万人拥有医院病床数、每百人拥有报刊份数、生活质量指数、人均住房面积等
	城市环境	空气质量指数、城市污水处理率、人均绿地面积、人均城市道路面积、每万人拥有公共汽车数等
	城市设施	高等级公路里程、航班与航线、客运总量、货运总量、交通便捷指数、人均用电量、住房供应等
经济要素	经济实力	GDP、人均 GDP、人均可支配收入、GDP 增长率、工业总产值、财政收入、进出口总额等
	资本与市场	固定资产投资总额、金融机构存款余额、金融机构贷款总额、外商直接投资额、社会消费品零售总额、商业业态指数等
	国际化程度	外商投资占总投资比重、进出口总额占 GDP 比重、国际大公司（全球 500 强）数、境外金融机构数、对外投资、国际会展指数、外文媒体指数、出入境人数、常住境外人口比例等

续表

一级指标	二级指标	三　级　指　标
经济要素	产业结构	第三产业增加值占 GDP 的比重、产业集中度或产业分工指数、高新技术产业值占 GDP 比重、高新技术企业增加数、知识服务业增加值等
	创新与成本	年 R&D 经费、申请专利数、科技人员占就业人数比重、人员薪资、劳动力素质指数、工业用电价、土地价格指数等
体制要素	市场化程度	上市公司数、公司制度的企业占企业总数的比重、非公有企业数、知名商标（省级以上）数、人均广告费、中介服务增加值等
	政府管理	政府调控能力指数、政务信息化、政策透明度、服务效率指数等

在这个城市竞争力的测度指标体系中包含 3 个一级指标：环境要素、经济要素和体制要素、11 个二级指标、69 个三级指标，共同构成了较为完整的指标体系。徐康宁教授的城市竞争力指标体系更加强调经济要素的作用。

四、我国城市竞争力评价的最新结论

由中国社科院倪鹏飞博士领衔完成的《2009 年中国城市竞争力蓝皮书：中国城市竞争力报告》显示，全国 294 个地级以上城市综合竞争力进行比较发现，我国最具竞争力的前十名城市依次是：香港、深圳、上海、北京、台北、广州、青岛、天津、苏州、高雄。

各项评价指标排名前十名的结果如下：

综合增长竞争力：鄂尔多斯、河源、清远（三个城市并列）、铁岭、辽源、海拉尔、营口、通化、包头、巴彦淖尔。

经济增长：包头、呼和浩特、烟台、东莞、中山、惠州、潍坊、芜湖、威海和合肥。

经济规模竞争力：上海、香港、北京、深圳、广州、天津、台北、佛山、杭州、东莞。

经济效率竞争力：台北、香港、高雄、新竹、台中、澳门、深圳、东莞、东营、台南。

发展成本竞争力：香港、海口、亳州、鄂尔多斯、基隆、台北、成都、高雄、三亚、延安。

产业层次竞争力：北京、香港、深圳、上海、台北、新竹、台中、高雄、澳门、台南。

环境竞争力：苏州、威海、香港、杭州、东莞、厦门、扬州、无锡、大连、绍兴。

城市环境质量：海口、长春、天津、合肥、佛山、广州、苏州、珠海、常州、泉州。

城市环境舒适度：香港、大连、威海、苏州、中山、嘉兴、烟台、杭州、柳州、南宁。

城市自然环境优美度：深圳、东莞、威海、绍兴、珠海、北京、香港、昆明、青岛、柳州。

城市人工环境优美度：苏州、扬州、杭州、西安、绍兴、无锡、澳门、唐山、惠州、厦门。

结构竞争力：香港、深圳、上海、广州、杭州、北京、南京、佛山、澳门、台州。

产业结构高级化程度：香港、北京、澳门、呼和浩特、西安、海口、广州、上海、昆

明、合肥。

经济结构转化速度：南昌、海口、广州、福州、合肥、长春、石家庄、沈阳、扬州、潍坊。

经济体系健全度：香港、中山、无锡、佛山、南通、徐州、苏州、唐山、长沙、武汉。

经济体系灵活适应性：香港、深圳、青岛、佛山、上海、大连、澳门、北京、南通、苏州。

产业聚集程度：杭州、深圳、上海、台州、香港、广州、绍兴、南京、苏州、佛山。

基础设施竞争力：上海、香港、北京、广州、深圳、青岛、天津、澳门、大连、厦门。

市内基本基础设施：北京、香港、上海、深圳、杭州、广州、青岛、天津、沈阳、长沙。

对外基本基础设施：上海、广州、香港、澳门、深圳、北京、青岛、天津、大连、东莞。

信息技术基础设施：上海、石家庄、香港、长春、深圳、南昌、北京、青岛、厦门、长沙。

基础设施成本：威海、沈阳、西安、泉州、潍坊、扬州、厦门、台州、嘉兴、南通。

开放竞争力：香港、深圳、苏州、东莞、珠海、青岛、厦门、上海、北京、大连。

经济国际化程度：香港、苏州、珠海、青岛、深圳、威海、厦门、东莞、大连、上海。

经济区域化程度：苏州、香港、无锡、唐山、嘉兴、扬州、中山、佛山、北京、上海。

人文国际化指数：香港、深圳、东莞、广州、北京、苏州、上海、厦门、杭州、青岛。

社会交流指数：香港、珠海、深圳、嘉兴、绍兴、上海、长沙、北京、惠州、泉州。

就业方面竞争力：泉州、深圳、惠州、威海、北京、东莞、珠海、温州、潍坊和广州。

生活质量竞争力：香港、上海、澳门、深圳、北京、台北、克拉玛依、厦门、马鞍山、新竹。

第四节　提升城市竞争力的对策与建议

一、提高城市竞争力的必要性

城市在当今世界经济与社会发展体系中占据着核心的地位，城市竞争力已成为整个竞争体系的核心之所在，21世纪中国的全球竞争力将在很大程度上取决于我们能否建设起一批具有全球竞争力的城市和城市群。

（一）提高城市综合竞争力有利于增强我国国民经济的整体实力

改革开放以来，我国的市场经济固然得到了迅速发展。但由于我国底子薄、基础差，因此在发展过程中显现出一系列诸如国民经济质量不高；综合竞争力较弱；产业结构分散；区域发展协调性差等问题。因此，如何有效调整产业及区域经济结构，对我国现有经济能力进行全面整合，努力增强国民经济质量，从而提高我国国民经济整体在全球市场中的综合竞争力，就成为一个非常紧迫的问题。

（二）提高城市综合竞争力有助于在全球化条件下抓住机遇、迎接挑战

在经济全球化环境中，世界各国市场全方位开放，竞争日益激烈，以经济实力为基础的国民经济综合竞争力已成为世界市场中取胜的重要法宝。目前我国经济发展战略也从单纯地追求经济增长转向追求社会经济进步，从而提高国民经济综合实力和综合竞争力。

中国是一个发展中国家，基础薄弱，水平较低。但中国经过 20 多年的发展，在整体上已经成为世界舞台上的经济大国，但还远远不是经济强国，我们在人均水平方面还很落后。进入世界竞争市场，我们将面对着强劲的竞争对手。如何取胜的重要策略是扬长避短，发挥优势，增强综合竞争力，这是有深刻背景的。而提高城市综合竞争力，则是增强国民经济综合竞争力的关键。

（三）提高城市综合竞争力有利于城市社会经济进一步发展

城市发展，最主要的体现为其经济实力与经济活力。在影响城市竞争力的各因素中，经济无疑排在了第一位。只有经济发展了，城市才能实现良性循环。城市的发展必须以坚实的经济基础作为后盾。因此加快我国城市经济发展，提高城市的综合竞争力，具有深刻意义。

二、影响城市竞争力的主要因素

（一）区位因素

即城市地处交通要道和枢纽，或处于沿海、沿边地区，其优势在于方便的城市交通。良好的交通通信联系在生产者与顾客、供货商，以及当地政府管理机构的互动中起着关键作用，枢纽城市或港口城市通常与国内和国际市场之间有着良好的交通和通信联系，因此，商人们逐渐集中于这些城市，以获取更快速、低廉的可靠运输，从而促进了当地的经济发展和城市的繁荣。

（二）自然资源因素

指城市区域内蕴藏有大量矿藏资源、丰富水资源等自然资源。丰富的自然资源为城市发展提供了坚实的物质基础，是提升城市竞争力的基本条件。

（三）地理因素

指城市气候宜人并具有丰富的自然景观与人文景观，景色优美，拥有众多的文物古迹和风景名胜。

（四）社会资源因素

主要是指城市在长期的社会发展过程中，集聚丰富的智力资源和经济资源，成为政治、经济、金融中心，这些城市往往在智力资源、信息资源、公共资源等方面具有独特的优势。

（五）政策因素

有少数城市或地区是依靠政府政策的支持而快速发展起来的，较为典型的有深圳和浦东。这类城市在发展过程中得到大量的财政支持，在技术引进、资金、基础设施建设、人才安置等方面享受特殊的优惠政策，发展速度非常快。

（六）市场因素

还有一类城市的发展是借助于独特的市场优势，例如温州、义乌。这类城市的发展初期，大多是交通方便、服务设施完善、市场交易聚集的中心城镇，方便快捷的市场物流，给本地区的工业和个体经济发展创造了得天独厚的优势，随着城区内一系列小商品批发市场的兴起，这些城镇逐渐成为小商品生产企业的集聚辐射中心和交易中心，这些小商品批发市场以价格低、品种全、信息灵、守信誉等为经济特色，吸引各地客商，从而促进了当地经济的发展和城市的繁荣。

（七）传统文化因素

这类城市由于宗教或地方风俗文化的影响而形成和发展起来。

三、提升中国城市竞争力的战略对策

（一）经营城市是提升中国城市竞争力的第一推动力

经营城市，就是把城市作为一个资源聚合体，一方面要合理的配置资源，最大限度地挖掘资源潜力；另一方面要通过市场机制的运作，全面盘活城市资源，以资源为资本，用资本吸纳资金，实现城市价值增值，促进城市发展。城市经营是将城市的各个要素都纳入市场的一种运作模式，经营各种生产要素是基础，保值增值是城市健康发展的必要条件，提高城市竞争力则是城市经营的必然结果。经营城市的特征之一就是运用市场经济手段，对构成城市空间和城市功能载体的自然生成资本（如土地、自然资源）与人力资本（如路、桥）及相关延伸资本（如路桥冠名权）等进行集聚、重组和营运，最大限度的盘活存量，吸引增量。具体来说，经营城市以提高城市竞争力，必须做到以下几个方面。

1. 城市政府必须发挥经营城市主导者的作用

市场经济体制下，现代化的城市管理是以城市基础设施和城市公共资源为主要对象，以城市规划为有效手段，以发挥城市经济、社会、环境整体效益为特征的综合管理。无论是资本力、文化力，还是设施力、聚集力和管理力等，都是现代城市政府管理系统建设所追寻的根本目标。提高城市竞争力，必须在市场竞争导向的同时，注重政府的决策、制度组织等在城市竞争力中的作用。政府的合理政策，对城市的规划管理、产业发展的引导、资金运用能力、管理制度创新、良好投资环境的营造都是非常必要的。城市竞争力作为市场经济发展的必然产物，使资源和利益成为城市发展和管理的核心，也使城市政府更加重视采用各种手段来提高城市发展的竞争力，为城市竞争力创造适宜的"硬件"、"软件"环境，实现城市之间竞争的双赢。

因此，在经营城市的过程中，城市政府必须做好主导者作用，必须由资金导向转向功能导向，经营和改善城市环境，提升城市功能，增强城市竞争力。在此过程中政府必须相应的在经营城市中发挥积极的作用，促进市场行为和政府行为的有机结合；并积极推进功能导向的城市经营制度创新，从而实现城市经营模式的战略性转变；并在城市规划、建设、管理和城市影响力、竞争力的发展中，以经营的理念策划城市，以经营的手段建设城市，以经营的方式管理城市，以经营的谋略推销城市，从而改善和提升城市功能，实现城市发展投入与产出的良性循环，实现城市竞争力的根本提升。

2. 转变经营城市的模式

传统意义上的经营城市的思想着重于城市资源的市场利用，从而形成城市建设资金的投入产出良性循环，其本质是着眼于突破城市建设资金"瓶颈"问题。而现在，资金导向的城市经营模式必须从根本上加以改善和提高，其目标就是功能导向的经营城市模式，也就是充分发挥城市基本功能的经营模式。具体而言就是城市政府根据提升城市竞争力对城市功能的要求，运用市场经济手段，对构成城市的客体进行资本化的市场集聚、重组和运营，实现城市竞争的主客体之间容量、结构、秩序和功能的最优化，从而实现城市建设投入和产出的良性循环和城市竞争力的可持续发展。

3. 城市基础设施建设走向市场，盘活城市土地资产

在城市基础设施建设方面应突破仅仅依靠财政资金建设城市的困难局面，盘活存量资产，运用市场机制，最大限度的发挥城市设施的使用效益，出租经营权，借以取得城市建设资金，用以城市环境、各项服务设施的建设和社会环境的提高。采用 BOT、TOT 和投资拍卖的方式，有偿转让道路、桥梁、电厂、公园等城市公共设施经营权。同时，城市政府应对城市土地资源实行全面规划、合理布局、综合开发，使城市土地和空间不断升值。

(二) 产业集聚、环境建设和规模效益是提升中国城市竞争力的关键

产业是城市竞争力的核心内容，城市的发展离不开二、三产业的发展，城市竞争力实际上就是一个城市所拥有的二、三产业的竞争力。环境包括了城市的服务水平、社会环境等因素。产业的发展离不开良好环境的创造，而产业又必须达到一定的规模，才能对城市竞争力的发展有极大的贡献意义。因此，提升城市竞争力的关键就是城市主体竭尽全力为产业发展创造良好的综合环境，使其上规模，有特色，实现城市竞争力的可持续发展。

1. 产业集聚是提升中国城市竞争力的捷径

产业集聚是指某一特定产业的企业大量集聚于某一特定区域，形成了一个稳定、持续的竞争优势集合体。可以看到，在东部沿海地区，长江三角洲、珠江三角洲、环渤海一带是我国城市最密集的地带，同时也是产业最集中的区域，这种城市和产业集聚的效益是巨大和持续的。而相比中西部地区，这样的城市与产业密集带几乎不存在。因此，中西部地区要从战略上，长远制定有利于城市和产业密集形成的政策措施，实现区域联合和地区专门化，这样才有利于提高中西部地区的城市竞争力。

2. 城市综合环境建设是提升中国城市竞争力的保障

这里所说的环境含义广泛，既包括城市人居环境，更包括投资环境、城市基础设施和公共服务设施、市场以及社会环境等多方面的内容。城市的产业竞争力建立在城市的环境基础之上，因而城市政府的使命主要是营造环境，营造各类企业愿意来这个城市落户的环境，营造人们愿意来居住的环境。环境好了，城市的竞争力自然而然就会提高。

这里的环境还应当包括各种软环境。政府要有开放的观念和廉洁的作风，要有办事效率和服务意识，要为企业发展提供宽松的环境。同时，城市居民的素质和公民道德水平也是城市的一种软环境。软环境在未来的城市竞争力中将发挥越来越大的作用。因此深化和完善城市体制改革、政府改革，解决体制矛盾、人为障碍，培育软要素，改善软环境，是提高城市竞争力的根本所在，是提升城市核心竞争力的重要保障。

3. 规模战略可以减少提升中国城市竞争力的成本

一般来说，城市规模越大，人均国内生产总值越高，经济效益越好。百万人口以上的

大城市经济效益明显高于 20 万以下人口的小城市。在城市化进程中，发展最快的是特大城市和大城市，其次是中等城市。这种现象是市场经济中城市的集聚效应造成的，即工业聚集在一起成本低，第三产业在人口集中的地方容易取得较好的经济效益。因此市场经济的发展必然推进城市规模的扩大，必然推进大城市的优先发展，改革开放以来我国大中城市的高速扩张就说明了这一点。

与产业集中相对应，规模战略应努力鼓励和引导产业通过各种形式，获取规模经济效益，它的内容也很广泛，包括：培育和扶持一两个企业使其达到规模经济以获取企业规模经济效益，如四川绵阳大力扶持长虹企业；培育几个中等规模的同类型企业，使其在一定地域范围内集聚，实现企业间的关联性、互补性和竞争性；通过对城市某一特色产业、产品的形象塑造和推广，以品牌为纽带，将诸多的小型同类企业捆绑在一起，借助品牌营销手段，以获取集聚规模经济效益。

就我国中西部地区来说，由于城市产业、人口规模都不强，城市基本功能发挥受到限制，提高城市竞争力的成本增加。因此努力实现规模经济，有利于在提升城市竞争力过程中降低成本，提高效率，同时还有利于产业、综合环境的全面发展。

（三）良好的科学文化建设和人才建设是提高城市核心竞争力的重要依靠

在知识经济时代，城市怎样才能在正在形成中的全球城市体系中占据有利的位置，获得持久的竞争力呢？在知识和技术创新成为经济发展的根本动力的 21 世纪，任何城市要想在全球竞争中保持领先地位，就必须不断地进行创新，成为新知识和新技术的发源地，成长为"技术极"，只有这样的城市才可能赢得竞争的优势。为此必须做到：一要发展高等教育，提高人才素质；二要加强对专业人才的培养；三要积极引进人才，加大财政对科技人才的资金支持，留住人才，提升人才。

（四）城市品牌优势是提升中国城市竞争力的基础

城市品牌就是城市形象，是一个城市的内外公众对这个城市的总体的、抽象的理性概括和评价，也是城市与公众之间、城市与城市之间传递信息和思想的外在形式（徐康宁，2003）。良好的城市品牌能够促进外资的集聚、有利于吸引人才和游客、有利于提升城市的知名度、有利于增强政府的信任度。经营城市，不仅要重视城市物质资源的直接收益，更要塑造城市的"品牌"形象，就像塑造一个企业的品牌形象一样，把城市的品牌作为资源来经营不断提升和实现城市的价值增值，为城市提供更为广阔的发展空间。

提升城市竞争力应立足于两个方面，一是比较优势，二是竞争优势。比较优势与城市特有的区位和资源有关，竞争优势实际上就是对资源和特色的变现能力。因此，提升城市竞争力的基础前提就在于一个城市能否把资源特色尽快转化为经济特色、产业特色、市场特色以及经济效益和财政居民收入，最终将自己独特的品牌转化为城市竞争优势。

具体来说利用城市优势提升城市竞争力的方式主要有四种：

1. 优势延伸

即城市充分发挥现有优势，使资源优势转化为经济优势，使现有的产业优势转化为城市经济发展的全面优势。选择这种发展模式的前提是，城市必须具有明显的优势。

我国近 20 年的城市发展历程中，许多城市的发展正是源于因地制宜，充分发挥自己的特色，从而迅速提升了城市竞争力。像昆明充分发挥自身的地理优势，通过举办"世博会"提升昆明城市的知名度以及带动相关产业的发展。上海浦东新区则利用优势大力发展体育产业、演出娱乐产业、会展产业、旅游业、文化中介产业、印刷发行产业等，把城市经济带入了全新境界，使上海市成为中国最具竞争力的城市之一。再如北京充分发挥全国的政治文化中心地位和自身的人才优势来吸引企业。并且通过功能型城市区域分工的战略，提高了区域内行业集中度和规模效率，降低了行业交易成本，提高了北京这座现代化城市总体运行的效率，促进了北京科技、金融和商贸的全面发展。

2. 优势组合

即城市在原有优势的基础上进行拓展。我国的许多城市同时具有多种优势，而且区域内各种资源组合和配套程度较好，综合开发这些优势资源，就成为优势组合发展模式的主要特点。像许多风光秀丽具有丰富旅游资源的城市并不仅仅满足于定位为旅游城市，他们在发展过程中依托自然资源优势对其他方面进行强化，获得了新的发展。

青岛以美丽的海滨旅游城市而著称，但是现在代表青岛城市发展实力的不是该市的旅游业，而是其发达的工业。在青岛活跃着海尔、海信、澳柯玛、青岛啤酒、双星等一批知名企业，强大的工业现在是青岛突出的优势。

作为千年古都的西安，以历史文化厚重而闻名于世，曾是历史上有名的政治中心和经济中心。但因地处内陆，与外界交流相对较少，城市建设步伐较慢。特别是改革开放之后，西安与经济特区、沿海城市的经济差距逐渐拉大，这时候西安果断地改变了城市定位，一方面充分利用它的旅游资源优势，借助旅游的渠道，走国际化的道路，让更多的人了解西安；另一方面，充分利用西安本地具有丰富科研资源、教育资源的优势，大力发展西安高新技术开发区和西安经济技术开发区，并吸引更多的人到西安投资创业，从整体上提升了西安的城市竞争力。

3. 优势再造

所谓优势再造是指从资源状况、现有基础、区位条件、技术条件及投资来源等各方面重新认识和确立新的优势，在原有优势消失后通过改变资源配置方式、重组资源存量，进行结构调整等方式培育城市新的优势。优势再造模式中最为典型的是资源型城市发展，因为单一资源型地区，经过多年的开发，后续接替资源跟不上，原有的资源优势就会逐渐消失。在原有优势资源基础上建立起来的产业体系，由于结构比较单一，受资源供应的影响也表现出缺乏活力甚至衰退的迹象。因此单一资源型的城市就必须走优势再造的道路。例如沈阳市放弃了过去单一的"重工业"的城市功能，转而定位于发展为东北三省的商贸中心城市。

4. 优势互补

主要是指通过异地异质资源的开发来形成自身的产业优势及地区经济的整体优势。如在我国的东北重工业区，辽宁富铁，而黑龙江富煤、油，但缺铁矿等资源，在一定程度上可以实行两地异质资源的优势互补。

我国大城市群内的中小城市，都可以充分发挥自身独特的优势，与中心城市实现优势互补，如具有交通优势的城市发展现代物流业；具有资源优势的地方可以建设资源型城市；具有农业优势的地区可以发展绿色农业和现代食品生产、供应基地，充当核心城市的"米袋子"、"菜篮子"。如"大北京"经济区的唐山、保定、廊坊等城市，上海周边的宁波、嘉兴、绍兴等中小城市等，在产业发展上都以"配套经济"为主，通过配套生产逐步积累起加快经济发展的实力，经过长期发展，形成了以现代高技术制造业、食品工业、现代物流业和绿色农业为主的区域特色经济。这种资源互补的模式，既符合大都市圈整体发展的需要，也体现了各中小城市的相对优势，是一个"双赢"的、符合实际的城市发展模式。

（五）城市发展战略管理与创新是提升城市竞争力的导向

我国不少城市在快速发展的过程中，由于战略制定人的从众心态和模式化思维、经营环境的中庸之道以及盲目效仿，出现了城市战略趋同的现象。经营趋同的结果导致战略目标同一、城市功能重复、城市产业同构、城市形象单一和各城市之间的恶性竞争等，这种趋同带来的不是成功的复制，而是低水平的城市建设和城市资源的巨大浪费，同时也为城市的未来发展埋下了祸根。因此，为避免各城市的共同悲剧，必须实现城市经营的战略创新。根据迈克尔·伯特的价值链理论，在一个城市众多的价值活动中，并不是每个环境都创造价值，城市所创造的价值，实际上来自城市价值链的某些特定活动，即城市价值链的"战略环节"。

通过价值链分解，城市内部的管理战略强调做精做细，而不是做大做强。这就要求城市重新审视自己所参与的价值过程，对功能和成本进行比较，发现自己的比较优势环节，并集中力量培育这种优势；找出决定自身发展的核心环节，并进行保留和增强；而把不具有优势的核心环节分解出来利用市场寻求合作伙伴，以完成价值链的全过程。这需要各个城市在竞争中认清自身的状况，找准自己的优势产业。几种发展模式的比较选择见表10-6。

提升城市竞争力和强化城市优势发展的四种方式　　　　　　　　　　表10-6

类　　型	选择基础	主要特征	发展方式	典型城市
优势延伸	具有绝对或比较优势资源，市场基础较好	资源优势突出，具有广阔的开发前景，保持并延伸，壮大这种优势，使资源优势转化为地区发展的经济优势	产业链条延伸； 发展关联和接替产业； 培育新的增长点及主导产业	北京 上海 昆明
优势再造	具有比较优势资源，但优势在消减，基础条件较好	资源优势在消减，资源型产业的支柱地位在变化，结构单一，出现衰退现象	重塑优势； 利用基础及区位好的特点再造优势； 培育新的增长点及主导产业	沈阳 淮北 阜新
优势组合	多种资源配套较好，区位和市场基础较好	同时具备多种优势，资源丰富且配套好，组合优势突出，产业多样化，结构弹性较好	多种优势资源； 综合开发； 优势组合； 主导产业关联	大连 青岛 西安
优势互补	比较优势资源，邻区具备配套及互补性资源	优势资源开发需与区外的互补资源结合起来	资源优势联合； 产业异地衔接； 异地培育新增长点发展自身	唐山 衡水 宁波

（六）城市可持续发展是提升城市竞争力的最终目标

用可持续发展的理念指导当前的城市发展就是要在充分认识城市的发展历程和各种城市弊病的基础上，以人与自然和谐共进的价值观为导向，寻求一种新的城市发展模式，在突出经济效益的同时，注重强调社会效益和生态效益，最终实现城市经济、人与社会、资源与城市生态环境之间的协调发展。城市可持续发展的基础是合理有效的利用城市资源，由于城市资源的稀缺性和承载能力的有限性，我们在利用现有资源时，既要考虑当前利益也要考虑长远利益，不威胁子孙后代的利益；既要考虑局部利益又要兼顾全局利益，保证整个自然生态环境的良性循环。维护城市的可持续发展关键是要保护城市资源和生态环境，提高城市和自然环境的承载能力；并通过加强需求管理，采取经济、行政和法律手段，限制和防止需求的过度增长，以使供给和需求保持平衡。只有以城市可持续发展的战略方针为出发点，才能形成城市资源与环境的相对优势，保留发展后劲，实现城市发展的潜在竞争力。

复 习 思 考 题

1. 简述城市竞争力的内涵。
2. 城市竞争力在城市发展中的战略地位。
3. 简述城市核心竞争力指标评价体系的设置的原则
4. 城市竞争力的相关理论有哪些？
5. 详述城市竞争力弓弦理论模型。
6. 试列举国内外城市竞争力评价的主要指标体系。
7. 试述如何提高城市核心竞争力。
8. 我国提升城市竞争力和强化城市优势发展的方式有哪些？试进行比较说明。

第十一章　城市营销管理与城市品牌经营

城市是一个国家或地区的经济、政治和文化中心。随着生产力的不断发展和城市规模的扩大，城市与城市之间必然面临资金竞争、人才竞争、市场竞争、城市地位竞争。每个城市为了提高自身竞争力，纷纷调整城市发展战略，在竞争之中求生存、谋发展，城市营销的理念应运而生。城市营销的最主要目的就是打造城市品牌，提高城市知名度以及对要素的吸引力，进而提升城市的竞争力，促进城市的快速、健康、持续发展。

第一节　城市营销概述

一、城市营销的内涵

（一）城市营销的涵义

"城市营销"概念最早来源于著名营销学大师菲利普·科特勒教授的"地方营销"理念，他认为，"地方营销"即将地方视为企业，将地方的资源和未来视为产品，分析它的内部和外部环境，在全球性竞争中的强项与弱项以及面临的机遇和威胁，确定它的目标市场，包括目标人口、目标产业以及目标区域，并针对目标市场进行创造、包装和营销的过程。如果将"地方"用"城市"代替，可以近似地得出城市营销的初步含义。城市营销即将城市环境、公共服务、人文历史等资源及未来的发展看做是城市的产品，通过分析城市的内、外部环境，以及它在区域、国家甚至全球经济中的优势与劣势以及面临的机遇和威胁，来确定城市发展的目标市场，并对目标市场进行创造、包装和营销的过程。

具体而言，城市营销的内涵可以从以下几个方面进行理解：

（1）城市营销的基本实质是利用市场营销的理念和方法管理城市，即借鉴企业的管理经验管理城市和城市政府，把投资者、旅游者和居住者当作顾客和消费者，把城市软硬环境当作城市产品。按照企业市场营销管理的策略和方法，改进城市产品的生产和服务，了解、满足顾客需求，吸引顾客消费更多的城市产品。

（2）城市营销的立足点是城市整体功能的发挥。城市整体功能是指城市的政治功能、经济功能、社会功能和文化功能的集合。城市营销不仅是以经济发展为目的的活动，而且也是政治稳定、经济发展、文化创造和社会资源配置等诸多方面综合性的社会活动。城市营销的实践依赖于城市整体功能的发挥。城市营销，就是在发挥城市整体功能的基础上，通过一系列整合营销的方式，有步骤地传达目标城市价值，提升城市知名度和美誉度，从而吸引目标客户的一种社会管理活动或过程。

（3）城市营销的基本原则体现市场需求导向和市场竞争驱动。城市营销的核心内容是为城市树立强大而有吸引力的地位和形象；为现有和潜在的商品服务的购买者和使用者提供有吸引力的刺激；以有效、可行的方法分发、配送城市的产品和服务；推广城市吸引点和利益，让潜在消费者完全了解该地区独特的长处。

（4）城市营销的方式是整合营销。即通过公关、媒体宣传、活动等多种方式，营销城市。通过这些方式，不断扩大城市品牌的理念、风格和形象，让塑造城市品牌的理念深入人心，带动市民参与的积极性和自觉性，让城市品牌的竞争力得到充分的发挥。

（5）城市营销的最终目标是使城市更多地获取有益的跨国、跨区域资源，创造和维护一个有效率的市场，营造一个良好的、对各类有益资源更具有吸引力的公共环境，增加城市创造价值的能力，提高城市的综合竞争力。

（二）城市营销的内容

城市营销，是运用市场营销的原理和技巧来对城市问题进行研究，主要包括以下内容：

1. 分析城市营销环境

任何事物的存在和发展都离不开特定环境的影响，城市也要受到各种各样环境因素的影响。城市营销环境是不断变化的，这种变化可能给城市带来新的发展机会，也可能造成某种不利。因此，城市营销者应该经常监视和预测其营销环境的发展变化，要善于分析和识别由于环境变化而带来的机会和不利，及时采取对策，使自己营销的城市迅速适应营销环境的发展变化。

进行环境分析，城市营销者需要从国际政治经济形势、国内政治经济文化、城市的发展阶段和未来趋势、周边城市或同类城市的态势和城市内部的政治经济文化发展等方面，结合地方与市场规划的内容，对城市发展的环境背景全面理解，充分了解政治氛围和社会治安状况、城市文化与教育科研状况、产业结构和投资政策、市政设施的建设情况，以及人口规模与劳动力市场等内容，从而设身处地的从城市消费者角度出发，分析其中的优势和不足，找到城市的强项与弱项，城市面临的机会和挑战，由此明确城市发展的主要问题，提出相应的应对之策，为后续的营销规划奠定基础。

2. 对城市消费者进行调研

为城市消费者提供优质的城市产品，使其愿意来城市长久地"消费"，这是城市营销者的动力所在。应把视线转移到以"城市消费者"为中心的轨道上来，将整个营销城市活动建立在如何依法有效地满足城市消费者需要的基础上来解读"消费市场"，解读城市消费者，揣摩他们的"消费心理"、"消费习惯"，将城市消费者视为一种资源，对城市进行全面系统的规划、组织和实施，谋求更多的城市消费者来参与城市经济活动。

城市营销者应对城市消费者进行调研，细分城市消费者，掌握不同城市消费者参与城市活动的行为规律及其特征，进行调查研究工作，为制定营销城市战略打下基础。

3. 城市营销战略的制定

城市定位与目标市场确定应建立在城市环境分析的基础上。通过环境分析，充分挖掘城市的各种资源，按照唯一性、排他性和权威性的原则，鉴别城市的主要功能，找到城市的个性、灵魂与理念，提炼独特的、真正有价值的品牌，识别其发展前景，实事求是地确定城市在全球和区域城市网络中的地位和形象。同时，对消费者市场进行市场细分，识别与城市功能存在相互需要的目标群体，据此确定目标市场。

总体定位决定之后，要将其通过总目标的形式加以反映，并对总目标进行任务分解。

确定不同阶段的具体任务子目标，建立一套完整的目标体系，依次逆向确定业绩评估、提供服务和管理、创造城市产品、城市形象设计与规划等任务，这些任务便构成了城市形象营销和城市功能营销的内容。

4.城市营销策略

营销策略是营销城市的一个重要组成部分。由于营销城市活动是在广泛的地域范围（全球）和复杂的社会关系为背景的条件下进行的，所以仅有优质的城市产品，并不一定就能立即招来大量的城市消费者来城市参与经济活动。这就需要城市营销者采取有效的方法，把城市的有关信息传递给城市消费者，以引起城市消费者的注意，从而激发、推动他们的需求欲望，吸引他们参与城市的经济活动。城市营销策略要注意从城市的内在能力和城市产品消费者的需求出发，从关系、关联、反应、回报等角度系统思考，制定相应战略和具体的实施步骤。具体的城市营销策略，包括创造"城市产品"价格、渠道、促销、人员、过程和有形化营销组合策略。

二、城市营销的理论追溯

最早的城市营销研究起源于美国，期间较有代表性的研究成果是美国人 Mcdonald 在 1938 年出版的著作《如何促进社区及工业发展》（How to Promote Community and Industrial Development）。早期的相关理论，重点研究营销推广在促进美国或欧洲国家殖民地发展方面的作用。进入 20 世纪 80 年代以来，在新技术革命和全球化的大背景下，世界各地的城市都在竞争有限资源以谋求自身的发展，城市营销作为增强城市竞争力、繁荣区域经济的有效工具开始备受关注。

城市营销理论形成于 20 世纪 80 年代末 90 年代初的美国，以科特勒等为主的一批美国学者敏锐地抓住城市竞争和发展过程中的新现象得出了城市营销的理论观点。科特勒在观察了欧美许多快速发展的城市之后，发现有些大城市的环境恶化、失业增加、犯罪率提高、城市规划不当、生活质量下降、人口流失、税收短缺，从而造成城市逐渐走向衰败，于是提出了城市营销的观点。科特勒认为，在剧烈变动和严峻的全球经济条件下，每个地区都需要将地区形象（包括有形的基础设施、无形的文化内涵）通过营销手段来整合资源，使得地区形成独特的风格或理念，以满足众多投资者、新企业和游客的要求与期望。科特勒主要观点来源于战略管理理论，倾向于从宏观的发展态势中动态地把握城市营销，在研究中更加关注城市主观能动性的发挥。

科特勒认为城市营销的内容主要应该包括 5 大部分的内容：一是地方审核，社区现状优势、劣势、机遇、威胁以及主要问题；二是远景和目标，居民对于城市发展的期待是什么；三是战略框架，确定什么样的战略组合实现目标；四是确定执行战略所需要采取的特定行为；五是执行和控制，为保证成功的执行社区目标所要采取的行动。科特勒认为，城市营销的构成要素包括三个层次。第一层次：计划群体，包括地方和区域政府、企业界、市民等；第二层次：营销因素，包括公共设施、吸引力、城市形象与生活品质、公众等；第三层次：目标市场，包括投资者、厂商、企业总部、新定居人口、观光与商务人士等。这其中，计划群体担负着推动地区营销的任务，它利用各种营销组合，吸引目标客户进驻，从而起到活跃地方经济发展的作用。

欧洲学者对于城市营销的研究稍落后于美国学者，但其地区营销（place-marketing）

或城市营销（city-marketing）的理论研究方面已取得了相当的进展。众多学者就城市营销的内涵与目标、城市营销的战略规划与战略要素、城市形象及城市品牌化以及城市营销组合策略等，进行了广泛深入的探讨。

相对于市场经济高度发达的美国，欧洲学者展现出对市场的高度关注，他们更加倾向于从供需双方和市场三个层面考虑问题，强调对城市实施"产品化"思考，通过规划手段设计符合市场需要的"城市产品"，其城市营销研究的主要内容包括：一是市场分析，从供给需求的角度分别进行区域审核；二是目标确定与战略规划，从产品规划角度进行设计并以公共政策的形式加以执行；三是营销策略组合决策，实现发展目标及战略的各种方法措施的综合；四是阐述与评估，通过实践对所选择的规划战略进行完善与提升。

我国城市营销兴起的时间较短，还未形成系统的理论体系，但许多学者提出了自己的观点和看法。杨开忠教授认为，营销城市就是利用市场营销理念和方法管理城市，它必须贯穿体现市场需求导向和市场竞争驱动两个基本原则；康宇航等对城市营销市场细分策略进行了研究；赵正提出了城市经营的营销学思考；踪家峰博士提出要进行城市整体推销，推行 CIS 战略等。

三、城市营销主客体与消费者的界定

城市营销市场由城市营销主体和城市营销客体和消费者组成。

（一）城市营销的主体

营销城市是一项宏大的系统工程，需要城市各级政府、各类企业（包括中介组织）、全体市民的共同努力。因此，城市营销主体既包括城市政府，又包括企业和市民。政府、企业、市民作为城市营销主体，各自活动的领域和在营销城市中发挥的作用是不尽相同的。

1. 政府是城市营销的主导力量

政府是城市发展的领导者、城市建设的组织实施者、城市国有资产所有权的代表者、城市基础设施和沉淀资产的主要投资者，这就决定了城市政府在城市营销中担当重任，应做好规划工作、领导工作、指挥工作、实施工作、协调工作以及政策规章制度的制定等工作。

城市发展的主要动力虽说是社会经济发展的客观规律，但世界历史上不乏城市自生自灭的例子，城市的发展有着很多的人为可控制的因素在起作用。特别是到了现代，城市的发展越来越离不开城市领导者的决策。决策正确，城市就有可能得到更快的发展；否则，就会走向衰落。所以，城市管理者的决策作用在城市营销中是非常重要的。

2. 城市营销主体的多元化发展趋势

政府在城市营销中的作用是无可替代的。但是，随着经营规模的不断扩大和发展，经营方式的不断改变，城市营销主体一元化的现象应该改变。

尤其在加入 WTO 之后，城市营销已经完全融入经济全球化之中。企业、组织、城市的居民都是城市营销主体多元结构中重要的组成部分。

首先，企业是营销城市的中坚力量。城市营销的最根本理念就是把城市当作企业来经营。这样，城市的资产就由产品变成商品，城市建设就由简单的生产过程变成复杂的资本营运的过程。政府职能的转变要求政府不要再介入具体的经济活动过程，所以，城市营销的很多事情就得靠各类企业、中介组织来完成。所以，企业（包括中介组织）将越来越变成城市营销的中坚力量。

其次，市民是营销城市的决定力量。一方面，市民是营销城市的决定因素，作为城市主人的全体市民的文明素质、思想意识和精神状态直接影响和决定着营销城市的成效；另一方面，城市无论是物质文明、精神文明建设，还是环境的改善、形象的树立，都必须紧紧依靠市民，离开了全体市民的参与和支持，实现这些目标是不可能的。

在现阶段，我国的城市化发展水平还较低，城市的主要管理职能仍然主要集中在政府的手中。所以，城市营销的最大部分工作仍然主要由政府负责。政府必须学会处理好政府主体与企业（组织）主体、市民主体之间的关系，把各种群体的积极性调动起来，共同把城市营销做好。

（二）城市营销客体

城市营销客体即城市营销的对象，按照城市营销的定义，凡是城市所拥有的资源，包括物质的和精神的，有形的和无形的，都是城市营销的具体对象。通常包括两类：一是城市中有形的要素，比如土地、公共设施、当地产品等物质层面的城市产品；二是城市文化、居民素质、政府效率和廉政形象、服务质量、社会安全感以及城市开拓创新氛围等无形要素构成的城市产品。

城市营销的客体还可以从资源的角度分类，主要包括四个方面的资源：一是自然资源，如土地、山水、空间等自然环境资源；二是依附在自然环境之上的人力改造资源，如电力、道路、桥梁、市政公用设施等；三是人文资源，如人力、文化、科技等；四是延伸性派生资源，如信息、理念、品牌、注意力等。

概括地说，城市拥有的一切，都可以是城市营销的客体和对象。但城市之大，城市之复杂，不可能其中的所有东西都营销。所以，城市营销是有一定范围和限制的。通常的，城市土地、城市资源、城市形象是城市营销的主要要素。

城市形象和品牌是城市营销的第二要素。

土地和其依附资源是城市的有形资源，这是可以计量的，对城市来说属"经济效益"范畴，具有基础性和可计量性，对城市发展很重要。但是城市营销还要讲社会效益和环境效益，这些效益不能直接计量，但可以间接体现出来。城市形象和品牌是能够带来社会效益和环境效益的无形资产，可以在一定的条件下转化为有形资产，进而变成一种强大的生产力。因此，从某种意义上说，城市的无形资源是价值无量的。

城市形象是一个城市给人的一种综合性的感觉，是一种客观反映一个城市的历史文化积淀、城市风貌和城市居民精神状态的综合性的表现。城市形象是客观存在的，是长期积累的结果。城市形象并不只是城市的外貌，城市的外貌即城市物质环境只是城市形象的一部分，是城市的视觉形象。而综合的城市形象更多的是指城市给人的综合性的直觉形象。城市形象是城市视觉形象和直觉形象的高度统一体。城市形象是可以塑造的，通过塑造形象，把城市推销出去，是城市营销的一个非常重要的部分。

城市品牌是塑造城市形象的重要方法。重视城市的品牌建设，通过一个个的城市品牌把城市的形象塑造出来，这是城市形象塑造的一个重要的方法。城市的品牌有虚实两大部分，实的东西可以是城市的标志性的自然或人为的建筑，如巴黎的埃菲尔铁塔、美国纽约的自由女神像、悉尼的歌剧院、三亚的鹿回头、广州的五羊雕塑等，这些都是城市的品牌。虚的东西则包罗万象，连城市企业的著名品牌都可以是城市的品牌。城市的品牌更多的则是指虚的东西，它可以是城市的历史（古都是西安的一个形象），也可以是城市的资源（桂林是旅游城市）。城市的某些方面突出的成就也都可以当作城市的品牌，例如大连市原市长薄熙来经常讲的"我们大连的名片"如马家军、服装节、足球等，就是某行某业的突出业绩，它们都是大连的城市品牌。

（三）城市营销的消费者分析

消费者，即目标市场，是城市营销针对的对象。按照科特勒的地区营销概念，消费者主要包括游客、居民和工人、商业和企业、出口市场四类。倪鹏飞博士认为，出口市场实际上是属于由商业和企业部门完成的价值的后续实现，而商业和企业的行为决策也最终是由人来完成的，认为城市营销的目标市场就是不同的消费者群体，主张按其流动性强弱划分为旅游者、居民和投资者三类。

（1）旅游者。为了与本地居民休闲旅游区别，可将旅游界定为：旅游是人们在异地进行短暂访问旅行等活动形式的总称，异地性和短暂性是其基本特征。因此，旅游者主要指城市的外部游客。由于旅游者具有短暂性特征，流动性较强，因而为城市营销的强流动性市场。由于特征不同，需求也就存在差异。旅游者市场比较关注城市的自然风光、历史文化、市容市貌，以及城市具有特色的商业产品和食品等。

（2）居民。相对于旅游者的短暂性特征，居民比较稳定，属于弱流动性市场。人口数量是评价城市规模的一个重要指标，城市发展需要一定人口数量的存在，城市化过程就是吸引外来移民集聚的过程。城市的人口集聚也带来了各种经济因素的集聚，产生了经济发展的各种机会。城市越大，这些机会越多。

居民对城市的需求主要体现在生活环境和基础设施方面。从扩大城市规模的角度来看，城市如果想要吸引外来移民，必须构筑适宜的居住环境，根据不同阶段的消费者群体特征完善相应内容的建设。如吸引年轻家庭需要重点关注教育和安全方面的问题，而对于老年家庭来说，文化、游憩等休闲设施则是其考虑的主要方面。

（3）投资者。投资者的流动性界于消费者和居民之间，为中性流动市场。投资者是非常特殊的群体，他们可能会在城市中设立行政机构并组织生产，成为城市居民；也可能对城市进行考察之后利用当地资源进行产业开发，而本身不与城市发生太多联系，只是不定时地光顾城市，对其投资项目进行检查和指导。

投资者对城市产品的需求更多地体现在经济功能方面。一般而言，他们非常关注城市中同类或相关产业的发展状况，城市是否具备比较完善的产业链，以及城市生产设施的布置情况。

第二节　城市营销战略管理

一、城市营销环境分析

城市营销的影响因素主要是指城市的内外环境，包括：城市的历史基础及地位、城市的经济地理位置、城市发展的国际背景和国内背景、城市的发展条件和基础、城市的产业现状和区域地位、城市人口和经济规模、城市的职能分工和发展方向、城市与其他相关城市的关系、城市的区域影响及地位、城市的区域基础及城市与区域关系、国家或经济区域对城市发展建设的要求和区域分工任务等。城市环境分析就是在认清外部环境背景（国际环境、国内环境和区域环境）的前提下，对内部环境因素进行分析，明确本城市发展所具备的优势、劣势，以及面临的机遇和威胁，为城市定位奠定基础。

（一）城市营销环境的类型

城市营销环境分类具有多种方法，按照不同的分类标准，可以把城市营销环境分为多种类型。

（1）按城市营销环境的层次，分为宏观、中观和微观环境：宏观环境是从整个国家角度去考虑，包括国际和国内环境；中观环境主要是指地区环境和行业环境；微观环境是指城市本身的内部环境。

（2）按城市内部环境因素的物质形态，分为硬环境和软环境：硬环境是指与城市营销活动直接相关的物质条件，又称为环境硬件，是有形要素的总和，包括公共产品和自然地理条件；软环境又称环境软件，即非物质条件，主要包括政治、经济、法律、政策、文化等方面因素。硬环境和软环境是城市营销环境分析的重点，只有充分了解这两个方面，才能明确城市的长处和特点，进而对其做出正确的定位。

（3）其他划分方法。

城市环境分类还包括以下几种：社会经济、物质技术与自然地理三大类；物质环境和人际环境两大类；投资气候、基础设施和自然环境、社会经济建设等几大类。

（二）城市环境分析目的和任务

城市环境分析指全面审视城市的社会经济特征、人口规模结构、产业经济特征、房地产、自然要素、交通设施、社区发展、游憩文化资源、教育科研和社会治安等内容，全面理解城市发展的内外环境背景。其目的是弄清在时代背景下，与其他相关城市（包括竞争城市和合作城市）相比较，城市自身所拥有的产业优势、文化特色，以及面临的机遇等，由此确定目标市场以及城市发展的主要方向，确保城市定位的准确性。

城市环境分析需要进行大量的工作。从宏观来说，需要识别和分析社会、经济、政治、技术等外在环境关键营销因素，明确宏观环境形势，确定现在及未来一段时间发展趋势与方向；从微观考虑，需要基于资源和市场分析，充分了解本城市以及同区域相关城市拥有的资源和要素等微观情况，明确自身的优势和发展前景；从时间纬度考虑，需要进行历史分析，追溯城市发展的历史以及寻找影响今日城市发展的"历史依赖"因素，明确历史文化特色等。

城市环境分析的结果使营销主体确定自身的优势和劣势，为下一步的城市定位奠定了基础。

二、城市营销 SWOT 分析

一个城市要想在激烈的城市群落竞争中赢得相对优势，必须制订明智的竞争战略。而要制订明智的竞争战略，就必须对自身资源的优劣势和外部环境所面临的机会与威胁有比较清醒的认识。优势、劣势、机会与威胁，是城市营销战略家进行外部环境分析和内部能力评估后所得出的评价结论。城市需据此进行战略决策。S、W、O、T 分别是英文"优势"、"劣势"、"机会"和"威胁"四个单词的第一个字母。SWOT 模型就是将城市的关键优势、劣势、机会和威胁一一列举出来，然后对应搭配，从而形成可行的战略方向，供城市营销者选择。

（一）城市内部资源优势/劣势分析

波士顿咨询公司的负责人乔治·斯托克提出，能获胜的企业是取得企业内部优势的公司。因此，每个城市都要定期检查自己的优势与劣势。

通过下面三个步骤，可以把握住城市的优势并制订出发挥城市优势的策略。

1. 评估资源

城市的资源可以分成两个形态来加以评估。①有形资产，指城市内的人、物、财、资产大多是可以量化的、具体存在的。例如建筑物、道路、绿化的环境、通信设施、财政资金、旅游景点、稀有的土地、经济开发区、星级酒店等；②无形能力，指城市如何满足客户及胜过竞争对手的专有能力。无形能力多半不能量化，例如城市居民的创业精神、市场的专有诀窍、知名品牌、技术创新、企业家及职业经理人才、信誉、沉淀的优秀文化、技术力、创新能力等。

城市营销就是通过运用这两种资源达到城市营销的目标。城市的优势是从资源滋生的，但是资源本身不一定会产生盈利点，除非能采取一些正确的行动。

2. 认清优势

通过评估资源的分析，城市的各项资源都清晰地呈现，需要进一步明确城市的优势。城市的优势是指城市拥有的资产和能力，城市对其进行某种组合后便能产生力量，达到城市营销的目标；如果不能让资源充分发挥作用或进行了不当的组合，都无法形成城市的优势，惟有妥当地组合资源才能发挥城市的优势。

3. 评估优势及劣势对未来的影响

评估各项城市的优势对城市产生的价值，价值的大小基本上取决于目前资源投入的状况以及未来是否有更多的资源投入。由于城市营销就是要充分发挥城市优势的价值，所以那些能够增加城市的竞争力或满足潜在顾客的优势，将带给城市未来发展更大的机会。

（二）城市外部环境机会/威胁分析

卓越的城市营销者对其城市营销采用从内到外的思维视角。他们认识到，城市营销环境一直在不断的创造机会和威胁，持续监视和适应变化的环境是命运攸关的。

城市与其供应商、中间机构、顾客、竞争城市和公众都在一个更大的宏观环境力量与趋势中运作，它创造机会，也带来威胁。这些力量是"不可控制的"，但城市必须监视和对此作出反应。随着全球面貌的迅速变化，城市必须监视以下几种主要力量，即人口、经济状况、社会文化、政治环境、科学技术和自然环境。

（1）人口。城市是由人汇集而成的，因此人口的多寡、性别、出生率、死亡率、年龄结构、家庭人数、地区人口数等变化，对城市的短期和长期营销企划都具有深远的意义。

（2）经济状况。经济状况的好坏关系着消费者的购买力，实际经济购买力取决于现行收入、价格、储蓄、负债及信贷。在物价上升、实际收入相对减少的状况下，一般消费者购物时将变得十分谨慎。例如，利率居高不下会直接影响投资贷款成本，将带来城市投资的不景气。

（3）社会文化。"嬉皮"、"雅痞"、"单身贵族"、"新新人类'等族群的出现，是受社会文化演变的影响。社会文化反映个人的基本信念、价值观和行为规范的变动，它会影响城市的目标市场定位，营销活动必须符合社会文化的潮流，才能顺应消费者的需求。

（4）政治环境。市场营销决策在很大程度上受政治环境变化的影响，政治与法律环境是由法律、政府机构和在社会上对各种组织及个人有影响和制约的压力集团构成的。

（5）科学技术。科技环境的影响是爆炸性的、全盘性的，它带给我们的是一种"创造性的破坏"。

（6）自然环境。随着公众环保意识的提高，城市所面临的环保压力将越来越重，而对环保设备的投资，如废弃物的回收以及能源成本的变动等与自然环境相关的问题，会日益影响城市的经营，因此营销人员必须全盘了解他们的城市项目、包装等对环境的影响。

机会与威胁是指来自环境的变化可能带给城市的影响。机会，是环境的变化带给城市的相对竞争优势，例如，北京成功地申办 2008 年的奥运会，这对北京来说就是一个极大的发展机会；西部大开发和振兴东北的政策出台，使得西部和东北各城市的基础建设和相关产业的投资市场呈扩大趋势。机会成功可能性的高低取决于获得机会的成功关键因素是否正是城市所拥有的优势；威胁是机会的反面，指环境的变动可能带给城市的不利后果。例如，2004 年中央政府执行宏观调控政策，对各地开发区进行清理、压缩信贷投资规模等，对城市加快投资建设带来结构性的影响。威胁可以用威胁发生的可能性及其对城市造成危害的严重性来评估。

SWOT 分析能明确给出城市目前所处的市场地位，城市未来面临的机会和威胁。通过机会及威胁分析、优势及劣势分析，就可以清晰地把握城市的下列状况：

（1）了解某城市有关的外在环境。了解现实环境中有哪些关键因素会影响城市的发展。

（2）了解某城市本身的内在环境。通过对前期业绩和策略的评估和对城市优势及劣势的分析，客观公正地分析城市的内在环境。

（3）指出城市应该走向何处。整理出城市未来将可能面临哪些重大的市场机会及遇到哪些威胁，列出城市未来该朝向何处发展的优先顺序。

（4）指出城市能向何处发展：在彻底分析了城市的优势及劣势后，指出哪些是可以发展的方向，又有哪些是城市有能力去发展的。

三、城市目标市场分析

（一）城市营销市场细分的概念和意义

城市营销市场细分是指城市营销主体根据城市消费者的不同需要和特点，结合现有的城市资源，把城市消费者划分为若干个具有相似需要、可以识别、规模较小的消费者群体的分类过程。城市营销市场细分的过程，可以看做是城市营销者采用适合城市发展的细分策略作用于城市消费者的过程，是两者相互认识、彼此接近的过程。

城市营销市场通过细分，被区分为不同的子市场，任何一个子市场的城市消费者都有相类似的消费需要，而不同子市场的城市消费者则存在需求的明显差异。城市营销市场细分的出发点，是辨别和区分不同消费需要的城市消费群体，以便更深刻、更细致地识别某一部分城市消费者的需要，从而寻找与城市资源条件相适应的城市消费者市场。通过市场细分，每座城市就能创造出更适合于目标消费者的城市产品和服务，如果竞争者也注重细分，各个城市都将面临较少的竞争对手。

城市营销市场细分是现代城市营销的重要内容，对于城市的营销实践有着重要的意义。

1．有利于合理利用城市资源

任何城市拥有的资源都是有限的。在城市之间的竞争日益激烈的情况下，通过市场细分能够发现目标消费者的需求特征，从而按照需求来开发城市有限的资源，突出供给特色，提高城市竞争力。特别是一些欠发达城市，更应深刻认识市场细分的重要性，准确地发现和选择自己的细分市场。

2．有利于发现市场机会

在一个大市场上，各个城市都可能随时遭遇竞争对手，但城市营销者若能发现市场上尚有未被满足的需求，就能挖掘出另一个差异化的市场。在这个市场上，这座城市就可能没有竞争对手，或者没有那么多、那么强的对手。城市营销成功的秘诀之一，就是善于进行市场细分。

3．有利于提高城市效益

城市的效益取决于城市能否满足城市消费者的需要。通过市场细分，城市可以集中力量服务于少数几个细分市场，了解消费者未得到满足的需求，掌握其发展趋势，以此来生产和改善城市产品和服务，从而提高城市的经济社会效益。

（二）城市营销定位

城市营销定位，就是城市营销者为了实现特定的经营目标，根据目标市场的特点以及城市自身条件，为城市在目标市场上确定一个适当的位置，在城市消费者心中树立起特有的城市形象或个性特征的过程。通俗地讲，城市定位的过程就是充分挖掘城市的各种资源，对城市如何发展的问题加以界定，即要把它建成什么样的城市。

现代城市发展的历史表明，每座城市在营销过程中都不可能满足所有城市消费者的需求和欲望。一座城市的营销目标只有集中于有限的城市消费者市场，才有可能在目标市场上形成竞争优势。为此，城市营销者应运用城市营销市场细分策略进行目标市场的准确定位，确定适合自己城市发展的目标市场，从各方面培养和强化自身的特色，塑造特定的城市品牌形象，以求在顾客心目中形成一种特殊的印象和偏好。

合理的城市定位不仅可使大城市在城市分工与协作的基础上发展自身，而且可以把中小城市推向世界。

城市定位是环境分析的直接结果，需要考虑其历史沿革、地理区位、人口结构与规模、产业结构、资源要素，以及相关城市的情况等各个方面，了解城市功能体系内部结构的特征，对城市发展的脉络形成较为完善的认识，挖掘特色，明确其方向和前景，最终确定城市形象和目标市场，使城市建设朝着富有个性化的方向发展。

城市定位应当遵循以下五个原则：①实事求是原则；②激励原则；③相对优势原则；④互补原则；⑤可持续发展原则。其中，实事求是原则是前提，统领着其他四个原则。

城市营销定位是多方面的，一般来说主要有规模、功能、主要产业、个性上的定位，每个城市应根据各自条件进行科学的定位。具体的，各个城市在进行定位时，首先要考虑自己的资源优势，应根据自己的资源、区位、市场、历史沿革、发展潜能以及总体规划，实事求是地、科学地进行定位；其次，还要考虑社会公众对定位的认同。如果定位与公众心目中已有认知相差太远，即使定位再宏大，也不会被公众接受和承认。

第三节　城市营销组合策略管理

一、城市营销产品策略

城市营销的产品，即城市产品，是指在一定时期内，可以由城市政府直接或间接地运用政策或市场手段提供的，并能满足城市消费者需求的各种城市资源的总和。城市政府主要是通过提供优质的城市产品，吸引更多的城市消费者，从而实现城市经济效益、社会效益和环境效益的最大化。城市产品主要包括：社会公共事业与基础设施的建设，城市经济发展的宏观调控，各种政策、法律法规的制定，城市社会风气的培育等。

城市产品由四个基本层次构成：

（一）第一层次：核心产品

核心产品是指城市产品中能够满足城市消费者最基本需求的部分，也就是通常所说的城市性质。城市产品的核心，就是满足城市消费者在城市投资、消费过程中的一系列需要。核心产品是城市产品实质的体现，通常以钢城、煤城、纺织城、旅游城等形式表现出来。

（二）第二层次：形式产品

形式产品是围绕核心产品建立起来的、以满足城市消费者需求的具体表现形式。这是城市吸引消费者的最基本条件。形式产品包括：满足居民需求的"生活产品"、满足企业需求的"创业产品"和满足旅游者的"旅游产品"。

（三）第三层次：扩大产品

扩大产品是城市营销者为了更好地满足城市消费者的某种特定需求，而提供给他们与该项需求有关的一切附加利益或服务。这种附加利益和服务通常是其他城市竞争者所不能提供的，是城市所特有的，如法律法规、政府行政以及社会风气等。扩大产品能把本城市的产品与其他城市竞争者的产品区别开来，所以扩大产品是被城市营销者作为差异化战略而使用的。

（四）第四层次：潜在产品

潜在产品是指城市最终可能为城市消费者带来的利益，即城市的发展远景。城市消费者在选择是否进驻城市时，既考虑城市当前的状况，同时也会评估其今后的发展变化。在特定的情况下，这种变化甚至在城市消费者的决策中起关键性作用。

城市产品的四个层次体现了以城市消费者为核心的营销理念，使城市营销工作能够真正地以城市消费者的需求为导向。同时，城市产品概念有利于城市营销者制定符合城市自身发展的营销策略。例如，城市营销者可以根据核心产品进行城市的准确定位；根据形式产品不断完善城市基础设施建设；根据扩大产品制定具有城市特色的城市差异化策略，增加城市吸引力；根据潜在产品制定城市营销的长远发展规划，使城市营销活动有的放矢。可以看出，城市产品的复杂性要远高于企业产品，这也决定了城市产品与企业产品相比有其自身的特点。

按城市营销的市场及其需求，还可将整体城市产品进一步细化，分为人居生活类产品、创业投资类产品和旅游休闲类产品。其中，人居生活类产品包括满足居民、雇员需求的一切城市软硬件环境，如市民生活措施、教育及培训水平、就业环境、社会治安及城市环境的清洁度、舒适度和优美度等；创业投资类产品是能够满足企业和投资者创业、成长和发展的一切城市软硬件环境，包括区位优势、基础优势、市场准入、地方生产要素、人才、金融支持、经济活力、政府服务等；旅游休闲类产品是满足游客、房客需求的一切城市软硬环境，包括旅游景点、配套设施、交通服务、接待服务等。上述每一类产品，还可以按需求进行进一步的细分和归类。

二、城市营销价格策略

与企业产品的价格不同，城市产品的价格很难用货币价格来表示。当然，有些城市产品如房地产、餐饮、交通、博物馆、旅游景点等可以用货币价格衡量，但这仅是城市产品中非常有限的一部分。

城市的价格更多地要从城市顾客的成本角度来认识。比如，居民的生活成本、企业的创业成本、投资者的投资成本、游客的旅游成本等，从成本角度可更准确地理解城市产品的价格。如英国《经济学人》集团旗下的"经济学人情报组"2004年公布了一项名为"全球最昂贵城市排行榜"的调查结果。根据这项调查，日本东京仍是全球最为昂贵的城市，紧跟其后则是日本的大阪神户。排行榜上前10名中的后8个城市均在欧洲，依次是法国巴黎、挪威奥斯陆、丹麦哥本哈根、瑞士苏黎世、英国伦敦、冰岛首都雷克雅未克、瑞士日内瓦以及奥地利维也纳。从其所选取的评价指标来看，主要是人居生活成本高。也就是说，这些城市的人居生活类产品价格全世界最贵。

相对于顾客需求而言的某项城市产品的价格，往往是其所包含的更细化的一组城市产品价格的反映。比如投资者到某地投资设厂，就是对一组城市产品（软性和硬性的投资环境）的"购买"和"消费"，其成本包括：土地价格、运输成本、劳动力素质、劳动力价格、税收政策、政府服务的有效性和便利程度、社会服务的专业性和便利性程度等。相应的，城市收获的是税收、就业和当地消费增加等一组复杂的收益。可见，企业市场营销中建立在量化分析基础上的定价策略（如成本加成法等），很难直接挪用到城市营销中来。

然而，正如经济发展与合作组织（OECD）的一项研究显示，过度依赖土地、能源价格及税收等优惠策略来吸引国外直接投资，会造成地区间的恶性竞争，长期来看对地区的发展有害无益。真正能够增强地区竞争力和持续发展的引资策略应该是改进地区投资软环境，特别是技术创新、综合服务能力及营销能力等，这一研究成果，值得发展中国家的城市营销者深思。

三、城市营销渠道策略

城市营销渠道是指能够面向城市目标市场推广城市产品、宣传城市形象的相关中介或关系网络。作为城市营销组合要素之一，渠道策略基于城市营销战略规划，解决城市产品推广、城市形象传递的可及性（accessibility）问题，从而达成城市顾客获得城市产品的便利性。城市营销渠道大致可分三种类型，即组织类型、活动类型和互联网类型。其中，组织类型包括本地及有辖属关系的各级政府部门（如政府新闻部门、旅游局、招商局、文化局、外事局等）、非营利机构（如商会、行业协会等）、非正式社会组织（如同学会、宗亲会等）、科研学术机构、传媒、中介/顾问机构、企业及城市其他合作伙伴等；活动类型包括指定期或不定期举办的、有一定影响的大型活动或事件（如博览会、论坛等）；互联网类型主要指各类与城市营销有关的网站（如投资服务网、旅游咨询网等）。

设法使城市的产品和服务比竞争对手的更易获得，是渠道策略的关键。因此，城市营销的渠道选择与渠道合作机制建立，要结合营销目标等战略安排，同时顾及城市所能达到的组织能力以及关系网络（network of relationships）资源的整合能力。当然，核心任务在于达成目标市场（现有顾客和潜在顾客）的便利。

四、城市营销促销策略

在城市营销组合中，促销要素旨在就城市产品和顾客需求之间达成及时的交流和充分的沟通，以更好地树立城市形象、促进城市产品推广以及加强与渠道网络的合作关系。城市促销是城市营销实践长期以来最常见的形式，至今已积累了丰富的经验。

科特勒等在其地区营销的系列论著中，就促销与沟通作了详尽的阐述，包括：使用何种沟通工具，如广告、公关关系、直销、销售促进、人员推销乃至歌曲、体育运动等；选择何种媒体；如何把握宣传的时机；如何开发媒体组合策略；如何评估沟通与宣传的效果；如何处理相互冲突的媒体渠道关系等。

要达到良好的效果，就要设法使这种"说"变成一种"对话"，一种双向的交流与沟通。这就需要研究城市顾客的态度、行为方式，以对应选择最适合的沟通模式。这是城市营销者应予以重视和探究的。具体地讲，促销城市常见的方法主要有新闻、广告宣传、公共关系等。

五、城市营销人员策略

在提供城市产品或服务的过程中，"人"（people）和"顾客满意"（customer's contentment）是一对不可或缺的因素。

一方面，城市营销的参与者组成人员是生产、创新城市产品，提供相关服务的主体，城市营销规划机构、执行机构的员工，以及城市管理、市政服务、旅游服务、投资服务等相关机构的从业人员，其工作的态度和水平也是决定当地市民、企业和外部的游客、投资者等城市顾客对城市产品满意程度的关键因素之一。正确选用、组织、培训和激励相关的人员，是努力提高城市产品和服务质量工作的一个组成部分，对于城市顾客的购买决策和"购后协调"都具有重要的意义。因此，人员策略，实质是以顾客为导向的城市营销组织人力资源开发和管理的问题。

另一方面，市民的参与和贡献也是影响城市顾客满意度的关键因素之一。市民本身是营销过程的参与者，其意见和建议对于营销的规划和执行相当重要。更重要的是，市民在创造良好友善、有活力和有吸引力的城市氛围，提升城市内外顾客满意度方面发挥着不可替代的作用。市民的价值取向是城市投资软环境的重要指标之一，市民的态度和平均素质正日益成为评价城市旅游业发展的重要指标。

六、城市营销过程策略

城市营销过程既指城市产品的提供和运作过程，也指城市营销策略实施的连续性，具体表现为城市产品或服务交付给顾客的任务、流程、组织活动和日常工作。在城市营销中，城市顾客通常把产品或服务的交付系统感知为城市产品本身的一个部分，其利益或满足，不仅来自城市产品本身，同时也来自对产品交付过程的感知和体验。当城市产品之间差异性不甚明显时，"过程"就会成为竞争优势的重要来源之一。

城市产品的多元性、复杂性以及城市顾客需求多元性和复杂性，城市营销中的过程管理所面临的最大挑战，就是策略实施的"连贯性"（consistency）问题。在营销执行过程中，各种利益相关者的意见可能相互冲突，特别是政府的平行职能部门，很难指导或协调其他的部门。如果没有一套合理的机制加以管理和协调，可能会陷入无休止的争议，也可能导致有风险的妥协，这些都可能使城市营销的执行特别是产品交付过程的连贯性受损。

因此，从营销执行的连贯性、一致性角度，来设计、确保产品交付的过程管理规范，是过程策略的基本要求。加强过程管理中的领导力，以及建立有效的产品交付"过程协同机制"是过程策略的关键。这就对城市营销的领导和执行机构在管理方面提出了更多、更高的要求。

七、城市营销有形化策略

"有形化"（或称"有形展示"）是指一切可传达城市产品特色及优点的有形组成部分。城市产品是综合的和抽象的，难以感知和评价。但顾客感官对与城市产品相关的有形物的感知及由此所获得的印象，会直接影响到顾客对产品价值和城市形象的认识与评价。

服务营销理论认为，有形化策略应体现并促进营销策略。有效的城市营销有形化策略重点应聚焦于三方面的信息，即物质环境、信息沟通和城市产品价值的信息，它们影响着城市顾客对城市产品质量的期望与判断。依此设计城市产品的有形展示手段，并努力与城市营销整体策略达成相互支撑、相得益彰的效果，在城市营销策略执行过程中往往会收到出人意料的效果。

在城市营销实践中，有形展示策略应该遵循以下三条原则：一是诉诸顾客的感官、提供顾客关注的信息；二是所传递的信息要真实；三是策略目的不在于吸引顾客一时的眼球或兴奋，而要致力于发展城市及其顾客的长期信赖关系。

第四节 城市品牌经营

城市品牌是城市消费者对城市独特个性的一种综合印象和心理感知，是城市的名称、标志、声誉、承诺、历史传统、地区文化、人文风情等要素的总和。城市品牌塑造是一项社会化的系统工程。

一、城市品牌定位的原理

城市品牌定位是指城市消费者对城市独特个性的认知，消费者对城市品牌导向性、差异性、真实性的体会。城市品牌准确定位会增加城市消费者对城市品牌的认同性，树立城市品牌在消费者心目中的美誉度，如图 11-1 所示。

二、城市品牌定位原则

城市品牌定位的核心思想是以人为本，终极目标是最大限度地满足人的精神需求和物质需求。在市场经济条件形成以前，许多城市的品牌并不是人们有意识建立起来的，而是在城市自身的发展过程中逐步自发形成的。在市场经济条件下，城市品牌成为各城市间竞争的需求，许多城市也越来越重视城市品牌的建设。城市品牌的定位应遵循以下规则：

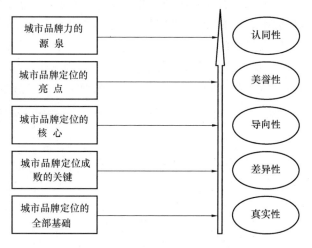

图 11-1　城市品牌定位的原则（范小军，2008）

（一）特色性原则

没有特色的城市就失去了城市的魅力和灵魂。城市只有根据自身所处的自然资源环境的特点、城市自身的历史形成和文化特点以及工农业产业不同的布局打造独特的地域特色，既保持自己的传统地域特色，又在此基础上进行创新改造，制造自己独有品牌，才能使城市在差异化竞争中显现出来。

（二）真实性原则

要求在定位城市品牌时一定要根据自身的情况真实定位，不能夸大、虚假。如果不符合自己城市的特点再好听的名字也不会提高城市的竞争力和知名度，对城市的发展也没有任何意义。

（三）引领性原则

由于各种原因，一些城市在历史发展过程中形成了一些不利于城市品牌发展的称呼。这些称呼不仅没有积极意义，而且只为一部分城市公众认可。在城市品牌的建立过程中，要树立对城市发展有积极的推动作用，对内有凝聚力、对外有吸引力，富有积极导向作用的城市品牌。

（四）认可性原则

城市品牌不仅要得到官方的认同，重要的是也要得到市内外广大民众的认同。这样才能使城市品牌扎根于社会公众，城市品牌也才能有生命力。

（五）美誉性原则

品牌的褒义性越高，对城市的发展和参与竞争越有力。比如"泉城济南"、"风筝之都---潍坊"都是独有的赞誉性城市品牌，使得两个城市美上加美。

（六）可持续原则

城市品牌的建立不能仅考虑短期的城市出名效应，更重要的是城市品牌的长期、稳定、可持续发展。建立城市品牌的过程是一个系统工程，要有长远规划、传统和未来结合、要和不同时期的城市发展方向相结合，并具有前瞻性。

（七）协调性原则

城市都是多功能城市。扮演着政治实体、经济实体、服务实体等多重角色，而且内部功能的发展不是齐头并进，必然有的功能起主导作用，并体现着城市的特色。因此品牌定位要把城市主导作用的特点体现出来，与城市的性质相协调。

目前尚没有成熟的城市品牌定位分析模式，许多分析模型处于提出阶段。在目前已有的研究中，山东大学马瑞华博士提出的城市品牌定位 SIC 模型相对成熟，如图 11-2 所示，他将城市品牌的定位分为三个关键点：城市空间定位、城市产业定位和城市品类定位。通过图 11-2 的描述可以看出：该模型主要从城市功能设置、城市产业发展、城市独有的竞争力和城市品牌四个之间的关系考虑确定城市品牌的策略。

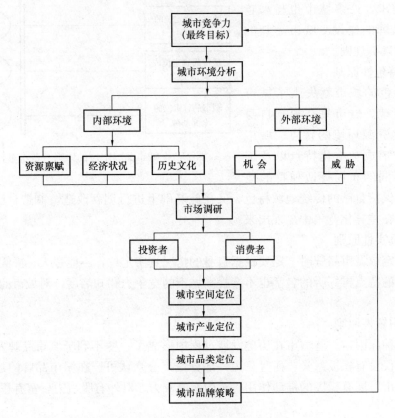

图 11-2　城市品牌定位的 SIC 模型

三、城市品牌传播机制

城市品牌管理的任务不仅仅是清晰的规划勾勒出城市品牌的核心价值，对城市品牌的保护与传播也是至关重要的，而这项工作是漫长又艰巨的，它需要在以后的几十年，乃至上百年的城市品牌建设和传播中，始终不渝的坚持城市的核心价值。具体的城市品牌的传播可参照图 11-3，从以下方面入手：

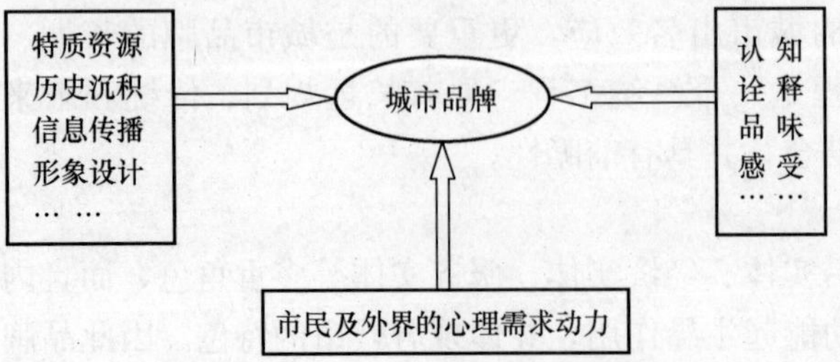

首先，精选多位的元素，锁定城市的核心价值，可从城市的特质资源、历史沉积、信息传播、形象设计等入手，例如：乌鲁木齐，丝路联欧亚，油海托煤船；武汉，琴台鹤楼绝唱，两江三镇善水。

其次，从市民和外界的认知、

图 11-3　城市品牌传播机制模型

236

诠释、品味、感受出发，运用联想、双关、杠杆的手段，扩展品牌元素，提升品牌品格。例如：澳门：中西风韵，博彩兼容；亳州：神医有药圃，道德成酒乡。值得一提的是，重庆市刚刚确定了"人文重庆"的品牌主题，是一个很好的增量方面创新的范例。

另外，品牌和竞争力方面的综合点评，目的是强调城市品牌是一个城市极为重要的资产，城市品牌同时也是一种特殊的竞争力。

复 习 思 考 题

1. 如何认识城市营销的主体和客体？
2. 城市营销的消费者有哪些？
3. 如何做好城市营销定位？
4. 城市营销组合策略的内容包括哪些？
5. 简述城市品牌定位的原则。
6. 试解释城市品牌定位的模型。
7. 简述城市品牌的传播机制。
8. 论述城市营销及管理策略。

第十二章　城市特征功能区管理

城市功能通常是由一些重要的区域承担的，这些区域各自某种经济社会活动相对集中，形成了其典型特征，承担着城市各种不同的功能，它们在城市区域空间上合理布局，构成了城市经济社会的空间结构，在有些城市主要功能区甚至决定了城市的性质。不同的特征功能区各具特点，发展目标及管理要求也各不相同，因此，为了搞好城市管理，城市管理主体必须重点抓好城市特征功能区的管理。

第一节　城市功能区概述

一、城市功能区的含义

城市是区域中经济社会活动高度密集的区域，由于聚集经济和市场机制的作用以及城市政府的有意识培植，使得城市经济社会等活动开始出现空间上的分异，并逐渐形成某种经济社会及生态环境相关活动相对集中的区域，这种城市某项职能或功能相对集中的空间区域，就是城市特征功能区，如行政办公区、商务区、居民社区、工业园区等。它们在区域中城市职能履行中扮演着不同的重要角色，某些特征功能区的突出表现甚至决定了城市的性质，如山西平遥的古城保护区决定了古城及旅游城市的性质，山东曲阜的"三孔"（孔府、孔庙、孔林）保护区决定了其历史文化名城的性质。

二、城市功能区的特征

城市功能区一般具有如下特征：

（1）空间的区位性。城市功能区通常是市场机制作用和政府意志的综合结果，是在城市长期的发展演化过程中逐渐形成的，不同行为主体有意识地选择其入驻区位，最终集聚形成的功能区具有鲜明的区位特征，如物流园区需要交通便利、高档社区往往环境优美等。

（2）区内的同质性。城市功能区是城市要素聚集的结果，集中分布了某种产业或某类人群，由于同类或高度相关产业或其他活动在相同区位的聚集容易获得聚集效益（外部经济性），便于利益相关者之间的联系与沟通、合作共赢，因此在经济社会活动上具有同质性。

（3）区际的差异性。正是由于城市功能区内部的一致性（同质性），才使得其比较明显地区别于其他区域，使其通常有一个大致的边界，如北京市中央商务区（CBD）约 4 平方公里具有明确的"四至边界"、金融街的 1.8 平方公里也有其明确边界。

（4）治理的社会性。城市功能区通常是根据其构成要素的类型而粗略划分的，不一定完全对应于城市政府的管理层次，如北京的中关村科技园区、中央商务区（CBD）等都设有专门的管理委员会，同时区域内的行为主体自治及参与治理的程度较高。

三、加强城市功能区管理的意义

随着城市的发展、规模的扩大，城市系统的复杂性提高，城市功能区的形成便成为一种必然，并在城市经济社会运行中起着极其重要的作用。以北京市为例，全市六大主要功能区对经济发展的作用如表 12-1 所示。因此，加强城市功能区管理，培植和强化其主体特征功能，对于促进城市的健康协调发展，具有十分重要的意义。

北京市六大功能区经济总量及产业发展现状表　　　　表 12-1

功能区	增加值（亿元）2005 年	占全市 GDP 比重（%）2005 年	主　要　产　业	增加值（亿元）	占功能区增加值比重（%）
中关村科技园区	966.9	14.0	通信设备、计算机及其他电子设备制造业	224.8	23.3
			信息传输、计算机服务业及软件业	257.6	26.6
			科学研究、技术服务和地质勘察业	123.1	12.7
金融街	796.1	11.6	金融业	570.0	71.6
北京经济技术开发区（新城）	250.2	3.6	制造业	222.4	87.2
			其中：现代制造业	156.4	62.5
中央商务区（CBD）	217.0	3.2	现代服务业	160.0	73.7
			其中：商务服务业	53.3	24.6
			金融业	39.8	18.3
			房地产业	38.7	17.8
			信息传输、计算机服务和软件业	21.9	10.1
临空经济区（顺义）	235.1	3.4	交通运输、仓储邮政业	99.6	42.4
			交通运输设备制造业	54.7	23.3
奥林匹克中心区	84.7	1.2	文体产业、批发和零售业	28.1	33.1
			交通运输、仓储邮政业	14.4	16.9

注：1. 表中数据为北京市统计局初步核算。

　　2. 资料来源：北京市发改委：《关于北京市 2006 年国民经济和社会发展计划执行情况与 2007 年国民经济和社会发展计划草案的报告》解读三《产业发展与自主创新》。

一是有利于管理效率和质量的提高。城市功能区承担着城市的某项特定功能，城市功能的分工及专业化决定了其管理的分工及专业化，使得管理主体更容易集中各种管理要素或资源，专注于功能区的管理和服务改善与创新，从而提高城市区域管理效率与质量。

二是有利于城市空间结构优化及土地的集约利用。城市特征功能区是在政府指导与调控下通过市场机制而逐渐形成的，是行为主体有意识作用的结果，这有助于实现"优地优用、合理配置"，土地使用者将在规划限制下最大限度地开发利用土地，实现土地节约集约利用。

三是有利于城市品牌的塑造和城市竞争力的提高。通过精心着力打造某些特征功能区，加大其形象塑造及营销经营，扩大其影响，提升其竞争力。例如，上海的陆家嘴金融服务功能区已经使上海成为亚洲地区的金融中心，秦皇岛的沿海旅游度假区已使该市成为著名的旅游休憩城市。

第二节　CBD　管　理

一、中央商务区的界定

中央商务区（CBD-Central Business District）的概念最早产生于美国，当时曾被定义为"商务汇集之处"，是由美国社会学和地理学学者伯吉斯于 20 世纪 20 年代提出的。CBD 的定义众说纷纭，在总结国际学术界理论成果和国际大都市经验的基础上，汤建中在"上海 CBD 的演化和职能调整"一文中提出了"CBD 是位于城市中心，围绕地价峰值周围的第三产业高度集中地区；是以中心商业和中心商务两大职能为主体的全市核心功能区"。国际上著名的 CBD 区有：纽约的曼哈顿、巴黎的拉德方斯、东京的新宿、香港的中环等。

纵观国内外 CBD，可归纳其如下特色：

（1）全球化的 CBD。新经济时代，CBD 引领发展的作用显得更为重要。CBD 作为市场与国际竞争与合作的龙头和基点，将率先与国际接轨，仿真国际环境，执行国际规则。CBD 触觉伸向全球，CBD 与全球经济脉搏一起跳动。它应及时地受全球经济的影响并影响全球。

（2）生态化的 CBD。本着"天人合一"的理念，未来 CBD 作为多功能性区域，将保持较好的自然生态和人文生态。清洁和绿色是未来 CBD 的基本特征。

（3）精巧型的 CBD。顺应全球网络化趋势和中国都市的产业规模和层次，未来的CBD 将以小而巧、小而精取胜。交通顺畅、舒适、便利，环境优美，空间丰富是关键。独特的自然景观衬托局部林立的高楼，优美的商务公园萦绕着别具一格的商务、生活和旅游设施。

（4）模糊性的 CBD。汲取国际经验教训，为保持其持久繁荣活力，CBD 应该是开放、综合、连续性的。CBD 尽管是以商务为主，但它的功能会进一步多样化，融金融、贸易、展销、文化、购物、旅游、服务等功能及商务写字楼、公寓为一体。

（5）虚拟化的 CBD。CBD 首先是都市的信息港。同时都市的互联网和电子商务的发展，电子传输的商务技术的更新，多元通信技术的整合，可以使商家和企业冲破地域的限制，心在 CBD，身在世界。

（6）弹性化的 CBD。全球化、新经济以及中国城市的快速发展，要求 CBD 必须以变应变。CBD 的规划建设要留有余地、保持弹性。CBD 应具有适应世界改变和发展与人的需求的变化特性，既适应当前又符合未来，始终保持其青春和活力。同时，CBD 内政府和企业及相互间应保持弹性关系。

（7）个性化的 CBD。中国各都市特有的自然风貌和文化传统为 CBD 的个性化创造了条件。当地自然风景、历史胜地、产业和繁华都市的相互交融、相得益彰；当地传统和多样化的外来文明的激励兼容形成了独具特色的文化。是内在气质和外表景观、生态和人文的结合。

（8）学习型的 CBD。作为发展中国家，中国都市 CBD 刚刚起步，作为引领都市经济发展的核心区域，需要通过学习实现创新。CBD 竞争、开放、交流、变革文化以及优秀人才的密集及其交往的便利，为学习型 CBD 创造了软件环境。

二、中央商务区的特征与功能

（一）中央商务区的一般特征

1. 中央商务区通常是城市经济活动最为繁忙的地区，一般拥有大量的大型商场、银行、旅馆、娱乐及文化设施等，经济活动密度较大。

2. 中央商务区人口数量的昼夜差别很大，白天人们到此购物、办事，川流不息，夜晚人员减少。到了晚上十二点之后，这里却一片萧条，商店大门紧闭，路上行人稀少。

3. 中央商务区建筑物高大稠密，一般位于城市的中心区，或接近城市的人口重心。商务中心区具有很多标志性建筑，既代表着都市的形象，也象征着企业作为推动社会发展动力的勃勃生机。

4. 中央商务区内部存在着明显的分区，在水平方向上，区域中心以零售活动为主，周围是银行、保险等商务机构的办公室及小酒店；在垂直方向上，零售店多在较低层，办公室多在较高层，中间多为一般商业活动所占用。

5. 商务中心区具有明显的聚集效应，有全球性的或者很大区域内的经济吸引力和辐射力。中央商务区在发展的过程中随着聚集效应的增强，将会极大地加大大都市对周边地区的影响，产生对周边地区产业结构的明显的波及效果。

（二）中央商务区的功能

中央商务区的功能定位包括以下几个方面：

1. 贸易服务功能

中央商务区一般都要具有完善的国际贸易服务体系，发挥调配国际资源的作用，能够为海内外商贸机构和代理机构从事货物贸易、服务贸易、技术贸易、直接贸易和间接贸易提供条件。

2. 金融服务功能

中央商务区应发挥金融服务和国际融资的功能，提升城市经济在区域经济中的金融控制能力。国际金融和保险的营运功能应由中央商务区来承担，要集聚一批中外资银行、保险公司和非银行金融机构，提供国际投融资、资金拆借、外汇交易、集团贷款、银行支付结算、资产管理、保险和再保险等先进全面的金融服务，实现国际资金的有效配置。

3. 物流服务功能

中央商务区要聚集一批国际物流的营运机构，为本地及外部的发货人及收货人提供高效的服务，便利货物的存留。

4. 专业服务的功能

中央商务区要能够为跨国公司、外商投资企业和国内大公司提供多元化、规范化，符合国际惯例和高效率的专业服务，要拥有一批法律、会计、咨询、中介代理等方面的高素质的专业服务机构以及开放的服务市场。

5. 旅游休闲功能

中央商务区不仅是现代化、国际化的重要标志，也将是充满人文气息、生活情调、绿色环保、功能完善的城市的有机组成部分，成为向世人展示现代化城市和高品质城市生活的优美空间，它是城市现代化景观的重要标志。

6. 品牌传播功能

中央商务区是跨国公司、知名企业和机构实力及其品牌传播的最佳媒介。现代商务中心区是高等级现代商务办公和生产服务产业集聚之所，具有强大的辐射效应，是城市经济和国家竞争优势的精华所在。

7. 国际信息中心功能

独特的城市区位优势和功能定位要求中央商务区应占据国际信息中心地位，成为国际重要的经济、政治、商务、文化信息的集散地和传播中心。

8. 国际商务中心

现代国际化大都市发展的经验表明：现代国际大都市的竞争优势主要来源于其管理决策功能、金融控制功能和生产要素集聚功能。

三、建设中央商务区的政策建议

知识经济时代的来临为大都市的经济发展提供了新的契机，同时也提出了新的挑战。如何应对新时代的要求，抓住知识经济和经济全球化的机遇，建设国际化的中央商务区，使自己发展成为国际一流的大都市。应重点在以下方面努力：

（一）明确 CBD 定位

定位是 CBD 决策环节中智力最密集的环节。根据中国区域经济发展的格局和城市群的发展趋势，我们认为：北京、上海、香港的 CBD 可定位于国家或跨国家级水平上，北京 CBD 应是跨国公司在中国的事务中心和北方商务管理和服务中心，香港的 CBD 是跨国公司在东南亚和华南的商务管理和服务重要中心。沈阳、武汉、重庆和西安的 CBD 分别是区域商务的主中心，广州和深圳、南京和杭州、天津和大连的 CBD 分别是珠三角、长三角和环渤海地区商务的副中心。

（二）做好 CBD 选址

要呼应市场需求导向，选择已产生现代服务业自发聚集，或自发聚集潜力大、回旋余地大的地区。政府既要因势利导，又要有决心，不动摇。

（三）调控 CBD 规划

规划是 CBD 建设的龙头。CBD 规划不仅要超前，并且需要适时调整，在中国，CBD更要保持权威性，为此，应邀请国内外知名专家和机构参与，作出国际一流的方案，要将其上升到法律的高度加以执行。

（四）优化 CBD 结构

要根据发展整体目标和要求，编制 CBD 总体规划，统筹安排 CBD 和副中心功能侧重，应重点突出核心区的建设，使之在较短时间内形成气候。在 CBD 内，中央商务区以金融、保险、信息咨询、商业和商务办公为主，同时注意娱乐、休闲、生活、旅游的协调发展，做到保持 24 小时全天候开放和提供相关服务。要严格控制住宅的过度开发建设，防止商务中心住宅化倾向。

（五）配套 CBD 设施

增加整个交通系统占地面积。CBD 对外交通宜采用快速、立体的交通设施；中心区内除涉及了密集的公共道路外，应增加停车设施、开辟步行街。核心区的地下人行系统之间、地下车库之间、各幢高层建筑的底部都相互联通，与城市成为一体。推进数码化生活方式及区域信息化进程，加快社区宽带工程建设。增加绿地面积，建立绿色 CBD。

（六）健全 CBD 体制

CBD 是都市重要的核心区而非临时区域，鉴于中国的体制背景，必须建立一个能够强有力的处理辖区事务和协调各方面关系的，有权威的新型的组织机构，建立一个高效精干的公司型、服务型政府，为中外各类企业提供良好的政府服务和安全稳定的社会经济环境。在 CBD 内，应逐步建立与国际接轨制度体系。同时，建立起规范性的行业协会体系，使之发挥更大的行业自律作用。

（七）繁荣 CBD 文化

CBD 的优秀人才文化背景多样，相互交换便利。政府应该着力提供频繁交流的场地、设施和组织。创造软硬环境鼓励企业频繁交流、相互协作，形成有利于 CBD 发展的自由平等、宽容轻松、无拘无束、频繁非正式交流和激烈竞争的商业文化氛围。

第三节　城市社区管理

城市社区是现代城市社会最基本的空间构成单元，因此城市社区管理是城市社会管理的基础性环节。随着我国经济体制改革的深化，城市管理的重心正在不断向"社区"转移，社区管理在城市管理中的地位和作用变得越来越重要。加强社区建设和管理、完善社区功能，是加快城市现代化发展、促进城市经济和社会协调发展的必然要求。大力推进城市社区管理，是面向新世纪城市现代化建设的重要途径。

一、城市社区的含义和类型

（一）城市社区的定义

在社会学中城市社区是指与农村社会和城镇社区相对应的一种社区类型，是指在特定的区域内，由从事各种非农业劳动的密集人口组成的社会。20 世纪 80 年代以来，人们开始在现实生活中接触到"社区"概念。我国的街道办事处、居民委员会的辖区以及各种单位大院、居民小区等都被冠以"社区"的称呼。城市社区是城市中的社区，是指城市中的一定地域内发生各种社会关系和社会活动，有特定的生活方式，并具有归属感的人群所组成的一个相对独立的社会实体。

（二）城市社区的特点

城市社区主要有以下特点：第一，地域边界较为稳定，范围较小；第二；社区的人群规模大、密度高、异质性较强；第三，公共设施较齐全，能够承担相对完整的社会功能，满足社区居民基本的物质、文化生活的需要；第四，社区内社会组织结构复杂，政治经济文化活动较集中，人们之间的联系较为密切，有较强的归属感。

（三）城市社区的类型

从地域特征和管理角度来看，城市社区主要有三大类：

1. 法定社区

这主要是指具有法定地位，其界限可明确标示在地图上的社区，尤其是指街道办事处、居民委员会两级辖区。这两级辖区的划分分别以《城市街道办事处组织条例》和《城市居民委员会组织法》为依据。

2. 自然社区

这是指人们长期共同生产生活或按照自己的意愿选择而形成的聚集区，如各种住宅小区，居民小区和新村以及城市化了的村落等。

3. 功能社区

这种类型是指由于人们从事某些专门的活动而在一定地域上形成的聚集区。一所大学、一座军营、一个单位大院等都可以是一种功能社区。这种社区一般都具有自己独特的文化和生活方式，社区成员职业结构简单，同质性较高，对社区具有明显的归属感和认同感。

三种类型社区的界限有时是重合的，有时是交错的。由于社区之间的联系日益密切，各种活动越发频繁，人口流动日渐增强，社区的边界也变动不定。因而，对社区的管理也不断的发生变化。

二、城市社区管理的含义和主体

（一）城市社区管理的含义

城市社区管理是指在市及市辖区人民政府的领导下，以街道为主导、居委会为协同，以社区组织和社区成员为依托，运用行政、法律、经济、教育、公德、情感等手段，对城市社区的社会治安、环境卫生、卫生保健、精神文明等进行管理，合理调配和运用社区资源，发展社区事业，强化社区功能，解决社区问题，提高社区成员的生存质量，促进社区经济和社会协调发展的过程。社区管理的内涵可以从以下几个方面来理解：

1. 管理属性的多重性

社区既是政府行政管理的基层区域，又是人们生活聚集的区域性社会，因此，社区管理既具有行政管理的特征，又具有社会管理的属性，在某种意义上说，是一种社会成员自我服务、自我管理的过程。

2. 管理主体的多元性

与管理属性的多样性相对应，管理主体也呈现多元性的特点。社区管理主体既包括行政组织、社团性组织、企事业组织，还包括社区成员个体。

3. 管理内容的复杂性

随着市场化的深入及城市大规模的建设和发展，城市管理的部分职能中心下移，各类企事业组织在计划经济体制下承担的社会管理功能大量向社区转移，这些都使得社区管理的内容日趋复杂。

4. 管理实践的参与性

社区管理就其属性而言，是一项自我管理活动。广大社区成员既是管理对象，又是参与主体，这体现了"自己的事情自己办"的原则。同时，社区成员在参与广泛的社区管理活动中增强了主体意识和自治意识，反过来又促进了社区管理的进一步发展。

5. 管理过程的系统性

社区是社会生产和社会生活高度社会化的地域，这一地域中多种要素聚集，合为一体，在管理过程上必然形成决策、执行、监督、反馈等系统环节，管理各环节的整合使社区系统更具有开放性和动态性。

(二) 城市社区管理的主体

城市社区管理主体既包括各类社区组织，也包括社会成员个体。各类社区组织按功能不同可分为行政性的、企事业的、社团性的三大类。具体包括：

1. 行政性组织

政府作为行政核心，拥有对社区主要的管理权。我国城市中已形成"两级政府，三级管理"社区管理体制。所谓两级政府是指市级政府和区级政府，街道办事处是区级政府的派出机构，内含于"两级政府"之中，它既是政府各项政策的具体执行者，又是调节社区政治、经济、文化等活动的中枢。三级管理是指市级政府、区级政府、街道办事处三者自上而下的管理模式。街道办事处作为市辖区、不设区的市人民政府的派出机关，主要负责执行人民政府的交办事项、指导居委会的工作，反映居民的意见和要求。它虽然不是一级人民政府，但基本上涵盖了一个区域性政府的所有职能。

2. 企事业组织

这主要是指社区中的各类生产、服务性组织，如工厂、商店、医院、学校以及各种业主管理委员会、物业管理公司等。这些企事业组织的管理对象大都局限于本辖区之内，如物业管理公司在自己的物业范围内提供的管理与服务几乎涵盖了社区管理的全部内容。长期以来，企事业单位形成一个个独立封闭的"小社会"，成为游离于所在社区之外的"小社区"，与所在社区缺乏内在的有机联系。

3. 社团性组织

这是指群众性自治组织及专业性社会团体。《城市居民委员会组织法》规定"居民委员会是居民自我管理、自我教育、自我服务的基层群众性自治组织"。但在实际的社区管理当中存在着居委会行政化的倾向，这表现在：居委会承担了大量法律规定外的属于政府行政部门职责范围内的工作；居委会配备专职干部，在职期间享受事业编制待遇等。专业性社团如各类行业协会、街道共青团、妇联、民兵组织等，都按各自的组织目标和工作程序在一定范围内为管理和服务社区而工作。这类社区组织已成为社区组织体系不可缺少的组成部分。

4. 社区成员

从性质上来看，目前社区管理是行政性、社会性与自治性相结合的一种模式，但无论从其本质还是从其发展来看，走向自治才是社会管理的基本方向。社区管理的最终目的还是要实现它的自治，即由社区居民自己管理自己生活所在社区的社会事务，使社区居民真正成为社区管理的主体。要实现这一目标，还需要城市社区管理的其他主体和社区成员共同努力，积极创造条件，发挥建议、议事、监督、反馈的作用，不断提高民主自治的意识和能力。

三、城市社区管理的原则与特征

(一) 城市社区管理的原则

1. 全体利益原则

这一原则强调必须以社区内的全体居民、组织、团体、单位共同需要和利益为根本目标。一切手段、做法必须围绕着这个目标，它是衡量城市社区管理有效与否的最直接标准。

2. 自治自助原则

这一原则强调的是满足社区成员各类需求的方式。这是社区管理和街道管理一个重大区别。要充分利用社区内人力和物力资源，充分发挥居民特长和潜能，以自动、自发、自助、自治的精神，实现社区的管理和发展。

3. 组织教育原则

组织教育原则着重强调实现社区管理目的的方法。组织原则是为了统一居民们的认识，形成一致的行动，解决社区内的共同问题。

4. 协调性原则

社区管理要协调好社区与外界的关系，协调好组织机构和功能职责的关系，让社区内的各种组织机构权责利统一，使社区和城市的发展协调、同步推进。

（二）城市社区管理的特征

城市社区管理的性质是群众性的自我服务和自我管理。各社区成员之间是平等的。社区管理的目的是为了满足社区成员的需要。

1. 区域性

城市社区管理需要以城市社区的区域性为出发点。城市社区内的各种资源、物质要素是城市社区管理的基本的物质条件，城市社区内的各种精神和文化要素是城市社区管理的精神条件。城市社区管理既要基于这些区域性的条件进行，并且还应该对这些条件进行有针对性的调整和完善，提升城市社区的综合水平。

2. 互助性

社区建立的基础是各社区成员之间的平等关系。在这种关系基础上建立起来的社区管理是社区成员共同参与的平等、互利、互助式的自我组织、自我服务、自我管理模式。社区管理具有互助性特征。

3. 复杂性

城市社区是一个浓缩的社会，城市社区的管理活动非常复杂。一方面，城市社区管理的主体是复杂的，牵扯到政府、政党、居民自治组织、企业组织、非营利组织等多种类型的主体，并且这些主体之间的关系也是十分复杂的；另一方面，城市社区管理的对象也是复杂的，城市社区管理是对城市社区内的公共事务进行管理，而这些公共事务牵扯到诸多的方面，如社区服务、社区卫生、社区文化、社区环境、社区治安、社区教育等。

4. 服务性

服务性是城市社区管理的基本特征之一，这主要表现在：一方面，城市社区管理的一项重要内容是社区服务，其范围涉及社区内的所有成员；另一方面，服务是城市社区管理的重要手段，现在的城市社区管理已经由单一的行政手段逐渐转化成了政治、经济、行政、社会、市场等多种手段并存的局面，服务是这一转变中的重要价值选择。

5. 动态性

城市社区本身就是动态发展的，城市社区管理也应该从城市社区的动态性出发。一方面，要针对不同的问题进行有针对性的管理活动；另一方面，应该坚持创新的理念，不断改进管理方法，促进城市社区管理水平的提升。

四、城市社区管理的内容

在当前的城市管理体制下，社区管理承担了大量市、区人民政府职能部门职责范围内的工作，甚至连三废处理设备改造、建设工程对环境影响的审核及区人大代表提名的落实与联络等工作，也需要社区协办，而在交办过程中责权利、人财物又相脱节。与此同时，社区管理还需完成大量的与社区居民生活密切相关的事务。这样，在整个社区管理中，职责不清，权限不明、条块关系不顺的情况仍然相当严重。因此，为健全和完善社区管理体制，贯彻"两级政府，三级管理"的要求，解决职能错位、关系不顺的问题，做到政企分开、职能清晰、责权利及人财物相一致，就必须把属于社区开展工作所必须拥有的责权利下放给社区；属于区直属职能部门自己办理的业务不得随意委托社区承办。在此基础之上，社区管理除完成交办的各项任务之外，还须完成必须由他们管理的与社区紧密相关的事务。城市社区管理的内容十分广泛，涉及社区居民生活的方方面面。主要有：

1. 社区社会治安综合治理

社区内司法、警察、安全、消防等部门组成的社区治安综合治理委员会及由社区居民组成的从事治安保卫工作的自治性组织（如治保会、联防队、门栋关照小组等组织），为创造安全有序的良好社会环境，而对社区内的社会公共秩序、户口、特殊行业（如旅馆业、旧货业等）、道路交通、消防及法制和安全教育进行的管理。

2. 社会环境卫生管理

街道环卫所及各区的房管所、园林所及社区内各单位组成的市政管理委员会以及群众自治性组织和全体社区成员，为谋求适合居民身心健康的和谐环境，而对生活垃圾、污水、粪便处理工作，道路清扫工作，植树种草等绿化工作，以及环保宣传工作等进行的管理。

3. 社区服务管理

在政府的倡导和组织下，为满足社区居民的多种需求，依靠街道办事处和居民委员会等社会组织和广大居民，利用社区内的各种资源，开展的各种自助互助活动。这是一种具有社会福利性和社会公益性的社会服务。社区服务主要包括文体康乐服务、医疗卫生服务、家政服务、就业服务、养老服务、家庭用具维修服务、法律咨询服务、婚姻中介和婚姻礼仪等。

4. 社区卫生保健管理

一般是由街道卫生科，计划生育委员会及地段医院和社区内企事业单位的卫生保健部门，组织发动社区成员，为保证社区居民的身心健康，而对卫生防疫、计划生育、老年人保健、妇幼保健和少年儿童保健，以及心理咨询、社区康复等工作进行的管理。

5. 社区文化管理

社区文化表现为社区的各种文娱活动、体育保健活动以及老年大学、职业技术培训等社会教育活动。社区文化管理的目的是通过发展社的文化教育事业，丰富居民的文化活动，提高社区居民的综合素质和社区的文明程度，树立良好的社区形象。

6. 社区规划管理

社区规划是一种综合性规划，是对社区各项建设事业的总体部署。它要在城市总体规划的指导下，通过对社区内各种要素的合理部署，正确把握和反映社区的发展趋势，促进社区繁荣，为社区居民的工作、学习、生活、娱乐提供一个优美的场所。

7. 社区物业管理

物业管理，就是指专门的物业管理机构受物业所有人的委托，按照国家法律以及合同行使管理权，运用现代管理科学和先进的技术对已投入使用的物业以经营的方式进行管理，同时对物业周围的环境、绿化、安全、道路等统一实施专业化管理，并向物业产权人和使用人提供综合性的服务。物业管理的具体内容包括房屋的修缮与维护管理、与房屋有关的各种设备设施管理、环境卫生管理、绿化管理、治安管理、消防管理、车辆和道路管理，以及室内清洁、家电维修、商品代购、代订报刊、代聘保姆、代付公用事业费、投资咨询、房屋中介、医疗等各种特约服务，便民服务和中介服务。

五、国内外城市社区管理模式

（一）国外城市社区管理模式

城市社区管理涉及的基本关系是政府行为与社区行为的相互关系，从这一角度上讲，可以将国外城市社区管理模式概括为三种类型：政府主导模式、社区自治模式及混合模式。

1. 政府主导模式

政府主导模式的主要特点是政府行为与社区行为的紧密结合，政府对社区的干预较为直接和具体，并在社区设有各种形式的派出机构，社区发展特别是管理方面的行政性较强、官方色彩较浓。

2. 社区自治模式

社区自治模式的基本特点是政府行为和社区行为的相对分离。政府对社区的干预主要以间接的方式进行，其主要职能是通过制定各种法律法规去规范社区内的不同集团、组织、家庭和个人的行为，协调社区内各种利益关系并为社区成员的民主参与提供制度保障。而社区内的具体事务则完全实行自主自治，与政府部门并没有直接的联系。在这种模式下，社区发展规划仍由政府部门负责编制并拨专款加以实施，但在规划过程中却充分体现自上而下与自下而上相结合的原则。

3. 混合模式

在混合模式中，政府对社区发展的干预较为宽松，政府的主要职能是规划、指导并提供经费支持，官方色彩与民间自治特点在社区发展的许多方面交织在一起。

（二）国内典型城市社区管理模式

1. 深圳罗湖模式

该模式以居住小区为基础，居委会与物业管理公司紧密结合的社区服务市场化的模式。其特点是：在政府的统一规划指导下，在一些可以实行市场化的社区服务领域中引入市场运作机制，以建设安全文明小区为切入点，化零为整，分散管理，将居委会的社会性职能与物业管理公司的商业性运营较好地结合在一起，形成了一种高度市场化的社区建设和管理模式。

2. 上海浦东模式

该模式以街道为单位，统一规划，政府主导，多社区方协力共建的模式。其特点是：充分利用新开发区便于统一规划的优势，以整个街道为单位，统一规划，由政府主导，充分发挥社区内企事业单位、社会团体、社区居民等不同主体的作用，共同建设社区。

3. 佛山城南模式

该模式以街道为单位，统一规划，政府引导，社区各方携手共建的模式。其特点是：一是充实街道办事处领导，居委会干部面向社会公开招聘，实行"竞争上岗"、"居务公开"，并在人员配置、经费、办公场地等方面给予切实保障。二是由政府投入资金，以街道为单位建立功能齐全的"社区服务中心"，结合本辖区特点为辖区内居民提供全方位的服务。三是建立由街道办事处主持召开辖区内各企事业单位和居民代表联席会议制度。

4. 沈阳东大模式

该模式按自然规模划分社区，实行社区自治、社区内资源共享，部分政府职能交由社区承担的模式。这种模式是由东北大学院内 4800 户居民结合居委会换届选举，根据有利于发挥社区功能，有利于资源共享，有利于社区自治和社区管理的原则，将 7 个居委会统一为一个社区，社区内居民、单位和组织、个体私营者均为社区成员。在管理体制上，由社区居民、辖区内单位和个体私营者组成社区成员代表大会，代表社区最高权力机构，讨论决定社区内重大事项。

六、我国城市社区管理

(一) 我国城市社区管理存在的问题

1. 社区类型单一

政府作为行政核心，拥有对社区主要的管理权，即"两级政府，三级管理"社区管理体制。所谓两级政府是指市级政府和区级政府；三级管理是指市级政府、区级政府、街道办事处三者自上而下的管理模式。街道办事处是区级政府的派出机构，内含于"两级政府"之中，它既是政府各项政策的具体执行者，又是调节社区政治、经济、文化等活动的中枢。

2. 社区组织的职能错位

现行社区组织除了"二级政府、三级管理模式"之外，就是指驻地单位。而驻地单位按照行政区划或行政系统被划入不同层次的政府各主管部门的管辖范围之内，政府行政指令成了这些单位的活动宗旨。条条块块的行政关系割裂了社区生活的有机联系，并且政府职能与社区组合职能错位，从而造成了这些单位"小而全"、"万事不求人"的半封闭状况，产生所谓的"单位办社会"现象。此外，政府插手各项社区组织的事务，如他们的成员须经过政府认可等，造成了政府管了许多"不该管，管不好"的事，造成了政府机构庞大、人际关系复杂等。

3. 体制方面存在问题

街道办事处、居委会是中国城市社区管理的基本基层组织。从目前城市社区管理工作的客观需要看，尽管这类基层组织继续发挥着十分重要的管理职能，但确实存在着严重的问题，概括起来说，主要是建制散、权力小、服务少、参与差。

4. 对社区管理权力缺乏监督和制约

一是监督的主客体错位。居民是社区管理的监督主体，监督社区权力的使用，但往往不尽如人意。二是监督运行方式单一，主要是由上而下，而上行监督较少。三是监督缺乏必要的协调。社区内有各种监督组织，但因职权不明、协调不力，容易造成多方插足或相互推诿现象。四是监督制裁软弱。监督组织没有仲裁权力或仲裁权力很小，往往只能做一些督促、调解工作。五是监督法规不健全、监督制度不完备、缺乏可操作性。

5. 社区组织力量比较薄弱

城市社区的组织力量比较薄弱，其机构设置、人员配备、经费来源、基本设施与所承担的职责任务不适应。由于市、区政府缺乏相应的机构，管理职责无法履行；有的虽然设置了机构，但由于人员或设备等力量较弱，使任务往往无法完成。作为社区管理的主体--街道办事处，是人民政府的基层组织，为本辖区人民群众服务是义不容辞的责任，但街道办事处只能行使部分政府职能，在城市管理、经济建设、社会保障等诸多方面不能实现责、权、利相统一。

6. 行政色彩过浓

我国的社区建设和社区管理，一开始就是一种政府行为，并在政府主导下，形成了由区、街、居三级框架构成的社区服务网络管理体系。这种体系以政府的民政部门为主导，带有浓厚的行政管理色彩、民主性较弱。在整个社区管理的实践过程中，常常出现"政社不分"、"政社混淆"的矛盾和政府在行为上的"越位"和"缺位"现象。

(二) 我国城市社区管理建设过程应注意的问题

1. 正确界定政府行为和社会行为的关系

我国城市社区服务建设是在政府部门自上而下的强力推动下进行的。政府部门依赖自己的行政权能优势、财政支持和组织资源，促使社区服务事业在短短的十多年中获得了蓬勃的发展。政府和社区，应按照"大福利、大服务政府管，小福利、小服务社区管"和"政社分开"的原则进行。但在实践中，仍存在着"政社不分"乃至政府包办社区服务的倾向。所以正确界定政府行为和社区行为的关系显得尤为必要。

2. 处理好社区服务中的福利性和经营性的关系

社区服务应该以福利服务为主，还是走市场化的道路，一直是一个有争议的问题。如何处理服务性服务与经营性服务的关系问题成了社区服务能否健康发展，社会服务的公益性能否体现的、需要切实加以解决的问题。社区的本质属性和重要作用决定了社区服务必须走福利型、公益性的路子，社区服务资金来源上应坚持政府资助为主。

3. 促进社区服务的社会化和专业化

社区服务的专业化，就是指社区服务有专业化的组织、专业化的队伍及专门的资金来源等。社区服务的社会化就是指社区服务经费由社会筹募，社区服务管理由社区内单位共同承担，社区服务设施依赖于社区内单位提供或自主解决等。从发达国家及我国社区发展的长远利益看，我国的社区必须走专业化的发展道路，要有专业化的社会工作者和社区工作者队伍。

4. 加强社区管理组织自身的建设

提倡参与式管理，提高社区管理组织的社区服务水平。街道、居委会要搞好社区管理，必须依靠自己的组织凝聚力和居民群众的自觉参与，而要提高街道、居委会的凝聚力和居民参与度又必须搞好社区服务和社区建设。社区管理必须提倡广大社区居民的参与，包括让城市化过程中进城的外来人员参与社区服务和社区管理，增强社区意识，促进社区融合，增强广大居民对社区的认同感和归属感。

第四节 城市郊区管理

我国正处于快速城市化阶段，城市周边农村地区不断地转化为城市区域，特别是大都市区及城市群区域更是如此，并且我国城乡二元结构现象突出，城乡统筹发展已上升至国家战略层面，因此，城市郊区管理便成为促进城市健康协调持续发展的重要途径。

一、城市郊区的概念与特点

（一）城市郊区的定义

关于城市郊区的概念，最早的定义是保罗·道格拉斯（H. Paul Douglas）于1925年提出的。保罗·道格拉斯以住宅密度为标准，认为郊区是"这样一个人口分布地带，其居住条件比城市宽松，比乡村稠密"。

目前，在西方比较有影响的郊区定义是1995年美国政府管理和预算署（U. S. Gov. of ficeof Management and Budget）界定的。美国政府管理和预算署认为，"都市区内，中心市以外的区域，统称为郊区"。当然，这个定义也存在一些不足，但因为没有更好的，所以这个定义现在在西方仍被最广泛的使用。

我国学术界比较广泛的接受的定义是北京大学周一星教授提出的。周教授认为，郊区为城市行政区内，城市中心区以外的地域，包括了围绕着中心区的建成区。这里的中心区相当于西方的中心市。

（二）城市郊区的特点

1. 动态性

城市郊区是一个地理上客观存在的区域，但随着城市的扩展，城市郊区事实上是一个动态发展的区域。某个城市地理上发展了，其影响范围也就必然随之扩展，其郊区也将随着城市的扩大而外移，今天的郊区就可能是明天的中心区（城区）。

2. 双重性

城市郊区一般兼有城市和乡村的特点，既具有城市的经济、社会、文化等若干组成因素，又具有一定的农村特色。这种兼具城乡特色的鲜明特点，使它具有相对独立的区划，客观上就要求设置适应性强、有别于城市的管理体制。

3. 相对独立性

尽管城市郊区总体上看离不开它所依托的城市，但城市郊区又具有自己的相对独立性。主要表现在：有自己相对独立的区划、相对独立的功能、相对独立的管理组织系统、相对独立的生活与工作条件和氛围、相对独立的文化与形象等。

二、我国的城市郊区化概述

（一）城市郊区化的涵义

城市郊区化是指人口、就业岗位和工商业等从大城市的中心区向郊区迁移，中心区的人口增长相对低于人口迁出的一种离心分散化的过程。郊区化实质上是指城市周围的农村区域，受到城市膨胀的影响，向城市性因素和农村性因素相互混合的近郊地域变化的过程。一些西方发达国家在20世纪20年代就开始郊区化，我国一些大城市，如北京、上海、沈阳等也开始了郊区化过程，出现了郊区化现象。

（二）我国城市郊区化的特征

总结我国城市郊区化的发展过程，并与国外城市郊区化进行比较，可以发现，我国城市郊区化主要呈现以下特点：

1. 中国的郊区化带有明显的被动色彩

西方国家郊区化的发生，源于大批中产阶级为了追求良好的生活环境到郊区定居。我国则完全不是这样。在计划经济年代，在"严格控制大城市规模"方针的指导下，企业的外迁都是依行政命令进行；就居民来说，城市高昂的住房价格和生活费用，也迫使他们迁往郊区。尽管他们因就业、子女教育等并不愿意到郊区。

2. 工业郊区化逐步带动居住郊区化

西方发达国家的郊区化中，人口外迁并不是因为工业已经外迁。我国的情况正好相反，企业外迁早于人口外迁。当企业被迫外迁后，很多职工因为不满意郊区的生活、娱乐以及子女教育条件，不愿随企业搬出，而是工作在郊区的企业、居住在城区。直到企业在郊区建起了住宅楼，增建大批生活、娱乐和教育设施，部分职工才从城区搬到工作地。因此，从某种程度上看，居住的郊区化是由工业的郊区化带动的。

3. 郊区化仍然处于城市向心发展阶段

西方国家的郊区化是在城市化的离心作用明显强于向心作用，而郊区的吸引力越来越大的情况下发生的。正因为这样，西方国家的城市郊区化甚至带来了市中心的停滞和衰退，即"空洞化"现象。而我国则不一样。我国城市虽有离心发展的倾向，但总体上看，城市仍处在以向心发展为主的城市化阶段，城市的向心力明显大于其离心力，中心区吸引力大于郊区。多数企业和居民向郊区的迁移都主要是因为政府的政策以及经济的压力。

4. 城市郊区化呈现圈层扩展式发展

西方国家城市郊区化与市民较高的生活水平、家庭小汽车的普及以及道路基础设施的完善是密切相关的。这种情况下，人们为追求高质量的人居环境，一般都将住房选择在距市中心1小时车程内的干道边和小城镇中。城市沿伸展轴（道路）向外扩展，使城市空间结构呈放射状发展。但在我国，城市居民收入并不高，私人小汽车的拥有率也较低，公共交通系统也不完善。这样，企业、居民一般都只能尽可能地选择距中心区最近点，从而使城市郊区化范围仅仅局限在约10公里左右的范围内，结果造成城市空间结构以"摊大饼"圈层形式向外扩展。

（三）我国郊区化管理的政策建议

可以预见，随着人们生活水平的进一步提高以及轿车进入家庭和人民渴望生活居住环境的改善，我国城市普遍郊区化的现象必然会出现。因此，依据国外城市郊区化管理的经验和我国城市郊区化的实际，采取一些积极的措施，努力加强城市郊区化的管理就成为城市政府面临的紧迫任务。目前，我国进行城市郊区化管理应该注意以下几个方面：

1. 要加强政府调控，强化市场作用

一方面，政府应调整并完善城市规划，统筹规划城市规划区土地的合理使用方式、产业布局和功能置换的时序，协调和监督各部门在计划上的一致性。另一方面，还应通过市场的价值规律和竞争规律，促使企业和人口的外迁。

2. 防止"摊大饼"式郊区化

一要加强公共交通基础设施的建设，选择发展城市系统，修建高速公路、轻轨和地铁等通勤手段，建设公共交通设施方面，北京的经验值得很多城市借鉴。二要借鉴西方发达国家的经验，制定有效的措施，防止我国特大城市土地的不合理利用和建成区的过度蔓延。

3. 要进一步完善城市郊区化的各种制度和政策

如城市的土地有偿使用制度、住房制度和户籍管理制度以及劳动就业、社会保障制度等。通过政策引导和鼓励支持，使我国的城市郊区化朝着健康的方向发展。

4. 要完善城市体系，引导生产力向郊区扩散

城市应努力构建"中心城-卫星城-县城-集镇"四级城镇体系；积极培育卫星城和县城的综合功能，将开发区配置于郊区副中心和卫星城镇，建成集工业生产、居住、生活娱乐、商业、教育于一体的现代化社区型开发区，吸引中心区更多的人口和产业。

第五节 新城及卫星城管理

快速城市化时期，新城及卫星城成为城市规模扩张和城市功能有机疏散的空间拓展方向，因此加强新城及卫星城管理，便显得十分重要。

一、关于新城及卫星城的理论

新城是相对于"旧城"或"母城"而言的，它通常发源于卫星城。卫星城（Satellite City/Town）又称卫星城镇，是大城市发展到一定规模的产物，它既能分担中心城市的部分功能，又能承担本地区的综合功能。从卫星城与母城的关系看，有人把依附性强的卫星城叫消极的卫星城，把独立性较强的卫星城称为"积极的卫星城"。

卫星城理论最早创立于100多年前的英国。英国的霍华德在1902年出版的《明天的花园城市》一书，主张在大城市的远郊，建设一些地理上独立的小镇，以吸引大城市多余的人口和企业，以减轻大城市的压力和负担。正式提出并使用"卫星城"这个概念的是美国的格拉姆·罗迈·泰勒，于1915年在其著作《卫星城镇》一书中，提出应在大城市郊区，建立类似宇宙中卫星般的小城镇的理论。随后，"花园城市"理论的追随者、英国建筑师恩维，在花园城市理论的基础上提出了首个卫星城方案。之后，许多有关卫星城的著作相继出版。

随着城市经济社会的发展，城市人口增加，人们对城市结构功能的需求愈益提高，而此时既有的城市空间难以满足日益增长的人口的更高层次的需求，在旧城区域出现了低价（或房价）昂贵、交通拥堵、设施陈旧、环境恶化等一系列问题，制约着市民生活质量的提高和城市的可持续发展。于是，人们开始有选择地将部分城市职能有机疏散到城市边沿地带有一定建设基础的卫星城镇，例如，将城市的加工制造产业分离至边沿卫星城镇，在这里，产业逐渐集聚，其集聚效益吸引更多相关企业入驻，进而吸纳更多人口及其他要素进入，规模的扩大促使基础设施以及公共事业社会服务进一步完善；新区功能的提升，进一步吸引新产业（企业）进入，并带动人口及就业增加，新城规模进一步扩大，新城得以较好发展。这一过程的运行机制如图12-1所示。而在新城及卫星城发展过程中，母城空

间结构及职能也在发生着变化，在新城及卫星城发展的同时，母城（旧城）空间结构得以优化、功能得到提升。新城及卫星城与母城发展的联动机制如图 12-2 所示。

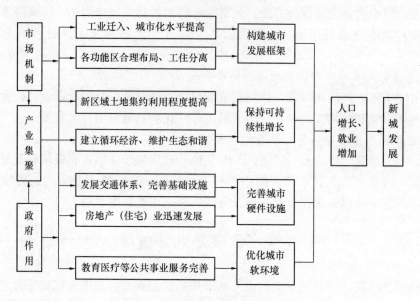

图 12-1　产业集聚对新城的促进机制图

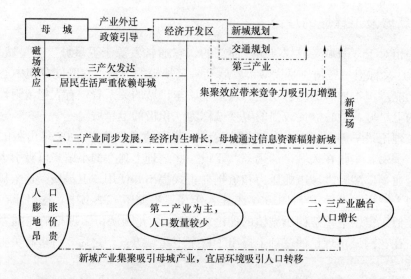

图 12-2　新城及卫星城与母城发展的联动机制示意图

当然，这一过程不是自发形成的，而是在政府新城发展规划、产业政策、金融税收政策以及行政引导措施等政府干预之下完成的。

二、卫星城至新城的发展概况

卫星城理论从产生到发展成熟共经历了四代：

第一代，卧城。在离大城市不远的周围地区建立小型居住城镇，除居住建筑外，还没有起码的生活福利设施。居民的生产活动及文化生活仍需去母城解决。

第二代，半独立卫星城。1918 年芬兰建筑师沙里能按照有机疏散的原则，制定了大赫尔辛基方案，规划了一些半独立的卫星城，除了居住建筑外，还建造了一些工业企业和服务设施，使一部分居民就地工作，通过地铁等加强和方便了与中心城市的交通联系，使另一部分人去母城就业，比较典型的例子就是瑞典斯德哥尔摩附近的威林比市。

第三代，完全独立的卫星城。二战以后，各国在大城市周围建立的卫星城都建立了许多工厂，兴建了许多文化、教育、商业、交通等设施，建立了良好的住宅和公共建筑，向人们提供了多种就业机会，可以保证全体居民在本城市工作，这些卫星城基本上可以独立于母城而存在。较为典型的是巴黎周围建设的埃夫里等几个新卫星城和伦敦附近的哈罗市。

第四代，多中心开敞式城市结构的卫星城。即由于城市相互接连而出现的城市群，如用高速交通线把分散的城镇连贯起来，并把中心城市功能分散出去，并且各新城间也有快速交通设施。

三、各国卫星城（新城）发展状况

（1）美国。纽约的卫星城发展经历了三步：第一步，将居民的住宅迁到郊区，20世纪50年代到60年代是居民外迁的高潮期；第二步，在纽约郊区城镇建立大型购物中心等商业网点及将工厂企业搬到郊区，从而使城市中心的功能发生了巨大的变化；第三阶段，在纽约周边郊区基础上建立具备居住、购物、娱乐等城市功能的新城镇。在这个过程中美国政府在政策上给予了极大的促进和支持：推行大规模援助公路建设的政策，公路网尤其是高速公路网很好的解决了城郊化过程中交通的问题，长期实行有利于郊区发展的住宅政策，鼓励中高收入者在郊区贷款建房。20世纪50年代，政府又提出了在郊区建设小城市的建议；20世纪60年代后，美国又实行示范城市试验计划，实现分散型城市化。美国卫星城建设的特点是：①田园式住宅流行，新城主要是住宅城或"卧城"的开发。②建筑密度小，道路开阔。③公共娱乐设施齐全，有游泳池、高尔夫球场、森林湖泊区。④新城由大量地主和财团开发，主要以盈利为目的。

（2）日本。东京的郊区卫星城以多莫地区的八王子、立川和町田为核心，距市中心三十公里，以生活居住为主要功能。卫星城不仅建设了大量住宅区，市政规划比较合理，教育、商业设施、生活设施齐全，是日本人口规模最大的卧城。

（3）英国。伦敦周围主要有贝雪尔登、希拉克乃立、克劳莱、哈罗、哈特菲尔德、威尔温花园、斯蒂文乃奇、赫默尔德·普斯特德8个卫星城，这些卫星城在规划上注重提供多种就业机会；交通便利，充分发挥小汽车的作用；公共交通发达；住房条件良好；公共设施齐全，比伦敦的规划更合理，建设更具吸引力。

（4）法国。目前在巴黎城的外围地区，沿塞纳河、马恩河、卢瓦茨河河谷方向的城市扩展轴向所形成的五座新城，特点如下：①新城中心距离城市中心较近，平均距离大约为25公里左右。②新城都有良好的交通条件，通过轨道交通与市区相连，快捷方便，但新城内部结构较为松散，内部交通主要依赖私人小轿车。③强调新城的就业功能，新城集聚了众多的商务、服务业、研发和轻工业等产业活动，成为巴黎大新区新的增长中心。④为保证平衡，增强新城吸引力，就近满足郊区居民工作需求和生活需求，新城功能较为综合，包括娱乐功能、研发功能、高等教育功能和职业教育功能。⑤新规划的社区都以低层、低密度为特点，在规划建设中注重与自然环境结合，将天然水系或人工湖泊巧妙地结合进来，外围有绿带环绕，并与原有的城市化区域隔离开。

（5）中国。早在 20 世纪 50 年代，卫星城的思想就被引用到北京的城市规划中。1982年《北京城市总体规划》提出要重点建设燕化、通县、黄村、昌平 4 个卫星城；1984 年北京出台了《北京市加快卫星城建设的几项暂行规定》。后来，随着市区迅速膨胀的压力增大，以及郊区郊县经济发展的推动，1993 年国务院批复的《北京城市总体规划（1991～2010）》中就明确了建设 14 个卫星城，即通州、亦庄、黄村、良乡、房山、长辛店、门城、沙河、昌平、延庆、怀柔、密云、平谷和顺义。至 1998 年，这 14 个卫星城的建设用地规模达到了 202 平方公里，常住人口 130 多万人，其中，非农业人口占 80％以上，有力的分担了市区的功能，大部分卫星城都已经实现了"二三一"的产业格局，不仅是各自区域内的政治、经济、文教、卫生的中心，而且对周边地区的经济的辐射和带动作用也在不断增强。

四、新城及卫星城的建设和管理

（一）建设新城及卫星城的重要作用

世界许多国家的经验证明，新城及卫星城已成为区域性中心城镇的一种重要的形式。它的主要作用如下：

（1）疏散中心城市的工业，改善市区生态环境质量。卫星城的出现，减少了母城的污染，扩大了环境容量，有利于整个城市的净化；

（2）促进城市经济的繁荣，通过转移中心城市的先进科学技术、资金、管理经验，也能带动城市周边农村地区的经济发展；

（3）可以疏散市区人口，控制市区人口发展规模，可以在一定程度上缓解大城市的住宅紧张、交通拥挤和环境质量下降等城市问题；

（4）卫星城的建立带动了各国城市体系的不断完善。

（二）新城及卫星城的建设和管理

新城及卫星城是现代大城市发展到一定规模的产物，是城市郊区的一部分。在我国社会主义现代化进程中，建设卫星城既要吸收国外城市化中卫星城建设和管理的有益经验，又要从实际出发，建设符合中国国情的现代新城及卫星城。

1. 做好新城及卫星城建设和发展的城市规划

建设新城及卫星城要有规划、有管理，要尽快制定我国新城及卫星城建设法，要努力引进一些先进的规划思想和方法。新城及卫星城的建设规划，首先，必须是中心城市总体规划的一部分，真正做到统一规划、统一征地、统一建设和统一管理；其次，必须是详尽的、具体的，要突出卫星城的重点和特色，针对各个卫星城的具体位置分别提出其相对于母城的主要功能；再次，要规划并建立卫星城与母城高效、便捷的交通联系网络，使人们既能利用自己的小汽车，又有高标准的公共交通；最后，必须保证卫星城能够有足够的职业岗位，工作性质还不能单一。

2. 大力加强新城及卫星城的配套设施的建设

新城及卫星城要有良好的环境、要有吸引力，这样才有可能吸引母城的人口和产业到这里安家落户并就地实现就业。这就需要有关方面大力加强基础设施和相关配套设施的建设，包括建设道路、桥梁、自来水、下水道、燃气、热力等市政基础设施以及住宅、商店、幼儿园、学校、医院、电影院等生活服务设施。要努力创造较好的居住、商业、服务、文娱、医疗、教育、体育设施条件，保证商品、副食、蔬菜等生活供应以及就业条件、福利标准、教学水平、医疗卫生、社交活动等一切服务方面至少不低于母城的水平。

3. 积极制定鼓励新城及卫星城发展的优惠措施

鼓励新城及卫星城发展的优惠措施主要包括：给予卫星城基础设施建设更加优惠的政策，鼓励人口外迁和企业外迁，支持卫星城增强自身的竞争力等。

复 习 思 考 题

1. 简述中央商务区的一般特征。

2. 简述我国 CBD 规划建设特点。

3. 何谓城市社区管理？其管理的主体有哪些？其管理的内容包括哪些方面？

4. 简述城市社区管理的原则与特征。

5. 结合实例谈谈你对城乡结合部管理的看法。

6. 什么是卫星城？它有哪几个发展阶段。

7. 简述产业集聚对新城发展的促进机制。

8. 简述新城及卫星城与母城发展的联动机制。

第十三章 城市现代化建设与信息化管理

现代化是我国经济社会长期的战略目标，而现代化建设的重点是城市的现代化建设。城市的现代化建设是一种理念，同时更重要的它是一系列具体指标支撑的实际工作任务。城市现代化不仅表现在建设的物质或硬件层面，而且还必须有现代化管理的软件层面，即城市现代化是兼具硬件和软件的动态发展趋势。城市的现代化建设极其重要的内容就是城市的现代化管理，没有现代化管理，城市的现代化建设事业是根本无法完成的。在当代信息技术高度发达的知识经济时代，面对瞬息万变的高度复杂的城市系统，城市的信息化管理便成为实现城市现代化管理的基本途径及手段。

第一节 城市现代化概述

一、城市现代化的内涵

城市现代化的含义有广义和狭义之分。广义的城市现代化，是指城市的经济、社会、文化及社会生活方式等方面由传统社会向现代社会发展的历史转变过程，它是一个全面发展的概念。具体表现在城市的生产、生活、社会活动以及工厂、住宅、道路、通信、生态环境、公用文化设施等各项建设中，广泛应用现代科学技术成果和体现现代社会生产力水平和精神文明水平，使城市经济、社会、生态全面和谐地运行与发展，为城市居民提供最佳工作、学习、生活环境。狭义的城市现代化主要是指城市建设的现代化。着重是旧城更新和新城建设两方面。

二、城市现代化的特征

城市现代化是一个连续的城市社会演变过程，也是一种发展状态，包括社会、经济、技术和思想行为各个层面的同步变革与发展。城市现代化的过程表现出以下特征：

（一）城市现代化的动力驱动机制

城市现代化的动力表征是指一个城市的"发展现实能力"、"发展推动能力"、"发展竞争潜力"及其可持续性。不同的城市采用什么样的手段、用什么样的方法、用什么样的技术路线和产业层次去发展现代化，其城市现代化的动力结构机制是不一样的。

（二）城市现代化的质量特征保证

一个城市的"集约程度"、"社会效率"、"文明程度"和"生活质量"及其对于理性需求（包括物质的和精神的需求）的接近程度与差距水平，是衡量一个城市现代化的重要的质量表征。

（三）城市现代化必须保证社会的公平、公正

如果一个城市总体比较富裕，但是绝大多数的"个体"还处于贫困的状况下，那也不能称之为现代化。城市现代化是不允许贫富差距过大的。因此，一个城市的"共同富裕"水平及其对于贫富差异和城乡差异的克服程度是对城市现代化的公正表征。

（四）城市现代化的二元化特征

1．长期性和阶段性

当今欧美经济发达国家所拥有的城市现代化水平，是从工业革命开始并经历了几百年的历程。我国城市现代化虽然起步较晚，但科学技术的不断进步及国外先进经验的借鉴，城市现代化进程速度要明显快于当前的发达国家。当然，应该认识到我国的工业化及城市化水平目前还处于中期水平，要想在短期内实现城市工业化及城镇化的双重现代化目标，仍然是极其艰巨的任务，要做到有阶段地逐步推进。

2．区域性和整体性

一方面，我国的城市现代化是在区域现代化的基础上实现的，城市现代化的目标是实现全国的现代化，包括广大农村，而不仅仅是城市的现代化。我国的城市现代化目标是在城乡一体化的基础上实现城市的现代化。另一方面，我国的城市现代化应当是城市整体的现代化，因为城市的各子系统都是相互依存、相互协调而存在和发展的，任何子系统的一枝独秀、畸形繁荣都不能促使城市整个系统的良好运行。各个子系统都实现现代化，才能构成整个城市的现代化。

三、城市现代化的衡量标志

城市现代化是一个动态的发展过程，因此，衡量城市现代化的标志也没有一个统一的固定的标准。综合学术界的各种观点，城市现代化的标志主要包括以下方面：

（一）先进的生产力水平和高度发达的物质文明

城市现代化的首要标志，是反映先进生产力水平高度发达的现代城市经济。在工业化阶段，城市经济是以现代工业为主要内容的经济；在信息化阶段，城市经济则是一种工业化比重相对下降，而金融贸易等第三产业迅速发展的经济。工业化和信息化贯穿于经济现代化的全过程，同样也贯穿于城市经济现代化的全过程。先进的生产力水平和高度发达的物质文明，不仅反映在"量"的增长和"质"的提高上，而且表现在高度发达的社会分工与协作，产业结构的合理化、高级化，以及对周围地区的辐射力和吸引力。现代城市不仅是工业生产力与工业协作的中心、物流中心，而且是信息中心、科技中心、金融中心和消费中心。

（二）完备的配套和高效的城市基础设施

城市现代化最重要的标准和条件之一是城市基础设施的现代化，甚至从一定意义上说，城市现代化首先应是城市基础设施的现代化。城市基础设施建设关系到居民生活质量的提高及城市经济的发展，也直接关系到投资环境和城市经济的现代化水平。城市基础设施包括便捷的交通、通信、水、电、气的充足供应，完善的住宅、医疗、文体设施以及污水、垃圾处理等。

（三）优美的、适宜于人居的城市生态环境

城市环境包括两个方面，即自然环境和人工环境。自然环境现代化要求有周全的环卫设施和优美的园林绿化，无污染、无公害，保持生态的平衡和良性循环，而人工环境的现代化则主要是指城市建筑的艺术化、田园化、宜人化，做到建筑空间丰富多彩、建筑风格和谐统一、建筑审美高雅大方，使城市设计与细部处理既有民族化，又有时代性。实现城市生态环境的现代化，不仅是保护和改善生态环境的需要，也是城市自身发展的要求。一个城市只有具备了较为完善的生态系统，基本消除了环境公害，形成天蓝、地绿、水清、林秀和鸟语花香的优美环境，才能实现真正意义上的城市环境现代化。因此，建设良好的城市生态环境，实现人与自然的和谐，保障社会经济的可持续发展，日益成为城市现代化建设的主题。

（四）丰富的城市现代文化

城市文化现代化是我国城市现代化建设的重要内容和重要特征，是城市综合实力和综合竞争力的重要体现，它反映了城市的现代社会形态和现代市民素质。现代化城市对市民更强的吸引力在于都市文化。一个没有文化的城市是不可能持久发展的城市。城市文化是城市发展的根基，是城市气质的表现。现代化的城市必须要有现代化的文化，世界一流的城市必须有世界一流的城市文化。经济、环境与文化是相辅相成的。一个有文化的城市，才能成为信息传播中心，才能成为"智慧城"，才可能适应知识经济发展的要求。构建城市现代文化的实质是以人性化方式重构社会的公共领域，把市民的精神生活导向健康、和谐的轨道，以增强现代城市的凝聚力、竞争力和辐射力，提升城市的品味。

（五）高水平的城市科学管理

城市科学管理首先要求城市政府实现现代化，要求城市政府拥有高效率的行政机构、高水平的管理手段、高层次的公众参与，以及科学的决策系统和民主的监督方式。城市政府是政府在城市社会公共权力的具体体现，同时也是城市政治现代化的主体部分。城市政府现代化就是使城市政府变成现代化城市政府的过程。其次，要求加强对市政和社会活动的科学管理，让城市科学管理贯穿城市发展的全过程，从规划、建设到各项事业的个体实施；从交通、治安、环保到市场体系、公共服务，每个环节都必须有严格的管理规范和程序，而且要使管理走向科学化、自动化，要将数学、系统科学、信息科学、计算机等先进手段运用于城市管理之中，达到高水平的管理。

（六）高度的精神文明和高素质的城市人口

城市现代化发展要求有现代化的城市市民。人的现代化不仅是城市现代化的重要指标，也是推动城市实现现代化的主体力量。城市现代化要求城市管理者和居民必须具有较高的文化修养，掌握先进的科学技术知识，具有现代城市意识、生态环境意识和对新的事物的敏感意识与改革开放意识，并具有自我约束的能力和法制观念。城市管理者和市民的素质，决定着城市的命运，是现代城市发展的灵魂。新世纪的城市现代化发展和竞争，实质是人的素质的提高和竞争。没有高水平、廉洁奉公的管理者，没有高质量的城市人口和文明的城市风尚，不可能有良好的现代化城市。

第二节　城市现代化指标体系

一、城市现代化指标体系的建立原则

中国城市发展研究会朱铁臻教授认为，制定城市现代化指标体系应遵循以下原则：

(一) 综合性和系统性的原则

城市现代化是一个广泛的、综合的范畴，它包括社会、政治、经济、科技、管理、文化、环境和人民生活等方面。城市现代化标准必须体现这种综合性与系统性，城市各个分类指标之间，要形成有机、有序的联系，从多方面反映城市的综合整体实力与水平。因此，建立科学的城市现代化指标体系，要重视衡量城市多方面的总体现象。只有综合性、系统性的数据，才能对较大范围的社会现象做出规律性的认识和评价。

(二) 可持续发展的原则

城市可持续发展包括经济可持续发展、社会可持续发展和生态环境可持续发展。人与自然的和谐是可持续发展的核心。城市现代化指标体系中，必须把环境质量指标摆在重要位置，处理好人类活动同自然环境的协调关系。城市现代化发展必须本着可持续发展的原则，一些重要指标体系的制定必须要首先考虑是否符合可持续发展的要求。

(三) 以人为本的原则

人的现代化是城市现代化的主题。传统的发展观经常是以经济增长为核心，把更多的注意力放在物质财富的规模增加、速度增长等方面。经济增长固然重要，但是，经济增长的最终目的还是为了人类的发展，为了提高人民的生活水平。人的现代化不仅是城市现代化的重要指标，也是推动城市实现现代化的主体力量。评价城市现代化水平的指标体系，必须要体现以人为中心的原则。

(四) 简明实用、可计量的原则

城市现代化指标体系，应尽量简单明了，易于理解，具有可操作性。用尽量少的指标反映尽量多的内容，同时便于收集和计算分析。人们设置城市现代化指标体系，重要目的是把复杂的城市现象变为可度量、可计算、可比较的数据，以便为制定城市经济、社会和生态建设的总体规划和方针政策提供定量化的依据。因此，城市现代化指标体系应该具有描述、评价、警戒和发展目标的多重功能，应该是由城市描述指标体系、评价指标体系、警戒指标体系和发展指标体系共同组成的完整实用的有机整体。

(五) 世界性与时代性原则

衡量实现现代化的标准应当是世界性的、与国际接轨的标准，而不应该降低标准。我国城市的现代化应当是高标准的符合国际水平的现代化，因而不可能是轻而易举、短期内就能实现的。不同国家、不同功能的城市，应当在共同标准的基础上，有自己的特色要求和指标。否则，现代化城市就成了一个模式的"克隆"产物。

另外，城市现代化要具有鲜明的时代特征。随着社会的进步和时代的发展，现代化的程度会不断提高，内容上也会日益丰富。因而，城市现代化指标体系既是相对稳定的，又不是凝固不变的，而应当体现时代的要求。城市现代化指标体系的制定过程是一个能够体现与时俱进特征的动态发展过程。

二、城市现代化指标体系

(一) 厉有为设定的城市现代化指标体系

厉有为教授在其《城市现代化指标体系探讨》中指出，现代化指标的国际城市标准包括：

1. 经济类

人均 GNP2 万美元

第三产业占 DNP 比重 70％

高新技术产品产值占工业总产值比重 70％

2. 社会类

恩格尔系数低于 15％

每万人拥有医生人数 50 人

婴儿死亡率低于 0.7％

人口平均寿命 75 岁

社会保障覆盖率 95％

3. 文化类

文化支出占生活支出 40％

人均图书占有量 30 本

家庭彩电电视普及率 100％

电话普及率 90％

家庭电脑普及率 50％

家庭上网率 30％

4. 教育类

人口文盲率低于 2％

劳动力文化指数 15 年以上

青年人受高等教育比重 70％

12 年义务教育普及率 100％

教育投入占 GNP 比重 5％

5. 科技类

每万人拥有科技人员数 2000 人

科技进步对经济的贡献率 70％

每年市级科技经费占预算内财政支出比重 5％

技术开发费占企业销售收入比重 5％

拥有自主知识产权的高新技术产品产值比重 80％

6. 居住类

人均居住面积 30 平方米

每万人轿车拥有量 4000 辆

每万人商业服务网点 700 个

7. 基础设施类

人均道路面积 25 平方米

燃气普及率 100％

人均生活用水 400 升/日

人均生活用电 2500 千瓦时/年

8. 环境类：

人均绿地面积 30 平方米

人均公园面积 20 平方米

二氧化碳年日均程度低于 0.006 毫克/立方米

悬浮物年日均程度低于 0.009 毫克/立方米

污水排放处理达标率 100%

建筑物平均密度低于 100 米

无氟冰箱、空调器使用率 100%

住宅小区园林化率 80%

（二）章友德的"城市现代化指标体系"

章友德教授在其专著《城市现代化指标体系研究》中指出：城市现代化进程包括五个层次：以工业化为核心的经济现代化；以民主和效率为标志的政治现代化；以扬弃传统原则的文化现代化；以生态学原则为指导的生态现代化；以人的全面发展为特征的人的现代化。这五个层次的现代化的指标体系分别为：

1. 城市经济现代化指标

（1）工业化水平指标：包括城市人均 GDP、城市第二产业占 GDP 的比重、城市第三产业占 GDP 的比重、高新技术占 GDP 的比重、城市从事第二产业劳动者的比例、城市从事第三产业劳动者的比例、城市从事高新技术产业劳动者的比例。

（2）信息化水平指标：包括信息产业产值占 GDP 的比例、千人拥有的网络用户数、每百户家庭拥有的电脑数等。

（3）集约化水平指标：包括万元 GDP 的能源消耗、万元 GDP 的水资源消耗、万元 GDP 的"三废"排放、能源综合利用率、社会全员劳动生产率。

（4）公平化水平指数。包括基尼系数、HDI（人文发展指数）、城市失业率等。

2. 城市政治现代化指标

（1）政治活动参与：包括参与人民代表选举的比例和参与居民委员会选举的比例。

（2）经济活动参与：包括建立工会的经济组织数量和职工参与工会活动的次数。

（3）社会事务参与：包括城市非营利组织的数量、居民参与社区组织活动及志愿者活动的参与人数。

3. 城市文化现代化指标

（1）文化出版：包括日报（每千人年出版量）、期刊（每千人年出版量）、书籍（每千人年出版量）、音像制品（每千人发行量）、电子出版物（每千人发行量）。

（2）文化体育设施：包括每千人公共图书馆数、每千人文化体育场馆数、每千人博物馆数、每千人影剧院数、每千人音乐厅数。

（3）公共文化支出与文化产业：包括政府文化总支出、人均公共文化支出、政府文化支出占财政支出比例、群众性文化活动。

（4）文化消费：包括文化消费占家庭支出比例、家庭年购书籍及报章杂志数、人均其他文化休闲消费。

4. 城市生态现代化指标

（1）城市环境：包括二氧化碳排放量、二氧化硫年日平均浓度、悬浮物年日平均浓度、城市大气污染综合指数、噪声超标率。

（2）物质还原：包括工业无害处理率、污水排放处理率、工业废气处理率。

（3）城市发展的可持续性：万元产值能耗、环保投资占 GDP 比率。

5. 人的现代化指标

（1）个体指标：包括观念的现代化、能力本位、信任、重视平等、接受和适应社会变革、心理健康、社会责任感、主体的独立、理性的人际互动。

（2）作为群体人口的现代化指标：包括同龄人上大学的比例、每万人中科技人员数、每万人中医生数、人口自然增长率、婴儿死亡率、平均预期寿命、性别结构、年龄结构、人口分布与规模。

第三节　城市管理的信息化

信息化是推动城市经济和社会发展的关键因素，已成为衡量一个城市经济综合竞争力、现代化程度和经济成长能力的重要标志。加快城市信息化建设对于提高执政能力，实现经济调节、市场监管、社会管理和公共服务等各项职能，带动全社会信息化，具有重要意义。

一、城市信息化

城市信息化是指在一个城市的经济和社会活动中，通过普遍采用信息技术和电子信息装备，更有效地开发和利用信息资源，推动整个城市经济发展和社会进步，从而使利用信息

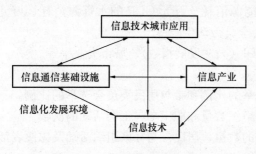

图 13-1　城市信息化总体要素

资源而创造的劳动价值（信息经济增加值）在国民经济总值中的比重逐步上升直到占主导地位的过程。城市信息化是一个规模庞大、因素复杂的社会-经济-科学-技术相互作用的真实系统工程，是一种复杂的社会转变过程。如图 13-1 所示，城市信息化体系构成要素分为五大类：信息技术、信息产业、信息通信技术设施、信息技术城市应用以及信息化发展环境。

如图 13-2 所示，构建了由基础维、环境维和应用维三个维度、18 个要素构成的三维体系的城市信息化总体框架，该模型的主要特点是从城市信息化发展基础、信息化发展环境和信息化应用三个维度构成完整的城市信息化体系。

二、城市信息系统的概念（简称 IT 或 UIS）

城市信息系统，是将城市各方面分散的数据进行整合和集成，并利用计算机处理和分析这些数据。一个有效的城市系统的建立，必须满足三个条件：①有一个清晰而明确的目的；②收集什么样的数据才可以做出合理决策；③有一个精确定义的、有效的应用系统。如果不能满足这些条件，将可能产生冲突和潜在的危害。另外，必须强调的是，输入数据的质量限制了城市信息系统输出数据的有效性。

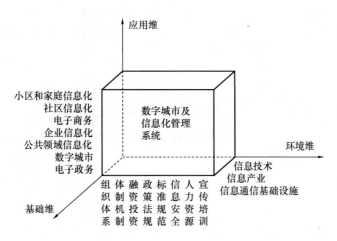

图 13-2 城市信息化理论体系框架

信息技术在城市管理信息系统中有着广泛的应用，主要表现在以下方面：

（1）城市规划：通过使用信息技术，可以使规划变得简单；同时，信息技术也允许规划者使用地理和社会经济或者人文地理数据，或者通过地理信息系统（GIS）将三者结合起来使用。

（2）社会发展政策：IT 和 IS 的应用允许城市管理者定义和贯彻社会发展政策以满足人口需要，以及检测实施效果。

（3）土地信息系统如果用于规划和社会政策的目的，就成为城市管理的工具。在此过程中，计算机能够使土地所有权登记和改变更客观和透明。土地信息系统有助于找出土地所有者和发现土地价格的走向，及其对城市贫困和城市规划的影响。

（4）通过 IT 可以促进参与：新技术的使用契机促进参与机会的增加。人们能够使用信息收集和反馈网络或者家庭网络与政府建立联系。

（5）监测位置变更：将 GIS 软件与人/商业活动的数据线结合，能够使市政府检测某一实物位置的变化，并制定城市管理的方案。

（6）如果运输部门拥有完善的交通信息系统和交通控制工具，处理城市交通堵塞就会变得更加简单。

（7）监测环境发展：空气污染和水污染等方面的数据能够很方便的传输至计算机控制中心，经过适当的处理，中心计算机可以发出污染警报。

（8）其他城市管理方面的应用：大量的应用在这里仅作简单的介绍。例如，使用因特网可以通知小企业家关于新技术/新产品问世的消息。

（9）单个部门的特殊应用：实际上计算机和数据库往往只能被用于简单的管理，例如税收登记和记录城市的财政收支状况。

（10）管理能力建设：计算机可以提供大量的培训机会；同时，有效的使用计算机也需要大量培训。

三、信息技术的城市应用

信息技术城市应用是指利用信息技术建设各种面向专门领域应用的信息应用系统。

信息技术城市应用涉及城市经济社会的各个方面，为了进行更为清晰的表述，根据应用对象的性质和特点，将信息技术城市应用要素进一步分解为电子政务（即政府信息化）、企业信息化、电子商务、城市建设与管理信息化、公共领域信息化、社区信息化和家庭（个人）信息化七个要素，如图 13-3 所示。

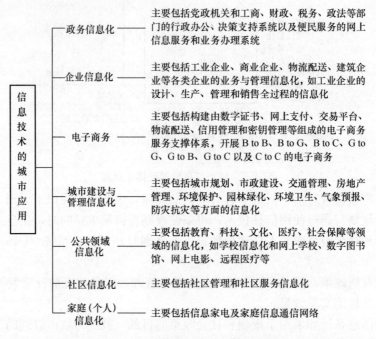

图 13-3　信息技术城市应用构成要素

四、经济信息化与城市发展

科技进步与城市发展存在着密切的联系。科学技术的每一次重大突破，都为城市发展提供了更为广阔的空间。科技革命不仅带来城市空间分布的变化，更重要的是带来城市经济的变迁，赋予不同时代的城市以新的职能。信息革命对城市的影响是十分广泛的，这里将重点从经济信息化的角度，讨论科技进步，特别是信息革命对城市经济和城市职能的影响。

（一）科技进步与城市经济发展

在科技进步的作用下，世界经济重心一直处于不断发展变化之中，其地理中心也因此而不断改变。当今世界的国际经济中心城市，无论是伦敦、纽约、东京，还是新加坡、香港，都是在历次科技革命和经济增长周期中，主动迎接产业转移和自主创新形成的。社会学家丹尼尔·贝尔从技术发展的角度，将人类社会的发展分为三个阶段：农业社会、工业社会和信息社会，认为人类社会目前正处在信息社会的阶段。经济信息化，是由计算机与互联网等生产工具革命，所引起的工业经济转向信息经济的一种社会经济过程，具体说来，经济信息化包括信息技术的产业化、传统产业的信息化、基础设施的信息化、生产方式的信息化、流通方式的信息化、管理方式的信息化、生活方式的信息化等内容。经济信息化的意义是广泛的，数字技术、网络技术的兴起和发展，将现代经济生活推向了信息化的轨道。

一般说来，资本积累、劳动力投入、人力资本积累和技术进步，是经济增长的四大推动力。在工业经济时期，资本积累被认为是经济增长的主要动力，一切经济活动都是以加速资本积累为中心的。到 20 世纪 50 年代，技术进步问题受到越来越高的重视。经济学家诺贝尔奖金获得者索洛用"余值法"得出结论，认为当代美国经济增长的主要推动力，既不是资本积累也不是劳动力的增长，而是技术进步。在索洛的理论中，技术进步含义比较宽泛，他把劳动力和资本增长不能解释的部分，都归于技术进步。

信息技术的历史性发展，带来了世界经济结构的大调整，首先使人类在计算机技术、半导体和通信技术相互融合的基础上，实现了信息技术产业化；在强大的信息技术推动下，与信息技术相关的新兴产业不断涌现；信息技术使整个社会生产和流通联结为一个整体逐步走向网络化，在商品、资本、服务、劳动力等要素市场上电子商务、虚拟工厂、远程教育等新型交易方式迅速扩展，经济的信息化突飞猛进，势如破竹。20 世纪 90 年代以来，以信息革命为基础的知识经济的迅猛发展，推动了美国微观经济运行机制、中观经济产业结构和宏观经济管理方式的深刻变革，在要素投入知识化、信息处理网络化、竞争方式创新化、生产制造柔性化和经营运作全球化等方面出现了新的变化。

（二）信息产业对城市区位的要求

进入 20 世纪 90 年代以来，随着信息技术的广泛应用和创新，信息技术已成为国家经济和个人生活中不可缺少的组成部分。信息产业已经从第二、第三产业中分离出来形成独立的产业，并主导了经济活动的方向。根据广东省城乡规划设计研究院温春阳的一项研究，信息产业的区位因素可以分为两大类：一类是基本区位因素，即劳动力、资本和信息（原材料）等区位因素；另一类是辅助区位因素，即市场、集聚、通信网络等。信息产业的区位是在两类区位因素的共同作用下确定的。信息产业对区位的要求如下：

1. 劳动力因素

一般说来，在以知识为基础的研究与设计生产阶段，因需要大量科技人员，其区位往往趋向高素质高智力劳动集中地区。在装配和设置生产阶段，需要大量技能熟练的一般劳动力，其区位富有弹性，因为这部分劳动力是大量而且广泛存在的，劳动力成本为重点考虑因素。对处于中间生产阶段的先进制造业来说，由于这一生产阶段与研究与设计阶段的产品有密切联系，而且往往对劳动力数量需求不大，所以其区位往往会接近创新中心。

2. 资本因素

信息产业在很大程度上依赖于技术的创新，作为一种高失败率、高风险的活动，能否有效的获得风险资本是决定创新活动的关键。因此，风险资本及风险投资机构的可达性，成为信息产业选择区位的因素之一。

3. 信息因素

信息产业的基本原材料是信息，谁先获得有关技术创新的信息，谁就在竞争中处于有利地位。信息源包括：大学和科研机构、政府的研究与开发机构、大公司的研究与开发机构网络。因此信息产业的区位因素之一是对信息源的易达性，比较接近大学与科研机构以及各种研究与开发活动所在地。

4. 市场因素

信息产业的区位选择不同于传统的产业区位是选择最大市场利润的地区。如果产品有世界市场，则高水平的电子通信网络和航空运输的易达性就成为产业区位选择的一个重要因素；如果产品市场具有独特性，为特殊用户生产，则空间的接近性，即选择接近消费者的区位就成为主要因素之一。因此，信息产业的区位接近消费者的区位就成为主要因素之一，通过分析产品与消费者的关系，确定产品市场的特征，然后再确定产业的区位。

5. 集聚因素

对信息产业区位选择的影响总的趋势是集中与分散共同作用的结果，不同的产业活动作用强度不同。对于需要高技能、高质量劳动力的研究、开发、管理活动来说，需要一种良好的综合环境，而这种环境一般位于城市及其周围地区，因而高技能和专门化水平高的活动仍表现为地域上的集中，而对于装配和测试活动来说则表现为分散。

6. 通信、运输网络因素

通信网和运输网的结合是信息产业的基础设施，信息技术的广泛应用形成了发达的通信网络，由此带来了运输网的现代化，降低了大都市的集聚性。通信网在更大范围内可达，信息产业的区位则更具弹性，可在更大范围内考虑选址。对于运输费用，信息产业不同于传统区位理论中将其放在重要位置，信息产业区位因素已将其作为次要因素。

（三）经济信息化对城市规划的影响

1. 更新城市规划观念

各种高新技术产业的出现所要求的区位条件不同，对城市带来的影响也不同。由于信息产业的出现，城市的功能布局得以在更大范围内展开，城市规划师的眼光也不再局限于城市内部，应以区域的观念来对待城市。信息社会为公众及社会团体参与城市规划过程中提供了更方便的技术手段，他们得以在规划决策前后发表意见、参与讨论、监督实施。规划师应提高自身素质，加强城市规划与政治、经济、社会各领域的渗透和融合，树立动态、开放的规划观，使规划具有一定的弹性和灵活性，更加全面、更加符合城市的客观发展规律。

2. 重视信息技术在规划中的应用

未来城市规划学科的突破将是城市规划技术的突破，未来城市设计的竞争将是新技术在城市规划领域中运用的竞争。一是充分利用城市信息系统，将城市中常用的信息收集起来，建立数据库，提供方案、灵活的查询、统计、分析手段，实现办公自动化。二是利用计算机辅助设计，预测社会经济发展指标、综合评价城市质量等，以增加规划的深度，充实规划内容，丰富规划的表现手段。三是充分利用遥感技术，详尽客观的反映成像瞬间地表景物的分布、结构和特征，可从中提取城市规划和管理需要的大量信息数据。四是利用人工智能技术进行设计与规划，构建规划决策支持系统、住宅设计智能系统、智能地理信息系统、智能交通规划辅助系统、管线工程综合专家系统、土地分区规划与管理专家系统等。

3. 重视城市信息的收集和监控工作

城市信息是把握城市现行状态的重要数据。城市规划管理应重视城市信息的收集工作，借助先进的技术手段确定正确的城市信息的采集方法，并对其进行有效的处理，有助于规划管理部门对城市重大问题做出正确决策。同时，要建立城市运行状态的监控系统，有效利用城市信息，加强对城市发展的宏观控制，使城市的发展始终处于稳定、均衡的状态。

4. 要重视加强城市基础设施建设

发达畅通的通信、交通网络，是信息社会的构成基础。建立现代化的立体交通体系及通信体系，加强城市之间的分工协作，对于优化城市产业结构，在国际分工中占领有利的地位意义深远。城市规划要高度重视对重大城市基础设施项目建设的分析和论证，做到规划超前，基础设施先行。

(四) 信息革命对城市职能的影响

信息革命使城市职能发生一系列的变化，出现了城市的新经济职能：城市职能的信息化，即以知识为基础、信息为前导、网络为手段、高新技术为支柱，全面带动传统产业升级，培育新的经济增长点，并广泛覆盖经济社会文化生活的一种全新的经济形态。

1. 城市职能高新化

信息产业的出现，带来了城市职能的转变。主要表现是，某些城市职能（如制造业、传统服务业）衰退或扩散，另外一些职能部门主要是 IT 产业迅速增长，大批高新技术产业在城市功能区聚集。在信息时代，城市产业结构调整的总趋势是，高新技术产业化步伐进一步加快，改造后的传统产业将赢得新的发展空间。信息技术产业化成为城市发展的重要动力，复印机、激光打印机、移动通信设备和半导体、汽车、半导体（新型芯片设计）、微处理器、微控制器、半导体加工、个人电脑和操作系统、电视数字化技术、航空航天、海洋工程、生物工程、自动化、新材料和新能源等新兴高科技产业，对城市经济增长的贡献日益突出。

2. 城市职能服务化

随着 IT 等高新技术产业的发展，高度专业化生产迫切需要企业经营管理的网络化和生产制造的柔性化，对多种人才和对整个社会文化、社会意识的需求明显增加。城市作为生产中心的地位明显下降，逐渐开始向服务、居住等为其主要职能转化。在信息社会，城市不仅仅是工业基地，而且是集金融、贸易、科技、文化为一体的多功能中心。城市职能从单一走向综合。城市经济增长不再主要依赖传统工业的增长，高新技术逐渐成为推动城市发展的新动力，以信息和通信技术为基础的知识经济在城市发展中处于中心地位，第三产业在城市经济增长中扮演着越来越重要的角色。服务业已经成为许多大都市带动收入和总就业增长的主导产业部门，其中生产服务业的扩展成为发达国家城市近期增长的主要特征。

3. 城市职能数字化——虚拟城市

虚拟城市的真正含义，是指处于不同地理位置的居民和企业因相互需要，通过互联网上虚拟的信息交换，就可以开放一个开放、多维、立体的崭新空间——虚拟城市。作为城市主要功能的各类市场和企业，已经从物质地域场所变成了无形的数字信息场，从面对面的交易变成了数字交换，通过在线交易完成城市组织分工的职能。在这个新的生存空间里，人与人、人与自然将表现出一种新型的关系，使城市人们的工作、教育、生活、购物、就医、娱乐等活动打破时空限制，并且更为高产和多样化。

4. 城市职能网络化——网络城市

网络城市，是指高度信息化和全面网络化的全球城市体系。网络城市的出现，意味着城市职能的全球化。今天，全球几家最大的互联网络和航空公司，已将世界上 175 个国家和地区的主要城市联结起来。以电话、电视、电脑、人造卫星等现代化信息手段为主体的传播网络和以航空运输为主的交通运输网络，已经将全球城市联结成为一个紧密的经济和信息整体。在网络经济时代，城市间相互作用的途径和方式发生了新的变化，主要通过国际信息网络、航空网、通信网三种方式来实现。这种通过网络分享知识和技术的过程，将最终导致多极、多层次世界城市网络体系的形成。

第四节　数字城市建设及管理

一、数字城市的涵义

"数字城市"是人类对物质城市认识的又一次飞跃，它与园林城市、生态城市一样，是对城市发展方向的一种描述。数字城市，又称网络城市，或智能城市，更确切地说，应该是信息城市。它是城市信息化发展的趋势。它是城市各要素的数字化、网络化、智能化、可视化的全过程。具体地说，数字城市就是以计算机技术、多媒体技术和大规模存储技术为基础，将整个城市涉及的各方面的信息，以数字的形式进行采集或获取，通过计算机统一存储和再现，即利用技术手段把城市现实生活中存在的全部内容在网络上数字化虚拟实现。通俗地讲，就是用数字的方法将城市、城市中的活动及整个城市环境的时空变化装入电脑中，实现在网络上的流通，并使之最大限度地为人类的生存、可持续发展和日常生活、工作、娱乐服务。数字城市是城市信息化实现的技术基础和特征，是城市现代化的必然结果。

现代城市的基本功能是整合设施，优化配置，发展经济，稳定社会，服务于广大人民，满足人民需求。所以，在数字城市框架中，电子商务位于系统的中心，智能交通和智能社区紧伴两翼，安全保障备受重视，电子政务和科技教育都运行在城市公用信息平台上，还形成了各具特色的业务平台，依托市域网络和城市地理信息工程，遵循政策法规和技术标准。数字城市建立城市信息资源管理中心，实施数据共享与交换，支持多种服务与决策。其总体框架如图 13-4 所示。

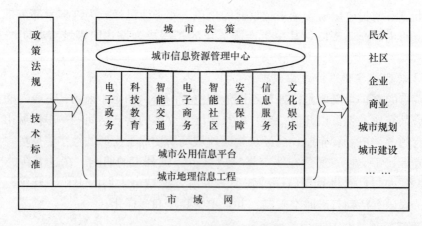

图 13-4　数字城市总体框架图

"数字城市"作为"城市地理信息系统"的发展，对城市数据和信息资源的组织、城市规划与设计、城市管理与服务等具有重要的意义。"数字城市"是充分利用城市现有数据和信息资源的最佳途径；可以为人们提供一种全新的城市规划、建设和管理的理念；是适应现代城市信息化发展的要求建立起的优化城市整体运行的全新解决方案；是知识经济社会中信息资源的主体核心，为知识的生产、流通和应用提供了场所和工具；必将对人们的生活产生深远的影响。

数字城市是当今世界先进城市追求的目标，也是城市现代化发展的要求。一些发达国家和地区的城市结合自身的特点，开始了"数字社区""数字家庭"等综合建设的实验。在我国，"数字城市"的建设已得到政府、学术界的极大关注。在北京市，"数字北京"工程已被列为北京市实施技术创新的重点项目；上海、大连、天津、武汉、济南等城市也相继开始了"数字城市"的建设。

数字城市建设以经济信息化为中心，以电子商务和电子政务为热点，以社区智能化为基础。数字城市成为 21 世纪一项最大的系统工程。它将是未来城市发展的趋势。

二、3S 技术在城市管理中的应用

数字城市又称为网络城市或智能城市。数字城市的构想源于数字地球的战略构想，是数字地球神经网络中的神经元。作为"数字地球"概念的引申，数字城市建设受到各界政府、相关行业和专家学者的重视。城市数字化建设在众多的国内外城市中积极推进，Internet 上不断出现标以数字城市的网站，其中，以 AOL 数字城市（http：//www. digitalcity. com）、数字城市京都（Digital City Kyoto）最为典型。数字城市的本质是基于高速宽带的信息通信网络设施和城市空间/属性数据基础设施之上集成化的各类专题信息应用系统构成的有机体系。图 13-5 显示了数字城市工程的总体结构。

"数字城市"作为城市地理信息系统的发展，可以在城市规划与设计、城市管理与服务、突发事件处理、政府决策等方面起着重大的作用。

（一）城市规划与设计

"数字城市"方便规划人员从整体上掌握信息，改变了过去在掌握信息方面受条件限制的局限性。同时，"数字城市"的应用使城市规划从过去偏重定性方法转向定性与定量并重，使规划的精度大大提高，并可提高城市规划管理工作的效率，增加信息含量，提高分析能力和准确性，从而使城市规划管理与设计更加具有前瞻性、科学性和及时性。数字城市可为城市规划工作提供一个全新的手段，通过数字城市中的机载传感器可动态获得大量城市影像信息，经过高效的数字加工处理，提取三维城市地物的位置信息、几何信息、特征信息、分类信息和属性信息等，再加上一定的整合手段，就可快速、高精度地得到城市规划中三种基本图件：大比例尺数字地形图、城市现状用地分类图和城市现状建筑分类图。然后通过 GIS（地理信息系统）对图件进行管理，可方便地服务于城市总体规划工作中方案的形成、方案影响因素分析和输出等全过程。"数字城市"利用万维网（WWW）描绘城市规划，可以为公民提供城市规划设计图信息，倡导公民参加和进行城市规划的公开讨论。

（二）城市信息管理与服务

"数字城市"可促进城市信息管理与服务在方式、方法、手段、速度、效果等方面进入新时代。首先，就政府而言，"数字城市"将有助于城市政府日常办公效率的提高。主要表现为可以提高管理手段的现代化水平，减少经济决策失误或调控措施出台滞后而引起

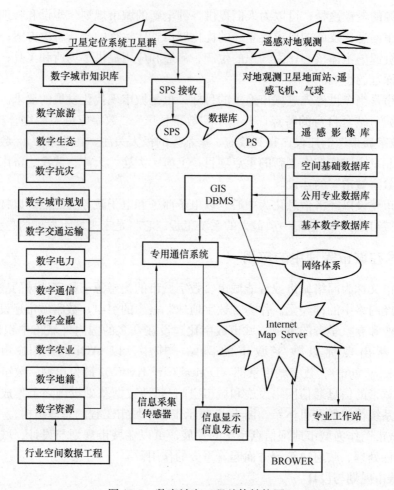

图 13-5　数字城市工程总体结构图

的损失，可以使业务流程规范化、标准化和软件化，提高工作效率和办事透明度，促进建设行业的廉政建设，扩大建设行业的社会认同水平；其次，就教育等社会公益部门来说，"数字城市"也将推动其发展。教育部门可以将"数字城市"作为教学工具，用更为方便、直观、具体的方式开展教育工作。第三，对于企业来说，"数字城市"可以帮助企业管理者更好的开拓市场。诸如企业选址、区域市场战略等都可以利用数字城市进行辅助决策。第四，个人也是"数字城市"最重要的需求者，个人的工作、居住、交通、休闲均可通过"数字城市"来进行。

（三）城市交通管理

"数字城市"不但可以提供有用的交通信息，还可以帮助城市交通管理。例如，车载电子导航系统将小型显示器装到驾驶室内，随着车辆的行驶实时显示车辆的当前位置、运动轨迹、目的地方向和距离等，为司机提供交通网络全局的或局部的信息。

（四）城市公共设施管理

"数字城市"能够提高管理公共工程设施的综合能力，实现不同管线的共同管理，提高信息的共享程度，可以在相当程度上杜绝由于地质、地下设施等基础数据不清、不准而造成的施工中管线爆裂、泄漏、线路中断等事故的发生。

(五) 突发事件处理

当突发性灾害事故发生时,"数字城市"可以实现迅速、准确、动态的监测与预报,GPS (全球卫星定位系统) 和 RS (遥感) 能快速探测到事故发生地,并将有关信息迅速输入 GIS 系统,由 GIS 准确显示出发生地及其附近的地理图件。大比例尺和高分辨率的地理空间数据有利于突发事件精确定位,利用大量描述其周围的自然、环境、社会、经济数据,对由 RS 得到的灾害信息进行空间模拟分析,不仅容易制定出影响小、损失小的处理方案、减灾策略,而且可以在网上实现部门协作、决策、调度与实施,将时间消耗降低到最小,满足时效性需求。

(六) 市场调查与产品销售

电子商务是"数字城市"建设的一个重要内容。商家企业可以利用"数字城市"的相关信息库进行某地区某产品需求量的调查。借助对信息的分析结果,企业或公司可以对商业网进行规划,并及时调整销售策略。有了"数字城市",厂家可以将产品虚拟化后放到"数字城市"里,电子市场就可以为产品找到厂家所需要的用户,用户可以将自己虚拟化后进入"数字城市",并在电子市场引导下找到自己所需要的产品。

(七) 政府决策

"数字城市"是高度网络化的信息世界,政府工作人员可以随时随地通过有线、无线通信设施,用电脑上网得到所需信息,并且可以实现智能化分析。另外,"数字城市"提供了一个交互式的虚拟环境,市民和政府官员足不出户便可以通过特定的装置实现面对面的交谈。

(八) 城市综合管理

"数字城市"在城市管理中的主要优势包括:动态、快速、高精度、规范地得到和存储城市规划、建设和管理的成果信息 (包括空间的和属性的);快速、高精度地进行城市管理信息的查询检索和统计,方便用户获取各类精确信息;有效进行城市信息的空间分析,支持城市管理工作的深化;快速、高精度的更新城市定位信息,保证城市管理工作中信息的现势性。

总之,"数字城市"在城市规划、建设、管理与服务等的应用,可以带来巨大的益处,这主要体现在提高工作效率、改善工作质量、拓展业务范围和集成化解决城市规划、建设和管理问题等方面。可以肯定地说,"数字城市"将成为城市规划、建设、管理与服务的重要技术支持。

三、城市电子政务

(一) 电子政务含义及作用

电子政务的概念是随着信息技术的发展和在政府管理中的应用程度而不断变化和扩展的。所谓电子政务,是指政府在管理和服务中有效利用现代信息和通信技术,建立政府与企业和公众间的互动系统,不仅实现政府办公自动化、决策科学化、信息网络化和资源共享化,使政府的各项监管工作更加严密、有效,而且以更有效率的行政流程为企业和公众提供更加便捷、高效、公平、公正的服务,把政府建设成为廉洁、勤政、务实、高效和高服务品质的政府。推进电子政务建设,对于提高国民经济总体素质,提高现代化管理水平,加强政府监管,提高行政效率,开展反腐倡廉等都具有重要意义。

1. 提高政府的决策理性和公共政策的品质

政府运用信息技术获取和掌握国家政治、经济、社会发展诸领域准确、可靠的信息，有助于做出理性的判断、制定正确的决策及采取必要的行动，进而提升政府决策和公共政策的水准和质量。

2. 促进政府重组，节约行政成本，提高政府效率

政府信息化，必将对政府组织结构和运行方式发生变革和冲击。利用信息网络技术，打破地域、层次、部门的限制，使传统的科层组织朝着网络组织方向发展，促使政府组织和职能的整合；使行政流程更加简明、畅通；节约了人力、物力和财力资源；同时由原来按部门审行办公转变为多部门并行办公，加强政府业务电脑化、网络化，从而提高政府管理的效率、效能。

3. 形成政府与企业、公众之间的互动回应机制，提高政府的反应能力和社会回应力

通过建立跨越政府机关、企业与民众之间的互动机制，政府为公民提供每天 24 小时每周 7 天的全天候政府服务，公民可以随时随地获得政府信息和服务，而政府亦可及时了解民众的合理需求，从而促使政府更有回应力、更有责任。

4. 公开政府信息，实现开放政府

信息公开是民主政治的基础，也是开放政府的根本。经由网络系统，政府信息除个人隐私、商业秘密、国家机密等不宜公开外，依其性质向社会、组织、企业公开使用，不仅可以促使政府信息增值利用，更为重要的是，便于社会大众、新闻媒体监督政府施政，起到透明和公开的作用。

电子网关（网络管理与计费）									
信息安全稽核					电子认证机制				
辅助决策支持系统									
电子公文	电子会议	电子税务	电子工商	电子财政	电子审计	电子统计	电子司法	电子采购	…
便民服务电子窗口		信息资源库		电子邮箱		电子信息处理中心			
Internet/Intranet/Extranet 网络环境									

图 13-6　电子政务的总体框架

（二）城市电子政务建设与运行

电子政务不仅包括为政府服务的网络软、硬件设施、网站，更主要的应当包括政府内部的办公自动化系统，电子工商、电子税务等一系列应用子系统和决策支持系统。这些应用系统在物理上分布于各个政府机关及其职能机构中，在逻辑功能上实现有机地集成以共同完成政府的管理和服务功能。电子政务的总体框架如图 13-6 所示。其简化模型如图 13-7 所示。

与电子政务相关的行为主体主要有四个：政府、企事业单位、社会公众和政府雇员。因此，电子政务的运作也主要围绕这四个行为主体展开，即包括政府与政府之间的互动；政府与企事业单位、尤其是与企业的互动；政府与社会公众的互动；以及政府与雇员的互动。如图 13-8 所示。

城市管理要努力构筑一体化的电子政务需要不同政府机构间的密切合作，是一项复杂的、不断增长和完善的过程，其建设一般应该按照从简单到复杂，从业务涉及较少组织到多组织的联合处理。应从信息服务、互动沟通，逐步推进至网上申办服务。按实现的难易和逐步推进的程度可将其分为四个等级，每一等级的控制难度将不断加大，需要不同政府机构之间更多的合作来实现。

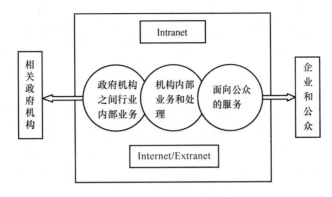

图 13-7　电子政务的简化模型

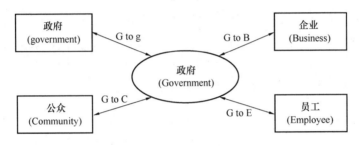

图 13-8　电子政务的四种模式

四、城市数字化管理模式

（一）城市数字化管理模式构建

信息化城市管理新模式简称 GBCP 模式。G 为政府、B 为公共服务企业、C 为公众、P 为公共设施与公共环境。GBCP 之间的信息快速传递和互联互通，可以理顺公共管理服务信息在政府、公众及企业之间的关系，促进政府、公共服务企业、社会公众之间的互动来开展城市管理，从而满足公众对公共管理和社会服务的需要。依据这一理念，着眼城市管理全局，理顺条块关系和解决实际问题，依托现代信息通信技术，建立以接收、分发、处置、反馈为基本工作程序，以基础地理信息数据、城市管理部件和事件数据、各类公共设施与公共环境数据等一系列数据库、责任监管系统、数据交换系统等为技术支撑，构成一个完整的信息化城市管理系统。如图 13-9 所示❶。

图 13-9 为 GBCP 城市管理模式的业务功能模型，政府、公共服务企业、市民三类能动要素的分工和作用不同：政府作为人民群众的代表，通过制定规划、特许经营、进行公共管理和企业监管，服务社会；企业作为服务提供者，保障城市公共产品（包括城市各类设施和市容市貌、环卫、园林、绿化等城市环境以及维修、咨询等公共服务）处于合格状态，为市民提供服务；市民则从政府和企业获得服务，并以监督者的身份参与到城市管理中。应用城市公共管理服务 GBCP 系统，有助于实现管理有序和社会和谐。对政府来说，在公共管理和服务过程中，可以做到"责任清、数据明、协调快、决策准、服务好"。对

---

❶　参考北京市市政管理课题组资料。

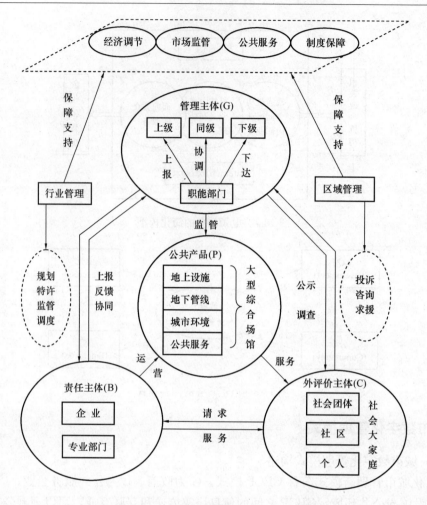

图 13-9　GBCP 城市管理模式的业务功能模型

于公共服务企业来说，可以实现"服务规范、信息共享、协同作业"；对于公众来说，可以"反映情况方便，请求援助快捷，获取服务及时"。而且，通过提高事后处置效率，降低损失；加强事前规划、事中监管，减少事故发生。长远来说，能够极大地降低政府公共服务的成本，预期的经济效益也非常可观。

（二）基于电子政务的城市数字化建设

城市政府在城市现代化建设及现代化管理中扮演着主导性角色，因此，政府的电子政务将是数字城市建设的主要内容。如图 13-10 所示，近年来我国数字城市建设实际上是从政府内部办公自动化开始的，大多数城市已经完成了初级阶段和中级，并进入了高级阶段，部分大都市正在加强综合性数字化城市建设，加快步伐进入成熟阶段。

（三）治理理念下的城市数字化建设及管理

由于现代城市管理涉及若干主体，政府主导、公众广泛参与的治理模式便成为一个主要趋势，数字城市建设必然要符合这种趋势，事实上，我国一些城市在数字化城市建设中，充分考虑了公众参与问题。以北京市为例，一些主要区域在数字城市建设中已经基本搭建起了信息平台，未来的数字城市建设，将在治理理念下进一步完善城市数字化管理体系，如图 13-11 和图 13-12 所示。

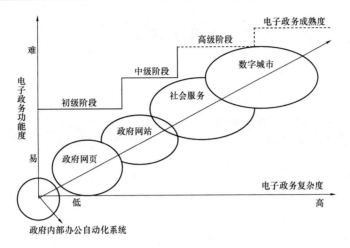

图 13-10 政府功能主导的数字城市建设示意图

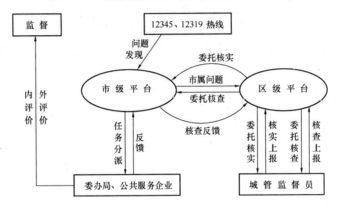

图 13-11 北京市信息化城市管理系统流程

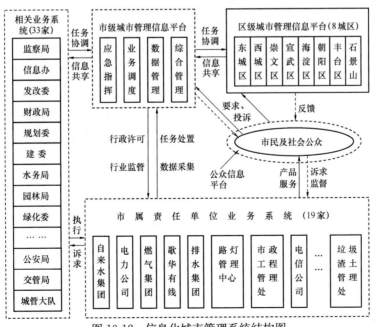

图 13-12 信息化城市管理系统结构图

复 习 思 考 题

1. 解释城市现代化的含义。
2. 简述城市现代化的内涵与特征。
3. 我国"现代城市化指标体系"有哪些？其标准如何？
4. 简述城市现代化指标体系的建立原则。
5. 解释城市信息系统的概念。
6. 简述经济信息化对城市规划的影响。
7. 论述 GBCP 城市管理模式。
8. 试论述电子政府与数字城市建设的关系。

第十四章　生态城市建设与城市环境管理

生态文明是现代文明的一个重要标志，生态文明建设是现代社会人类活动的一项重要内容，特别是在人口密度大的城市更是如此。世界银行的一份研究报告显示，我国每创造1亿美元 GDP 所消耗的能源是 12.03 万吨标准煤，是世界平均水平的 3.28 倍、日本的7.20 倍、德国的 5.62 倍、美国的 3.52 倍，是同样为发展中大国印度的 1.18 倍，可见，我国的发展模式仍然是十分粗放的，以高消费、高排放为特征。目前，"节能减排"在全世界已经达成共识，并上升为全球战略，我国作为一个负责任的发展中大国，节能减排、环境保护、生态建设已经成为国家战略，大力倡导"两型社会"（资源节约型和环境友好型）建设，作为资源耗费及"三废"（废水、废气、废渣）及碳排放的"大户"或重点地区，加强生态城市建设和环境保护具有更加重要的意义。

第一节　生态城市的基本概念

一、生态城市的涵义

（一）生态城市的概念与特征

1. 生态城市的概念

生态城市的提出是在 20 世纪 60 年代末和 70 年代初，联合国教科文组织发起的"人与生物圈"（MAB）计划提出了从生态学的角度来研究城市的项目，指出城市是一个以人类活动为中心的人类生态系统，开始将城市作为一个生态系统来研究。在这一过程中，前苏联生态学家尤尼基斯提出了生态城市的模型，它认为生态城市是一个社会、经济、自然三者协调发展的，物质、能量和信息高效利用的，生态良性循环的人类聚居地。随后，中外学者提出了许多有关生态城市的不同概念：

美国学者 R·雷吉斯特认为城市的"生态重建"，关键点有 7 个方面：①差异就是健康；②由自然物种发展的相当大的地域；③在特定气候条件下，土地具有一定的承载力；④可持续的绿色社区规划应当有其绿色层次；⑤废物回收利用；⑥病虫害防治的生物措施和化学措施；⑦物种及其栖息地的保护是一个区域性的问题，而不仅是一个城市问题。

我国学者丁健认为"生态城市是一个经济发展、社会进步、生态保护三者高度和谐，技术与自然充分融合、城市环境清洁、优美、舒适，从而能最大限度地发挥人的创造物力、生产并有利于提高城市文明程度的稳定、协调、持续发展的人工复合系统"。

我国环境问题专家王如松指出，"生态城市是指在生态系统承载能力范围内运用生态经济学原理和系统工程方法去改变生产和消费方式、决策和管理办法，挖掘市域内外一切可以利用的资源潜力，建设一类经济发达、生态高效的产业，体制合理、社会和谐的文化以及生态健康、景观适宜的环境，实现社会主义市场经济条件下的经济腾飞与环境保护、物质文明与精神文明、自然生态与人类生态的高度统一和可持续发展"。

纵观各种不同的定义，可以分为两大类，一类从环境的角度理解生态城市，另一类从系统的角度理解生态城市。这两种角度都有其合理之处，都有重要的理论意义和现实意义。"环境说"更注重眼前的现实，具有很强的现实可操作性，不过其内涵狭窄。"系统说"则是从问题的根本出发，全盘考虑，具有很强的理论性和可操作性，这应当是进行城市设计的理论基础。

2. 生态城市的特征

生态城市具有以下几方面的特征：

（1）和谐性。生态城市中的人们要具有较高的教育、科技、文化水平，倡导生态价值观，要有自觉的生态意识和自觉保护环境意识，人与自然形成和谐统一。

（2）高效性。生态城市要求合理使用科学技术，提高一切资源的利用效率，物尽其用，地尽其利，人尽其才，物质、能量得到多层次分级利用，在保护自然环境的同时改变现代城市"高能耗"、"非循环"的运行机制。建立生态产业体系，开发无污染能源，使自然资源得到保护和循环利用。

（3）整体性。生态城市不仅仅是追求环境优美或自身繁荣，而且还兼顾社会、经济和环境三者的整体效益，不仅重视经济发展与环境的协调，更注重人类生活质量的提高，是在整体协调的前提下寻求发展。

（4）区域性。城市——腹地是一个有机的整体，生态城市作为城乡统一体，其本身即为一区域概念，是建立于区域平衡基础之上的。而城市之间是相互联系、相互制约的，只有平衡协调的区域才有平衡协调的生态城市。

（二）建设生态城市的原则

生态城市的规划和建设是一项综合性的系统工程，必须有明晰的思路，确定具体的原则，才能使这项工作有条不紊的进行。结合国内外生态城市建设的有关理论和实践，我们认为建设生态城市必须遵循以下原则：

1. 因地制宜原则

因地制宜原则要求各城市必须从当地的实际情况出发，建设既符合一般特征，又有自己特色的生态城市。具体的讲，就是要结合本地的自然条件、经济条件、历史文化条件、政治条件以及市民教育情况，发挥自己的优势，取长补短，建设具有鲜明城市个性的生态城市。

2. 以人为本原则

2002 年第 5 届国际生态城市大会通过的《深圳宣言》特别强调对人的关注。主张通过合理的生态手段，为城市人口特别是贫困人口提供安全的人居环境、安全的水源和有保障的土地使用权。人是生态环境中的主体，对城市的发展起着巨大的推动作用。建设生态城市的目的就是为人们的工作和生活创造良好的环境，提供良好的条件，以满足人的生理需求和心理需求，满足现实需求和未来需求，实现人的全面发展。

3. 协调发展的原则

科学的战略规划是生态城市建设的前提。城市战略规划要始终贯穿城市建设、社会发展、经济增长与环境保护之间协调发展的思想。法律、经济和行政手段对生态城市的建设起着直接规范和调节作用，而人与人、人与社会、人与自然和谐价值观的形成是生态城市建设的核心。因此，大力加强包括生态文化在内的精神文明建设，把绿色文明理念融入经济、社会的发展中，实现城市的协调统一发展是生态城市建设的基本原则之一。

4. 系统性原则

生态城市是一个巨大的系统，它包括经济、社会和自然三个极为复杂的子系统。在城市建设和环境、社会、经济的综合治理过程中，应本着系统性原则，追求整个生态城市系统的整体最优而不是单个子系统的最优。此外，生态城市的建设还应当考虑与其他城市及区域的搭配关系，努力做到大中小城市相结合。总之，城市的各个系统及其周围的系统应当相互配合，协调一致。

5. 可持续发展原则

城市可持续发展原则强调社会、经济、人口、资源、环境相互协调和共同发展，提倡注重眼前利益、局部利益的发展条件下，更注重长远利益、整体利益的发展。像交通拥挤、空气污染、城市垃圾、水资源污染问题等已经成为中国进一步加快城市化进程的重大障碍，也势必成为实施城市可持续发展，建设生态型城市战略所要解决的基本问题。

二、生态城市与可持续发展

可持续发展作为一种指导社会经济发展规划的理念，几乎被引用到社会经济的各个领域。在城市研究领域，也提出了可持续发展的城市理念。WHO（世界卫生组织）定义的可持续城市，是城市持续支持更富有成效的、稳定的和革新的经济发展，但其资源消耗水平低。F. Haughton 和 C. Hunter（1994）在《Sustainable Cities》一书中，提出可持续发展城市是这样定义的：居民和各种事务采用永远支持"全球可持续发展"目标的方式，在邻里和区域水平上不断努力以改善城市的自然、人工和文化环境的城市。Nijkamp 和 Opschoor（1995）定义的可持续发展城市是当地人口能够活动和维持一个可接受的、不下降的福利水平，并不破坏周边地区人们的发展机会的城市。迄今为止，"可持续城市"尚未形成一个统一的定义。

然而，"可持续城市"作为城市发展的永恒性目标为几乎所有城市所追求。这是因为经济增长、产业提升、城市发展、社会进步，是人类文明进化不可阻挡的趋势，在人口自然增长的基础上，城市人口增长显然促进了城市化，在此过程中，大量资源投入利用并大部分被消耗，同时大量排放也造成了环境的污染和生态的破坏，产业集聚提升和城市的发展，人们收入的提高，开始追求更好地生存环境，开始投资治理城市环境、改善生态。事实上，城市化进程与社会经济环境系统是有机共生的，其机制如图14-1所示。

可持续发展的城市理念是可持续发展的世界观在城市区域水平上的具体运用，它反映了城市在全球可持续发展中的地位和重要性，也是实现真正的人类可持续生存和发展而对城市提出的现实要求。可持续发展城市的基本特征可以描述为：以节约资源、提高技术、改善环境等为手段，以经济发展、财富增值、社会进步和生态安全为目标，维持城市系统内外的资源、环境、信息、物流的和谐一致，在满足城市当前发展需求

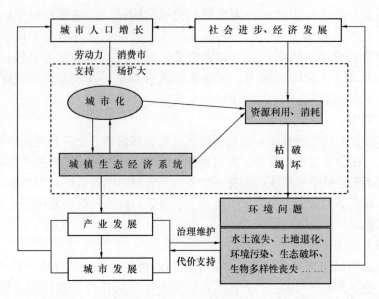

图 14-1　城市化与社会经济环境共生机制示意图

和正确评估城市未来需求的基础上，满足城市未来发展的需要。可持续发展城市是一个历史的范畴，是一个城市空间功能、结构、规模由小到大，由简单到复杂，由非持续性到可持续性的有序动态过程。可持续城市更注重城市空间发展的科学性、合理性、安全性及协调性。

可持续城市的发展并非偶然的现象，它是人类走向经济、社会、环境协调发展的必然选择。生态城市作为可持续城市的一种实践模式，体现了经济、社会、自然三维复合系统的总体特征（图 14-2）。

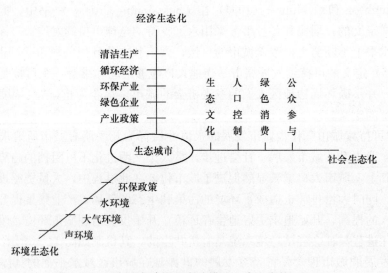

图 14-2　生态城市建设的实践模式（参考郑锋，2005）

可持续城市是一个多目标、多维度的弹性发展框架，是一动态过程。其本质是让城市居民享受更加美好的生活。城市可持续性包括经济系统的可持续、环境系统的可持续、社会系统的可持续和制度系统的可持续等。

三、生态城市建设

(一) 我国生态城市建设中存在的问题

我国自 20 世纪 80 年代开始生态城市建设的探索，进入 20 世纪 90 年代，虽然不少地方呈现一定规模，但就整体来看还是存在不少问题。主要表现为：

1. 城市地域空间恶化

过去城市发展与建设多关注城市非开放空间的布局和营造，而不重视作为城市空间的重要组成部分——开放空间的可持续利用和保护。许多城市的开放空间日益减少，其生态效应日益弱化，生态质量日益下降，城市不可持续发展的状态已经显现。

2. 经济基础薄弱，产业结构不合理

改革开放以来，我国的产业部门结构逐渐好转，但产业结构中的矛盾依然突出。农村经济基础薄弱，没有从根本上解决生产率低下的问题。工业内部结构不合理问题依然突出，工业中耗能大、污染大的产业所占比重大。基础设施的"瓶颈"效应还没有完全解除，第三产业发展相对滞后。整体来看，整个产业部门结构表现为粗放式的经济增长。

3. 伪生态现象突出

由于受自身经济发展阶段的束缚，大多数城市强调的城市区域内整体环境的清洁，如卫生环境的改善、绿地面积的增加，多停留在城市的外观美化的表面层次上，或者说强调自然系统的生态化。若只停留在外观环境层次，对于城市环境来说，只能达到治标不治本的暂时效果，无法实现真正意义上的生态城市。

4. 城市健康受到干扰

我国城市发展尚处于粗放阶段，诸多矛盾在一定程度上阻碍了城市健康发展。例如，城市数量的扩增欲望与城市体系的发展规律间的矛盾，急剧膨胀的城市人口数量与人口素质、市民就业之间的矛盾，强劲的城市生态发展态势与有限的城市资源承载力间的矛盾等。

(二) 生态城市建设的要求

生态城市是源于现代生态发展学发展起来的城市理念。它强调以人的行为为主导、以自然环境系统为依托、以资源流动为命脉、以社会体制为经络，所构筑的一个"社会—经济—自然"的复合系统，系统中的各个部分都协调及可持续地发展。一般认为，生态型城市至少应包含三方面的内容：第一，生态城市必须有节能及能源资源可循环利用的城市系统；第二，生态城市必须实行水环境和水资源的循环利用；第三，生态型城市必须实行城市绿化，城市绿化率须大大高于一般的城市，达到一定的标准。

生态城市是社会和谐、经济高效、生态良性循环的人类聚居区，自然、城市与人融为有机整体，形成人与自然互惠共生的复合的开放性系统。生态城市要求在环境方面不仅要有良好的自然生态系统、较低的环境污染、良好的城市绿化，还要有完善的自然资源可循环利用体系；在经济方面，除了合理的产业结构、产业布局、适当的经济增长速度以外，更重要的是要有节约资源和能源的生产方式，要有低投入、高产出、低污染、高循环、高效运行的生态系统和控制系统；在社会方面，公众包括居民、企业以及政府机构，要有良好的环保意识并积极主动参与各种环保工作和活动，在全社会提倡一种节约资源和能源的消费方式；在管理方面，要有健全的相关法律和法规，还要有节约资源和能源以及物资回收利用方面的法律和法规，以及有一个切实有效的行政与执法制度。

生态城市是人类理想的城市发展形态，是物质、能量、信息高效循环利用的城市，将改变以往城市"高投入、高能耗、低产出"的非循环发展模式，使城市向"低投入、低能耗、高产出"的运行机制转变，并注重资源的合理利用，提高资源利用率，做到地尽其利、物尽其用。

生态城市建设是一种渐进、有序的系统发育和功能完善过程。生态城市的发展一般都经过五个阶段：

一是生态卫生。通过鼓励采用生态导向、经济可行和与人友好的生态工程方法处理和回收生活废物、污水和垃圾，减少空气和噪声污染，以便为城市居民提供一个整洁健康的环境。

二是生态安全。生态安全可以为居民提供安全的生活条件，如清洁的饮水、食物、服务、住房及减灾防灾等，生态城市建设中的生态安全包括水安全、食物安全、居住区安全、减灾、生命安全等。

三是生态产业。生态产业强调产业通过生产、消费、运输、还原、调控之间的系统耦合，从产品导向的生产转向功能导向的生产。

四是生态景观。生态景观强调通过景观生态规划与建设来优化景观格局及过程，减轻热岛效应、水资源耗竭及水环境恶化、温室效应等环境影响。

五是生态文化。生态文化是物质文明和精神文明在自然和社会生态关系上的具体表现，是生态建设的原动力。其核心是如何影响人的价值取向，行为模式，启迪一种融合东方天人合一思想的生态境界，诱导一种健康、文明的生产消费方式。

生态化的取向是未来城市发展和建设的迫切要求。生态城市旨在以最小的成本建设最美好的城市，使城市发展步入高效、协调、持续的良性循环的发展轨道。

关于生态城市建设的标准，原国家环保总局曾颁布《生态县、生态市、生态省建设指标（试行）》，制定了相应的指标体系及指标值，见表14-1。

生态城市建设指标体系 表 14-1

类别	序号	指标 名 称		单 位	指标值
经济发展类指标	1	人均GDP	经济发达地区	元/人	≥33000
			经济发达地区		≥25000
	2	人均财政收入	经济发达地区	元/人	≥5000
			经济发达地区		≥3800
	3	农民年人均纯收入	经济发达地区	元/人	≥11000
			经济发达地区		≥8000
	4	市民年人均可支配收入	经济发达地区	元/人	≥24000
			经济发达地区		≥18000
	5	第三产业占GDP比例		%	≥45
	6	单位GDP能耗		吨标煤/万元	
	7	单位GDP水耗		立方米/万元	
	8	应当实施清洁生产企业的比例		%	100
		规模企业通过ISO 14000认证比例			≥20

续表

类别	序号	指 标 名 称		单　位	指标值
环境保护类指标	9	森林覆盖	山区	%	≥70
			丘陵区		≥40
			平原地区		≥15
	10	受保护地区占国土面积比例		%	≥17
	11	退化土地恢复率		%	≥90
	12	城市空气质量	南方地区	不次于2级标准的天数/年	≥330
			北方地区		≥280
	13	城市水功能区水质达标率	近岸海域水环境质量达标率	%	100，且无超4类水体
	14	主要污染物排放强度	二氧化硫 COD	千克/万元 (GDP)	<5.0 <5.0 低于国家总量控制标准
	15	集中式饮用水水源水质达标率		%	100 ≥70 ≥50
	16	噪声达标区覆盖率		%	≥95
	17	城镇生活垃圾无害化处理率 工业固体废物处置利用率		%	100 ≥80 无危险废物排放
	18	城镇人均公共绿地面积		人均平方米	≥11
	19	旅游区环境达标率		%	100
社会进步类指标	20	城市生命线系统完好率		%	≥80
	21	城市化率		%	≥55
	22	城市气化率		%	≥90
	23	城市集中供热率		%	≥50
	24	恩格尔系数		%	<40
	25	基尼系数			0.3～0.4
	26	高等教育入学率		%	≥30
	27	环境保护宣传教育普及率		%	>85
	28	公众对环境的满意度		%	>90

资料来源：原国家环保总局．生态县、生态市、生态省建设指标（试行）．国家环保部网站，www.zhb.gov.cn。

(三) 生态城市建设的有效途径

建设生态城市是一项复杂的社会系统工程，单靠一个部门或某一群体是不可能完成的，它涉及城市物质环境以及价值观念、生活方式、政策法规等多个方面。我国是发展中国家，综合国力、科技水平、人口素质、意识观念与发达国家相比差距较大。针对环境差、底子薄、人口多的国情，建设生态城市可以从以下方面努力：

1. 加快理论研究，制定生态城市指标体系

生态城市应采用整体的系统的理论和方法全面理解城市环境、经济、政治、社会和文化间的相互作用关系。生态城市建设的目标是多元化的，包括人口、经济、社会、环境、

生态目标、结构优化目标以及效率公平目标。这些目标又应按生态城市建设的阶段（初级、过渡、高级阶段）分解为阶段性目标，形成评价指标体系。用它在建设的各个阶段来衡量城市生态化的速度与变化态势、能力和协调度。设计的指标应灵敏度高、综合性强，既有持续性指标、协调性指标，又有监测预警指标。选择指标的原则应注意综合性、代表性、层次性、合理性、现实性。在生态城市评价指标体系的指导下来编制城市规划条例、城市管理条例。

2. 拟定科学的生态城市建设规划，指导生态城市建设实践

城市规划是百年大计，科学的城市规划是建设的依据。城市建设必须对城市及毗邻地区自然、资源、经济、环境进行综合调查与研究，全面分析生态资产和生态特征、生态过程及生态问题、环境资源的生态潜力与制约因素，评估城市人与自然的和谐度，本着以人为本的原则制定战略性的、能指导和控制生态城市建设与发展的蓝图和计划。它必须具备科学性、综合性、预见性和可操作性。生态城市总体规划应把生态建设、生态恢复、生态平衡作为强制性内容。生态城市建设规划一旦批准，必须具有法律的权威性，任何改变都必须严格地按照程序进行。

3. 发展循环经济，构建和谐经济社会发展模式

生态城市的建设要求环境保护工作尽快实现转型，将重点从污染控制转向清洁生产，并提升到循环经济的高度。循环经济把清洁生产、资源综合利用、生态设计和可持续消费等融为一体，运用生态学规律来指导人类社会的经济活动，本质上是一种生态经济，是一种从源头上解决环境问题的经济。循环经济倡导的是一种与地球和谐的经济发展模式。它要求把经济活动组织成一个"资源——产品——再生资源"的反馈式流程，所有的物质和能源要能在这个不断进行的经济循环中得到合理和持久的利用，从而把经济活动对自然环境的影响降低到尽可能小的程度，如图 14-3 所示。

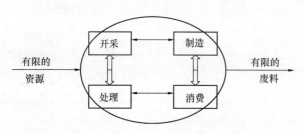

图 14-3　循环经济系统结构示意图

4. 建立和完善法律法规体系，强化执法监督

对于任何事业，只有法制才能从根本上保证其健康顺利发展，生态城市建设也不例外。因此要想建设生态城市必须要建立保障城市生态环保的健全的法律体系，以适应生态城市间的需要，以监督保障生态城市建设，依法规范生态城市建设中的各种行为，使生态城市建设法律化、制度化、规范化，这是生态城市发展的必要条件。只有建立了完善的法律保障制度，才能使生态城市建设走向高效益、高层次的管理，才能使城市生态化发展有法可依，才能保证生态城市建设的顺利实施。

5. 加强宣传教育，强化公众的生态意识

生态城市建设不仅仅是政府和学术界的事情，也是城市居民乃至全体国民的事情。政府负责计划、执行、监督、控制。学术界提供理论支持，城市居民积极参与，以实际行动支持生态城市的建设。没有公众的参与，生态文化也就不可能形成。生态文化是物质文明与精神文明在自然与社会生态关系上的具体体现，是生态建设的原动力。我国的生态教育

应运用多种方式在全社会范围内普及资源循环利用的知识，提高公众的生态环保意识，倡导人与自然和谐发展的生态价值观，建立起"循环利用"、"绿色消费"的理想模式，使绿色文明理念深入人心。

6. 充分发挥市场机制作用，坚持走经营城市之路

继续探索环境建设投融资新机制，积极激活基础设施存量，用活国有土地，盘活政府现有资源，搞活城市资产的资本运营，进而通过环境改善实现资源升值，多渠道增加环保投入。同时，运用价格机制，理顺资源的市场价格体系，通过污水处理特许经营权出让等多种渠道，吸引各类资本，为环境建设工作提供有力的资金支持。

总之，只要我们逐步实现了思想的转变、意识的提高、观念的更新、理论的深化、标准的统一，通过实施明确目标、科学规划、完善体系、政府监控、公众参与、区域合作，创造文化等有力措施，生态城市建设一定会稳健有序地进行。

《中国 21 世纪议程》提出我国可持续发展城市的目标是：建设规划布局合理、配套设施齐全、有利于工作、方便生活、住区环境清洁、优美、安静、居住条件舒适的城市。这一目标包含城市规模、城市功能、城市景观和城市素质等几个方面的内容。城市规模是指由人流、物流、能量流、信息流所形成的核心聚集量；城市功能是指能够满足上述各种"流体"进行国内外交往和城市社会、经济、生活所必需的基础设施和机制；城市景观是指城市生态环境和城市风貌；城市素质是指城市文化修养、道德风貌和居住安全。归根结底，我国可持续发展城市所要达到的目标是城市经济——城市社会——城市环境这一复杂的人工复合系统持续、稳定、健康地发展。可持续城市是城市发展永远不变的目标。

第二节　我国资源枯竭型城市转型及其管理

一、资源枯竭型城市的概念及特征

（一）资源枯竭型城市的定义

资源枯竭型城市是指矿产资源开发进入衰退或枯竭过程的城市，所以也有专家称此类型之资源型城市为"资源衰退型城市"。

一般可使用累计采出储量已达当初测定总量之 70% 以上或以当前技术水平及开采能力仅能维持开采时间五年的城市就可将其称为资源枯竭型城市。

（二）资源枯竭型城市的特征

资源枯竭型城市具有四大共性特征：一是随着资源枯竭，产业效益下降；二是产业结构单一，资源产业萎缩，替代产业尚未形成；三是经济总量不足，地方财力薄弱；四是大量职工收入低于全国城市居民人均水平。

由于资源产业与资源型城市发展的规律，资源型城市必然要经历建设——繁荣——衰退——转型——振兴或消亡的过程。因此，资源枯竭型城市的经济转型是个世界性难题，资源枯竭型城市都面临着如何寻找新出路的问题。

二、资源枯竭型城市的转型机制

我国工业化、城市化之处，一些资源型城市（如阜新市、枣庄市等）为了支持国家的

工业化、城市化进程，进行自然资源（原材料、能源等）的大规模开发，在支援全国的同时，这些城市自身也有了长足的发展。但随着不可再生资源的开发殆尽，资源枯竭型城市的窘相也随之产生，伴随资源枯竭的是贫困的出现以及剩余的残存经济，这种情况下，重复资源过度开发后的生态灾难，恢复资源枯竭的基本生态环境，培养低从业能力者新的技能，加强社会保障与救助，防止城市贫困，培育以中小企业为基础的商品经济关系，便成为一种必然的应急性选择。资源型城市转型的更高层次选择就是发展符合市场经济要求的新兴经济，即较低的原材料和能源消耗、较高的产出及较低的排放产业发展模式，开发清洁产品和技术，发展附加值高的新型产业（如高新技术产业），这显然会导致转型的阵痛，如导致大量地就业能力者失业、收入下降等。资源的过度开发及新兴产业的发展都会给自然经济带来负面影响，前者造成严重的资源枯竭，而后者则会不可避免地带来污染，因此，维护自然经济形态的可持续性，治理和控制污染，减少环境承载压力，是实现城市可续发展的有效举措。资源枯竭型城市转型、实现可持续发展的机制及其策略见图 14-4。

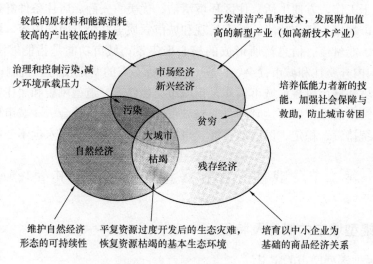

图 14-4　资源枯竭型城市转型机制及其策略

三、我国资源枯竭型城市面临的困境与挑战

（一）我国资源枯竭型城市面临的困境

经过几十年的发展，资源枯竭对我国资源型城市威胁越来越大，不可再生资源的自然资源产出量逐年减少，特别是在开发建设资源城市时重视资源的开采，忽略了城市的可持续性发展。资源型城市面临的困境主要表现为以下几个方面：

1. 城市发展的资源环境基础出现危机。随着可开采资源的枯竭，生态环境恶化、耕地退化、盐碱化和沙化，水资源告急等问题接踵而至。

2. 资源型城市区位条件较差，自我发展能力较弱。该类城市基本上依资源开采地而居，经济体系处于封闭状态、缺乏城市的开放性。同时，城市其他社会服务功能主要依附于主导资源产业，缺乏自主运营的空间。

3. 资源枯竭型城市产业高度单一性。资源型产业既是主导产业，又是支柱产业，城市对资源产业的依赖性很大，造成城市的发展受到限制，城市功能不全，第三产业以及可替代产业发展落后。

4. 矿业城市在管理体制和利益机制上矛盾突出。矿业企业创造的利税地方城市留成很低，容易造成企业办社会，政府办企业的本末倒置、功能错位的状况。

因此，为了扭转资源渐趋枯竭，减少资源开采收益下降对城市经济发展的消极影响，改变对自然资源的过度依赖，使资源型城市摆脱"资源富则城兴、资源竭则城衰"的困扰，资源枯竭型城市进行经济转型是必要的。

（二）资源枯竭型城市转型面临的挑战

资源枯竭型城市的转型及可持续发展受众多因素制约，比如对自然资源的长期依赖、接续与替代综合产业链的发展空间受限、产业转型的不确定性风险等，这些因素交织在一起加剧了资源枯竭型城市经济转型的难度，具体表现在：

1. 资源型产业生产收益递减规律导致城市发展失去资源收益的支撑

资源枯竭型城市面临资源减产后，不管投入如何增加，产出的绝对量是下降的，从而使企业的收益递减。由于资源开采一般遵循"先上后下，先易后难"的原则，随着资源开采深度的加大，开采成本也越来越大，也会造成收益的递减。

2. 大量沉淀成本的存在使资源型产业结构呈现刚性

在资源开采过程中，设备、钻井、洞室等资产约占固定资产总量的35％，资源性固定资产具有很高的技术利用锁定性，这部分资产不能完全回收利用，很少能转作它用，形成沉淀成本。沉淀成本的存在加大了企业退出枯竭资源行业的机会成本，也就缺少了进入其他行业和市场必要的固定资本的支撑，只能低效率地运营，形成恶性循环，最终导致产业结构的刚性，使资源性产业的退出存在很大障碍。

3. 产业结构不合理，产业间关联度较低

资源枯竭型城市三种产业结构的比例失调，第一产业基础薄弱，第二产业比重偏大，第三产业则发展缓慢、滞后。而且资源型产业都属于中间投入型产业，产业关联的特点是后向关联度低，前向关联度高，难以带动下游产业及相关产业的发展，从而限制了资源型产业对地方经济的关联带动作用，使得城市经济发展过分依赖资源型产业。资源逐渐枯竭时，城市经济转产难度大，造成畸形的城市经济结构。

四、资源枯竭型城市转型的战略对策

1. 采取多元发展战略，发展循环经济

资源型产业处于产业链的上游，利润率低，资源的消耗使城市的积累能力弱化，生产成本提高，对资源的强烈依赖又导致在市场分工中只生产初级产品，产业结构产生不断低级化的恶性循环。在这种情况下，以"减量化、再利用、资源化"为原则，高效循环的利用资源，同时培育新的经济增长点，培养接续产业，变资源优势为市场优势、产品优势，进而形成特色的产业链优势，进而把利润转移到关联行业和其他产业，积极发展高新技术、精化工、食品、纺织、生物医药等其他的支柱产业。

2. 实施产业结构优化战略，确保产业政策与城市政策的统一

调整和优化产业结构，是资源枯竭型城市转型的重要途径。首先，根据社会经济环境以资源型企业供给结构和非资源型企业供给结构为重点调整产业结构。其次，正确发挥城市政策对需求结构的引导作用，坚持资源条件的可行性、产销双方的一致性、经济效益的

择优性，以市场化、产业化、社会化为方向，有选择地发展一批高新技术产业，提高经济的整体竞争力。第三，巩固第一产业农业的基础地位，推进农业技术改造，制定适当的扶持政策，改组改造第三产业，加快发展新兴的第三产业，大力发展个体私营经济，实现经济结构的多元化，最终实现城市的可持续发展。

3. 实施集约整合战略，探寻资源枯竭型城市发展的新途径

资源型城市的一个显著特征是资源型企业过多过小，全国大约有 15 万个，地方小型企业和国家大型资源企业两者互相封闭，形成了明显的两元结构，造成了资源管理难，资源浪费大，经济效益低，安全隐患多的现象，因此，政府应该鼓励集约化经营开发，通过改组、改制和改造，整合一批具有国际竞争力的大企业集团，适应经济全球化和加入世贸组织的新形势，在更大范围、更宽领域和更深层次参与国际竞争，以外向型经济牵动，加速与国际接轨。

4. 中央财政财力性转移支付资金支持。

继 2007 年 12 月国务院制定出台《国务院关于促进资源型城市可持续发展的若干意见》（国发［2007］38 号）后，国家发改委于 2008 年 3 月确定了 12 个国家首批资源枯竭城市。其中，中部地区典型资源枯竭城市 3 个；资源型城市经济转型试点城市 5 个；西部地区典型资源枯竭城市 3 个；典型资源枯竭地区 1 个（为大兴安岭）。12 个国家首批资源枯竭城市中有 8 个城市是从 60 个典型资源型城市中选出的。

目前我国共有煤炭、森林、石油等各类资源型城市 118 个，其中煤炭城市 63 座、有色金属城市 12 座、黑色冶金城市 8 座、石油城市 9 座。2003 年 8 月，国家发改委《资源型城市经济结构转型》课题组从 118 个资源型城市中确定了 60 个典型资源型城市，其中玉门被列为首批资源型城市经济转型的石油城市。

为进一步深入落实《国务院关于促进资源型城市可持续发展的若干意见》，有效应对国际金融危机，促进资源型城市可持续发展和区域经济协调发展，2009 年 3 月，国务院确定了第二批 32 个资源枯竭城市。

两批资源枯竭城市具体情况见表 14-2 和表 14-3。

2008 年第一批资源枯竭城市（12 个）　　　　　　　　　　　表 14-2

城市	所属省市、级别	原　因	战略调整及对策措施
阜新市	辽宁省、地级市	煤炭	进行产业结构调整，由煤炭的单一结构，变成多样化的形式，培育替代产业
伊春市	黑龙江省、地级市	森林	围绕林业资源型城市可持续发展这个目标，探索走出一条林业资源型城市生态、经济、社会协调发展之路
辽源市	吉林省、地级市	煤炭	重点引进和开发了具有高附加值、高市场占有率的高科技产品，实现了产业链的延伸并不断向高端发展
白山市	吉林省、地级市	煤炭、林业、铁矿石	可持续发展及工业立市、工业强市战略，编制加快白山老工业基地调整改造及发展资源接续产业规划，着力延伸产业链，大力发展接续和替代产业，壮大重点产业竞争力，提升工业化、城镇化和现代化水平
盘锦市	辽宁省、地级市	石油	发展石油装备制造业、船舶工业
石嘴山市	宁夏、地级市	焦煤	大力发展第三产业，借用外部推力，争取城市转型试点，建设山水园林新型工业化城市

续表

城市	所属省市、级别	原　因	战略调整及对策措施
白银市	甘肃省、地级市	有色金属	白银市资源型城市转型的社会、生态、文化转型项目这四个方面进行推介，让全国的商会参与到白银的发展中来，实现白银发展与商会企业发展的有效对接
个旧市	云南省、地级市	有色金属	一是整合矿产资源，规范矿业秩序。二是实施资源外向战略，巩固有色冶金工业优势。三是改造升级传统产业，延伸产业链，培植接续替代产业
焦作市	河南省、地级市	煤炭	发展生物、铝工业、煤盐化工、汽车及零部件、装备工业、农产品加工六大战略支撑产业以及推动旅游、文化、金融和现代物流四大服务业
萍乡市	江西省、地级市	煤炭	全力实施经济转型战略，改变以煤为主，依赖资源加工的产业格局，培育和打造新型积蓄替代产业，开创一条资源枯竭城市转型的新路
大冶市	湖北省、地级市	铜矿	拉动民间资金，改造传统产业，培育接续替代产业，发展钢铁机械加工业等新型产业，逐步实现城市的整体转型
大兴安岭市	黑龙江省、地级市	森林	实施保护生态措施，搞好新兴产业。搞好体制创新

资料来源：国家发改委政府网站，2008 年 3 月。

2009 年第二批资源枯竭城市（32 个）　　　　　　表 14-3

城市名称	所属省市、级别	原　因	战略及对策
枣庄市	山东省、地级市	煤炭	"一箱油"发展理论引领城市转型；发展煤化工，追求效益最大化；力推文化旅游业；引导组团城区一体化发展；调整优化经济结构促城市转型
黄石市	湖北省、地级市	煤炭	更新产业理念，坚持"弃旧图新"。扩大产业规模，发挥"支柱优势"。完善产业布局，促进"系统优化"。提高产业层次，着力"晋档升级"
淮北市	安徽省、地级市	煤炭	"绿色开采""保水开采"提高资源利用率，扩充产业规模
铜陵市	安徽省、地级市	有色金属	推进结构调整、谋划持续发展、加大对资源型城市尤其是资源枯竭型城市可持续发展的支持力度，加快建立有利于资源型城市可持续发展的体制机制
七台河市	黑龙江省、地级市	煤炭	提出了低开采，高利用，低排放的"两低一高"发展煤炭循环经济，走"科技含量高、经济效益好、资源消耗低、环境污染少、人力资源优势得到充分发挥"的新型工业化的路子，实现城市可持续发展的思路
万盛区	重庆市、地级市	煤炭	发展旅游业，万盛由煤矿黑金转向绿色旅游
抚顺市	辽宁省、地级市	煤炭	用循环经济理念，实现产业结构调整，以产业结构良性循环促进区域经济发展
铜川市	陕西省、地级市	煤炭	大力实施项目带动、工业强市、可持续发展三大战略，改造提升煤炭、水泥、铝冶炼、陶瓷、果业等传统产业，积极发展食品加工、电力电源、装备制造、医药、旅游等接续替代产业

续表

城市名称	所属省市、级别	原　因	战略及对策
景德镇市	江西省、地级市	瓷土矿	发展接续替代产业，培育新型支柱产业，将经济结构由资源导向型向市场导向型转变，实现景德镇经济社会的可持续发展
万山特区	贵州省铜仁地区、县级市	汞矿	将规划与撤地建市结合起来，与落实国家有关优惠政策结合起来，积极主动对接省直相关部门，彻底解决万山可持续发展问题
玉门市	甘肃省、县级市	石油	着力培育新兴接续产业，做大做强特色产业，加强基础设施和生态环境建设，建立资源开发补偿机制和衰退产业援助机制
潜江市	湖北省、县级市	石油	一是有区域经济发展的带动效应，加快"两圈一带"发展的战略；二是有国家投资的拉动效应；三是有政策的推动效应
灵宝市	河南省、县级市	黄金	"区内整合、区外开发"。运用经济手段依法收购、兼并，使资源、资产、技术向优势骨干企业聚集，经过整合，黄金企业规模迅速扩大，资源利用效率明显提高，经济效益大幅增长
合山市	广西壮族自治区、县级市	煤炭	加快"光热之城"的经济转型，让以煤而生、以煤而兴的城市早日摆脱单一的支柱产业结构，走好可持续发展之路
耒阳市	湖南省、县级市	煤炭	国家将建立资源开发补偿机制和衰退产业援助机制；突出产业转型，实现可持续发展
冷水江市	湖南省、县级市	矿产	创新发展理念，抢抓机遇促转型；聚集发展优势，调优结构促转型；建设生态文明，节能减排促转型；创新机制体制，优化环境促转型
北票市	辽宁省、县级市	煤炭	发展循环经济，实施向绿色农业和养殖业的转型，促进经济的发展
舒兰市	吉林省、县级市	煤炭	在产业布局上，充分挖掘当地农业资源，通过农业产业化，带动了种养业，通过农产品深加工，延长了农业产业链，在资源枯竭型城市发展现代工业
华蓥市	四川省、县级市	煤、石灰石、玄武岩、优质矿泉水等	大力开发工业遗产旅游，结合对生态环境的治理与修护，开发旅游资源，既能获得经济效益，改善生态环境
九台市	吉林省、县级市	煤炭	大力发展畜牧业
资兴市	湖南省、县级市	煤炭	加快经济转型，实现资源枯竭型城市可持续发展，加快推进"粗放型增长方式向集约型增长方式转变、资源导向型思维向市场导向型思维转变、单一主导型结构向多元主导型结构转变，资源型城市向突出生态园林特色的综合型城市转变"等四个转变
钟祥市	湖北省、县级市	矿产	全力推进转型总体规划编制、转型项目策划等工作
孝义市	山西省、县级市	煤炭、铝、铁矿石	打响绿色文化品牌，保护和开发文物旅游资源，打造永久性的产业
五大连池市	黑龙江省、县级市	森林	大力发展矿泉特色工业、绿色生态工业和清洁能源工业的发展目标，依托五大连池特色绿色农林资源和矿泉旅游资源，确立了经济转型后的"四大主导产业"和"三大基地"

续表

城市名称	所属省市、级别	原因	战略及对策
阿尔山市	内蒙古自治区、县级市	森林	重视非物质经济和清洁生产、循环生产，最大限度地减少对自然的破坏；引导农牧文明、工业文明向生态文明跨越，以知识文明克服工业文明带来的生存危机
敦化市	吉林省、县级市	森林	在全市大力实施"项目突破、工业振兴、开放带动"战略，大力发展以旅游产业为主的第三产业，实现了全市经济"保增长、促协调"的目标
葫芦岛市杨家杖子开发区	辽宁省、市辖区	矿产	利用废弃资源发展循环经济项目，将为杨家杖子托举起以采选、冶金与材料、机械制造、精细化工、新型建材和生态旅游为主的6大接续替代产业集群
承德市鹰手营子矿区	河北省、市辖区	矿产	调动各方面的力量，用足用活政策，打造以果品深加工、生态养殖、循环经济、冶金产业链条延伸、机械加工等产业的新型矿区，使营子区由资源导向型向市场导向型转变，走出一条特色鲜明的可持续发展之路
葫芦岛市南票区	辽宁省、市辖区	矿产	实施企业成长工程；科技创新；提高企业信息化水平
昆明市东川区	云南省、市辖区	矿产	在发展循环经济、建设新型能源基地、发展劳动密集型产业等方面取得新突破。推动东川旅游资源的开发利用，促进东川旅游业发展
辽阳市弓长岭区	辽宁省、市辖区	矿产	围绕自然、人文景观，矿泉水资源以及地处鞍、本、辽的独特地理区位优势，全面实施"旅游立区"战略，成功打造出等特色旅游品牌，迅猛发展的旅游业已逐渐成为全区经济发展的有力支撑
张家口市下花园区	河北省、市辖区	矿产	面向社会公开征集下花园区转型的意见和建议，并邀请清华大学参与转型的规划设计，力争使资源枯竭城市效应最大化，使之成为惠及民生、适宜居住的花园型城市

资料来源：国家发改委政府网站，2009年3月；在这些城市中，地级市9个、县级市17个、市辖区6个。表中"原因"系指因为某种不可再生资源开发殆尽而导致城市难于持续发展。

第三节 城市环境管理

城市管理的目的之一就是促进城市的经济增长和发展，但同时也要重视环境保护。环境问题一直是一个非常重要而又常常被忽略的问题。实际上，环境污染和资源枯竭也是一种损失或成本，考虑到这种情况，一个国家的财富只能算是"名义国民财富"。如有的国家名义 GDP 为 100，由于环境污染和资源枯竭损失高达 21.8%，其真实的 GDP 只有78.2%。而目前，不少城市仍然对环境污染避而不谈。盲目追求名义 GDP，名义经济增长速度。这种情况如果不加以改变，其后果将是非常严重的。因此，当前来说，调整名义产出要通过思想作风、理论观点、行动措施、政策方针以及法规制度等多方面的调整才能见到实效。

一、城市环境与环境管理

城市环境管理是城市管理的重要内容之一，它通常包括城市环境的综合治理和城市环境的建设及日常管理，其目的是通过有效的管理，规范人群的生态行为，正确处理城市发展与生态环境的关系，促进城市实现可持续发展，把城市建设成人与自然高度和谐的现代化人类栖息地。城市环境管理是城市可持续发展战略的重要组成部分。

（一）城市环境的涵义及特征

1. 城市环境的涵义

环境，是指在主体周围并与主体有直接或间接关系的因素或条件。城市环境也是相对于城市中的主体——人而言的，是指影响城市居民生活和生产活动的各种自然的和人工的外部条件，即由动物、植物、微生物、水、土壤、大气、阳光等组成的自然环境和由建筑物、构筑物等组成的人工环境的复合体。狭义的城市环境主要是指自然环境，亦即生态环境，是指对城市居民的生产、生活能够产生直接和间接影响的一切自然物的总体。广义的城市环境除了自然环境外还包括人工环境，人工环境是指人类为了改善自身的生存状态，提高物质文化生活水平，对自然因素进行改造所形成的环境。生态城市建设中的环境通常是狭义的城市环境。

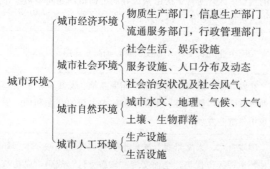

图 14-5　城市物质环境构成结构图

如图 14-5 所示，城市环境包括四大部分：城市经济环境、城市社会环境、城市自然环境和城市人工环境。

2. 城市环境的基本特征

（1）复合性。城市环境既不是单纯的自然环境，也不是单纯的人工环境。自然环境与人工环境的高度融合是城市环境最显著、最基本的特征。因此，城市环境的发展和演化，既遵循自然规律，也遵循人类社会的规律。自然环境是城市环境的基础，但人工环境是城市环境的主体。城市是一个高度人工化的自然——人工复合体。

（2）主体性。人是城市环境的主体，人不但创造了城市的人工环境，而且改变了城市的自然环境，因此人是城市环境的创造者。城市环境是以人为主体和中心的环境。人创造城市环境的目的是为了人本身，因此"以人为本"是城市环境的根本宗旨。但是"以人为本"并不是"人类中心论"，不是追求人对自然的绝对主宰和控制，而只是强调城市环境的"人文关怀"。

（3）系统性。每一个城市都在不断的与周边地区和其他城市进行着大量的物质、能量和信息交换，输入原材料、能源，输出产品、废弃物。因此，城市环境的状况，不仅仅是自身原有基础的演化，而且深受周边地区和其他城市的影响，城市的自然环境与周边地区的自然环境本来就是一个无法分割的统一的自然生态环境。城市环境是一个高度开放性的环境系统。城市环境的这种开放性，既是其显著的特征之一，也是保证城市的社会经济活动持续进行的必不可少的条件。

（4）脆弱性。由于城市环境是高度人工化的环境，受到人类活动的强烈影响，自然调节能力弱，主要靠人工活动进行调节，而人类活动具有太多的不确定因素；而且影响城市环境的因素众多，各因素间具有很强的联动性，一个因素的变动会引起其他因素的连锁反应，因此城市环境的结构和功能表现出相当的脆弱性。城市环境的脆弱性，主要表现在城市的环境问题种类繁多而且日益严重。相对于非城市地区的生态环境，城市生态环境显得更加脆弱，一旦环境受到人类的破坏，很难恢复原貌。

（5）复杂性。城市环境是一种复合环境，既有自然性质的，又有社会性质的，任何一个环境要素的变化都会牵动到其他环境要素，都会对整体环境产生或大或小的影响。城市环境的构成要素众多，相互之间的关系复杂多样。因此，城市环境是一个高度复杂的系统。

（6）公共性。城市是人类集中的地方，也是人类生产和生活的场所。城市的整体环境显示了很强的人类集体活动的特征，具有社会性。人类居住在城市生态环境中，环境的质量如何，对每一个人都是同样的，环境为所有人所共享并无法进行分割。一个人对城市环境的破坏，势必影响到城市中的所有人。一个人对环境的非破坏性享用不影响其他人同样的享用。可见城市生态环境具有突出的公共性，这也是政府作为环境管理主体的原因。

（7）非平衡性。非平衡性主要包括两个方面：一是指城市区域的生态已经不是一种原生环境，因而无法实现生态平衡。城市生态环境作为一个局部性的、特殊的体系，必然受到人类生产、生活活动的强烈影响，这就超越了生态自我调控能力而导致生态环境无法实现自我平衡调节。二是指城市生态环境本身不能满足城市人口所需的某种物质和资源需要，必须从体系外输入和补充物质资源，同时，输出自己的某些物质和资源到其他城市的环境体系。

3. "十五"期间我国城市环境状况

由于我国高度重视城市环境问题，从而使得城市环境日趋好转，"十五"期间全国城市空气质量、环境保护重点城市空气质量、全国废水及主要污染物排放量、全国城市垃圾清运量与无害化处理情况分别见表14-4至表14-7。

由这些表格可以看出，我国城市空气质量虽有好转，但全国城市废水及主要污染物排放量及垃圾清运量与无害化处理率等指标却没有明显好转，甚至有些指标（如废水排放量、COD排放量、氨氮排放量等指标不减反增，说明"重生产、轻环保"的传统观念在很多城市没有得到根本好转，还应该加大力度，真正将环境保护国策落到实处。

"十五"期间全国城市空气质量级别分布状况变化（单位：%）　　　表14-4

空气质量级别	2001 年	2002 年	2003 年	2004 年	2005 年
一、二级标准城市	33.4	34.1	41.7	38.6	60.3
三级标准城市	33.4	34.7	31.5	41.2	29.1
劣于三级标准城市	33.2	31.2	26.8	20.2	10.6
检测的城市数（个）	341	343	340	342	522

资料来源：国家环境保护局：《中国环境状况公报》，2001～2005 年。

"十五"期间环境保护重点城市空气质量级别分布状况变化表（单位：%）　　表 14-5

空气质量级别	47 个环保重点城市			113 个环保重点城市	
	2001 年	2002 年	2003 年	2004 年	2005 年
一、二级标准城市	40.4	38.3	51.1	29.2	42.5
三级标准城市	29.8	38.3	34.0	45.1	51.3
劣于三级标准城市	29.8	23.4	14.9	25.7	6.2

资料来源：国家环保总局：《全国城市环境管理与综合整治年度报告》，2001～2005 年。

"十五"期间全国废水及主要污染物排放量表　　表 14-6

年度	废水排放量（亿吨）			COD 排放量			氨氮排放量（万吨）		
	合计	工业	生活	合计	工业	生活	合计	工业	生活
2001	432.9	202.6	230.3	1404.8	607.5	797.3	125.2	41.3	83.9
2002	439.5	207.2	232.3	1366.9	584.0	782.9	128.8	42.1	86.7
2003	460.0	212.4	247.6	1333.6	511.9	821.7	129.7	40.4	89.3
2004	482.4	221.1	261.3	1339.2	509.7	829.5	133.0	42.2	90.8
2005	524.5	243.1	281.4	1414.2	554.8	859.4	149.8	52.5	97.3

资料来源：国家环境保护总局：《中国环境状况公报》，2001～2005 年。

"十五"期间全国城市垃圾清运量与无害化处理率统计数据表　　表 14-7

城市垃圾处理	2001 年	2002 年	2003 年	2004 年	2005 年
城市生活垃圾清运量（万吨/年）	13470	13650	14857	15509	15577
城市生活垃圾无公害化处理率（%）	58.2	54.24	50.78	52.12	51.69

资料来源：建设部综合财务司：《城市建设统计公报》，2001～2005 年。

（二）城市环境管理

1. 城市环境管理的内涵

城市环境管理即运用经济、法律、技术、行政、教育等手段，限制损害人类环境质量的行为，积极营造良好的城市环境，促进资源的永续利用，协调城市经济发展与环境系统的关系，达到既发展经济，满足人们的物质需要，又不超出城市生态环境的承载能力和自净能力的管理活动。城市是环境与人类结合起来的空间地域系统，在"人类—环境"系统中，人是主导的方面。所以环境管理的实质，是影响人的行为，使人类对环境总资源进行最佳利用，以达到全人类的一切基本需要得到满足，而又不超过生物圈的容许极限。换言之，环境管理的核心问题，是遵循生态规律和经济规律，正确处理城市发展与生态环境的关系。

2. 城市环境管理的手段

城市环境管理经常采取多元化的政策工具，运用行政、法律、经济等多种手段，协调发展与环境之间的关系，以维护生态平衡，落实科学发展观，实现社会经济的可持续发展。

（1）行政手段——传统的管理形式。目前，在市场不健全的我国城市资源环境管理领域，行政命令和控制手段，仍然是比较常见的管理手段。因为这些手段能够保证结果的确定性，因此常常为城市政府和政策制定者所偏爱。城市行政管理手段主要用于编制城市环保规划、计划和环境功能区划；参与城市社会经济决策，进行环保协调、综合平衡和监督实施；推行各种环境管理制度等。行政手段也存在一定的问题，成本较高，可靠性和制裁能力有待于进一步考证。如果政府的环境管理政策不可靠，那么政策目标就无法实现；如果行政手段不能达到强制执行，那么城市各项规章制度就不具有激励作用。

（2）法律手段——环境保护的保障机制。法律手段是指依照法律规范（环境法），对违反有关环境保护法律法规的行为进行处罚，追究法律责任。法律手段是一种具有强制性的手段，需要依靠国家机器予以保障。通过有效的建立和维护环境法律秩序，最终达到保护城市环境的目的。

（3）经济手段——必要的管理手段。随着环境污染问题的加重和环境保护难度和成本的加大，人们开始认识到环境问题实质上是一个经济问题，其根源是经济性的，应该借助于市场手段加以有效解决。经济参与城市环境管理的政策和手段如表14-8所示。用经济手段保护环境的实质在于，从成本和效益入手，使制定的价格真实反映其社会成本，引导企业对经济活动进行选择，从而达到减少污染和保护环境的目的。

（4）参与性手段——最为根本的工作形式。城市资源环境与居民的生活休戚相关，因此社会公众是加强城市环境管理的原动力。对广大市民进行宣传教育，从思想上入手，通过宣传教育，让广大公众对环境保护有正确的认识，关注环境并爱护环境，并自觉地参与到保护环境的活动中。公众参与是对城市环境进行管理的关键。

二、城市环境管理的现状及发展

（一）"十五"期间全国环境污染治理投资情况

城市环境管理一个很重要的前提条件就是环境治理及保护的投资，也正是由于环境保护投资具有投资规模大、投资者自身经济收益低的特征，致使许多企业甚至是政府不愿意进行环境治理与保护的投资，特别是经济状况较差的城市更是如此。"十五"期间我国环境污染治理投资情况见表14-9。

从该表可以看出，"十五"期间的后四年，环境污染治理投资占GDP比例（%）波动于1.31%～1.40%之间，特别是期末的2005年更是达到本阶段的最低点。

可持续城市环境管理的政策和手段　　　　　　　　　　　　　　　　　表14-8

利用市场	创建市场	行政手段	公众作用
减少补贴 环境税 使用税 补偿金/保证金 押金返还制度 专项补贴	产权（环境权、资源权、排放权等）确立； 权力下放/私营化； 可交易的许可证/使用权； 国际补偿制度	标准 禁令 许可证/配额	公众参与 信息公开

资料来源：世界银行．里约后五年——环境政策的创新．北京：中国环境科学出版社，1997。

（二）城市环境管理的实践探索

实现城市的可持续发展已经达成了世界范围内的共识，各国在建设可持续城市的实践中进行了大量创新尝试，通常采用的政策和手段见表14-9。近年来，我国在国家政策层面或者是在某些城市的试点，抑或是地方城市政府的自主创新上，都对这些政策和手段进行了实践，并取得了良好的效果。

"十五"期间全国环境污染治理投资情况表　　　　　表 14-9

年　度	环境污染治理投资	其　　中			占 GDP 比例（％）
		城市环境基础设施建设投资	工业污染源治理投资	新建项目"三同时"环保投资	
2001	1106.6	595.7	174.5	336.4	1.15
2002	1363.4	785.3	188.4	389.7	1.33
2003	1627.2	1072	221.7	333.5	1.39
2004	1908.6	1140	308.1	460.5	1.40
2005	2388.0	1289.7	458.2	640.1	1.31

（三）我国城市环境管理的发展

自上个世纪 60 年代开始工业化和城市化进程以来，我国城市环境管理大致经历了四个阶段，各阶段城市环境管理主体、理念、目标、方法及对策见表 14-10。及至当前，环境保护已经上升为国家战略，我国政府高度重视环境保护和生态建设，在政府管理层面，中央政府承担环境保护职能的行政部门，由原来的国家环境保护总局升格为国家环境保护部，各级政府环境行政管理部门行政级别也相应的提升，形成了政府主导、全社会广泛参与的城市环境保护格局；在管理理念上，将城市环境管理视作一个系统工程，将预防、治理、维护及提升综合起来，彻底摒弃"先污染、后治理"或者"边污染、边治理"的陈旧观念；在管理目标上，力求构建生态城市，发挥生态环境的最适功能；在管理对策上，划分生态政区，对城市行政区内采取限批、官员问责等手段；在管理方法上，实现经济、行政、法律、宣传等不同手段方法的功能整合，综合运用。

城市环境管理的四个发展阶段　　　　　表 14-10

年代、类型\\要点	20 世纪 60～70 年代	20 世纪 80～90 年代	20 世纪 90 年代后期	21 世纪以来
	应急环境管理	工艺流程管理	产业生态管理	系统生态管理
管理主体	环保部门	生产部门	行业和地区	全社会
管理理念	被动响应	内部突破	部门调控	系统综合
管理目标	最小污染	最小排放	最优结构	最适功能
管理对策	污染防治	清洁生产	生态产业	生态政区
管理方法	末端治理	过程控制	结构耦合	功能整合

三、城市环境管理的内容体系

城市环境管理工作的主要任务包括：根据城市发展战略进行环境预测；制定环境规划并提出实现规划的措施和办法；对环境质量进行管理；加强对各类污染源的监督管理；推行有利于改善、保护环境的政策；提高公众环保意识。具体来说包括以下几方面的内容：

（一）城市园林绿化管理

1. 城市园林绿化管理的涵义

城市园林绿化管理是城市政府的行政主管部门依靠其他部门的配合和社会公众参与，依法对城市的各种绿地、林地、公园、风景旅游区和苗圃等的建设、养护和管理。城市园林绿化对城市的环境具有积极的保护作用，主要体现在净化空气、减弱噪声、净化污染、调节小气候、防止火灾、检测环境污染、保持水土等方面，是城市形象建设的重要环境。可见，城市园林绿化管理是积极营造良好城市环境的行动，是城市环境管理十分重要的内容。

2. 城市园林绿化管理的内容

（1）园林绿化的规划管理。城市政府应当把绿化建设纳入国民经济和社会发展计划，城市政府应当组织规划行政主管部门和绿化行政主管部门等共同编制城市绿化规划，并纳入城市总体规划。城市规划中的绿地、林地、不得任意改变。确实需要改变的应征得市园林局或市农业局同意，并在落实新的规划绿地、林地后，一并报批；改变规划不得减少本地段内规划绿地、林地的总量。任何单位和个人都不得擅自改变城市绿地规划用地性质，或破坏绿化规划用地的地形、地貌、水体和植被。

（2）园林绿化的建设管理。第一，城市新建、扩建、改建工程项目和开发住宅区项目，一般均应配套建设绿地，并服从市政府发布的面积比例规定。建设单位在申请领取建设工程规划许可证之前，应将绿化工程设计方案报送园林或林业管理部门参与验收，验收合格后，全额返还绿化工程保证金。建设项目的绿化经费，应该照绿化用地面积比例和绿化定额标准执行。第二，城市政府每年应在城市建设资金中安排保证公共绿地建设的经费；并按照绿化养护数量，从城市维护事业税中核拨养护经费。鼓励单位和个人投资、捐资兴建公共绿地。第三，城市公共绿化工程的设计和施工，应当委托持有相应资格证书的设计或施工单位承担。

（3）园林绿化的产权管理。任何单位和个人都不得擅自占用城市绿化用地，都不得损坏城市树木花草和绿化设施。不允许将国有林木的所有权划给集体所有制的单位；也不允许将集体林木的所有权划给个人。

（4）园林绿化的监督管理。第一，除了农村居民在房前屋后和自留地上种植的树木、城镇居民在住宅的庭院内自费种植的树木以及苗木生产单位进行生产性转移和出圃作业外，其他的迁移、砍伐、采伐树木或变更绿地、林地，都必须办理审批手续，领取许可证。第二，保养公共绿地，须建立责任制，落实到组织和个人。

（5）城市公园的管理。公园内的建筑面积一般以不超过公园面积的 2%～3% 为宜，必须保持公园的整洁，禁止开展有损公园性质和功能的各种活动。

（6）城市古树名木的管理。百年以上树龄的树木、稀有珍贵树木、具有重要价值或重要纪念意义的树木，均属古树名木。对城市古树名木实行统一管理，分别养护。市政府的绿化管理部门应当建立古树名木的档案和标志，划定保护范围，加强管理。在单位管界内或私人庭院内的古树名木，由该单位或居民进行养护，市政府的绿化主管部门负责监督和技术指导。严禁砍伐或迁移古树名木。

（二）城市环境卫生管理

1. 城市环境卫生管理的涵义

城市环境卫生管理，是在城市政府领导下，城市卫生行政主管部门依靠专职队伍和社会力量，依法对道路、公共场所、垃圾、各单位和家庭等方面的卫生状况进行管理，为城市的生产和生活创造一个整洁文明的环境。

城市环境卫生管理是城市环境管理的一个重要内容，是城市形象建设的关键环节。它对城市环境的生存和发展，起着非常重要的作用。第一，城市环境卫生管理保护着市民的身体健康。城市是人口高度集中的地方，如上海市每天产生的生活垃圾达一万吨以上；同时城市人口的流动性很大，不但在市内流动，而且向国内外流动。如果没有环卫职工每天起早摸黑的把街道打扫干净，把居住区的垃圾粪便清洁干净，那么，蚊蝇就会肆虐，细菌就会迅速传播，疾病就会流行。第二，城市环境卫生管理保障着经济建设的正常运行。各行各业的经济活动每天产生着大量的生产垃圾，如果没有环卫职工的及时清运，经济建设要想正常进行，是难以想象的；况且，各单位的正常工作还有赖于环卫管理所保护的职工健康。第三，城市环境卫生管理保持着城市的整洁面貌，有利于城市的对外交往和发展旅游业。城市的环境卫生管理是城市的形象工程，是城市发展对外交往和旅游业的基础。第四，城市环境卫生管理是城市精神文明建设的重要组成部分，它陶冶和展示着一个城市市民的高尚情操，一个城市的经济越发达，城市建设越容易实现现代化与民族化的接合，这个城市的市民素质往往也就越高，因而城市越干净。在城市形成一个人人爱护公共卫生的氛围，是城市社会主义公共文明建设工作的一个重要环节。

2. 城市环境卫生管理的内容

（1）环境卫生管理规划的制定和实施。市、区和县的政府应制定城市环境卫生事业发展规划，并纳入城市规划、城市经济和社会发展计划。

（2）环境卫生事业的资金管理。环境卫生事业所需经费，由政府按任务量拨付。环境卫生作业单位受委托清运、处理垃圾粪便时，实行有偿服务。

（3）环境卫生作业单位管理。市、区和县的环卫部门领导各自的环境卫生作业单位，负责清扫道路和公共场所，清运、处理垃圾和粪便。

（4）环境卫生设施管理。城市的环境卫生设施分为环境卫生公共设施和环境卫生工程设施两类。任何单位和个人不得损坏和盗窃环境卫生公共设施；带有经营性公共场所性质的单位，如火车站、影剧院、商店、宾馆和医院等，应自行设置环境卫生公共设施；建设居住区工业区等，应配套建设环境卫生公共设施，资金由建设单位负责，环卫部门应参与这类设施的规划、设计审核和竣工验收。

（5）环境卫生监督管理。城市政府环卫部门指导和监督各单位遵守环卫法规，履行环卫义务。环卫部门的环境卫生检查队伍监督检查各单位分工责任范围内的环境卫生，有权对违反环卫法规的行为予以处罚。

3. 城市垃圾管理

城市垃圾管理，是城市环境卫生管理的最基本的、最核心的内容，也是城市形象建设最基本的任务。它是城市政府的环境卫生行政主管部门、依靠企业、事业单位的专业化作业和城市各单位、市民的积极支持，对生产和生活垃圾进行收集、运输和处理的管理活动。

城市垃圾管理对城市的环境乃至整个城市的管理，具有特殊的意义。它不仅关系到城市的健康和道路的整洁，更重要的是关系到保护资源和人类的可持续发展。

目前我国城市垃圾人均年产出量达到 440 公斤，城市生活垃圾年产量达到 1.5 亿吨，而且每年 8%～10% 的速度增长。垃圾的历年堆存量达到 60 多亿吨，由于至今城市垃圾主要采用露天堆放和简单填埋，全国有 200 多城市陷入垃圾的包围之中，并且严重的污染着城市环境，我国城市生活垃圾的处理量只占总量的 2.3%。

城市垃圾管理的现代化有三个标志：一是城市政府和市民高度重视垃圾问题；二是城

市市民自觉坚持分类倾倒垃圾；三是垃圾的收集、运输、处理科学化。

以北京为例：因垃圾量增长太快，13 个垃圾处理填埋场将在四年内填满，建新的垃圾处理设施和垃圾减量的压力很大，北京又将面临新一轮垃圾危机。早在 1983 年，北京曾经出现过一次垃圾危机，当时 4699 堆垃圾包围北京，城市环境严重恶化。目前北京每天产生垃圾 1.8 万吨，按照每年 8% 的速度增长，2015 年年产生垃圾总量将达到近 1200 万吨。而建设一个新的垃圾处理场一般需要 5~6 年的时间，还要满足一定的环保要求，例如，选址要求距周边的居民 500 米以上，而且还要考虑地下水保护、气候、风向的影响等，北京市能够做垃圾卫生填埋场的地址已经十分有限。着力降低填埋垃圾比例，因此，应加强垃圾处理设施规划建设，提高垃圾处理的技术和能力，优先采用垃圾焚烧、综合处理和餐厨垃圾资源化技术，保障生活垃圾治理投入，推进生活垃圾源头减量。同时广泛开展垃圾分类，促进垃圾源头减量，今年全市推进 10% 城镇常住人口垃圾分类达标，各区县完成所在地 30% 以上的党政机关、学校实现垃圾分类达标；此外，今年底要完成现有设施填埋气的治理，2010 年完成渗沥液处理设施改造。

按照计划，2012 年北京市垃圾处理能力将达到 1.7 万吨/日，垃圾焚烧、生化处理和填埋比例为 20：30：50，填埋比例下降 40 个百分点，即半数的垃圾将不再用填埋方式；2015 年前全市新建改建 40 余座垃圾处理设施、建设 5 座跨区域服务的大型集中餐厨垃圾处理设施、7 座服务远郊区县辖区内的餐厨垃圾处理设施，届时年垃圾处理能力达到 3 万吨/日，垃圾焚烧、生化处理和填埋比例为 40：30：30，绝大部分垃圾采用更加环保的焚烧和生化处理；垃圾产生量增长率每年降低 1~2 个百分点。

复 习 思 考 题

1. 解释生态城市的概念。
2. 解释资源枯竭型城市的定义。
3. 解释城市环境管理的涵义。
4. 简述建设生态城市的原则。
5. 简述城市环境的特征。
6. 简述城市环境管理的手段。
7. 简述城市环境卫生管理的内容。
8. 论述生态城市建设的有效途径。

第十五章 目标管理与城市危机管理

随着城市的发展，其功能结构日趋复杂多样：人口构成多元化，现代科学技术构成复杂化，社会政治、经济、文化，乃至宗教活动频繁。这些都对城市管理提出了严峻的挑战。城市的异质性、匿名性、摩擦性决定了城市每时每刻都存在着某种不测事件发生。各种自然灾害、突发事件对城市居民的生命和财产安全，社会的经济政治秩序，甚至国家安全都可能造成巨大影响。建立规范化的政治经济秩序、建立规范的城市应急管理机制，快速、全面、正确地应对各种灾害事件，最大限度地减少危机的消极影响，创建可持续的稳定发展的城市环境，就成为城市战略管理中亟待解决的一个核心课题。

第一节 城市运行目标管理

一、目标管理的内涵

（一）目标管理的定义

目标管理（Managing By Objectives，简称MBO），系指依据内外部条件的综合平衡，确定组织系统在一定时期内预期达到的成果，制定出科学可行的目标，并以此为依据而进行的组织、激励、检查以及控制工作或活动的管理模式。目标管理属于战略管理。

（二）目标管理的特点及要求

1. 实行参与管理模式

目标管理是一种把组织目标和个人需求相结合的管理制度。在目标制定和分解过程中，上级和下级的关系不是命令和服从的关系而是平等和相互支持的关系，组织成员是自觉、主动地参与活动，是一种把组织目标和个人需求密切结合的管理制度。

2. 重视工作成果

目标管理的评定标准是工作成果。在遵守国家法律法规的条件下，下级可以选择适合于自己的工作方式，通过激发下级的创新性和主动性来实现工作目标。重视的是完成工作目标的绩效性而不是完成工作目标的过程和方法细节。在目标管理制度下，以目标为标准考核下级的工作成果，监督的成分很少。

3. 强调成员的自我控制力

目标管理对下级的行为方式没有统一的要求，但下级必须自己根据目标完成标准和奖罚标准自己主动安排工作完成时间表、工作完成的标准、改进完成质量和提高自己的工作效率，要求下级要有很强的控制目标实现的能力。

4. 建立目标体系

目标管理制度要建立系统的目标体系，将总的工作目标分解为各个下属单位和每位员工的分目标。根据责、权、利明确的原则，将目标逐级分为总目标、部门目标、个人目标，形成一个相互配合，协调工作的系统整体。

(三) 目标管理的基本活动过程

目标管理可以归纳为下列三个阶段，如图 15-1 所示。

1. 目标的制定与展开阶段

该阶段的中心任务是上下协调，制定好各级组织的目标，将每个目标对应的任务具体落实到特定的组织或部门。该阶段的主要工作是：一要搞好调查研究，弄清组织的宗旨、管理对象的属性特征，合理匹配主体与客体，科学地制定目标及指标体系；二要做好协商分解，协调好不同管理主体之间可能的目标冲突；三要做好定责授权，明确各组织及各部门的角色定位，配置以恰当的任务并提出相应的目标要求，授以相应的权力，做到责权利均衡。

2. 目标的实施阶段

城市管理组织系统的部门和个人围绕各自目标因地、因时制宜地采取相应的措施，该阶段主要工作任务是搞好咨询指导、反馈控制、协调平衡。咨询指导就是向有关专家及经验丰富的实际工作者寻求指导意见或建议；反馈控制随时根据上一个环节的结果判断管理活动进展是否符合计划或程序，并及时进行调控；协调平衡就是各部门以及个人之间可能出现的行为及目标冲突，进行协调，以减少矛盾和冲突，促进目标实现的和谐。

3. 成果评价阶段

在本阶段主要的管理工作内容，是以目标值对照实际成果进行评价，并根据相关标准考核管理工作结果，得出基本的评价结论；根据绩效评价结论，制定奖惩计划实施奖惩；更重要的是根据工作绩效分别就前两个阶段的管理工作提出整改建议，同时总结经验教训，以便更好地开展下一阶段管理。

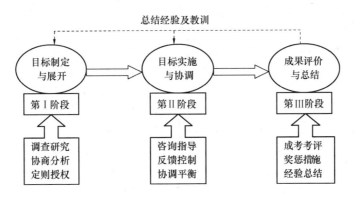

图 15-1　目标管理的开展过程

二、目标管理的实施

(一) 目标的析分与整合

城市管理是一个系统，管理的目标是一个体系，并且各目标之间相互具有关联性，这种关联性不仅表现在纵向上而且还表现在横向上。城市管理的目标体系及形成机制如图15-2 所示。根据目标形成的原理，制定城市管理战略之初，目标的形成即是上下协调的结果。因此，在实施目标管理时，将高层次的总体目标分解为低层次的具体目标，需要自上而下层层展开；而由后者整合为前者，则需自下而上层层保证。同时，注意横向（水平）方向上各不同部门之间目标的协调，以减少各目标之间的冲突。

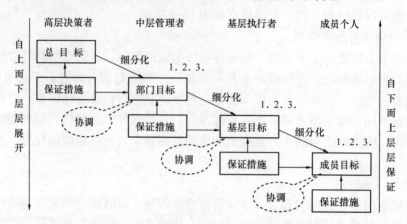

图 15-2　目标管理体系及形成机制示意图

目标管理也是一种管理，既然是管理也就存在决策问题，如设置何种目标，将目标分配给什么样的组织或部门，以及如何实施等。决策可以分为程序化决策和非程序化决策，前者属于目标管理的范畴，而后者则属于例外管理（exception management）的范畴，需要灵活性或权变性。因为在目标导向的城市管理活动进行中，通常会出现某些事先未曾预料的事件或问题，甚至是突发性危机，它们需要进行应急管理，目标管理中的决策如图 15-3 所示。

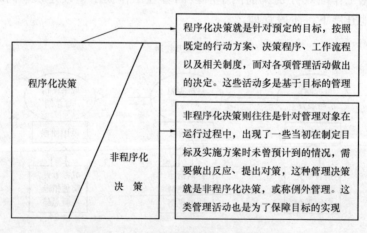

程序化决策就是针对预定的目标，按照既定的行动方案、决策程序、工作流程以及相关制度，而对各项管理活动做出的决定。这些活动多是基于目标的管理

非程序化决策则往往是针对管理对象在运行过程中，出现了一些当初在制定目标及实施方案时未曾预计到的情况，需要做出反应、提出对策，这种管理决策就是非程序化决策，或称例外管理。这类管理活动也是为了保障目标的实现

图 15-3　目标管理与管理决策的关系图

（二）目标管理系统的建设

目标管理具有系统性和绩效导向性，是管理主体能动地驾驭目标，有效地采取相应的措施，开展目标管理各项活动的过程。绩效导向的城市目标管理系统如图 15-4 所示。该系统包括目标管理、日常办公、绩效考核和系统设置等部分。

（三）目标管理中的激励

所谓激励，就是鼓舞、指引和维持个体努力行为的驱动力；组织激励则是调动下属的

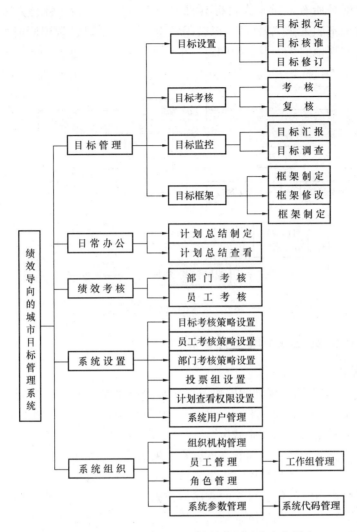

图 15-4　绩效导向的城市目标管理系统结构图（参考张泽忠，2005）

工作积极性，把潜在的能力充分地发挥出来，使其向着组织所期望的目标表现出符合目标要求的、主动积极的工作行为。只有当人们预期到某一行为能够带来既定的成果，并且该成果能够对个人具有足够的吸引力时，人们才会采取特定的行动，最终实现组织的目标。目标的激励模式及过程如图 15-5 所示。

图 15-5　基于期望的个人目标激励模式及过程

城市居民具有突出的群体性，任何个人都是"社会人"，都寓居于某特定的组织之中，例如，属于某机关或事业单位、企业或某个社会组织。也可以说任何组织都是由一些个体所组成，组织目标是所有成员个人目标有机整合而成的。作为"社会人"和"组织人"，其需求都是通过把本职工作"做好"，以获得社会及组织认可、赏识，组织通过指导、激励成员个人努力实现他们个人目标的同时，也就很好地实现了组织目标。这种组织引导成员个人努力实现个人目标，并最终实现组织总体目标的模式及运行机制如图15-6所示。

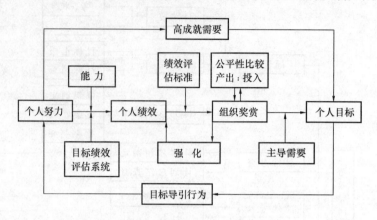

图 15-6 综合的激励理论模式

三、几种主要目标设置城市的目标管理

（一）宜居城市

在中国，"宜居城市"在规划的层次上首次被提出来是在北京市政府《北京城市总体规划（2004—2020年）》，以下简称《规划》。《规划》将北京城市发展目标确定为"国家首都、世界城市、文化名城和宜居城市"，国务院已经正式通过并批复，这是中国城市首次把"宜居城市"提高到城市规划的高度。宜居城市有广义和狭义之分：狭义的宜居城市是指气候条件宜人，生态景观和谐，人工环境优美，治安环境良好，适宜居住的城市，这里的"宜居"仅仅指适宜居住；广义的宜居城市则是指人文环境与自然环境协调，经济持续繁荣，社会和谐稳定，文化氛围浓郁，设施舒适齐备，适于人类工作、生活和居住的城市，这里的"宜居"不仅是指适宜居住，还包括适宜就业、出行及教育、医疗、文化资源充足等内容。宜居城市具有整体宜居性、经济高效性、文化多元性、社会和谐性、资源环境持续性的特征。生态城市建设也是以宜居为最终目标的，可持续发展城市也是要求宜居性状的可持续。

目前宜居城市研究尚属新兴课题，因此国际上尚无通行的判别标准，但是综合国内外的宜居城市评价体系，不难看出宜居城市标准的取向及发展趋势，即宜居城市讲究经济、社会、文化和环境的协调发展。"宜人性"是宜居城市的基本要求，宜居城市的判别标准及其努力的方向包括六个方面：

1. 经济发展

经济发展是社会进步的基础，只有经济得到发展，才能解决城市贫困、环境污染等一系列城市问题，才能为居民创造良好的城市人居硬环境，从而促进城市人居软环境的改善。所以，宜居城市应该是一个经济发展水平高的城市。宜居城市还要求城市具有强劲的经济发展潜力。城市经济发展潜力的高低取决于多方面的因素，其中发展成本、科教水平、创新能力是三个关键因素。

2. 社会和谐

从城市社会稳定方面看，城市社会运行有序，财富分配公平，治安良好，居民安居乐业，是宜居城市必须具备的社会条件。宜居城市至少应该使每一个居住在该城市的居民能够维持最基本的生活水平。宜居城市必须建立起包括社会保险、社会救济、社会福利、优抚安置和社会互助等在内的健全的多层次社会保障体系。

3. 文化丰厚

城市文化的丰厚度主要体现在城市历史文脉与城市社区有机融合所形成的城市文化环境的发达程度上，主要包括城市历史文化遗产、现代文化设施、城市文化氛围等方面内容。城市文化氛围就是以城市历史文化遗产和现代文化设施为载体，传统文化与现代文化相融合而形成的一种特色文化环境。宜居城市的建设必须维护城市文脉的延续性，以传承历史，延续文明，兼收并蓄，融合现代文明，营造高品位的文化环境。

4. 生活舒适

宜居城市应该是具有高度生活舒适度的城市。生活舒适度主要包括居住舒适度、生活质量水平和生活便捷度等内容。宜居城市必然是一个基础设施先进、完备，居民生活与出行方便、快捷的城市。不仅包括完善的生产性基础设施，更包括完善的生活性基础设施，以及以"数字城市"工程为标志的城市信息化基础设施，它是创造良好的宜居城市硬环境和软环境的基础。

5. 景观怡人

景观怡人度要求宜居城市必须拥有良好的自然生态环境和宜人尺度的建筑人工环境，并实现自然生态环境与建筑人工环境的相互协调和有机融合，从而创造出怡人的城市景观环境，满足居民的生理和心理舒适要求。宜居城市还要合理安排城市用地，形成特色城市地域结构，并因地制宜地将自然景观、人文景观、历史风貌等融为一体，从而形成具有特色的城市景观。城市景观协调度可由自然景观美观度、人文景观美观度和自然景观与人文景观的有机融合度三个指标来判别。

6. 公共安全

宜居城市建设必须强调自然灾害和人为灾害等突发性城市公共安全预警及治理机制的完善性，为居民提供一个安全的居住和生活环境。维护公共安全是城市社会、经济、文化、环境协调发展的基础，是满足居民安居乐业的需求、创新宜人居住环境的保证。因此。宜居城市需要有完善的预防与应急处理机制，以及有效的控制危机的能力，将自然灾害和人为灾害等突发公共事件造成的损失减轻到最低程度，使居住在这个城市的居民有安全感。

宜居城市的提出，旨在寻求一种让人居更舒适、让生态更健康、让经济更高效、让环境更优美、让生活更美好的城市形态。宜居城市的建设需要有强大的城市经济作为后盾，宜居城市需要的是一种良性、高效、健康、可持续的经济发展模式。宜居城市的文化内涵必须关注城市公共基础设施的普及性及公共服务的优质化、城市环境的长期和谐性、城市弱势群体的生存和发展权利的保障性、城市居民的安居和谐以及城市技术创新的负外部效应。"宜居"是一种理念，一种感受，一种和谐和一种文明。

（二）健康城市

健康城市是指从城市规划、建设到管理各个方面都是以人的健康为中心，保障广大市民健康生活和工作，成为人类社会发展所需求的健康人群、健康环境和健康社会有机结合的发展整体。健康城市行动战略的目的是：通过提高居民的参与意识，动员居民参加各种与健康有关的活动，充分利用各种资源来改善环境和卫生条件，帮助他们获得更加有效的环境和卫生服务，特别是针对低收入人群。而其首要目标是充分发挥当地政府在公共卫生健康方面的作用，鼓励地方政府履行从大众健康出发的政策。

健康城市不仅强调城市给予人的健康，也强调城市系统的健康。把城市作为一个生命的有机体来看待，诊断其病症并进行医治，从而获得城市的健康。世界卫生组织（WHO）的报告《改善城市健康》中描述了健康城市的 11 项主要特征：高质量的、清洁的、安全的物质环境（包括居住环境）；现在是稳定的、今后长期可持续的生态系统；强烈的、相互支持的、不存在相互剥削利用的社区；公众高度参与并控制有关公众生活、健康和福利等方面的决策；满足所有城市居民的所有需求（例如食品、水、寓所、收入、安全和工作等）；为人们提供各种体验和活力源泉，拥有各种与他人接触、交往与交流的机会；一个多样性的、充满活力的和拥有创新精神的城市经济；延续城市未来与过去、城市居民和其他组织及个人的文化遗产和生物遗产的联系；就协调以上各种城市特征进行讨论；所有人都可以方便地享受最优的公共健康和疾病护理服务；高度健康的状态（高水平的健康比率和低水平的疾病发生率）。

为了推进世界健康城市建设的步伐，WHO 于 1996 年 4 月公布了健康城市的十条标准：①为市民提供清洁和安全的环境；②为市民提供可靠和持久的食品、饮水、能源供应，具有有效的清除垃圾系统；③通过富有活力和创造性的各种经济手段，保证市民在营养、饮水、住房、收入、安全和工作方面的基本需求；④有一个强有力的相互帮助的市民群体，其中各种不同的组织能够为了改善城市健康而协调工作；⑤能使其居民一道参与制定涉及他们日常生活特别是健康和福利的各种政策；⑥提供各种娱乐和休闲活动场所，以方便市民之间的沟通和联系；⑦保护文化遗产并尊重所有居民（不分种族和宗教信仰）；⑧把保护健康视为公众决策的组成部分，赋予市民选择有利于健康行为的权利；⑨作出不懈努力争取改善健康服务质量，并能够使更多市民享受到健康服务；⑩能使人们更健康长久地生活和少患疾病。健康城市是全球城市发展的最好选择，也是现代化城市发展的必然趋势。

（三）和谐城市

和谐城市是和谐社会建设的重点地区，是和谐社会在城市空间的投影。从空间维度看，构建和谐社会的首要任务就是建设和谐城市。根据发展和谐社会的具体要求，结合我国城市化发展态势，我国和谐城市建设的基本要求包括六个方面：

1. 区际和谐

要在城区之间、城乡之间包括都市圈之间，能够做到协调发展，真正突出大城区的理念，像大纽约、大伦敦、大巴黎一样，形成一个都市圈中心，形成一个区际协调发展的和谐板块，促进区域经济的均衡发展。

2. 区内和谐

就是要在内部实现各个城区之间，形成经济、社会、生态、文化等不同方面之间，基础产业与输出产业之间以及各产业之间都能够得到协调发展，保证经济发展与社会进步、经济增长与民生改善的统一。

3. 人居和谐

从宏观上讲，就是要使城市居民的发展能够和城市的发展同步，人的生存和发展环境持续改善，人与自然和谐；从微观上讲，就是城区居民和所在的社区能够协调发展，能够直接参与到社区建设中去，形成良好的社区生存环境。

4. 人群和谐

即在每一个不同阶层的人之间都能够尽量地和谐，体现社会公平，提高全社会的凝聚力。这种和谐是建立在良好的人际关系之上的，即在个人之间加强法制建设和道德建设，真正做到以人为本，形成团结、协作、合作、协调的人际关系。最微观层面，每个人本身的精神生活、物质生活应该和谐发展，生活的健康、生理的健康和物质水平的提升应该相同步。

第二节　城市危机管理

一、城市危机及其管理

(一) 城市危机含义及其特征

危机（crisis）通常是指由于组织系统外部环境的不可抗力，或者其自身、社会公众的某种不妥当行为而导致组织环境恶化的那些突然发生的、危及人民生命财产的重大事件。这些重大危害发生在城市系统则造成城市危机。这些危机不仅给城市组织系统造成人财物的重大损失，而且会严重损坏组织形象，使城市系统陷入困境。城市危机从总体上可以分为两类：一是自然产生的，如洪水、台风、地震等；二是人为引起的，如爆炸、火灾、骚乱等。

1. 发生的突然性

危机事件一般是在组织系统毫无准备的情况下突然发生的，这会使城市组织系统顿时陷入混乱和惊慌而措手不及，如果对事件没有任何准备就可能造成更大的损失。

2. 预测的困难性

正是危机事件的偶发性和突发性，才使得城市组织系统难以预测，特别是那些组织系统外部原因造成的危机，如地震等自然灾害、全球经济危机或金融危机、敌对势力蓄意制造的骚乱等，它们往往是组织始料不及并难以抗拒的，这会给预防带来极大困难。

3. 危害的严重性

危机事件的突然发生，会对城市组织系统造成严重的损害，它不仅会给人们的生命财产带来惨重的损失，而且会破坏组织系统正常的秩序，而且还会对城市组织未来的发展产生深远的影响，因此，危机带来的后果不但严重而且持久，如美国纽约"9·11恐怖事件"，即使过了若干年，人们仍难以从深重的灾难中恢复过来。

4. 关注的聚焦性

城市危机常常会成为舆论关注的焦点、热点，成为媒体捕捉的最佳新闻素材和报道线索，并通过发达的大众传播迅速牵动社会各界，乃至在世界上引起轰动，因此，城市危机给城市组织系统带来的影响是非常深刻和广泛的。

（二）城市危机管理的意义

所谓城市危机管理（Crisis Management），主要是指政府对城市行政区域内发生的涉及范围较广、危害性较大的突发事件的应急性管理，通过科学预测与决策，修订合理的危机应急计划，并在危机发生过程中充分运用科学的手段，其目的是增强对紧急事件的反应能力与处理能力，提高解决突发事件的效率，减少或尽量避免损失，以保护国家财产和市民的生命与财产安全。

城市危机管理一般包括对危机事件的事前、事中、事后全方位的管理。危机管理的具体对象应包括紧急事件与灾害事件及其管理。

随着城市经济的不断繁荣发展和人口的增长，必然会对城市的社会生活、公共基础设施带来极大的影响，导致城市交通拥挤、卫生状况恶化、住房紧张、失业率增高。同时，全球工业污染、废气、汽车尾气排放的增多，人类过度砍伐森林，导致全球气温变暖，城市垃圾也随着人口的增长堆积如山，严重污染大城市的环境，使大城市成为传染病最易流行的地方，如结核病、伤寒、疟疾、流感、非典等。在工业化、城市化快速推进的我国，加强城市危机管理对于实现城市可持续发展、构建城市和谐社会，十分必要且意义重大。

二、城市危机管理的内容体系

城市危机管理的事件主要集中在以下四个方面：

（一）城市公共卫生事件应急管理

突发公共卫生事件，是指突然发生，造成或者可能造成社会公众健康严重损害的重大传染病疫情、群体性不明原因疾病、重大食物和职业中毒以及其他严重影响公众健康的事件。2003 年 SARS 疫情的爆发，使人们意识到公共卫生事件应急管理的重要性。2008 年国家出台《食品安全法》取代了《食品卫生法》，强调了城市食品领域的公共安全性。

（二）城市地震灾害应急管理

地震灾害应急管理是指为应付突发性地震事件而采取的震前应急准备、临震应急防范、震时应急指挥和震后应急救援等应急反应行动。是为减轻地震灾害而采取的不同于正常工作程序的紧急防灾和抢险行动。地震应急的目的在于，一是在临震前采取有效的避震和紧急防护措施，保护人民的生命安全，保护重要设施不受或少受损失；二是在灾害发生后迅速开展应急抢险救援活动并采取措施减少损失和防止灾害的扩大，迅速地恢复社会秩序。

（三）城市恐怖事件应急管理

所谓恐怖主义事件，一般是指一连串企图在人群中散播恐怖、惊慌与破坏的活动。这类活动可由个人或团体进行，其暴力的程度通常不一。美国纽约"9·11"事件后，如何应对恐怖主义事件，各个城市都在探索怎样进行城市恐怖事件的应急管理，以有效地打击恐怖主义分子和保护人民的生命财产安全。

（四）城市环境污染事故应急管理

突发环境污染事故是指社会生产和生活中使用的危险品在生产、运输、使用和消亡的整个生命周期过程中，人为地疏忽或错误操作，造成泄漏，引起环境的污染和人体健康受到危害。由于突发性环境污染事故没有固定的排放方式和排放途径，事故发生的时间、地点、环境具有很大的不确定性，发生突然、来势凶猛，在瞬时或短时间内大量地排出污染物质，对环境造成严重污染和破坏，给国家和人民财产造成重大损失。

三、城市危机及其管理的一般规律

（一）城市危机及其管理的循环

与经济社会及自然界的很多事物和现象一样，城市危机也具有一个从产生到消失的过程，这个过程被称为城市危机生命周期。城市危机的周期性运动过程如图 15-7 所示。城市危机管理的任务就是意识到潜伏的危机，及时发现危机的征兆，从容应对危机的爆发，有效控制危机的延续，最大限度减轻其影响后果，尽快平复危机造成的不良影响，恢复正常秩序。一种危机其周期的完结并不意味着这种危机的彻底根除，适当的条件下，这种危机或类似危机还会再次爆发，因此，应该深入总结危机管理的经验教训，以便进一步改善提升。

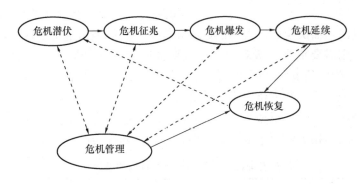

图 15-7　城市危机生命周期图（参考王佃利等，2007）

（二）城市危机管理改进的思路与途径

改进城市危机管理，最重要的是要更新管理理念，着力于危机预防，消灭其于萌芽状态，建立城市危机预防及治理的长效机制。如图 15-8 所示，综合国内外各类城市危机发生的案例，分析其产生的原因和评价其产生的结果，比较具体城市的实际状况或条件，预测相关危机在本城市发生的可能性，制定阻断"原因"与"结果"之间联系的相应措施，消除各种"原因"，防止类似危机或本城市已发生过的危机的再次发生。

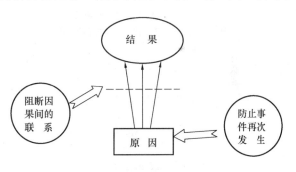

图 15-8　危机管理长效预防机制

建立城市危机管理长效预防机制，最主要的就是要有预见性，从观念上要变被动应付为主动预见，对城市管理中涉及的各个方面历史上发生的各种不利事件或出现的问题进行梳理、分析，找出"事件"或"问题"发生的规律性、原因以及治理的措施，做好各种预防工作；对于可能发生的危机事件制定应急预案，以防在事件发生时措手不及；对于已经发生的突发危机，要做到迅速反应，及时处置，以免造成更大的损失。城市危机管理的治理改进思路如图 15-9 所示。

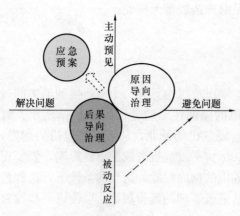

图 15-9　城市应急事件治理改进的机制图

（三）城市危机管理的组织

城市危机管理与城市其他事务管理一样，不仅需要政府进行管理，而且需要非政府组织积极参与。但由于二者在城市事务及其运行中的地位不同，它们在城市危机管理（或应急管理）的出发点、着眼点、具体目标、决策特征、资源应用、手段方法等也有所差异，见表 15-1。

通常由于城市政府代表本辖区公民的基本利益，并能有效地控制相关资源，因此是城市危机事件的主要管理主体，扮演主要角色；而非政府组织则往往扮演次要角色，是城市危机事件管理的有效补充。但是，还必须视城市危机事件的严重程度及影响范围，而决定政府参与的广度和深度。一般城市危机事件的严重程度高，并且影响范围广，则需要更高一级政府直至重要政府参与（直接领导、指挥、指导、协调等），调动更大范围内的资源、强化区域间的协调与合作，共同应对危机，如 2008 年发生的"5.12 汶川大地震"、2009 年发生新疆乌鲁木齐市的"7.5 打砸抢烧事件"、2009 年上半年在全球范围内爆发的"甲型 H1N1 流感"等严重程度高、影响范围广，不仅需要中央政府直接组织国内相关资源予以应对，而且需要国际社会广泛的帮助或协助。

政府与非政府组织参与应急管理的异同比较　　　　　　　表 15-1

比较内容	政　　府	非政府组织
出发点及着眼点	出于全局的考虑、兼顾经济、社会及生态环境的影响	通常出于局部的考虑，关注某方面的影响应急目标
应急管理目标	保障公民的生命财产安全；维护法纪；维护社会秩序；若为冲突事件，则可能维护国家安全	保障利益攸关人群（如受灾人群）的基本权利
中立性	如果政府为其中的冲突一方，则政府参与应急管理不具备中立性	一般而言中立（不分种族、国籍、宗教、性别、政治面貌等），并按实际需要提供援助
工作地点或范围	管辖或控制区域	一般比政府小得多，按本身网络、政策、资源而定
行政决策过程	视中央和地方权责划分而定，影响面广而严重的危机事件，通常由中央决策与组织	在问责与效率之间取平衡，强调独立支援人员的参与
资源调动特征	从政府财政支出，可广泛地调动各种资源，必要时可以行使"征用权"，举国体制	部分机构有储备资源可做周转，但一般也需要尽快筹备、募捐专项资金
应急管理手段及方法	若为暴力型或特别重大的危机事件，政府可能动用军队、警察等暴力机器。方法综合而具强制性	人员派遣；物资援助；募集资金；心理援助

资料来源：参考薛澜、张强等《危机管理——转型期中国面临的挑战》，清华大学出版社，2003 年版。

第三节　国外城市危机管理经验借鉴

一、国外大城市的全政府型综合危机管理系统

人类文明发展史也是不断遭遇各种自然灾害和人为灾害冲击的历史，人类文明是在不断回应危机挑战的基础上发展起来的。为应对灾害事件的冲击，防止和减轻各种城市灾害的发生，各国都建立了城市灾害应急管理体制。一般是根据本城市可能发生的灾害特点，以主要灾害为基础，成立相应的危机管理部门，构成部门型、地方型危机管理体制。总体来看，国外大城市的全政府型综合危机管理系统的主要特点包括以下几个方面：

（一）强化危机应急管理的领导权威，构成强有力的指挥协调中枢

危机事件的管理，需要动员和统一调配社会各方面的力量和各种资源，尤其是重大灾害和危机事件管理，更需要决策和指挥的权威性、有效的综合协调能力和快速的行动能力。要突破和超越政府各部门之间、各地方之间、公私部门之间、政府和社会之间由于组织分化和社会分化所形成的不一致，组建一套指挥统一、运转协调、综合调配、行动迅速的多层次、全方位的危机管理系统。有效地整合、动员和调配全政府、全社会的力量和资源，最大限度地降低危机发生的可能性，并在危机发生之后，快速、有效地应对危机，最大限度地减少危机所可能造成的损失。国外许多大城市危机管理系统中的市长负责制，大大提升了城市应对突发事件挑战的危机决策能力、统一调配各种应急资源的协调和整合能力、快速反应能力和行动能力，是综合型危机管理系统的关键。

（二）设置直属市长领导的综合性危机管理机构，辅助市长进行危机的全面管理

在近代西方国家的城市政府介入城市危机事件管理以来，很长一段时间实行分灾种、部门型危机管理体制。这一危机管理体制在应付和管理大城市规模灾害事件中暴露出许多弊端：①单灾种、部门型危机管理体系难以适应应对群发性城市灾害的需要。②传统的单个危机管理部门难以承担专业化的指挥系统和科学的调度功能。③影响危机应急资源的配置和运用效率等。鉴于部门型危机管理模式所存在的问题，西方各国大城市在危机管理的实践中，逐渐建立了直属市长领导的、跨部门的、综合型危机管理机构，对城市可能发生的各项危机灾害事件，在市长的统一领导下，进行全方位综合性的管理。

（三）形成由各方代表共同组成的委员会，进行科学决策和沟通协调

以伦敦市为例，其应急管理的核心机构是伦敦应急服务联络小组（LELSP），该小组成立于1973年，其成员来自城市治安服务部、伦敦消防总队、伦敦市警察局、英国交通警察署、伦敦急救中心等部门以及伦敦市下设各级地方政府的代表。伦敦应急服务联络小组的主要责任是为伦敦市区提供最好的有准备的应急服务，它是一个促进政府部门间有效合作、对突发事件做出快速反应的模式，其作用已经在全国范围内获得了认可。联络小组成员在城市警署理事会主席的召集下每三个月召开一次例会，目的主要是确保伦敦市区无论面临恐怖事件还是突发自然灾害之类的重大事故，各个相关部门能够紧密配合，对事件做出反应。

（四）重塑现有政府组织职能结构，增加危机管理职能

以现有的政府组织机构为依托，通过重新界定现有的政府组织职能，重塑现有政府组

织职能结构，增加危机管理职能，构建全政府型危机管理系统。在各国政府组织系统中都有以管理各种危机事件为主要职责的机构，但是，许多危机事件往往会超出这些传统的危机管理机构的职责、权限范围，而如果不断构建新的危机处理机构又容易造成资源的大量浪费，导致政府管理中职责不清、互相推诿。实际上，危机事件的发生涉及社会生活的方方面面，政府公共管理活动的一个重要层面，就是解决各种社会问题。因此，在明确细致地界定可能发生的各种危机事项的基础上，重新评估现有各政府部门的职能，把各种危机事项的管理归入相应的一个或多个政府部门之中，明确各部门的危机管理角色和职责，以及有关各部门与传统的危机管理机构之间的关系，塑造"全政府型"危机管理系统，是大城市直至整个国家政府危机管理的一个重要问题。

（五）加强政府间的相互救援和良好合作，形成政府间危机管理联动系统

在城市危机管理过程中，城市政府既是相对独立的危机处理主体，同时又是一个开放的、相互依存的政府系统中的一个子系统。无论从现代城市危机爆发、蔓延和传播的规律来看，还是从提升应对危机能力的需要来看，在危机预防和危机处理的过程中，政府间的良好合作和相互援助非常重要。在这方面，西方国家城市政府积累了许多可供借鉴的合作、联动模式，如美国、日本等国都以政府系统为基础，构建了多层次的城市危机管理体系；构建了区域政府间的互相援助和合作机制等做法都是值得借鉴的。

（六）强化完善的物资应急供应的保障，建立应急资源管理系统

储备充足的应急物资，以便在危机袭来时，确保相应的物质供应，是成功应对危机的一个重要条件。保障危机应对过程中的物资供应，关键是建立一定的机制，了解各种应急物资的分布信息，一旦危机发生，能够迅速有效地调配，同时，建立科学的评估系统，尽量减少专项物资的储备。纽约市的城市应急资源管理体系是许多政府机构通力合作的杰作。城市应急资源来自许多不同的部门，除此之外，城市应急资源管理体系还包括了州政府、联邦政府、非营利机构和私营部门的资源信息。该体系是一个整合多个部门、多种资源的信息管理系统。它可以大大优化危机管理办公室或者其他危机处理机构的决策和程序，以保证迅速地满足危机处理的资源需求。

二、国外大城市的全社会型危机管理网络系统

现代西方国家公共治理过程中，各种社会组织和普通公民的高度参与，社会多中心的自主治理和社会自治，政府之外的各种社会组织和机制的发展，治理主体和治理模式的多元化，已经成为城市危机管理系统发展的主要趋势。在国外大城市的危机管理的实践中，各大城市努力实现政府和社会、公共部门和私人部门之间的良好合作，实现普通公民、社会组织、工商企业组织在危机管理中的高度参与，力争构建全社会型危机管理系统。

（一）塑造发达的城市应急文化

运用各种渠道和机制，进行危机应急知识的宣传和应急能力的教育培训和演习，不断提高城市居民的危机意识和危机应对能力，塑造发达的城市应急文化。提高市民和各种社会组织的安全意识和安全能力，可以大大减少危机事件爆发的可能性；在很大程度上减少人为灾害和技术事故爆发的频率；还有助于极大地减少危机所带来的人员和财产损失，减少危机所可能带来的混乱无序状态。

（二）城市社区组织的危机治理机制

现代城市的社区自治组织是城市公共治理系统的末梢，社区自治组织的健全发展，以及它在危机管理过程中功能的发挥，直接延伸和扩展着城市政府的危机管理能力。社区自治组织在社区的危机宣传、教育培训、危机预防、危机监控和相应的危机应急过程中，都能够发挥重要的辅助甚至主导作用。

（三）志愿者组织的危机应急功能

志愿者服务是公民参与社会生活的一种非常重要方式，是公民社会和公民社会组织的精髓。随着现代社会的发展，在越来越多的社会领域里，志愿者组织成为广泛的社会服务的重要提供者。从危机管理的视角来看，一些传统的志愿者组织，如国际红十字会，一直活跃在战争和灾难救助的第一线。在现代西方国家大城市危机应对过程中，大量的志愿者组织参与其中，成为抗击危机的一支重要辅助力量；参与危机救援工作也成为志愿者组织的一项重要新功能。

（四）政府和社会组织在危机管理中的伙伴合作关系

各类社会组织尤其是工商企业组织在城市危机管理中的广泛参与，建立政府与社会组织的伙伴合作关系，是西方国家全社会型危机管理网络的一个基本特色。在城市危机管理中引入社会组织的参与，既有利于塑造这些组织的应急组织文化，提高其自我救助能力；也可在预防危机、危机处理和灾后恢复的过程中，提高城市政府的危机应对能力；城市政府还可以通过建立社会组织所拥有资源在危机状态下的调配机制，提高整个城市的应急物资的储备水平和调动能力。

三、国外城市危机管理的经验借鉴

西方国家较早开始建设现代城市，具有比较成熟的城市管理经验，也具有较丰富的城市灾害管理经验，大都建立了一整套比较成熟的危机应急管理体系，有些经验值得我们学习与借鉴。

（一）法律体系比较完善

重视法律在应急管理中的作用是西方国家城市应急管理的典型经验。西方国家的城市基本上是自治的，这决定了政府在城市灾害管理中的角色必须用一种规范的形式予以制度化，同时也确保市民在灾害中的责任和义务。

（二）透明度比较高

让公众知道灾害的事实真相，是西方国家处理城市灾害的一个共同点。法律规定政府有责任向媒体公布灾害真相，媒体也有义务向公众传达准确的信息。媒体往往成为政府被认可程度提高的一个有效渠道，因而政府十分重视新闻媒体的作用。媒体为了提高知名度和收视率，也会加强对政府应急管理的跟踪工作，无形中加强了对政府应急管理的监督。

（三）共担的责任机制

由于西方国家的城市一般是建立在自治基础上的，因而在城市应急管理中，不仅政府积极参与，市民也通过非政府组织（NGO）等组织介入管理，形成政府、NGO、市民责任共担的城市应急管理体系。

（四）定时进行训练和演习

根据危机规划和应急预案，进行各种危机应对演习，以检验、评估和提升指挥机构的指挥和调度、整合能力，各种危机处理机构和人员的行动能力和互动能力，危机处理程序的科学合理程度等。许多大城市还提供多种渠道和机制，对普通公民和各种公司机构人员进行培训，以提高民众的应急能力和应急意识。

（五）重视应急管理研究

西方国家十分重视对城市应急管理的研究，大都建立了比较严密的研究体系。而且西方国家的城市应急管理研究具有研究力量强大、资金充裕、前瞻性强等特点。

第四节　我国城市危机管理体系建设

一、我国城市危机管理体系的缺陷及原因分析

目前，我国城市危机管理体系仍不完善，还存在不少缺陷，主要原因包括以下三个方面：

一是对城市化伴随的灾情认识不足，大城市同时也存在的"市情"被人们长期忽视。无论人们主观意愿如何，各种随时可能发生的自然和人为灾害，都是客观存在的市情。

二是计划经济体制下形成的分部门、分灾种的单一的城市灾害管理模式，造成城市缺乏统一有力的危机管理指挥系统。在面对群灾齐发或连锁性灾难发生的复杂局面时，既不能形成应对极端事件的统一力量，也不能及时有效配置分散在各个部门的救灾资源，造成"养兵千日"却不能"用兵一时"的被动局面。

三是在城市危机管理上形成的"重救轻防"的旧观念，导致在防灾减灾的物资投入上长期不协调，这迫使有限的防灾减灾投入难以充分发挥作用，又弱化了城市灾害应急管理能力的建设，使城市在应对极端事件打击时更加脆弱。

二、我国城市危机管理体系建设的主要对策

（一）构筑城市危机管理体系

随着经济和社会的快速发展，我国城市发展已进入快速增长时期，城市规模不断扩大，人口密集度增大，城市灾害的威胁正不断出现，但我国城市应急能力仍十分脆弱，当务之急是借鉴西方经验，尽快构筑我国高效的城市危机管理体系。主要包括以下方面：

1. 恢复城市危机的社会性

城市危机是一种社会危机，作为社会危机只有在社会范围内解决才是有效的，要避免把城市危机人为地上升为经济危机或者政治危机。因此，在建立城市危机管理体系时，首先，要认清并恢复城市危机的社会性，让民众了解事态的进展、原因和结果。有效地进行危机处理，调动政府、市民和非政府组织的一切力量最终化解危机，并尽可能地限制危机所造成的影响。只有恢复城市危机的社会本原，才能使政府有序、有效地从事灾害处理，才能调动政府、市民和非政府组织的一切力量来消除灾害，也才能通过危机弥补城市管理的缺漏。

2. 建立城市危机管理的法律体系

尽管我国有各种单一的危机管理法律，但缺乏统一的危机管理法律体系，尤其是城市危机管理方面的法律法规还是空白。因此，建立一套完善的城市危机管理的法律体系成为

当务之急。

首先，要制定统一的国家危机管理法律体系。参照西方发达国家的经验，确立中央政府和各级地方政府，以及国家、公民和其他社会组织在各种危机中的责任、义务和救治途径，制定危机事件的新闻发布制度，规范危机事件的新闻发布事项，使公众能够准确、全面、客观地了解危机事件的真相。完善危机信息披露制度，透过舆论宣传引导社会。

其次，加强对城市危机管理的立法。城市危机和其他危机的危害性不尽相同，城市危机的危害更大，因此必须建立有别于其他危机的城市危机管理法。必须规范市民在危机中的责任。在非典事件中，由于没有明确的责任规范，有的人置国家法律于不顾，四处流动成为病毒的传染源，有的甚至与医生发生对抗行为。所以必须明确市民首先是国家公民，需要有公民责任和公民意识，遵守法律，遵守公共道德和秩序，这是市民在危机处理中的首要责任。

3. 建立责任共担机制

城市危机管理并不仅仅是政府的责任，各种非政府组织和市民都应该主动参与危机管理，与城市政府共担责任。政府应该承担提供秩序和法律的责任，市民在参与社会组织中应培养公共意识，提升整个城市的人文精神。把解决城市危机当作城市社会各界走向团结、信任、合作、支持的契机，培育新的城市互助精神，培养城市责任共担意识。首先，政府要通过危机事件的处理，制定和完善危机管理法律体系，为多渠道共同参与和承担各自责任提供规范；其次，大众媒体应该加强对市民危机意识的宣传教育，在不断的训练中培养应急意识和自救能力；其三，为市民参与城市危机管理提供途径，为开展自救和建设城市社会危机管理基金等提供平台，从而形成市民有序自救、城市政府与社会组织共同开展危机管理的模式。

4. 加强交流与合作

首先，加强国内城市与城市间的交流与合作。一是要建立国内统一的城市管理交流与合作规范。建议制定城市间交流与合作法规。二是要建立交流与合作网络。在以地域为单位建立大、中、小城市相互交流与合作机制的基础上，规范全国性的交流与合作机制，使之互相契合并形成网络。其次，加强国际间的交流与合作。从 WHO 针对 SARS 发出全球警告，到确认一种新的冠状病毒是其病原体用了 4 周多点的时间，WHO 将其归因于 13 个实验室以及各国政府和非政府组织间的交流与合作。为加强国际间交流与合作，必须注意：一是要以国家为单位，以地区为平台，以单项国际组织为纽带，在联合国的框架内建立一种经常性、权威性、固定性的城市管理全球机构；二是要以世界主要城市为核心，建立全球性的城市应急研究实验室，追踪城市灾害，及时提出救治方案；三是要建立全球性城市应急管理基金。

(二) 建立城市危机应急管理系统

危机的发生，一个基本的特点在于它的突发性、不确定性，但是，从宏观的、中长期的角度来看，危机的发生，又有其内在的必然性。危机的应对和处理，在总结人类处理危机经验教训的基础上，又可以使管理者和危机所涉及的社会组织和人群在危机突发爆发时，能够在充分准备的前提下，按照既定的程序有条不紊地应对，危而不乱、临阵有序，最大限度地减少危机所可能造成的损失，最快地化解危机，是危机管理的关键环节。

城市危机应急管理系统，是指综合各种城市应急服务资源，统一指挥、联合行动，为市民提供相应的紧急救援服务，为城市的公共安全提供强有力的保障。在西方发达国家的许多城市中，城市危机应急管理系统已经变成人民日常生活中一个不可或缺的组成部分，甚至成为显示城市管理水平的标志性工程。通过建立城市应急管理系统，可以大大加强不同警种及联动单位之间的配合和协调，从而对一些特殊、突发、应急和重要事件能做出有序、快速而高效的反应；还可以方便城市政府在发生危机事件时，能及时获取第一手资料，帮助政府改进对重大突发事件的快速反应能力和科学决策水平。

另外，系统完善的城市应急管理控制，主要包括战略能力、过程能力、发展能力三个方面[1]。

1. 在战略能力上，要确立以人类福利为导向，把风险意识内部化的发展观念。

基于系统控制的应急管理模式的第一要素是提高应急管理的战略意识。一个国家、地区或城市的应急管理能力首先表现在有把风险意识内部化、制度化的发展观念和发展战略。建立基于系统控制的应急管理模式，要求我们不能仅仅关注日常的以积累性、典型性为特点的发展过程，更应强调从一开始就提高防范突发性灾害事件的能力。要求我们站在发展观念和发展战略层面上而不是一般的技术层面上，要有根本性的转变和提升。

2. 在过程能力上，要建立风险防范和风险应对相结合的全过程管理机制。

基于系统控制的应急管理模式的第二要素是全过程的管理能力。建立中国城市基于系统控制的应急管理模式，主要应培育和强化以下四个方面：①灾害前的预防阶段：要把重点放在尽可能地防止和减少应急事件发生。应急管理是一个连续的过程，城市应急管理战略需要更多地立足于事前预防而不是事后救助。②灾害前的准备阶段：要强调应急理念、应急计划和应急管理的制度化，让政府、企业、社会事先了解应急管理的一般过程和各个不同要素。③灾害爆发期的应对阶段：要注意处理应急事件与处理日常事件的方法不同，在应对阶段，维持生命安全需要替代日常事件处理成为第一重要的事务；部门间的协调需要替代日常事务；偶发事件指挥系统要成为对付突发事件的主要手段。④在恢复阶段要考虑如何有条不紊地从应急管理转向日常管理。

3. 在发展能力上，要推进有利于降低风险易感性和提高风险适应性的举措。

系统控制的应急管理模式的第三要素是提高风险防范的发展能力。有风险意识的发展观念和发展战略要求发展有利于降低社区对灾害事件的脆弱性。要注意提高降低城市对于风险的易感性和提高城市对于风险的适应性。提高风险防范的发展能力需要通过具体的发展规划、发展政策和发展项目，降低城市对于灾难的脆弱性，有预防性地保护人类发展的成果。

（三）构建危机反应机制

当危机突如其来地袭来时，人民的生命和财产安全，社会、经济秩序处于危急状态，快速、全面、正确地做出反应，迅速化解危机，是对政府危机管理机制和能力的综合考虑。西方发达国家大城市构建了一整套危机反应机制，主要有以下几种：

1. 确定危机的性质和严重等级，建立分级危机应对系统。

当发生城市紧急状态或者突如其来的灾害时，当务之急就是尽快确定灾害和危机的地

---

❶　秦甫，《现代城市管理》，东华大学出版社，2004年2月。

点、范围、规模和严重等级，并以此为根据统一协调救灾行动。建立城市分级危机应对系统可以为政府在第一时间确定危机规模、层面和损失程度，并据此决定救援行动的内容、形式和规模，提供有效的标准。在这一方面，美国波士顿市的做法值得借鉴，明确地规定了城市危机四个等级的紧急状态，依次为：①第一等级：日常紧急状态。地方当局有足够能力应付局面，不需要任何援助，州政府监控形势发展。②第二等级：小规模紧急状态。局势在第一等级基础上复杂化。救灾工作需要某些方面的援助。应向州公共安全行政办公室和州长办公室报告。③第三等级：严重紧急状态。地方当局没有足够能力来处理此类危机。局势发展要求州级的反应和支援。也可能需要联邦支援。州政府启用紧急状态运行中心。州长依法宣布进入紧急状态。④第四等级：灾难性紧急状态。存在着对公共安全的大规模威胁。大规模的州和联邦的反应和救灾行动成为必要。

2. 迅速启动相应的应急预案，调动应急力量积极应对。

从东京、纽约等大城市处理类似地铁沙林毒气事件、"9·11"恐怖袭击、2003年北美地区大停电等大规模危机事件的经验来看，有许多方面是值得借鉴的：①及时发布危机信息，由总统、市长等政府主要领导人权威发布，通过多种信息传播渠道，随时发布危机和危机应对的最新信息，以稳定民心；②确保危机状态下的良好通信系统；③尽可能保证危机状态下的城市交通系统的有效运作；④良好的城市搜索和救援系统；⑤良好的危机恢复系统。

3. 完善城市危机管理组织体系，加强应急指挥。

当危机发生时，应立即成立相应的指挥中心，担当处理危机的指挥中枢，迅速指挥调动各方面的力量和资源，投入危机处理之中。例如，纽约市在处理危机事件时，建立了三种类型的指挥中心：第一种是城市有关机构如纽约市警察局、纽约市消防局、纽约市健康与心理卫生中心、纽约市健康和医院联盟等建立起来的联合性的策略性指挥中心，用于协调本机构的工作；第二种是危机管理办公室指挥中心，它收集和传递信息，协调各个机构的行动；第三种指挥中心是由市长和其他高级决策人员组成的命令中心，这是最高的领导决策机构。三种指挥中心共同负担危机处理的指挥工作。

借鉴国外先进的城市危机组织及指挥体系建设经验，我国城市公共危机处置的组织体系建设如图15-10所示。

城市突发公共事件（应急事件）预警信息收集及处置流程如图15-11所示。

城市突发公共事件涉及城市安全，一旦发生不仅影响较大，而且波及面可能很广，城市政府必须制定相应预案，以便及时处置。城市突发公共事件应急预案及处置流程见图15-12。

（四）制定综合防御突发事件的法律法规

目前，我国尚缺少最高层次的国家减灾基本法，在城市灾害层面上也缺少"城市防灾法"，更缺少城市应急方面的法律法规。这些对我国城市搞好应急管理是十分不利的。

从世界发达国家的情况来看，它们对重大自然灾害和突发事件的处理都有相应的法律法规，如日本有《灾害救助法》、《灾害对策基本法》等；而美国全国性的各类防灾法律有近百项，包括全国紧急状态法等。这些国家的做法及法律法规非常值得我们学习与借鉴。

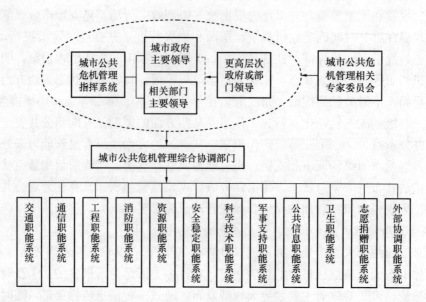

图 15-10　城市公共危机处置的组织体系

（五）成立城市统一的应急管理中心

在我国，由于受计划经济体制的影响，城市一直采用分部门、分灾种的单一城市灾害管理模式。该模式的运作虽然表面看起来各司其职，但城市却缺乏统一有力的应急管理指挥系统，在面对多灾齐发的复杂局面时，就出现了既不能形成应对极端事件的统一力量，也不能及时有效配置分散在各个部门的救灾资源的弊端。因此，很有必要成立城市应急管理中心。

城市应急管理中心的职责包括：城市危机信息的收集；制定反危机战略的规划并列入政府日程；判断各种危机发生的可能性并评估其损害和风险；危险防范；监督危机管理日程的实施；进行危机管理教育和训练；危机发生时，协调各级政府、各个部门进行反危机行动。

（六）加强城市政府应对突发事件的机制建设

城市政府应急机制主要包括以下方面：

1. 突发事件的预警机制。发现苗头，应立即发出警报，同时提出有预见的建议，以及科学、合理的指导意见和防治方案。

2. 公共卫生的应急机制。主要是控制人口流动，对疫情严重的地区及单位，采取有效的隔离措施，建设全国公共卫生的危机管理制度，保证指挥的统一性和高效率。

3. 信息披露机制。公开信息，特别是对那些涉及重大公益的灾难性信息，就更应该及时准确地提供给公众。

4. 财政资源的动员机制。在组织有效的预防活动的同时，政府应依法拨出充足的专项资金并及时提供必要的药物以及医疗条件。

5. 社会力量的动员与参与机制。建立城市社区自治制度，分担防疫工作的社会职能。

（七）加快城市应急系统的信息化建设

政府应加快电子政务建设，完善其应急反应能力。政府在紧急事件信息处理的枢纽——政府值班室、市长热线电话、信访办等部门建立了应急反应系统，在第一时间将紧急

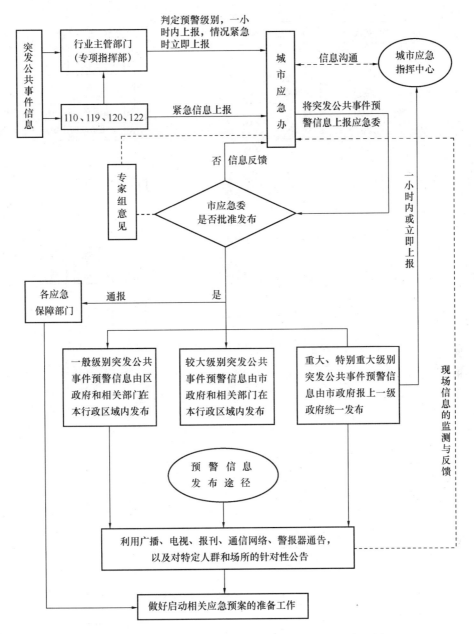

图 15-11　城市突发公共事件预警信息收集及处置流程图

事件信息传递给合适的人员；保证接收人员可以快速反馈处理意见和结果；领导决策可以快速下达；各种决策支持的知识可以在线或离线进行检索；可以迅速找到相关专家；为各相关人员提供沟通交流的环境，如视频会议等。

（八）建立危机管理的财政保障体系

危机一旦发生，则会给城市经济社会系统造成巨大的危害，给城市居民的生命财产带来严重损失。因此，建立城市危机管理的财政保障体系，便显得十分必要。建立城市危机管理财政保障体系的途径，一是应当把危机管理经费纳入国家预算体系；二要建立国家反危机基金；三要把社会保险、社会救助等同危机管理结合起来。

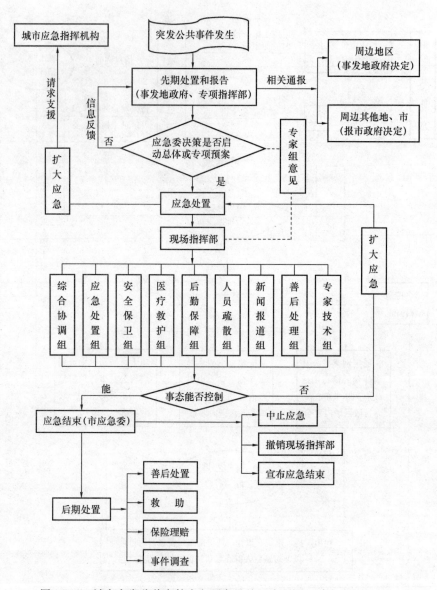

图 15-12　城市突发公共事件应急预案及处置流程图（孙久文，2006）

复 习 思 考 题

1. 解释目标管理的概念。

2. 简述目标管理的基本活动过程。

3. 简述宜居城市的判别标准和发展方向。

4. 解释城市危机的涵义。

5. 简述城市危机管理的重要性。

6. 简述城市危机管理的内容体系。

7. 简述我国城市危机管理体系的缺陷和形成原因。

8. 论述我国城市危机管理体系建设的对策建议。

第十六章　城市档案管理

城市发展史也是人类文明的进化史，城市建设及其发展提升的历史演化，使人类观念、经济、技术等文明成果动态的集中体现。城市档案是城市规划、建设、管理等工作最真实、最原始的历史记录，在城市的不断发展中，城市档案为社会各界提供了大量的具有法律依据、可靠凭证和现实参考价值的信息资源。城市档案是城市建设和发展的重要依据和必要条件，是国家的宝贵财富，因此也是城市管理的一项重要的经常性内容。

第一节　档案及档案管理

档案是各单位在行政管理、经营管理等活动中形成的一种宝贵的信息资源，而档案管理也成为各类行政机关或企事业单位一项必不可少的、具有较强专业性的工作。档案的来源从以官方机构为主，发展到各类企事业单位甚至个人，档案的内容也从主要记载国家事务的文件，逐渐扩展为大量记载各种社会生活的和自然现象的原始记录。

一、档案的涵义和形成

（一）档案的概念和形式

档案是各类单位或个人在社会活动中直接形成的供保存备查的各种形式的凭证、原始记录或信息，通常采用书写、绘制、拍照、录音、录像等方式记载。

（二）档案的构成和功能

对于档案结构的论述在我国的档案学著作中早有提及。构成档案基本要素有四个，包括档案形成者、档案内容、档案形式和档案本质。"档案实体的构成要素包括档案的载体、档案信息的表达方式和档案信息的记录方式三个方面。"

综上，档案物质实体构成的公式：档案＝文件的实体集合＋档案历史联系的记录，即记录历史和再现历史是档案的本质功能。

（三）档案的形成

（1）处理完毕的文件才能成为档案；

（2）对日后工作活动具有一定查考利用价值的文件，才有必要作为档案保存；

（3）经过立卷归档集中保存起来的文件，最后成为档案。

二、档案管理的概念和内容

（一）档案管理的概念

档案管理工作就是在档案的形成过程中，对于处理完毕并具有保存价值的各种文件实体及信息进行收集、整理、鉴定、保管、开发和提供利用的一系列业务活动。

（二）档案管理的内容

档案收集工作、档案整理工作、档案鉴定工作、档案保管工作、档案检索工作、档案编研工作、档案提供利用工作、档案统计工作。

三、档案管理机构

（一）档案室

档案室是文书部门和档案馆的中间态，承担着第二个实践主体的职责从文书部门接收过来的案卷便是档案室的实践客体。档案室要完成的任务是进行全宗内案卷整理。档案人员按照案卷之间的历史联系对其进行全宗内档案分类、按案卷排列和编制案卷目录，形成的最终产物是机构全宗。因此，机构全宗形态的档案是档案室档案整理阶段的实践产物。

（二）档案馆

我国档案馆对全部馆藏档案一般是按照全宗群的原则，根据档案形成过程中历史的、工作系统的或载体形式的特点进行分类。

全宗是档案馆中档案最基本的存在单位和保管单位，档案在档案馆中大都是按全宗进行管理的。在教材《档案学概论》中对全宗的定义为：一个独立的机关、组织或个人在社会生活中形成的档案有机整体。可见，全宗的内涵和外延是以历史事实性的具有社会独立性的组织或个人为基准来界定的，或者说是档案的形成者的客观界限来界定的。不管是机关、组织或个人，还是档案的形成者，都是档案的来源。

很显然，全宗是档案历史联系中的来源联系物化的结果。档案与形成者之间的来源联系是首要联系，也是最根本的联系。在档案馆，档案工作人员首先是按来源来接收档案进馆的，即档案馆首先应该按照来源整理档案。档案馆是档案的最终归属地，也是档案整理实践的最终主体。各个单位形成的机构全宗也就构成了档案馆实践的对象，成为实践客体。档案馆作为最终接收档案的场所，其主要任务是进行全宗间的档案整理。即按照各个全宗之间的历史联系组建全宗群，最终形成更大范围的机构全宗、事由全宗和年代全宗。所以全宗群形态的档案是档案馆阶段档案整理实践的产物。

第二节 城市档案管理概述

一、城市档案管理概念

（一）城市档案的涵义与作用

城市档案资料，是指在城市规划、建设及其管理活动中形成的作为原始记录保存起来的以备查考的文字、图像、声音以及其他各种方式的文件载体。城市档案资料的形成是贯穿于城市形成与发展的全过程。城市档案应分类归档，并具有一定的保存价值。城市档案是城市规划、建设、管理工作的真实记录，是城市建设和发展的重要依据和必要条件，是国家的宝贵财富。

城市档案具有两方面的作用。一是具有凭证作用。档案资料是最原始的资料，是历史的真凭实据，具有法律凭证的作用；二是具有参考作用。城市档案资料记录了从城市的产生、发展至成熟的不断发展和经营管理的全部过程，因此，它对于人们查考既往情况，总结经验教训，具有重要的参考作用。

(二) 城市档案的特征

城市档案是指在城市和乡镇规划、设计、建设及其管理活动中直接形成的，对国家和社会具有保存价值的各种文字、图纸、图表、声像等不同载体形式的历史记录及相关资料。城建档案来自城市建筑、用地规划、设计等各方面。城建档案除具有一般档案的基本特征外，更具有鲜明的地理空间特征：任何城市建筑或构筑物，无论是地上的，还是地下的，其档案都包含其空间位置信息。城建档案具有很强的专业性，其内容和科技含量都很多，涉及规划、市政、地质、测量、建筑、结构、电工、园林、绿化、水文等许多学科。

(三) 城市档案管理的概念和特点

城市档案管理，是指城市在形成、发展及经营管理过程中，对其原始记录进行收集、整理、鉴定、保管、统计、利用，为城市管理提供客观依据和参考资料。

城市档案管理的特点包括：

第一，动态性。在自然的、社会的、人为的因素作用下，城市的发展是处于不断变化的过程中的。例如，城市中人口数量的增减，土地利用的变化，功能分区的改变及城市经济价值的起落等，都是经常发生的。因此，城市档案管理是一种动态性很强的管理。

第二，基础性。城市档案资料管理是城市经济管理的基础工作，是现代化管理的基础和城市管理水平的重要标志。城市档案资料管理是信息处理的基础性工作，它多数表现为人工方式的前处理。只有前处理工作做好了，电脑化的信息处理工作才能顺利进行。城市档案管理具有真实性、可靠性，其管理的好坏，成为衡量城市管理水平高低的重要标志之一。

(四) 城市档案管理的基本要求

城市档案管理要求做好以下几个方面：

一是要保证数据准确、资料翔实；不错不漏，账实相符；妥善保管，查询方便。这是确保资料的价值所在。

二是要保证档案资料的完整、新鲜、安全。完整，是指要确保档案资料的整体性要求，不残缺、不遗漏。新鲜，是指档案资料必须具有动态性，必须保证是最新的记录，及时更新旧档案。安全，是指要确保保密的安全和保管的安全，严格遵守借阅制度，保证做到"八防"：防火、防光、防潮、防灰、防盗、防虫、防鼠、防有害气体。

三是要做到"九清"，即业务来源清、数量清、质量清、价值清、结构类型清、设备设施清、租金费用清、使用情况清、维护更新情况新等。

(五) 城市档案管理的主体

市规划行政管理部门负责本市城市建设档案的监督和管理工作。市规划行政管理部门各分局（以下简称各分局）负责所辖区域内城市建设档案的监督和管理工作；市和区、县档案行政管理部门对城市建设档案工作依法行使监督和指导职权；市城市建设档案馆负责接收、收集、整理、保管全市应当永久和长期保存的城市建设档案，对城市建设档案进行科学管理和利用；各分局城市建设档案机构负责所辖区域内城市建设档案接收、收集、整理、保管、利用等日常管理工作。

建设单位应当根据本单位形成、编制、整理、归档城市建设档案的实际情况，设置专门的档案机构或者配备专职管理人员，提供必要工作条件，建立健全工作制度，并收集齐全和安全保管本单位的城市建设档案,同时,建设单位应当按照国家和本市有关规定对本单位的城市建设档案进行编制,并经市城市建设档案馆或者各分局城市建设档案机构(以下统称城市建设档案馆)检验合格后,方可移交。编制城市建设档案确有困难的,可以委托档案馆编制。

二、城市档案管理的功能

(一)城市档案对城市建设的重要作用

城市建设档案事业应当纳入国民经济和社会发展计划,并保障其与城市建设需要相适应。

(二)城市档案对城市规划的重要作用

城建档案是城市总体布局的决策参考。要使城市规划科学合理,先要对城市的历史和现状进行总体分析,充分了解城市的过去和现在,科学规划未来。因此,作为记录城市发展脉络、展现城市建设成就的城建档案,在总体规划修编时,全方位、多角度地提供了城市的基础设施、地理环境、自然条件、历史沿革、社会经济、城市建设等基础资料,使规划编制过程中注重了城乡统筹,区域协调,确定城市发展策略总体布局结构,有效促进了城市建设。

(三)城市档案对城市改造的重要作用

城建档案是城市建设改造的具体参照。旧城改造历来是城市建设的难点,其中合理规划是前提和关键。规划的好坏直接影响着旧城的开发建设效果,所以,规划前期应对旧城区原有的建筑物、基础设施等有一个全面、系统、准确的了解。如果没有城建档案提供的地下管线带状图及相关档案资料为依据,或者提供的地下管线资料不完整、不准确,编制的旧城改造规划就可能考虑不周全,工程实施时就有可能破坏地下管线,导致一些意外事故的发生。

第三节 我国城市档案管理体制的历史沿革和发展趋势

一、我国城市档案管理体制的历史沿革

1980 年 12 月 9 日国务院批准的《科学技术档案工作条例》规定:"科技档案工作必须按专业实行统一管理。国务院所属的各专业主管机关和省、自治区、直辖市人民政府所属的各专业主管机关,应当建立相应的档案机构,加强对所属企业、事业单位科技档案工作的领导"。还规定"大中城市应当建立城市基本建设档案馆,收集和保管本城市应当长期和永久保存的基本建设档案",并明确"城市基本建设档案馆是科学技术事业单位"。这些规定在那个实行计划经济、政企不分、包括《档案法》等国家各类专门法规几乎都尚未出台的特定环境下对档案事业发展无疑具有十分积极的意义。但是,"科技档案工作必须按专业实行统一管理"的提法容易使人对《档案法》"档案工作实行统一领导、分级管理的原则"产生歧义理解。毋庸讳言,二十多年来各地建设项目翻天覆地式的开展,市场经济机制的引入,人们价值观念的改变,加上某些不规范行为的操作,特别是档案法规对"省级以上政府部门未经同级档案行政管理部门审核同意制定本系统专业档案的具体管理

制度和办法"等与有关法律规定相违背的行为缺少刚性制裁条款，使得在一些地区档案行政管理部门对建设项目档案的管理工作逐步地被"边缘化"。

1997 年 9 月，全国人大档案执法检查组在上海曾向市政府领导明确指出："档案行政部门与城市建设等其他专业部门在档案工作上需要理顺关系。在一个行政区域内，一种行政行为只能有一个行政机构和执法主体，《档案法》并没有委托任何部门和机构行使执法权，任何部门不能替代。档案工作不应多头管理，政出多门。对档案部门和其他专业部门的关系，政府应出面协调，依法定位。"

随着社会发展和科学技术进步，人们对档案管理信息化提出了更高的要求。《全国城建档案工作"十五"计划建议》确定我国在五年内要加快档案信息化建设，城建档案管理要努力向存储数字化、检索自动化、利用网络化方向发展。2004 年，建设部制定并发布了《全国城建档案信息化建设规划与实施纲要》，提出了指导思想、工作目标、实施方案和保障措施，为全国城乡建设档案信息化建设提供了有力指导。《纲要》指出城建档案信息化要建设"二网一库"，即：①实现全国各市级城市城建档案馆全部建成局域网，城建档案馆（室）全部实现档案管理计算机化。②建成一批向社会公布城建档案信息、具有广泛社会影响、体现城建档案专业特色的网站，建成全国性的城乡建设档案网站，实现各城建档案馆的档案信息网在国家公用通信平台基础上的互联。③积极参与当地政务网建设，发达与沿海地区的市级城建档案馆应积极参与数字化城市管理的建设，与档案信息网的建设结合好。④全面完成市级馆馆藏档案目录数据库建设，实现馆藏档案检索计算机化，县级城建档案馆（室）要有 80％完成馆藏档案目录数据库建设。

"十五"期间，以信息化建设为核心，以"二网一库"为工作重点，城乡建设档案现代化管理工作在各城市全面展开。我国各级城建档案部门形成了大量的数字化信息，其中既包括档案目录信息、档案原文信息，也包括档案接收、档案利用等方面的信息。中华人民共和国建设部办公厅发布的《全国城乡建设档案事业"十一五"规划》指出，截至2006 年 6 月，全国二分之一的大中城市城建档案馆建立了馆内计算机局域网，30 多个城建档案馆建立了城建档案网站，绝大多数城建档案馆通过自主开发或引进建立了城建档案管理信息系统。北京、天津、上海、广州、杭州等馆的档案信息化工作已达到较高程度，并开始了数字化城建档案馆的建设。

数字化城建档案馆实际上是一种虚拟档案馆，其信息资源是所有上网城建档案管理部门的数字化城建档案信息。数字档案馆是一个数字系统，它把产生于不同部门以各种载体存在于相关城市建设活动中形成的信息资源以数字化形式贮存，以网络化方式相连接集中管理，并为城市建设活动服务，它是城市建设活动的信息收集、整理、加工、贮存、利用、咨询、交流和服务中心。

二、中国城市档案管理体制的发展趋势

（一）加强城建档案的高效管理，为城市规划奠定优良的信息基础

1. 提前介入，主动收集

对建设项目实施提前介入，即由过去建设项目竣工后建设单位报送工程档案，转变为从项目立项、审批到竣工档案部门全程参与，实现档案的前端控制和全程跟踪服务。在城建档案收集的每个环节都对建设施工单位及时提醒，并进行业务指导。从被动坐等接收的

静态工作方式转变为主动上门收集的动态工作方式，确保城建工程档案的进馆率和合格率。同时，广泛征集有保存价值的档案资料进馆，不断丰富优化馆藏，改善馆藏结构，打造馆藏特色，保证数字化城建档案馆建设的顺利进行。

2. 建立协调机制，实现部门联合

强化档案意识，树立全员参与管理、全局重视档案的理念，以高度的责任感，将城市新建、扩建、改建的各类地下管线布局和改造情况，及时记录和补充到地下管线专业图上，将有关资料及时报送城建档案馆，保证地下管线档案的准确性、完整性。由城建档案馆牵头，各管线产权部门协助，建立有效的城市地下管线档案管理协调机制，将整个城市分散的、不同内容、形式的地下管线档案进行资源整合，利用信息系统实现地下管线的动态管理。

3. 利用现代化科技手段装备城建档案馆

随着计算机技术的应用和网络技术的发展，馆藏档案将从纸质档案向纸质、电子和多媒体载体档案转化。多媒体技术的应用，突破了以往信息处理的单一限制，实现了图文声像一体化和文本数据、声像信息的海量存储，为馆藏形式多样化、信息大容量奠定了基础。城建档案馆要结合自身馆藏特点和当地城市建设、经济发展的需求，建立切合实际的档案信息数据库，实现利用检索现代化；以扫描、缩微技术为手段，逐步实现馆藏档案存储数字化。

4. 建立数字化城建档案馆

数字化城建档案是指以数字形式存贮和处理城建档案信息，并将其提供在广域网上高速横向跨库速接的电子存取服务的城建档案馆，是将计算机技术、通信技术、微电子技术相结合的城建档案信息服务系统。它具有收藏数字化、操作电脑化、传递网络化、信息存储自由化、资源共享化和结构连接化等特点。在社会进步和科技快速发展的当今，城建档案是城市建设必不可少的信息来源。尤其是近几年，由于通信技术和信息科学的发展，使参与城市建设活动过程的各个环节得以迅速地有机地联合起来。同时，由于计算机技术的高度发展，大大提高了城建档案馆的信息收集、存储、加工、传输能力，缩小了空间和时间的界限，使迅速地、全面地掌握处理和传输大量电子文件信息成为可能。建设数字化城建档案馆是 21 世纪档案馆发展方向的一种大趋势，数字化城建档案的建设，不仅给城市建设带来一场革命，而且也为城市发展和城市建设信息的传播打开新的电子时代的大门。

（二）加强城建档案的开发利用

1. 转变思想观念，树立主动服务意识

改变"重藏轻用、你借我找"的被动服务方式，坚持"以人为本、热情服务"的理念，走出"家门"，深入基层，定期到规划部门、有关设计单位走访，及时了解掌握城建档案需求动态，提供有针对性的服务，使档案服务变被动为主动、变滞后为超前，以积极主动的服务方式提供高质量的档案服务。

2. 密切配合城市规划工作的需要，积极开展档案编研工作

通过深层次的开发，编纂出信息容量大、价值含量高的编研成果。比如，城建档案工作人员可以根据城市规划的需要，把庞杂、零散的档案信息进行有机的组合和必要的加工，编纂《历年城市规划成果汇编》、《地下综合管线汇编》等，为城市规划决策提供科学依据，为城市规划的多种需求提供全方位的主动服务。

3. 建立现代化的服务平台，构架服务城市规划的科学体系

采用信息技术、数字技术和网络技术等手段，为城建档案管理搭建方便快捷的服务平台，把"死档案"变为"活信息"。加快信息网络建设，建立具有城建档案专业特色的网站，使档案信息管理步入可视化、网络化，直接为有关规划部门实现网上办公服务。定期在网上开业务指导和咨询活动，向利用者提供所需信息，全面推进城建档案服务工作向高水平、高层次延伸。

第四节 城市档案管理的优化

一、传统档案管理面临的挑战

现代档案管理和档案工作实践活动所发生的巨大变化，包括档案管理对象和管理手段的数字化、管理方法的现代化以及管理观念的变化与更新，必然对传统档案管理工作造成强烈的冲击。传统的档案管理在技术进步和社会发展的双重挑战面前，既面临诸多困惑，又在困惑中孕育着新的突破和升华。

传统档案管理面临的挑战主要来源于三种理论的挑战：

(一)"来源原则"面临的挑战

来源原则是指导档案实体管理的基本专业理论。它的核心思想是按照文件形成机关来源整理档案，强调同一来源档案的不可分散性和不同来源档案的不可混淆性。在当今竞争激烈、讲求效率与效益的社会，各种机关、组织常常需要变革组织结构，机构的组织结构显得更加复杂多变，从而导致难以明确划分。与此同时，工作任务项目化，项目常常跨组织执行，不同机构通过采用现代信息技术共同完成。同一个项目形成的电子文件和档案，往往难以分辨其全宗归属，科技档案和专门档案中也出现了不少的新类型，导致了传统的来源原则出现了不适应性。总之，按照来源原则形成的全宗理论在新的时代并不是说已过时，而是为了适应新形势的变化尚需作一些调整和补充。

(二)"文件生命周期理论"面临的挑战

文件生命周期理论是指将文件从生成到最终销毁或作为档案永久保存的运动过程视为一个完整的生命周期。进入电子文件时代，由于电子文件不同于纸质文件，如不同于传统的纸质文件作直线运动，电子文件往往能够作逆向运动，并且电子文件对技术具有极强的依赖性，这些都致使文件生命周期理论出现了某些不适应性。另外，电子文件各阶段的价值形态与相关因素的对应关系发生了变化，其中价值形态与保管场所的对应关系更是大大弱化，甚至可能消失。可见，在电子文件时代，文件生命周期理论也需要作出一些修订和补充。

(三) 档案鉴定理论与方法面临挑战

20 世纪末，文件数量的急剧增长以及电子文件对前端控制的呼唤，使得档案鉴定的工作量大大增加，大量电子文件的涌现和电子文件的易改性使得档案鉴定的重要性、迫切性也更为突出。与此同时，国际档案界出现了"国家档案观"向"社会档案观"的转变，强调档案作为"社会记忆"，应该全面、充分地反映人类社会生活的方方面面。因此，效率低下、手段落后的传统档案鉴定理论和方法已难以适应新形势的需要，必须作相应的调

整和修正。挑战与机遇并存，困难与发展同在。现代信息社会对传统档案管理来说是一种挑战，同时也是一种机遇。主要包括：

1. 社会环境的稳定和谐

当前，我国社会安定团结、经济稳步迅速发展、民主政治建设稳步推进。在以人为本、全面、协调、可持续的科学发展观引导下，全社会物质文明、政治文明和精神文明和谐发展。这些都为档案管理的更新和发展提供了良好的社会环境基础。

2. 国际交流和合作不断发展

档案管理传统理论所面临的严峻挑战具有全局性、广泛性和全球性的特点，这必然会增强全社会范围内的广大档案管理人员发展更新档案管理理论的紧迫感，促使他们不断进行创新性思考和探索，不断加强区域之间、国家之间、学科之间、行业之间的交流和合作，从而有效推动档案管理传统理论的革新。

3. 档案科学研究不断深入

现代档案学教育层次多种多样，同时为了适应时代和实践的需要，现代档案学教育往往注重培养和造就掌握现代信息技术、具有广博管理知识的档案专业人才，这些人才较少受到传统观念与思想等条条框框的束缚，思想活跃，必然能促进档案学理论的发展与进步。

4. 现代信息技术飞速发展

运用现代信息技术的档案管理实践必然会逐步积累起许多经验教训，通过对经验和教训的概括总结、抽象升华，必然会形成适应新的信息技术、新的网络环境的行之有效的现代档案管理新理论。

二、城市档案优化管理的意义

随着科学技术的不断发展，计算机应用的日益普及和电子文件的大量涌现，搞好城市档案的优化管理已是大势所趋。对城市档案进行优化管理具有十分重要的意义。表现在：

（一）城市档案优化管理是城市档案工作自身发展的客观需要

改革开放以来，我国的城市档案工作虽然取得了一些成就。但是，也存在一些问题与不足。如部分城市档案部门的管理水平不高，城市档案馆的基础设施落后，管理及工作人员素质参差不齐，无法适应现代管理和新技术革命的需要。现代科学技术的发展，使城市档案数量不断增加，社会各方面对城市档案信息利用的需求也越来越迫切，传统的工作方法和手段无法解决现实暴露出的一些问题和矛盾。现代化城市环境的不断变化及社会需要的不断提高，必然要求城市档案管理工作自身需要不断改进。

（二）城市档案优化管理是提高城市档案工作质量和效率的重要途径

城市档案优化管理是城市档案工作领域内的一场技术革命，必将产生深远的影响。一是通过建立计算机检索系统将大大提高查找城市档案的速度，确保有较高的查全率和查准率，大大节约了城市档案人员和利用者查找城市档案材料的时间，提高服务质量；二是利用计算机和各种现代化设备，对城市档案进行收集、贮存、加工，将使城建档案信息的处理、报送、传递的时间大大缩短；三是城市档案优化管理将使城市档案工作人员的工作条件发生巨大变化。库房管理的自动化，各种现代化设备的应用，将把城市档案工作人员从大量繁重的劳动中解放出来，从而有更多的时间和精力投入理论学习。

（三）城市档案优化管理是实现城市档案根本工作目的的需要

保存城市档案的目的是为了提供利用，发挥城市档案的作用。因此，便于社会各方面的利用是整个城市档案工作的基本出发点，支配着整个城市档案工作的全过程。城市档案工作各项业务的开展，都是为了实现这一根本目的。城市档案优化管理使城市档案信息的检索、利用更加便捷、高效，无疑将极大地提高城市档案资源的利用率，从而更好地实现城市档案工作的根本目的。

三、城市档案优化管理的途径

城市档案的优化管理，是指以科学管理为基础，着重应用现代科学技术理论、方法、手段来处理城市档案管理工作中的问题，使城市档案管理工作更趋完善，即城建档案管理规范化、科学化和自动化。具体来说包括：

（一）实行城市档案工作标准化

标准化是城市档案工作进行科学管理的一种重要手段，也是实现城市档案管理优化的基本前提。科学管理要求城市档案事业的建设和城市档案馆室的工作必须达到标准化。档案工作标准化内容包括案卷组织的方法和格式、分类规则，档案著录和标引规则，档案文献编纂规则，档案保密和解密规则等。标准化是现代化管理发展的目标，也是发展过程中的操作规范。因此，标准既要有评估和指导功能，又要兼具公开性、可比性和可操作性。离开了标准，优化管理的实践只会是盲目的。目前在我国城市档案的现代化管理标准的研究和制定还是比较薄弱的环节，必须引起档案管理工作者的高度重视。

（二）实现城市档案组织管理的法制化、科学化

目前，在我国关于城市档案管理的法规主要有《中华人民共和国档案法》、《建设工程质量管理条例》和《城市建设档案管理规定》等。但是，许多地方、部门并没有认真贯彻执行这些法规，依法管理利用档案的意识不强、水平不高，造成管理意识淡化，措施不到位，使城市档案管理工作的标准化、制度化、规范化方面大打折扣。因此，必须要提高依法治档的意识，使城市档案管理工作进一步走向法制化轨道，做到依法管理档案、利用档案、维护档案和依法开发档案信息。

（三）实现城市档案管理人才优化

从我国城市档案现代化管理的发展过程来看，现代化管理的发展是以城市档案工作者素质的提高和力量的壮大为基础的，人是管理活动的主体。因此，要搞好城市档案工作，首先要充分发挥城市档案人员的积极性、主动性、创造性，优化城市档案人员的知识水平和管理能力。建立一支具有现代科学技术知识和业务知识的专业性的档案管理人员队伍是至关重要的。一方面，随着设备的更新和引进，要调入各种具备技术专长的人才；另一方面也要加强对原有工作人员的培训和知识更新，使更多的人熟悉和掌握有关现代化管理的技术和管理手段，更好地为城市档案管理现代化服务。

（四）实现城市档案管理技术设备的优化

先进的设备是管理现代化的物质基础和技术手段，如果没有先进的设备，再先进的技术思想和技术方法都无法落到实处。从某种意义上说，档案管理技术与设备的现代化是档案管理现代化的基本标志。随着科学技术的迅猛发展，电子计算机技术、多媒体技术、网络技术等高新技术广泛运用于档案工作的各个环节，在档案组织管理科学化的基础上，应用现代化科学技术，特别是电子计算机为核心的信息处理技术实现档案管理方法和管理手段现代化，将是未来发展的总趋势。现代化设备在档案管理中有着广阔的前景，同时也需要档案人员积极地进行应用技术的开发工作。

（五）实现城市档案保护手段的优化

众所周知，保存任何文件和档案的最终目的都是供人利用，电子文件的档案保护也应以追求所存信息长久或永远的安全可用为目的。其保护工作的构成要素包括载体的保护、技术的保护、工作环境的保护和数据安全保护。针对电子文件的设备依赖性，我们必须采取相应措施，使电子文件与原来的软、硬件环境相脱离，实现长久保存的需要。

第五节　城市档案管理的现代化

一、城市档案管理现代化的涵义与内容

（一）城市档案管理现代化的涵义

当今，人类社会已经进入信息化时代，信息正不断地充斥着社会。城市建设档案，作为城市发展和社会进步的产物，在现代城市的规划、建设和管理中发挥着重要作用。目前，我国城建档案管理、利用的现代化程度较低，很不适应我国经济发展和城市现代化的要求。因此，加速城建档案管理的现代化既是我国推进城市化目标的要求，也是推进 21世纪档案事业发展的重要内容。

城市档案管理现代化，就是要以现代科学理论为指导，根据城市档案工作的客观规律和城市档案的特点进行合理地组织、计划和控制，最终实现管理方法科学化和管理机构的高效化。实现管理方法科学化，就是要把单纯用行政领导和宣传教育的方法，变为行政领导、法律、经济、宣传教育等方面的综合管理，以提高管理的功效；实现管理机构高效化，就是要在城市档案组织机构内做到人尽其才、物尽其用，使信息系统健全，城市档案信息传递及时、准确。

（二）城市档案管理现代化的内容

城市档案管理现代化的内容主要包括：

1. 管理手段的现代化

现代信息技术运用于档案管理工作必然要求现代档案管理手段要替代原来的传统管理手段。一是要利用计算机完成文档一体化管理，计算机辅助立卷，档案文件内容信息的存储与检索，档案自动标引、统计、借阅及档案库房管理等。二是要运用多媒体技术将静态图像、图形、手稿、照片、文字、录像等各种不同载体的档案以数字形式存入计算机，对档案进行综合处理，使利用者能随时查询文字、照片、声音等多种形式的档案信息。三是运用数字电子影像技术将传统的纸质等档案载体的文字、图片、影像等直读信息转换为数字代码信息等。

2. 管理方法的现代化

档案管理对象的数字化必然要求其管理模式与方法作相应变革。随着现代科技、生产和管理活动的发展，伴随着办公自动化、信息技术应用的不断发展，电子文件、电子档案管理的新课题业已提出。现代信息技术为以电子档案为对象的档案管理工作提供了一个崭新的平台，随之档案管理工作的模式与方法必须发生相应的变化。主要包括文件归档、档案移交与接收程序、档案整理工作、档案鉴定工作、档案库房自动化管理、档案保护、档案利用等方面要变革其管理方法与模式。

3. 档案工作的新模式

随着信息技术在档案管理工作中的运用，档案工作的模式发生了巨大的变革。利用先进的管理手段，推动档案事业的发展，使档案工作向深度和广度方面发展，大大提高了档案工作的效率，使档案管理逐步实现由传统的手工管理模式向现代化、网络化管理模式转变。随着办公自动化技术的运用，电子政府、电子政务等的建设和发展，与之相适应的，需要档案管理实现信息化、数字化和网络化。大量文书处理工作如文件起草、签发、归档等工作，通过计算机和网络传递，可以大大减轻工作量。档案管理工作的模式从以档案实体保管为重点，提供档案实体为利用者服务的方式，转变为以数字化档案信息为管理重点，以数字档案信息为社会提供服务的方式。

二、城市档案管理现代化的意义

实现城市档案管理现代化，对于搞好城市规划、建设和管理，促进城市经济发展具有十分重要的意义。

（一）城市档案管理的现代化是城市规划设计的重要依据

要进行科学的城市规划、建设和管理，就必须详细掌握城市建筑物、构筑物和地下管线的实际情况，以完整、准确、系统的城市档案为依据。要保证城市档案的完整、正确、系统，就必须实现城市档案管理的现代化、科学化。

（二）现代化的城市档案是进行城市科学研究的重要基础

城市档案是重要的技术资源，是人类城市建设的智慧的结晶，是十分宝贵的科技财富。要最大限度的发挥城市档案的作用，就必须实现城市档案管理的现代化，这是搞好城市科学研究的重要前提条件。

（三）城市档案管理的现代化是城市管理现代化的重要环节

城市档案管理是城市管理的重要环节之一，同时城市档案管理工作又渗透到各项城市管理工作中，离开了城市档案，城市管理的很多工作就会无法进行。所以，城市管理要现代化、科学化，就必须实现城市档案管理的现代化、科学化。

（四）城市档案管理的现代化是城市经济发展的基础工作之一

没有城市经济的发展和城市建设的繁荣，就没有城市档案，同时，城市经济和城建事业的发展也离不开城市档案。过去由于城市档案不健全，给城市的经济发展造成不少损失。实践证明，要加速经济发展和推进城市化进程，加快实现城市档案的现代化是必要的基础工作。

三、加速城市档案现代化管理的途径

现代化的城市档案是现代化城市建设、管理和发展的重要基础。同时，城市档案的完整程度综合反映了城市建设和经济发展的水平。

（一）城市档案管理中存在的问题

目前城市档案管理在现代化进程中还存在不少问题。

1. 人们对城市档案管理的重要性认识不够，组织不力

现实生活中，人们大多知道人事档案或公务文书方面的档案，而对与城市生活息息相关的城市档案则不甚了解，对城市档案管理的重要作用认识不足，缺乏做好城市档案工作的自觉性。在很长时间内，许多人都把信息业局限在传统的信息服务部门，没有认识到信息化对城市档案管理的重要性。虽然人们承认城市档案管理的重要地位，但在整个国民经济建设中并未真正对其高度重视，强化管理，加大投资，从而使我国档案信息化建设与国外相比还存在一定的差距。

2. 部门之间缺乏合作，低水平重复运作现象严重

首先是档案部门之间，尤其是各档案馆之间缺乏合作。作为管理档案信息资源的文化事业机构，性质相同，服务宗旨相同，面临的形势和任务相同，但是彼此之间缺乏有效的沟通机制和合作意识，面对共同的问题各自为战，导致低水平的重复开发和运作，造成人力、物力、财力的巨大浪费。其次，档案部门与其他信息管理机构合作匮乏。图书、情报、档案机构都是以文献信息为主体的信息服务机构，从工作性质、管理方法、业务流程看，都有很多共性。但是多年来一体化的研究和倡导，并没有使这些部门坐在一起，共同研究信息资源的开发和建立统一的信息网络。在这方面也与国外存在一定的差距。

3. 城市档案管理体系不够健全，法规制度不完善

目前，就全国而言，市级城市档案机构大都建立，但县级城市档案机构数量不足且规模不大。整个城市档案分级管理体系还不健全。目前，在我国关于城市档案管理的法规主要有《中华人民共和国档案法》、《建设工程质量管理条例》和《城市建设档案管理规定》等。但是，有些城市档案管理的法规制度仍不完善，不能适应目前形势发展的需要，并且许多地方、部门并没有认真贯彻执行这些法规，依法管理利用档案的意识不强、水平不高、力度不够，造成管理意识淡化，措施不到位，使城市档案管理工作的标准化、制度化、规范化方面与国外相比差距很大。

4. 城市档案建设质量不高，现代化程度低

建设和开发档案网站是档案信息化建设的重要组成部分，已经成为现代档案信息资源开发和利用的必然趋势。作为沟通社会的桥梁和宣传档案工作的窗口，近几年来，我国的档案网站从无到有，在数量上呈现逐步上升的趋势，许多网站上传开放档案目录，并部分开放档案原文、照片、录音、录像等。但是，几百家各级各类档案网站中，绝大多数缺乏一定规模，能在国内外有一定影响的更是微乎其微。同时，信息流通中也存在许多问题。如各类档案信息的不平衡，某些信息贫乏而某类信息则过剩；一些档案信息在加工处理和流通过程中失真；档案信息加工迟滞，使信息价值受损，甚至失去价值；信息服务缺乏针对性和预测性等等。目前我国的城市档案管理手段比较落后，有些还延续人工检索，有些地方尝试对档案整理、管理、利用、声像档案管理等实施现代化管理，但现代化的程度普遍不高。

5. 缺乏有力的宏观调控，发展不全面

目前，中国互联网已初具规模，互联网应用也逐渐走向多元化。但是，中国档案信息化建设还不能顺应互联网的发展，形成全面、协调、有序的发展态势。如在数据库建设方面，许多档案部门争先恐后，主动出击，有条件要上，没条件也要上，建成的多个数据库大都规模较小，信息含量不大，没有一个可与国外大型档案数据库相比。国际教科文组织建立的档案门户网站中列入 13 个中国档案网站，但是 10 天中点击次数仅 99 次，相比国外其他网站点击率较低。同时，各级主管部门对档案信息化建设的发展缺少全面周密的计划和强有力的组织，如何进行切实可行的整体部署和有效的组织管理，使之快速、协调、有序地向前推进，是中国城市档案管理信息化建设首先要解决的问题。

（二）促进城市档案现代化管理的途径

城市档案管理的现代化，简单地说就是实现管理体制的现代化，管理手段的现代化，管理过程的法制化及档案管理的科学化。这就要求我们必须从以下方面努力：

1. 强化全民的城市档案社会意识

通过完善的档案法规建设，使城市档案意识真正成为社会公众的普遍意识。应尽快研究制定城市建设档案收集、保管、利用等方面的法规细则；应扩大城市档案信息资源的开发利用，让人们认识到城市档案的重要性；通过档案编研、成果交流、咨询服务等途径，将城市档案信息主动提供给社会，服务于城市建设。通过舆论宣传和社会实践，扩大城市档案工作的影响，使人们认识到城市档案是全社会的信息资源，为全社会所共享，通过宣传教育，公众既可以了解城市档案的作用，又能够知晓忽视城市档案管理带来的沉痛教训，使城市档案意识真正成为全社会的普遍意识，使城市档案管理工作能够被整个社会所重视。

2. 加快理顺城市档案管理体制，健全城市档案管理机构

要加快健全省、市、县三级城市档案管理机构，完善城市档案管理体系。目前，一方面要强化市级城市档案馆的行业管理的职能，另一方面，随着县级市不断增加，规模不断扩大，要加快建立健全县级市的城市档案管理机构。

3. 加强城市档案管理过程的法制化，确保档案质量

在城市档案管理过程中，既要实现有法可依，又要做到执法必严。对违反有关的法律法规，造成城市档案不齐全、质量不符合要求、归档不及时的责任单位，要依法处罚。如在建筑安装工程建设过程中，要加强跟踪管理，工程竣工验收时，工程档案要作为重要的验收内容之一，可采取一票否决制，从而确保档案的完整和准确。

4. 加快推进城市档案管理手段的现代化

计算机的广泛应用为实现城市档案管理手段现代化提供了硬件保障。从 20 世纪 70 年代计算机进入档案行业，经历了调查论证、试验、推广到新技术开发，现已初具规模。据有关资料统计，目前全国地市级以上的城市档案馆已普遍配备了计算机，并注重加大档案管理软件的开发建设，这些都为实现城市建设档案管理手段的现代化提供了必要的技术基础。当前是要加强规划，统一标准，明确目标，因地制宜，积极推进；要积极开发全国性的城市档案信息网络，规范城市档案信息标准，积极研制开发城市档案信息管理系统。在此基础上，建立各级城市档案信息中心，强化城市档案系统传递，保障城建信息网络畅通，沟通城市档案部门与社会的信息交流，加快城市档案信息资源的利用，从而提高城市档案部门在社会中的知名度和城市档案管理的整体水平。

复 习 思 考 题

1. 何谓城市档案管理?
2. 简述城市档案管理的基本要求。
3. 简述城市档案优化管理的意义。
4. 如何加强城市档案的优化管理?
5. 什么是城市档案管理现代化? 其内容包括哪些?
6. 加速城市档案现代化管理的途径包括哪些方面?

第十七章　城市管理绩效与调控

城市管理绩效是城市管理活动的表现结果，是衡量管理目标实现程度的基本依据。管理主体或监督机构可以根据目标的达成情况，检查决策及其实施过程出现的影响目标达成情况的因素，并进行目标或管理行为及活动的矫正，以便在下一个循环订立新的目标或采取新的对策措施。同时，城市管理绩效的考察与评价，还可以作为对管理组织及个人进行激励及调整的依据。城市管理是一个不断循环往复的过程，因此，城市管理绩效评价与城市管理调控是管理过程中两个紧密相联、不可分割的环节。

第一节　城市管理绩效及绩效评价

一、城市管理绩效的涵义及影响因素

(一) 城市管理绩效的涵义

绩效 (Performance)，是指行为主体开展活动的效果或结果。城市管理绩效是城市管理的成绩和效果的总称，或者说城市发展及管理目标的实现程度。它主要包括五方面的内容：

1. 城市组织机构状况

城市中的各类组织是城市管理网络中的重要结点，对城市管理网络的正常运行影响很大，无论哪一级的组织不健全，都会影响城市资源的发掘和利用，降低城市管理的效益。

2. 城市治安治理状况

城市治安是城市居民安居乐业的基本保障，如果城市秩序不好，居民就不会有安全感，也就不可能产生对城市的归属感和认同感，无法形成城市的凝聚力。

3. 城市设施环境状况

城市是居民生活、工作的基本场所。城市环境状况的好坏，直接影响了城市的整体形象和城市居民的生活健康。城市环境状况是城市管理绩效的一个重要组成部分。

4. 城市居民素质状况

任何城市发展的最终目标都是实现人的全面发展。教育在提升人的文明素质等方面发挥了重大的作用。通过多种形式的活动，培养市民的城市意识，提高市民的文明程度，使市民成为城市管理的参与者、监督者、维护者和享受者。这是城市管理绩效最重要的方面。

5. 城市社会服务状况

满足城市居民需求的方式多种多样，其中最重要的就是充分利用城市资源，提升社会服务水平。城市社会服务的完善与否，直接影响到城市居民各种需求的满足，影响到居民

对城市的满意度，它反映了城市管理在满足居民的各种服务需求方面的有效程度。

（二）城市管理绩效的影响因素

影响城市管理绩效的因素很多，归纳起来分为硬件和软件两大类：

1. 影响城市管理绩效的硬件因素

主要是指城市中的各类装备、设施、投入等。城市规划布局越合理、配套设施越完善、服务功能越齐全、城市环境越优美、教育设施越完备，城市的治安、环境、教育、文化活动、服务等方面的效果就越显著，居民的满意度就越高。城市管理的硬件设施完备，可以大大减少城市管理成本，提高城市管理的效果。

2. 影响城市管理绩效的软件因素

主要包括两个方面：一是管理者的观念、思路、工作方法、管理技巧、人格魅力等；二是管理对象的文明素质、城市意识及对城市的关注度等。软件因素是影响城市管理的主要因素。一个城市的硬件要素再好，也必需软件要素的配合，否则硬件设施的功能作用难以充分发挥。

（三）城市管理绩效的构成机制

城市管理基本主体是以政府为代表的城市权力系统，该系统通常是有政治背景的，即政治组织或政权组织其宗旨（存在的理由）及其实践情况就是政治绩效，其运行规则及行为依据则构成了城市管理的制度保障。

城市管理绩效的内容及其构成机制如图 17-1 所示。

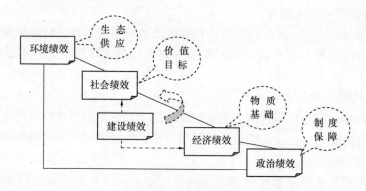

图 17-1　城市政府绩效内容体系及作用机制

二、城市管理绩效评价

（一）城市绩效评价的含义

城市管理绩效评价的内涵可以从三个方面来理解：其一，从微观层面来看，绩效评价是对个人工作业绩、贡献的认定；其二，从中观层面来看，绩效评价是城市各部门如何履行其被授予的职能，政策制定执行的效果，项目管理实施的状况影响，给民众提供的质量、数量等；其三，从宏观层面来看，绩效评价是整个城市管理绩效的测评，城市组织为满足公众的需求所履行的职能，体现为经济的健康、稳定与快速发展，人们生活水平和生产质量的持续提高。社会公正与平等，国家安全与社会秩序的改变，精神文明的提高等方面。

综合而言，城市管理绩效评价应包含以下几方面的内容：①评价的对象是城市公共组织和组织中的工作人员；②评价分为定期的和不定期的；③评价包括考察和评价两个阶段；④评价的内容包括组织的指标测定和个人的政治素质、业务素质、行为能力和工作成果等；⑤评价结果与其他管理环节挂钩。

（二）城市管理绩效评价的作用

1. 绩效评价是城市科学管理的基础

绩效评价是城市实施有效管理的基本环节。通过绩效评价，对城市公共项目实施的实际情况进行了解、考察，分析实际效果与预期目标的偏离程度，总结公共政策、项目实施的经验教训，反馈给城市有关公共管理部门，以便对城市公共管理项目做出适当调整、修补，弥补公共管理项目的缺陷，为未来的城市公共服务积累经验，完善和提高城市科学管理水平。

2. 绩效评价是提高城市公共组织绩效的动力机制

绩效评价对提高城市组织工作效率的促进作用表现在两个方面：一是绩效评价提供了一种组织压力情景，强化了员工的责任意识，促使其提高自我能力和素质，努力工作，从而提高工作效率。二是绩效评价将个人发展目标与组织目标协调起来，无疑有助于城市组织工作效率的提高。

3. 绩效评价是增强城市组织沟通的方法

通过绩效评价，可以使城市组织表达管理层对员工的工作要求和发展期望，获得员工对管理层、对工作以及对组织的看法、需要和建议，共同探讨员工在组织中的发展和未来的工作目标，建立起管理者和员工之间的沟通渠道，增强组织的号召力和社会公众的凝聚力。

4. 绩效评价是城市塑造形象和提高信誉的源泉

绩效评价实际上是一种信息活动，其特点是评价过程的透明和信息的公开，把组织在各方面的表现情况做出全面、科学的描述并公之于众，无疑有助于广大员工和群众了解、监督和参与公共组织的工作。一方面，绩效评价有助于克服员工和群众对组织的偏见，建立和巩固对组织的信任；另一方面，具有影响力的绩效评价结果对公共组织来说起着重大的监督作用，能够为组织和全体员工改进工作绩效提供有价值的信息反馈，从而为组织提高自己的服务质量提供依据和参考系数。

5. 绩效评价是依法监督员工行为的重要途径

管理者对员工的监督管理可以采取两种方式：一是运用经验或个人主观意见，对员工的工作状况做出评价。二是运用规范的评价标准和评价程序，对员工的工作业绩做出全面的鉴定。前者主观随意性大，带有较多的感情色彩，易造成片面性和盲目性。后者评价标准和程序规范透明，评价结果全面客观，成为管理者依法管理的重要途径。同时，通过绩效评价，使员工明确自己所负担工作的目标、职责和要求，并了解组织对自己的期望和对未来工作的要求，从而使个人目标和组织目标有效结合。

（三）城市绩效评价的要素

城市管理绩效评价是对城市管理状况进行全面、综合、科学、公正的评价。城市管理绩效评价的主要要素包括绩效评价的目标、评价的途径、评价的制度安排和绩效的信息系统。进行绩效评价首先要确定评价的目标。由于绩效改进的目标不同，评价的目标也随之不同。绩效评价可以通过不同的途径来实现。评价的制度安排主要涉及的是确定由城市中哪一个部门负责绩效评价的管理和指导，以及建立相应的配套制度以保证绩效评价的顺利实现。绩效评价的信息系统一般包括绩效测量体系、绩效信息的报告和审核机制、绩效信息使用机制等。

1. 绩效评价的目标

绩效评价以技术和管理为目标，其技术目标部分的重点在于，建立一套科学体系，可以精确地测量组织和个人的绩效，以便确认个体的强项和弱项。其根本目的是评价公共组织的行为活动和运营状况，审查公共组织对资源的利用及所取得的成绩，以期向公众证明公共资金得到合理和富有效率和效力的使用，从而维护公共组织存在的合法性。根据评价的侧重点不同，评估可具体分为三种目标。

（1）提高组织绩效。绩效评价强化了组织目标以及管理层的预期，通过评价，使公共组织内部的功能发挥，以达到持续提高组织绩效的目标。提高组织的运行效率和所提供的服务质量意味着对组织的结构、功能进行不断审查，对各种制度及其制度间的相互作用进行反思。这就需要建立以绩效为导向的信息系统，采用灵活的管理工具和管理技术。

（2）明确责任制。通过绩效评价，确定资源在公共组织和私营伙伴之间的分配，并进一步明确两者相应的责任和建立相应的外部监督机制。当前，在公共组织和私营组织提供公共服务的问题上，确定谁是最有效的公共服务提供者和实现公共资源的最优配置时，绩效评价的结果自然成为最重要的参考标准之一。

（3）增收节支。通过绩效评价，减少公共组织不必要的活动和开支，以实现增收节支的目标。在当前公共服务越来越复杂化的条件下，绩效评价的一个重要作用就是通过衡量并比较政府和公共组织的绩效，借鉴有效的管理制度、程序和方法，摒弃不必要的活动，从而实现节约成本、增加收益目标。

要实现这些绩效评价的目标，就需要建立一个良好的绩效评价系统，设计出能有效评价成功与否的评估指标体系，并要不断地对组织绩效进行评价和分析。

2. 绩效评价的途径

实现绩效评价可以通过自上而下或自下而上的途径来进行。自上而下的评价途径主要针对目标大幅度影响预算，评价模式侧重于评价技术的有效性、可靠性和同质性，因而这种评价方式往往要使评价要素标准化，并预先制定好评价机制。自下而上的评价途径主要强调沟通与合作，在其评价模式中，组织内部机构一起参与讨论评价的指标设计，从而提高评价的有效性。

3. 绩效评价的制度安排

制度安排涉及评价中各部门的地位和角色的安排。一般来说，应先设立相应的职能部门或专家管理机构来帮助开展绩效管理和绩效评价。同时，使组织内部各部门认识到绩效评价的职能部门或专家管理机构并不是以竞争对手出现的，它只是起到思想库的作用。此外，培训员工、创造以绩效为导向的文化氛围也是绩效评价和绩效管理的重要因素，因而建立相关的培训制度，帮助组织成员转变观念态度，也应成为制度安排的必要内容。

4. 绩效评价的信息系统

评价的信息系统包括确定评价的内容、绩效资料的审核、绩效结果的反馈制度和绩效信息的使用机制。

（1）绩效评价体系的内容确定。绩效评价体系的内容一般包括产出、效益、财务结果、预先制定的衡量内容或服务质量、顾客满意程度等。由于被评价的组织性质不同，评价的侧重点也应有所不同。同时，绩效评价内容不是一成不变的，它随着管理的需要在不断地变化。而且，组织提供服务的性质也决定了评估的内容要素。

（2）绩效评价信息的审核与评价制度。对与绩效相关的信息或资料进行审核是产生有效绩效评价的关键步骤。审核可以用于绩效评价的每一阶段，如可以审核指标体系选择的适当和有效性、资料收集和加工的可靠性、资料信息的准确性等。绩效资料和信息的审核一般需要专门的机构来管理。

（3）资料评价信息的使用机制。对绩效进行比较和对结果进行评价是绩效评价的关键步骤，也是使得评价有意义的方面所在。绩效评价信息可以在以下三个方面使用：使用绩效评价信息检验组织是否达到原先设定的目标；利用绩效信息来进行绩效预算的操作；在组织和个人层面上，利用绩效评价信息对个人和组织进行绩效激励。

（四）城市管理绩效评价的原则

城市管理绩效评价必须本着以下原则进行：

1. 客观性原则

该原则要求城市管理绩效评价过程和评价结果要客观真实，不能主观臆断，更不能弄虚作假，否则，评价结果就没有权威性，无法达到绩效评价的目的，激励与调控活动也因失去了依据而无法开展，最终导致城市管理战略的不可持续性及城市系统运行的盲目。

2. 科学性原则

这一原则要求在城市管理绩效评价过程中，要科学地确定评价标准、选择评价方法，采用先进的手段。制定评价方案要严谨，在城市管理绩效评价过程中要严格把关，树立评价的权威性，及时发现评价工作中的不足并针对性的进行整改，确保评价过程及结果的准确性。

3. 公正性原则

这一原则要求用统一的标准对城市管理各项工作进行评价，对城市中的各种要素进行一致性的评判，以使评价结果公正、科学、客观。为了较好地贯彻这一原则，可以选择社会中介机构进行评价，或者由上一级主管部门、专家学者、市民代表组织联合小组进行评价。

4. 可操作性原则

城市管理绩效评价是一个具体的操作过程，制订评价工作方案时一定要考虑其可操作性，在实施过程中要选择适当的考评范围，在保证结果客观、科学的前提下，抓住关键环节和主要环节进行评估，使评估方法尽量简单，易于操作。

5. 综合性原则

由于城市运行及其管理是一个综合而复杂的系统，这就要求城市管理绩效的评估必须涵盖城市管理的各个主要环节。不能以点概面、以偏概全，在充分肯定城市管理成绩的同时，找出不足，综合评价城市管理的结果。

第二节 城市管理绩效评价的实施

一、城市管理绩效评价的内容

城市管理绩效评价的内容包括建立城市管理考核评价制度、确定考核评价工作班子、确定考核评价工作办法以及表彰先进和总结经验等几个方面。

(一) 建立城市管理绩效评价制度

对城市管理实行绩效评价制度，是组织实施城市管理的重要保证。城市管理部门应加大城市管理的力度，围绕市政府提出的发展战略，确定城市管理考核评价原则，有效整合城市管理资源，创新城市管理理念，进一步建立和完善城市管理的责任机制、投入机制和激励机制，制定考核内容和考核办法，实现城市管理效能最大化。

对完成考核目标较好的单位和个人，除了给予精神奖励、分别增加城市管理经常性费用外，还给予单位和个人一定的不同奖励等级的物质奖励，对有重大贡献的部门和个人还嘉奖并通报表彰；反之，达不到考核标准或连续两年名列末位的区政府和市级相关部门，要相应扣减奖金并通报批评。

在实施考核评价工作过程中，根据各有关方面的意见，又设立了否定指标。比方说对市相关部门在城市长效管理中存在的管理不力行为且在社会上强烈造成反响的，一经查实，由该城市管理考核领导小组进行严肃处理，并取消上述单位或个人的评奖资格。

2009年7月1日中央政治局通过的《关于建立促进科学发展的党政领导班子和领导干部考核评价机制的意见》明确了到干部从事工作的部门从事民意调查的绩效考核方法，降低了GDP在考核干部中的比重，加大了民众满意度、社会发展与安全稳定、和谐社会建设程度等指标的比重，该考核体系能真实、准确地反映干部的行为与政绩。

城市管理绩效评价制度的建立，可在一定程度上推动各部门、各区、县和基层单位努力克服困难，创造条件，发挥确保城市管理目标实施的工作积极性。

(二) 确定考核评价工作班子

要科学、公正地开展考核评价工作，需要有一个好的工作班子，即一个能充分反映各方面情况的绩效评价办公室。

首先要选择一个合适的牵头组织单位。城市管理是一个复杂的系统工程，涉及多个部门和方面的利益。从实施目标管理工作的实践来看，绩效评价工作的牵头单位应与城市管理工作的牵头组织单位相一致。城市管理的牵头单位经市政府授权，负责全面组织城市管理的实施工作，既掌握对实施目标的深度要求，也全面掌握实施过程中的一些具体情况，对绩效评价的标准容易掌握。同时，多数城市的城市管理工作的牵头单位是城管办，作为市政府最重要的城市综合管理部门，具有一定的权威性，也有利于绩效评价工作的开展。

确定牵头组织单位后，第二步的工作就是组织绩效评价工作班子。实践表明，由下列单位组成市绩效评价办公室是合适的，即市城管办、市建委、市监察局、市直机关党工委、市文明办、市爱卫办、市财政局、信访局、园林局、城管执法局以及市委市政府督察室等。这样组织既体现了政府工作、综合经济、党的组织监督等各个层次的结合，能相对比较合理地从各个角度综合平衡考虑应获奖单位和个人。评议时，各归口单位管理部门派代表一同参加，以利于集中各方面的意见。这种绩效评价班子，不仅在市一级要建立，相应的在各区、县、局也应建立。其组成单位构成可由各区、县、局自行决定。

（三）确定绩效评价工作办法

建立城市管理绩效评价制度，建立绩效评价工作班子，以便为考核评价工作已经铺平了道路。

1. 考核评价的依据

确定考核评价的依据主要应有以下几个方面：

（1）根据城市管理绩效考核奖励办法，经过自评、市复评的打分结果；

（2）根据统计考核制度由统计考核网络提供的年内定期执行情况的信息资料；

（3）各归口管理部门和区、县自评的结果；

（4）市绩效评价办公室组织的典型调查情况。

2. 考核评价办法

根据城市管理绩效考核奖惩办法，对各部门和区、县实行自查和市绩效评价办公室按一定标准考察评比相结合的方式，如现场查看、查阅资料、组织评议等办法进行考核。

根据目标管理的特性，实现目标主要采取自主管理或自我控制的办法，充分发挥部门和目标承办单位的积极性、主动性和创造性；对执行结果强调由执行者自我检查分析执行过程中的经验、缺点和错误，以更好地发挥自己的能力，为实施下一年的目标创造更好的条件。

为此，第一层次的绩效评价工作，应是由市各归口管理部门、一级分解指标承办单位和各区、县对照标准自查、自我评分。这些单位按照各自承办的目标数量，以一百分为满分，根据市的城市管理考核奖励标准相应确定每一个目标的分数；再按每一目标的完成程度、质量初步评定得分，逐级汇总分析，报送市绩效评价办公室。第二层次的绩效评价，则由绩效评价办公室按照绩效评价要求实行同类归并，制定绩效评价标准。由于实行科学化绩效评价，给目标执行单位引入了竞争机制，更能激励大家力争上游的积极性。

（四）表彰先进、总结经验

表彰先进、总结经验是绩效评价工作的最后一道程序，也是一年城市管理工作的最后一个环节。根据绩效评价的结果，由市委、市政府组织举行隆重的表彰大会，对评选出来的有功单位、有功个人进行表彰奖励，授予奖杯、奖状和荣誉证书，同时对受奖的单位和个人给予一定的物质奖励。

这种表彰先进的工作，对于总结实施城市管理的经验，激励各单位上进心，增强竞争意识，提高城市管理工作的效率和社会效益，改变城市精神面貌，都有一定的促进作用。

二、城市管理绩效评价的程序

（一）确定绩效评价的目标与规划

1. 确定决策者的需要。

绩效评价的目的之一就是为决策提供相关信息。了解和确定决策者的需要，这对于有的放矢地评价是非常必要的。因而在评价前与决策者充分沟通，了解他们是如何理解问题的、他们将如何使用评估信息，这些都是指导评价规划的前提。

2. 明确项目的性质和范围。

为什么要对该项目的绩效问题进行研究，评价的结果会被哪些人使用，以及对问题处理的历史都有助于明确问题的性质和范围。

3. 制定被评价项目的有效目标。

目标可以定义为项目实施后应达到的理想状态的、广泛的、一般性的陈述。一个组织必须把其目标具体化以使他们所取得的成效的质量和程度能够测量。理性的评价模式的第一步就是明确目标，然后将绩效与目标相比较。

4. 制定全面的考核办法。

全面的考核方法包括：效力考核（量化方案各项目实现程度）、无形考核（把握后果质量）、副作用考核（量化非预期后果）、分配考核（对受益者和费用承担者之间的影响差异的比较）。

（二）选择评价指标

评价指标是反映总体现象特征的概念和数值。任何指标都是从数量方面说明一定社会总体现象的某些共性和特征。通过一个具体的统计指标，可以认识研究现象的某一特征，说明一个简单的事实。如果把若干有联系的指标结合在一起，就可以从多方面认识和说明一个比较复杂的现象的许多特征及其规律性，因此，评价指标的选择也就变得较为复杂和困难。具体说，每一个关键性问题几乎都可以列出许多测度指标，而评估者既可以采用一个指标来测度某一现象，也可以用一系列指标来反映这一现象。因此，在选择指标时，一方面必须遵循构建评价指标体系的原则；另一方面，也可以由评价者进行初选，然后请一些同行专家进行评议，或采用其他科学的方法选择评价指标。

（三）确定评价模式

评价设计绩效的两个方面，即获得绩效的实际运行结果、应用某种价值观念来确定这些结果的价值。因而在绩效评价方法和技术的采用中，也应该考虑这两方面的因素。绩效评价模式主要有：

1. 伪评价

所谓伪评价，即采用描述性方法来获得关于绩效运行结果方面的可靠而有效信息的一种评价模式，它不用去怀疑这些运行结果对个人、团体和整个社会的价值，即它假设价值尺度是不容置疑的。在伪评价中，采用问卷调查法、随机抽样、统计技术等方法获取绩效信息，然后使用社会系统核算或标杆比较的方法来评价绩效。

2. 正式评价

正式评估也是采用描述性的方法获取绩效运行结果方面的可靠而准确的信息，但对结果的评价是建立在已经被正式宣布的目标或目的的基础之上的。它的假设是，正式宣布的目标或目的是对价值的恰当衡量。正式评价中使用的方法与伪评价中使用的相同，目标也相同。不同之处在于，采用法律、计划文书来鉴别、界定和指明正式的目标和目的。这些正式的目标的适宜性是不容置疑的，因而正式评价中常用的评价标准是效率和效果类。它的主要评价形式是发展性评价、回顾性过程评价、实验性评价和回顾性评价结果等。对于正式评价的结果可以采用目标图形化法、价值澄清、价值评论、交互影响分析、折扣法等技术手段。

3. 决策理论评价

决策理论评价同样是采用描述性的方法获取绩效结果的可靠而有效的信息，但对这些结果的评价标准不仅仅是被正式宣布的目标，其他利益各方的目标都应考虑在内。换句话说，就是将利益相关者宣称的潜在的目的和目标明确化。其假设是，利益相关者的潜在和公开目标是对绩效的恰当衡量。主要评价方法有头脑风暴法、辩论分析法、德尔菲法和用户调查分析法。

（四）编制评价执行计划

1. 成立评价工作小组

组建研究评价小组，最重要的是有一个好的评价协调人，其不必是评价小组的负责人，但对小组成员的工作应起一个良好的协调作用，并对评估工作是否按计划进行负责。同时，根据评价的目的，还聘请一些外部专家参与评估。小组成员的选定，需具备两个条件：一是能够代表某一群体的利益；二是具备某一方面的专业技能和经验。

2. 合理分派成员任务

即将所有的评价任务进行分解，根据每一个成员的能力和特长，分派给其合适的任务，编制计划必须列出需要评价小组做的每一项任务和活动及其负责人，做到"人人有事做、事事有人做"，保证整个计划的顺利执行。

3. 科学安排日程与经费

对评价工作过程做一个科学合理的日程安排，包括评价工作每一项任务完成所需要的时间以及顺序安排等。为了保障评价工作的顺利进行，必须安排充足的经费，评价小组要按照评价工作所需要的工具、条件等，做好经费预算。

（五）评价数据和信息的分析

1. 数据处理并制表

即把调查记录中的各种分散的信息，经过分类加工汇总集成表示总体特征的信息，这就包括手工汇总和计算机汇总两种形式。数据处理的最终反映形式是编制各种表格，即制表。

2. 对制表结果进行分析

即评价小组对这些处理的信息进行讨论和分析的过程。对于定量指标，可以采用前后对比等方法进行分析，从而作出评判并得出结论；对于定性指标，可以采用逻辑框架法等进行分析，并判断各种定性指标对结果和社会的影响。然后，在此基础上，评价小组形成初步的结论和建议。

（六）审查评价结果，提出绩效改进方案

评价数据分析报告工作的完成并不意味着评价工作的结束。在完成数据分析报告之后，还需要对评价的结果进行审查，发挥评价工作应有的作用，交流评价结果并根据评价的实际情况，提出组织绩效改进的方案。

三、城市管理绩效评价的指标体系

（一）城市管理绩效评价的方法

城市管理绩效评价的方法有很多种，概括起来主要有定性和定量两大类。

1. 定性方法

用定性方法对城市管理绩效进行评价，主要是评价主体通过参观、实地考察、听取汇报、查阅资料、收集居民、单位等对城市管理的意见等方法获取信息，经过分析，讨论，在考评主体内部达成共识，从客观角度，对城市的整体状况做一个定性的结论。这种方法

的评价结果在一定程度上会受到评价者主观因素的影响。

2. 定量方法

定量的方法是将城市管理绩效分解成各个环节的成效，然后通过统一化操作，使各个环节的成效成为一种比较的统一指标，再根据各个环节间的相关性，将这些统一指标按照一定规定组合起来，最后形成可比较的综合结果。目前常用的定量方法是指标体系评估法，此方法首先根据对城市的内容和要求，列出若干个用于考核的第一级指标；其次，根据影响一级指标的各要素，形成第二级指标，为评价的准确起见，每个二级指标还可以由若干个第三级指标来反映；再次，指标确定后，根据每项指标的重要程度确定其权重大小，确定具体指标的评分标准；第四，使用访谈、问卷调查、抽样检查、资料审核等方法对城市管理的实绩进行考评；第五，将考评结果和评分标准对比以确定该城市在各指标上的得分，并根据总得分结果评价城市管理的绩效。

（二）城市管理绩效评价指标设置

城市管理绩效的评价，需要有一个科学的、系统的、规范的、具有一定可操作性的衡量监测标准。设计一个目标体系，并把它具体化，建立一组衡量和监测城市管理绩效的统计指标和评价指标，定期加以考核督促，将有助于实现城市管理的科学化、制度化、规范化。城市管理绩效评价指标体系既能为城市提供一个较为完整的城市管理内容和组织的规范系统，成为城市管理实际工作的指导或参考模式；同时又能为各级政府和有关部门提供城市管理现状和发展的各种信息，在城市管理的决策和规划中发挥咨询作用。

1. 城市管理绩效评价指标体系设置的原则

构建城市管理绩效评价指标体系是一项复杂的系统工程。为了使城市管理绩效评价指标体系具有较强的科学性和指导性，在选择具体的指标时，要遵循一定的原则。

（1）规范性原则。城市管理绩效评价指标体系首先要成为一个具体指导城市管理工作的工具。这将有助于管理者全面了解城市管理工作的内容，使各个城市的实际管理工作能够统一起来，逐渐实现规范化和制度化。

（2）可操作性原则。城市管理绩效评价指标体系必须具有一定的可操作性，所以该指标体系的构建必须立足于现有的城市基础设施，充分开发和利用现有的城市资源；每个指标的设计必须要考虑其指标值的测量和数据搜集工作的可行性。

（3）以人为本原则。绩效评价指标体系的设计要坚持以人为本的原则，在选用指标时要尽可能选取那些与人密切相关的内容，着重体现与人类居住和活动有关的因素，反映居民社会生活及环境的主客观感受的需求，为人的全面发展创造一个良好的城市氛围。

（4）系统性原则。城市的全面发展，涉及方方面面，是一个非常复杂的系统。对这样一个大系统的管理绩效进行评价，就必须用系统的观点，从整体上把握城市系统的特性和功能，从城市发展的可持续性、城市的竞争力出发，对城市管理绩效作出整体性分析和评价。

（5）前瞻性原则。城市管理绩效评价的评价指标不仅要反映城市发展的现状，还要反映城市的未来发展趋势。要在科学预测城市发展趋势的基础上，充分考虑城市各指标的超前性，使构建的指标体系能较好地反映未来城市发展态势。

（6）静态评价和动态评价相结合的原则。静态评价是要对城市管理的现有水平进行评估，反映城市在特定时间和空间所存在的现实状况。动态评价就是把某城市与它自己的过去进行比较，然后再把它的进步幅度与其他城市的进步幅度进行比较，以此来判定该城市的城市管理的进步速度。动态评价有利于调动相对落后城市的积极性。在指标设计时突出这一原则将有助于推动整个城市体系的发展。

2. 城市管理绩效评价的标准

城市绩效评价最重要的是建立衡量的指标体系。主要概括为：

（1）经济（成本标准）。这种衡量标准在于说明花去了多少费用或是否按程序支出，而且成本衡量能很好地体现出预算和实际成本之间的差距，着重陈述完成既定任务所耗费的成本，如更新城市垃圾桶共支出了多少费用等。

（2）效益（质量标准）。效益衡量主要看绩效是否得到改善，通常用来衡量提供服务的影响，检查服务是否达到预期目的，它关心的是目标和结果，即目标的达成情况。效益可分为两类：一是改变现状的程度，如交通拥堵状况缓解了多少、空气质量改善了多少；二是行为改变的幅度，如市民遵守交通规则情况改变等。

（3）效率（生产力标准）。效率指为生产特定水平的效益所付出努力的数量。简单说就是投入与产出的比例关系，如城市垃圾或污水处理设施投资，其与垃圾资源化或中水所产生的收益之比，反映出所投入资金这种要素的效益情况。在资金较为匮乏的情况下，应该首先选择产出效益较高的设施进行投入。

（4）公平（公平性标准）。公平指的是效果（如服务的数量或货币化的收益）和努力（如货币成本）在社会群体中的不同分配，它与法律和社会理性密切联系。公平作为衡量指标时，关心的是"接受服务的团体或个人是否都受到公平待遇，需要特别照顾的弱势群体是否能够享受到更多的服务。"公平无法在市场机制中加以界定，因而公平很难衡量。

3. 城市管理绩效评价指标体系的要求

设置城市管理绩效指标体系，既要体现时代的特征，又要有一定的超前性，至少应该包括以下六个方面：

（1）环境优美。绿化布局合理，绿色氛围浓郁，无"脏、乱、差"现象，居住环境整洁，景观优美，人与自然基本和谐。

（2）生活舒适。生活设施配套齐全，服务网络合理便民，交通出行便捷，老有所养，安居乐业，特殊困难群众得到很好的照顾，市民幸福感强、满意度高。

（3）文化丰富。城市教育机构健全，教育文化设施完善，不同层次教育形成网络，群众文化活动丰富多彩，内容健康向上，居民文化素质不断提高，精神消费需求得到满足。

（4）管理有序。形成以街道为核心，以居委会为基础，以专业管理为主线，以基层群众组织自我管理为补充的组织管理架构，管理制度健全，管理手段规范，管理成效明显。

（5）风气良好。社会秩序安定，居民团体友爱、互帮互助，尊老爱幼、家庭和睦，人际关系和谐，城市共建有声有色，形成"人人为我、我为人人"的良好社会风气。

（6）特色鲜明。充分利用城市自然资源，发掘城市历史文化的内涵，塑造能够体现时代性和鲜明个性城市形象，形成较强竞争力的城市品牌。

（三）城市管理绩效评价体系

1. 城市管理绩效客观指标体系

随着我国城市化进程的加速，城市现代化理论的不断成熟和完善，我国许多学者开始研究城市现代化的指标体系。在城市现代化指标体系的研究过程中，这些学者都突出地强调了城市管理绩效问题，衡量城市管理绩效的客观指标成为城市现代化管理的核心内容。如有的学者结合城市发展的特点和可持续发展的目标，建立了由经济、环境、资源、社会和人口共五个子系统组成的城市可持续发展指标体系❶。

任何城市管理绩效指标都受一定因素的影响，对这些因素进行总结和归纳，认为决定因素主要有：经济发展因素、生态环境因素、居住水平因素、交通环境因素、公共服务基础设施因素、社会安全因素、教育水平因素、健康水平因素、科技与信息因素等。各个因素又由多个具体的评价指标群构成，城市管理绩效评价指标体系如图 17-2 所示。

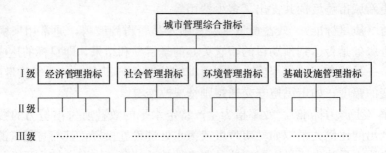

图 17-2 城市管理绩效评价指标体系

2. 城市管理绩效评价的感观指标体系❷

城市管理绩效评价的感官指标体系是一组反映城市形象、秩序、卫生等情况的指标体系。如城市的"绿化"、"洁化"、"亮化"等。城市管理绩效评价的感观指标体系分为三类：

（1）城市外观。分四类指标，即：市容秩序、公共设施、建筑景观和广告标志四类。其中市容秩序包括无摆摊设点、乱堆杂物、乱搭乱建、乱拉乱挂、乱停车辆等现象；无毁坏或擅自改动、迁移市政、环卫等公用设施以及擅自挖掘、占用人行道等行为。公共设施方面包括道路、人行道和广场路面平整，无坑洼、隆起、破损、积水，无污水外溢；路面上各种井盖保持完好，铺装平整，无残缺破损，各种排水、排污管道未裸露地面；市政、园林、供水、供电、通信、交通、环卫、宣传等公共设施保持完好和整洁。建筑景观包括沿街建筑物立面整洁、美观，店牌、夜景灯光以及户外设施设置规范；无违章搭建；现有建筑物外形完好、整洁，无断墙残壁，遮阳（雨）篷整洁完好。广告标志包括无违章设置广告栏、宣传牌、招贴告示、画廊、霓虹灯等，经审批设置的，外观整洁完好，无油漆剥落和破损；各类牌匾、标志文字书写规范，无错别字，用语正确；建筑物、公共设施、树木、地面等物体上无非法涂写和招贴广告。

（2）城市绿化。整体布局、植物配置以及设施布置疏密有致，美观大方，与周边环境相融合；城市绿化带树木、花草生长良好，树形完美，枝叶繁茂，无死树、缺株，无明显枯枝，树上无钉子、铁丝、电线捆绑现象，无明显病虫害发生，防治及时有效；草坪、地被修剪及时，生长旺盛；园林设施完好整洁，无破损、锈蚀，绿地保持完好，无挪用现象；绿化设施完好，无践踏、损坏现象。

（3）城市环境卫生。道路、公共场地和绿化带清洁卫生，路面无痰迹、无瓜果皮核、烟蒂、纸屑，无垃圾杂物，无污水，路面、花坛内外、树木周围整洁，自设废弃物容器外

---

❶ 田成诗：《城市可持续发展水平的指标体系及评价初探》，载自《统计与信息论坛》，2003 年第 3 期。

❷ 杨戌标等，《中国城市管理研究：以杭州市为例》，经济管理出版社，2005 年 12 月。

观美观、整洁、完好；公共厕所清洁卫生，沟槽、管道畅通无外溢，设施完好，标志牌规范，无违章变相收费行为等。

3. 城市管理绩效评价的经济指标

在我国经济总体上还不太发达，城市物质积累还不够充分的当前阶段，绝大多数仍把城市经济发展和资本品积累放在城市管理工作的首位。因此，城市基本设施的供给绩效和经济发展的绩效便成为当代我国城市管理事业的重心，同时也就成为城市管理绩效评价的重要标准和指标。著名学者埃莉诺·奥斯特罗姆关于城市基础设施制度绩效的评价标准及标准见表 17-1 和表 17-2。

由该两表可以看出，总体绩效（直接绩效）可以从效率、财政平衡、再分配、责任、适应性等方面确定标准，选择的相应指标是经济效率、财务平衡、社会公平、公共责任、可持续性、公众满意度等。间接绩效则可用供给成本或效率、生产成本或效率以及消费效率等标准及指标进行衡量，具体评价指标见表 17-2。

埃莉诺·奥斯特罗姆关于基础设施制度绩效的评价标准　　表 17-1

			评 价 标 准	
总体绩效			效率、财政平衡、再分配、责任、适应性	
间接绩效	供给成本	转换成本		
		交易成本	协调成本	
			信息成本	时空信息、科学信息
			策略成本	搭便车、寻租、腐败
	生产成本	转换成本		
		交易成本	协调成本	
			信息成本	时空信息、科学信息
			策略成本	规避责任、腐败、逆向选择、道德风险

资料来源：埃莉诺·奥斯特罗姆等：《制度激励与可持续发展》，上海三联书店，2000 年版，第 143 页。

城市公共品制度绩效评价指标体系　　表 17-2

			评 价 指 标
总体绩效			经济效率、财务平衡、社会公平、公共责任、可持续性、公众满意度
间接绩效	供给效率	转换成本	偏好揭示成本
			投融资成本
			监督成本
			执行成本
		交易成本	协调成本
			信息成本
			策略成本
	运营效率	转换成本	运营成本
		交易成本	协调成本
			信息成本
			策略成本
	消费效率	拥挤成本	支付意愿

——资料来源：姚从容，《公共环境物品供给的经济分析》，经济科学出版社，第 370 页。

四、不同治理模式下城市基本设施运行的绩效

(一)不同供给主体的绩效差异

城市"物品"或服务众多,各具特征,不同类型的供给主体,绩效不同;同一"物品"或服务,在不同的环节不同类型的供给主体,绩效也不相同。因此,针对不同的城市"物品"或服务、在不同的环节选择确定其合适的供给主体,从整体上提高城市"物品"或服务供给和运行的绩效,具有十分重要的意义。以城市公共环境物品为例,城市公共物品在不同再生产环节的绩效见表17-3。

不同部门在城市公共品再生产各阶段的配置绩效　　　　表 17-3

城市公共品再生产环节	供 给 主 体		
	政 府	市 场	第三部门
投资	1	2	3
建设	1	1～2	3
生产	2～3	1	2～3
运营	2～3	1	2
维护	3	2	1
提供	1	3	2

注:绩效水平1=高;2=中;3=低(1为最好)。本表结果以公共环境物品为例(参考姚从容,2007)。

从表17-3可以看出,城市公共品再生产不同阶段不同供给模式绩效也不同:在投资和建设环节,政府>市场>第三部门;在生产和运营环节,有营利组织通过市场机制效果最佳;在维护环节,第三部门>市场>政府;在提供环节,政府>第三部门>市场。

(二)不同治理决策模式下的绩效差异

集权决策模式下,城市基础设施建设阶段总体绩效指标(直接绩效)大多较好;而在分权决策模式下,城市基础设施运营阶段总体绩效指标(直接绩效)大多较好。但公众满意度指标,无论是在建设还是在运营阶段,分权决策模式都优于集权决策模式;财务平衡指标在分权决策模式下建设环节绩效最佳,而在集权决策模式下建设环节与分权决策模式下建设环节则没有明显差异。其他有关指标在不同决策模式下的绩效值见表17-4。

不同治理模式下城市基础设施运行的经济绩效比较　　　　表 17-4

评价指标	集 权		分 权	
	建 设	运 营	建 设	运 营
总体绩效指标				
经济效率	1～2	2～3	2～3	1～2
财务平衡	1～2	2～3	1	1～2
社会公平	1～2	1～2	2～3	2～3
公共责任	1～2	2～3	1～2	1～2
可持续性	1～2	2～3	2～3	1～2
公众满意度	2～3	2～3	1～2	1～2
间接绩效指标(供给效率)				
转换成本				

续表

评价指标	集　权		分　权	
	建　设	运　营	建　设	运　营
偏好揭示成本	H	H	L	L
投融资成本	L	M	M～H	M
监督成本	M	H	L	L
执行成本	M	H	M	L
交易成本				
协调成本	L～M	M～H	M～H	L～M
信息成本	H	M	L～M	M
策略成本				
搭便车	M～H	L～H	L～M	M
寻租	H	M～H	M	L～M
腐败	H	M～H	M	L～M
间接绩效指标（运营效率）				
转换成本（运营成本）	M	H	L～M	L
交易成本				
协调成本	L～M	M	M～H	M
信息成本	M	H	M～H	M
策略成本				
规避成本	L～M	M	M～H	M
腐败成本	H	M～H	L～M	M
逆向选择/道德风险	L	L～M	M～H	H
间接绩效指标（消费效率）				
拥挤成本	M	M～H	M	L～M

注：绩效水平 1＝高；2＝中；3＝低（1 为最好）；供给成本 L＝低；M＝中；H＝高（L 为最好）。

资料来源：根据埃莉诺·奥斯特罗姆等：《制度激励与可持续发展》，上海三联书店 2000 年版，第 145－172 页的相关分析进行了重新整理与修订。本表结果以公共环境物品为例（参考姚从容，2007）。

第三节　城市管理的调整与控制

一、城市管理有序运行的动因[❶]

城市管理是一个有序的运行过程。形成这种有序管理过程的原因主要有以下几个方面：

（一）城市管理的多重目标要求有序运行

城市管理目标是多重性的。当城市经济发展达到一定水平时，对城市内部的产业结构、投资环境、产品结构，以及企业的经济效益等都要提出明确的目标，这样才能保证城市经济发展的可持续性。这个过程就是一个有序运行的过程。当对城市进行绿化美化时，

---

❶　秦甫.《现代城市管理》，东华大学出版社，2004。

又必须在城市的生态环境保护、基本建设等方面提出相应的要求和目标。只有相关要素协调一致、有序运转，才能实现预定的目标。

（二）城市管理职能的统一性要求有序运行

城市管理活动是多种职能的统一和综合。它通过规划、决策、组织、协调、监督、控制等各种职能的发挥，使城市系统有序运行。在现代城市管理中，由于城市本身的复杂性，不可能只行使一种职能便可达到目的，只有各种职能统一起来，才能形成一个有序而完整的系统管理过程。在这个过程中，每种管理职能不仅在城市管理中有自己的地位和作用，而且在时间上有其顺序性，这就要求我们把握其特点，做到运行有序。

（三）城市管理的复杂性要求有序运行

由于城市是一个多层次、多目标、多功能的复杂的系统整体，因而也就决定了城市管理本身也是复杂的。它所涉及的变量大多是随机的。它不仅要处理系统内部问题，还要处理与城市外部的关系，综合考虑系统内外的各种因素。城市管理的这种复杂性，要求城市系统必须有秩序地正常运行。

（四）城市管理方法的综合运用要求有序运行

管理方法是指管理主体为了行使管理职能，实现管理目标，对管理客体施加影响的方式和手段。城市管理方法本身具有多样性，各种管理方法有着紧密的联系，形成一个完善的管理方法体系。每种方法都有其自身的特点和作用，都可以从不同的角度影响管理对象，但也都具有一定的局限性。这就要求我们在城市管理中，要依据不同的管理对象和内容，采取不同的方法和手段，将各种方法有机结合成一个系统整体，形成一个完整有效的控制体系，有效地对城市进行有秩序地调节。

二、城市管理有序运行的方法

城市管理运行的方法主要包括三种：

（一）整体管理方法

整体管理方法，就是把管理对象作为一个系统整体，从整体优化的目标出发，实行系统管理。现代城市是一个十分复杂的系统整体，它的构成要素和环节相互依赖、相互制约。如果某一个要素，某一环节出了问题，往往会发生连锁反应，直接影响整个城市的正常运行。因此，城市管理必须运用整体管理方法，追求局部要素效果和整体效果的和谐统一。在具体管理过程中，要求每一个管理人员树立整体观念，不能只注意部门职能而忽略了系统的整体目标。

（二）目标管理方法

目标管理方法是指围绕目标确定、目标实现而展开的一系列组织管理活动。由于目标管理方法具有整体性、层次性、自组织性、效益性等特点，因此在运用目标管理方法时要注意：首先，要建立完善的指标体系。一个城市既要有总体目标，又要有各个层次的分解目标，形成一个相互联系、相互制约的指标网络体系；其次，要维持目标体系的严肃性。总目标和分解目标形成之后，要通过一定形式，固定下来，使目标具有很强的约束力，把每个职能部门的目标与一个城市的总体目标有机地结合起来；再次，要有严格的奖惩措施。目标管理具有激励性，要制定具体明确的检查考核指标和奖惩办法，激励人们去完成自己的目标任务；最后，要有严格完整的管理体系。传统的管理思想、管理制度和管理方法越来越不适应现代城市的管理需要，要在目标管理中推进城市的现代化管理，在实践中建立一套完整严格的目标管理体系。

（三）层次管理方法

城市管理作为一个系统整体，是有层次的。城市整个大系统又分为若干个分系统，每个分系统内部又分为若干个等级层次，各个层次之间具有一定的差异性。城市不同的管理层次具有不同的职能，如果不运用系统分析方法合理研究和确定管理层次，就会导致整个城市管理系统处于无序状态，影响整个城市的正常运行。实现城市的层次管理，就要依据系统的层次性特点，以及层次转化规律，科学合理地划分城市管理的层次，明确各层次的职能、运行秩序、规范、标准以及责、权、利关系，加强各分系统之间的横向联系。做到层层职责明确，统一指挥，系统管理。

总之，城市管理的运行方法很多，具体部门管理方法就更多，因此必须要根据实际情况及发展变化，灵活运用。

三、城市管理控制

（一）城市管理控制的涵义

城市管理既是一个有序的运行过程，也是一个不断变化的控制过程。城市管理控制就是对城市管理对象施加一定的影响，使之合乎整体目标要求的过程。

按照被控对象接受控制指令的方式来划分，城市管理控制可分为直接控制和间接控制两种方式。城市管理直接控制是指被控对象直接从控制者那里接受指令，或者说控制者直接向被控对象发出各种控制指令，从而约束被控制对象行为的控制方式。直接控制方式具有直接性和强制性。城市管理间接控制是指被控对象不是直接从控制者那里接受控制指令，而是通过市场或从控制者制定的法律、法规、政策、方针、路线等"控制器"那里接受控制信息，进行自我调节、自我控制的一种方式。现代城市管理中多采用间接控制方式，这种控制不仅有利于城市系统要素的宏观调控发展，而且对调节系统机制结构的合理化有很大作用。

城市管理全程主要包括计划、组织、实施、控制过程几个主要环节（如图 17-3 所示），其中，控制过程是城市全程化管理中的最后一个环节，同时也是十分重要的一个环

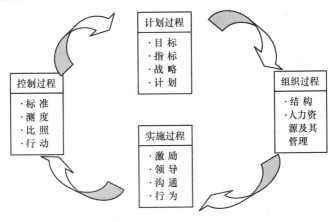

图 17-3　城市管理全程中的控制过程

节（或过程），因为它是下一个管理全程循环开始的依据，而且管理控制措施本身也需要制定计划和组织实施，控制措施的制定则是建立在计划目标（或指标）的实现程度以及组织及实施效果的基础之上的。因此，仔细对比"期初"计划目标与管理行为结果，并按照组织的宗旨及政策要求采取控制措施，便成为管理控制的主要内容。

（二）城市管理控制的必要性

1. 城市管理控制有助于保持城市系统的稳定性

城市管理控制有利于城市的科学管理，有利于城市系统功能的发挥，有利于城市系统在动态中达到相对稳定的发展。在城市系统运行过程中，各个要素相互运动会产生一定的无序性，为了使无序性变为有序性，就必须从外部对城市进行控制。只有不断地进行控制调整，才能保持城市系统的相对稳定性，从而发挥城市系统的整体功能。

2. 城市管理控制是城市管理的重要任务

城市系统的运行，使物流、信息流、人流在能量、数量、速度方面变动频繁，城市的各种效益不断集聚，人们的物质文化生活需求不断得到满足。系统要素之间相互作用，使得城市系统经常处于不断变动的状态。因此，不断地对城市各组成要素进行有效的控制，从而保持城市系统的相对稳定和有序运行，是城市管理的重要任务。

3. 城市管理控制有助于实现城市发展的目标

城市是一个开放性的系统，不论是城市系统还是城市管理系统，以及构成城市系统的各种要素都处在一种开放状态环境中。系统受环境影响，必然会对内外部产生物质的、信息的、能量的交换，有时受外部环境的影响，甚至会偏离目标，所以，为了使城市系统要素适应外界条件的变化，使其功能尽可能达到最佳状态，朝着人们预期的功能发展，必须对城市管理进行控制，排除各种干扰，保证城市系统正常运行，实现城市的预定目标。

（三）城市管理控制的基本过程

城市管理的控制是围绕着组织系统的目标及计划的指标展开的，其过程可以从总体上分为三个步骤（如图 17-4 所示）：第一步主要是测度实际绩效；第二步主要是采取管理活动或措施；第三步主要是对比实际绩效与标准。根据对比运行结果与目标要求，找出差距并分析原因，再制定调控对策和措施。

细分管理控制过程，可以将其化为五个环节：首先，是选定要点确定控制的焦点，也就是战略控制点的选择过程；其次，是设定和制定各种管理活动的目标标准和绩效评价指标，以保证管理控制目标的明确性，这一阶段是订立测度业绩的标准和方法阶段；第三，是找出标准和实际工作中存在的信息偏差，根据信息评价实际工作的好坏，这一过程为测量业绩阶段；第四，是比较业绩和标准阶段。对战略控制点和实施标准与组织的工作业绩比

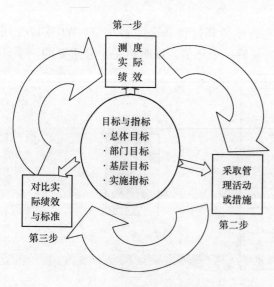

图 17-4　控制基本过程示意图

较，主要目的就是要达到制定的标准，并指出所需要矫正的范围；最后，是运用组织功能来改善行为，或重新拿制定战略目标来纠正偏差，组织目标的顺利实施。管理过程几个主要阶段如图 17-5 所示。

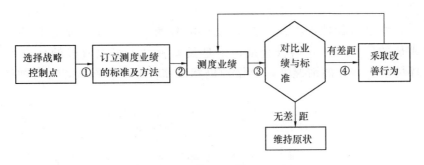

图 17-5　管理控制的主要阶段

（四）城市管理控制的几种基本模式

根据管理控制过程中侧重点的不同，可以把管理控制的模式分为预先控制、前馈控制、实时控制和事后控制四种模式，它们的作用机制如图 17-6 所示。

预先控制（Fore Control），是指以未来为导向、以经验为基础，在对工作中可能产生的偏差进行预测和估计，于工作之前即开展的控制活动，其主要目的是"未雨绸缪"、"防患于未然"，将管理控制工作做在前面，以免事件发生产生巨大损失。

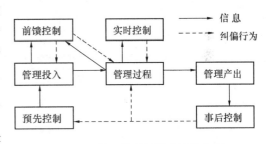

图 17-6　管理控制的模式及其机制

前馈控制（Feed-forward Control），是指在管理资源投入转化为产出的过程中（即管理过程中），即根据管理对象运行的规律，观察管理过程中可能发生的偏差，而不等结果出现，即在上一阶段中采取的控制措施或开展的控制活动。

实时控制（Concurrent Control），也叫同期控制或现场控制，系指在工作正在进行过程中即开展的控制，实时控制主要有监督和指导两种职能，即现场监督和现场指导。

事后控制（Feed-back Control），是指在工作之后，根据结果反馈而进行的控制，即通过对工作结果进行测量、比较及分析，采取对策措施，进而矫正今后的行为或活动。

（五）城市管理控制的有效性分析

城市管理控制活动是否有效是促进城市管理过程（循环）持续运行的关键，因此，管理主体或监管主体必须按照有效管理系统特征要求，采取相应的控制措施。

如图 17-7 所示，有效管理控制系统的特征如下：一是经济性，在管理控制过程中，只有控制所需的费用小于控制所产生的效益时才说明管理控制系统是可行的。如果控制费用大于控制所产生的效益，也就失去了控制的意义；二是及时性，只有及时发现偏差并得到纠正，才能保证预期目标的顺利实现。很多损失都是由于没有得到及时有效的信息而造成；三是准确性，对于管理者来说，最重要的一项任务是评价信息的准确程度，信息的准确程度决定管理控制过程的成败；四是客观性，要求组织成员对控制目标理解准确，不掺杂任何个人偏见，并要求建立客观的测量方法；五是重视战略控制点，控制系统应重点注意比较容易出错和工作偏差非常大的重点部位；六是协调性，所有的控制系统都要求和组织氛围相协调，不能有冲突和矛盾之处；七是操作性，控制系统应该具有找出管理活动偏差的功能，并且能有切实可行的措施来纠正错误；八是可接受性，控制系统要得到组织中绝大多数成员的同意和认可；九是可行性，控制系统必须是可行的，不能只在理论上可行，而必须同组织和人员的责、权、利结合起来；十是具有弹性，组织所处的环境不可能永远不变，在环境发生变化的情况下，要做到仍然能使控制工作有效，具有弹性。

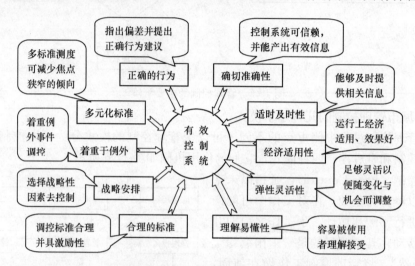

图 17-7　提高控制质量构建有效控制系统的建议体系

（六）城市管理控制活动的工作过程

根据城市组织系统的计划目标及任务建立城市运行的评价及控制标准，对比城市运行及其管理的实际结果与标准是否有偏差，并分析产生偏差的原因。若这些原因不可控制，则修改评价及控制标准，重新建立评价及控制标准体系；若这些原因可以控制，则采取相应的校正措施，修改既有的管理及调控行动方案。城市管理控制工作的过程如图 17-8 所示。

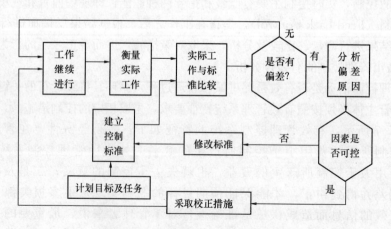

图 17-8　管理控制工作的过程示意图

（七）城市管理控制中的决策

决策和控制是城市管理中的两项重要职能，然而决策活动贯穿城市管理过程的始终，城市管理控制过程及活动中涉及很多决策问题。如图 17-9 所示，通过对比实际绩效与标准，判断目标是否达成。若已达成，则无需做大的调整，只需按照正常的改进幅度开展下一个工作循环；若未能达成，则视偏差是否可以接受，若不可接受则进一步检查标准是否可以接受，如果评价标准存在问题，则需修正评价标准，甚至调整既定目标。

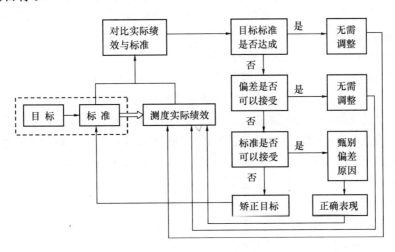

图 17-9 控制过程中的管理决策

四、城市运行主要要素的调控

（一）宏观经济运行的调控

2008 年下半年由美国"次贷危机"引发的经济危机迅速蔓延，席卷全球，世界各国经济纷纷衰退，我国经济与社会也受到了极大的冲击。面对如此严峻的挑战，我国政府迅速反应，做出实施"积极的财政政策和适当稳妥的货币政策"的重大决策，出台了"保增长、调结构、促稳定、扩内需、惠民生"的一系列重要措施，制定了"十大产业振兴规划"，政府投资 4 万亿元人民币主要用于兴建基础设施、基础产业以及旨在改善民生、促进城乡一体化发展的项目。在空间上，划分了国土开发及区域经济发展的主体功能区，提出了"优化开发、重点开发、限制开发和禁止开发"四类区域发展模式及其标准，批准设立"天津滨海新区"、长江中下游地区城市群（武汉城市群和"长株潭"城市群）"两型社会"建设以及"成渝"城市群"改革综合试验区"等。所有这些战略及对策，都为我国城市经济社会的快速健康协调发展奠定了体制及政策基础。

（二）促进我国城市产业结构合理化的途径

针对我国城市产业结构存在的问题，面对全球性的严重经济危机，优化调整我国城市产业结构的途径宜作以下考虑：

1. 协调比例，充分利用区域资源

区域资源，包括人力、物力、财力、自然资源等所有的生产要素，是城市产业结构的天然基础和决定性因素。要协调好城市中各种资源的比例，合理配置资源，预防和消除城市产业中"瓶颈"产业的出现，使城市各生产部门在生产上相互衔接，紧密配合，并形成合理的比例及优化的结构。

2. 发挥优势，实现产业间协调发展

在城市经济增长中，各产业间只有保持合理的数量比例即实现产需平衡时，才能实现经济良性增长。保持城市经济增长所需要的产需平衡，包含满足产业间直接和间接的需求。依据国内外市场需求和本城市的实际情况选择好支柱产业和主导产业。准确定位城市的主导产业——配套产业——服务产业，提高城市产业关联度要研究城市的性质和功能，实现城市产业结构高级化，以保证重要产业部门得到合理发展，提升城市产业关联度。

3. 以技术为导向，实现技术进步与创新

产业的技术进步与创新程度表明城市产业结构的素质和高级化程度，是城市产业结构合理化的重要标志之一。产业的技术进步与创新主要表现在产业的技术革新上，一般包括：①产品和装备水平的提高；②工艺改进和完善；③劳动力素质和能力提高；④经营管理决策水平的提高等。因此，产业的技术进步与创新必然引起劳动生产率的提高和经济增长方式集约化。以技术进步为基础，大力发展技术密集型产业，用新技术改造传统产业，提高技术密集型产业在整个城市产业中的比重。这是实现城市产业结构转换的一个重要手段。

4. 搞好城市基础设施建设，提高城市产业的结构效益

城市基础设施建设可以为城市生产发展和产业结构的转换创造必要的条件。它是城市产业结构高度化的重要内容，也是城市实现产业结构转换的基础条件。因此要想实现城市产业结构的优化必须要搞好城市基础设施建设。城市产业构成比例关系变动引起的效益变化，它反映的是总的投入产出关系，是观察城市产业结构是否合理的综合指标。如果城市产业结构的调整使结构效益提高，即意味着产业结构趋于合理化；反之，产业结构效益下降，产业结构不合理。城市政府应通过计划引导、政策扶持、税收政策、法律规范等手段，遵循相对优势的原理，按照可持续发展的原理，制定产业政策，激励产业的技术进步与创新，在此基础上求得行业间、产业间和部门间的协调发展。

（三）城市空间要素供给的调控

土地是城市最基本也是最重要的资源性要素，其利用状况决定着城市建筑景观、城市产业结构以及其他城市系统构成要素的空间布局结构。土地要素的供应及利用不仅影响其他产业的发展，而且土地及其上构筑物属于不动产，具有不动性，一旦建成则难以轻易改变，因此，政府需要对土地供应及利用严加控制。

通过城市总体规划、近期建设规划以及土地利用规划进行土地供给的总量调控；利用城市详细规划、土地用途管制进行土地供给及利用的结构调控；辅之以利用财政政策、金融政策、产业政策等配套政策工具调控城市建设用地总量及结构。对于城市经营性用地要充分发挥市场竞争机制的作用，使其起到"基础性"作用，自觉地调控土地要素的市场供求关系，让土地价格作为信号有效地引导土地资源配置及利用；而对于城市基本设施建设用地、城市保障性住房建设用地等涉及市民基本生计及福利的土地，要根据城市规划和土地使用计划，优质保障使用。

政府有效地利用土地供应计划、土地储备制度等工具或手段，间接地调控土地市场，保障土地及不动产市场平稳运行。城市土地供应及利用调控机制与系统结构如图 17-10

所示。

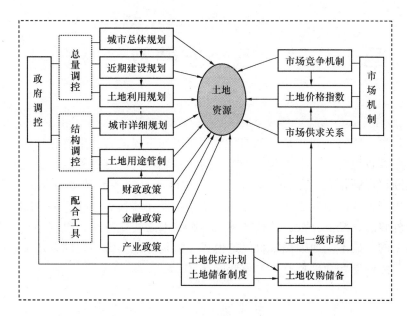

图 17-10　城市土地供应及利用调控机制与系统结构示意图

复 习 思 考 题

1. 何为城市管理绩效？其构成机制如何？
2. 简述城市管理绩效评价的作用。
3. 简述城市管理绩效评价的原则。
4. 城市管理绩效评价的内容包括那些？
5. 简述城市管理绩效评价指标体系。
6. 城市管理绩效评价的标准。
7. 简述城市管理控制涵义及其必要性。
8. 城市管理控制的基本模式有哪些？
9. 有效管理控制系统的标志特征有哪些？
10. 简述城市管理控制活动的工作过程。

第十八章　城市发展及管理创新

创新是一个民族的灵魂，是一个国家事业发展的不竭动力。事物总是处于不断变化之中的，城市及其各项构成与事务是一个综合的大系统，其本身的复杂性决定了城市运行及其管理会不断出现新情况、新问题，城市人口也处于一个不断流动变化的状态之中；另外，城市作为一个个体还处于一个变化性、复杂性及不确定性都非常高的外部环境之中，同时，国内外政治、经济、社会、技术等大的影响因素变化莫测，决定着许多决策及管理活动不能简单的一成不变地因循某种固定模式。特别是处于转型时期以及快速城市化阶段的我国城市，强调创新管理具有更加重要的意义。

第一节　未来城市发展及管理趋势

一、未来城市发展趋势

未来城市发展将向以下几种城市发展模式进行：

（一）柔性城市

柔性城市的设想是交易成本经济学的理论延伸，这个模型发展了科斯和威廉姆斯的理论，认为交易费用和生产成本决定如何组织生产，这既包括企业内部也包括企业外部网络关系。现代生产的劳动分工与生产区位相互影响，当生产区位的接近可以有效地降低交易费用，企业就会将更多的关系外部化，因而出现不同的组织模式。20世纪80年代国外城市增长的复兴显示出城市是新兴产业实现聚集经济的地域，这些产业需要外部性以达到柔性。城市就是这些复杂的、不确定的、高成本的和柔性化的公司之间投入产出关系的结点；柔性城市的经济基础是由这些需要通过聚集来获取柔性的产业构成，这些产业不是传统的大生产部门，而是建立在与之不同的组织模式上的，因此存在一个柔性的城市经济。

（二）学习型城市

这类城市的共同特点在于它们将学习和创新放在发展的中心位置。"学习"包括了个人学习和机构（制度）学习。前者指个人通过正式或非正式渠道获取知识、技能等，通常指的是终身学习，而不仅仅是学校的学习或培训。通过学习，个人可以获得更多的工资和更好的就业机会，而社会则得益于更柔性化的、具有先进技术的劳动力供应。学习型城市是建立在信息化、网络化基础之上的，尤其是集体的学习依赖于一个持续的关于产品、流程和工作组织等信息的交流。

（三）文脉城市

文脉城市的理论设想将注意力集中于保护地方文化特色，要求对单纯注重技术的城市发展战略做出局部改进。现代城市的缺陷在于过分强调技术的作用，而忽略了城市的文化属性，忽略了城市社会结构和居民文化价值观念的相对稳定性，忽略了不同自然环境和历史环境中形成的城市文化风格的多样性。因此文脉城市理论强调在城市的具体建设中，首先要保护和修复具有地方性、文脉性意义的城市历史地段。其次要从地区的文化变迁出发，关注地区发展需求和地方环境，体现出地区传统中仍有活力的部分与全球化的现代文明所提供的最优部分的"创造性综合"。

（四）山水城市

山水城市是从中国传统的山水自然观、天人合一哲学观基础上提出来的未来城市构想。吴良镛认为，山水城市是提供人工环境与自然相协调发展的，其最终的目的在于建立"人工环境"与"自然环境"相融合的人类居住环境。山水城市倡导在现代城市文明条件下人文形态与自然形态在景观规划设计上的巧妙融合。山水城市的特色是使城市的自然风貌与城市的人为景观融为一体，其规划立意源于尊重自然生态环境，追求相契合的山环水绕的形意境界，继承了中国城市发展数千年的特色和传统。

综上所述，未来城市发展的趋势多种多样，主要的区别是从不同的角度去考虑。比如生态城市强调了人与自然的和谐，是基于人类发展受制于生态环境的客观规律，学习型城市的发展侧重于在发展与保护之间寻求和谐的现实途径，和谐城市则强调了人与人的和谐，是因为社会系统是可持续发展的基本保障。每一种城市研究的侧重点不同。

由于人类对自身命运的关注，关注未来城市的设计一直是丰富多彩的。其中很多都是针对城市现实问题的多姿多彩的改造方案，有的具有现实性，有的还只是理论设想。城市适合哪一种发展模式，应当视各个城市具体的资源现状情况和自身发展的特点，制定适合的城市发展模式，加快本城市的迅速发展。

二、城市管理的发展趋势

20 世纪 80 年代以来全球化的加剧发展意味着福特——凯恩斯主义时代的完结，全球化将削弱国家在国际贸易和国内经济组织管理方面的作用和职能，极大地提高城市在国际经济中的地位，使得它们可以直接参与全球经济。由于全球化进程中，城市的地位作用功能不断发生变化，全球性城市体系、城市网络在形成，全球化背景下城市内部、外部的各种政治、经济和社会事务日趋复杂，都对城市管理的内容、模式、手段等不断提出新要求。

（一）城市管理柔性化

传统的城市管理是以技术、生产等物的管理为中心，以行政命令、制度约束为主导的管理手段，非人性化的管理相当突出。从 20 世纪 80 年代开始城市管理向柔性化方向发展，即由传统管理阶段进入文化管理阶段。城市文化管理以人为中心，人既是管理的出发点，又是管理的落脚点。尊重人、关心人、培养人、激励人、开发人的潜力，成为管理的核心内容。文化管理以人的自我控制、自查自律为管理的主要手段，将理性管理和非理性管理相结合，它依靠的是实现文化的灌输、价值观念的认同、感情的互动和良好风气的熏陶。这种管理实现了高效率与高士气的良性循环，适应了知识经济时代城市居民需要层次的提高。城市管理柔性化的另一特征就是从以人、财、物等"硬件"为重点的管理，转向以知识和学习等"软件"为重点的管理。知识资本由人力资本和结构性资本两部分构成。

结构性资本则表现为支持人力资本最大化的结构，如所有制结构、设备结构、数据库、信息技术应用程度、品牌、城市形象等。知识管理、学习管理、创新管理将是现代城市新颖的管理模式。未来知识型的管理者更注重想象力、灵感、原创性与主动性的发挥；更注重居民的心理状态、道德状态和人的素质的提高；更注重激发人们的创意，提出更大胆的新观念，创造出更先进的工作方式。未来的企业更像是一所学校，人们工作不再是单纯的谋生，而是学习知识、共享知识、创造知识、创造人类的精神享受。中共十六大报告提出"构建终身教育体系"，是符合时代要求、具有战略远见的。知识经济环境下的竞争，实质就是创造性地学习竞争。我国许多城市正在努力创建学习型城市、学习型社会。因此，柔性化的文化管理是现代城市管理的必然选择，传统的管理理念和管理方式终将淘汰。

（二）城市管理数字化

20 世纪 80 年代，发达国家已较普遍地将信息和网络技术作为现代城市管理的重要手段。我国信息化方面起步虽晚，但发展较快，目前已有不少城市实行数字化管理，而不是主观臆断。城市管理数字化必须建立城市综合管理模型，建设全面开放的计算机网络，使城市管理各方面各层次的决策都建立在迅速适应情况变化和相互有机联系的基础上，从而有效地提高城市管理效能。目前第一步是在城市内部联网，下一步将发展到各城市之间乃至结成全国的大网络，这对城市管理无疑具有重要意义。

为了推进城市数字化管理，城市行政管理者应经过公共管理（MPA）的学习；程序化和标准化的工作应进一步加强，虽然这在一定程度上会影响创造性地发挥，但是对保证管理和服务的质量会起到监督和促进作用。

（三）城市管理民主化

一方面是以国家整体上的民主政治来促进城市管理的民主化发展；另一方面是加强城市管理自身的民主建设。民主化不在于提多少口号，而在于采取措施，在于制度建设、法制建设。民主制度与法制建设不可分割。城市市民对城市管理的参与，有着广泛丰富的内容和深刻的内涵。它包括接受城市管理的新概念，包括积极参与某些重大事项的决策讨论过程；还包括改变自己的观念，建立新的生存价值取向，以及用符合现代城市文明准则去规范自己的行为方式。德国的城市法明确规定，任何一个城市的规划方案定案之前，必须有一个月的时间公告市民，征求意见。美国地方议会讨论每一件事几乎都要通过有线电视向外传播，使市民能在家中看到会议进程，并且可以随时反映自己的观点。民主化要求增加管理的开放度，一个完全封闭的系统宣称外界参与和民生监督那是十足的空话。

增加城市管理公开性，加强城市管理的监督工作，对于维护社会主义民主、保障市民自身权利十分必要。

1. 要加强行政复议工作

行政复议是指公民、法人或其他组织认为行政机关或者行政机关工作人员的具体行政行为侵犯其合法权益，依法向行政复议机关提出重新处理的申请，接受申请的行政复议机关根据相对人一方的申请，对具体行政行为合法性和适当性进行复查，并做出相应决定的一种行政行为。加强行政复议工作，可以加速城市管理的民主化，使市民行使对公共管理主体的监督权，同时可以加强上级管理机关对下级管理机关的有效监督。

2. 司法监督保证

随着市民民主意识、法制观念的增加，司法监督将日益成为城市管理民主化发展的重要保证。

3. 权力机关的立法监督

目前行政立法日益扩张，一些不符合法律依据的法规、规章大量出现，严重损害公民的民主权利。而目前我国司法监督尚无对抽象行政行为监督的权利，这就要求权力机关必须行使自身监督职能，审查和撤销行政机关颁布的与宪法、法律相抵触的行政法规、条例、决议、命令、措施，以宏观的、总体的监督来保证城市管理民主化进程。此外，群众监督和社会及新闻舆论监督也是必不可少的监督形式❶。

第二节　城市发展的全球化与国际化

所谓经济全球化，是指建立在科技进步基础上的经济信息化、生产国际化和贸易金融自由化。全球化进程使生产要素的流动逐渐突破国土疆界的限制，并在全球范围实现资源优化配置。城市作为全球经济的节点，毫无疑问将受到经济全球化的深刻影响，并在城市职能、城市性质、结构形态、布局体系等方面带来一系列的变化。

第二次世界大战以来，经济活动的全球扩散，为现代城市带来了一系列新的重大变化：一方面，形成了新的城市类型，即国际性城市和全球城市；另一方面，资本和技术的全球转移，促进了发展中国家出口加工区的发展，拓展了城市的国际化功能。全球城市依据其内在经济联系，而日益连接为一个有机的等级体系。

20世纪90年代以来，跨国公司迅猛发展，其依靠雄厚的资金、先进的技术和管理优势，实行全球投资，实行跨国、跨地区、跨行业的生产和经营，推动全球资源的优化配置，已经成为国际贸易、国际投资和国际产业转移的主要承担者。

一、国际化城市

所谓国际化城市，是指城市的国际化程度虽然很高，但还没有达到世界城市水平的城市。换言之，国际化城市是在人、财、物、信息和整个文化等方面进行的跨国交流活动不断增加，其辐射面和吸引力影响到国外的城市。首先，国际性城市是一个具有全球影响的大城市，其规模一般较大，功能相对综合，城市经济基础雄厚；其次，国际性城市是一个完全开放的城市，它既是国内资本和各国商品的集散中心，也是国内、国际经济的最佳结合点，同时又是国际间政治、经济、科技、信息、文化的交流中心。国际性城市，按层次可以划分为两类，一类是对全世界大多数国家发生全球性影响的国家化城市，一类是在某一国际区域内具有某些国际功能的地域性国际化城市。

随着劳动国际分工、国际贸易、国际投资的发展，世界城市的国际化步伐明显加快，传统的地域性或封闭性城市逐步突破国家、地区界限，通过世界性的经济、贸易与文化科学的联系，而转变为国际性城市，现代国际城市得到迅速发展。以经济为中心的国际化大都市不仅在发达国家得到重大发展，而且自20世纪70年代以来在发展中国家和地区迅速崛起，如香港、新加坡、开罗、圣保罗、汉城等。

❶　朱铁臻. 现代城市管理：21世纪管理学的重要课题. 城市管理，2003（1）

二、全球城市

20 世纪 80 年代以来，随着信息化社会和经济全球化的到来，在劳动分工国际化、国际贸易区域化和跨国公司全球扩张过程中，一些具有良好的国际区位和很强经济实力的西方大城市，依托自身优势，逐渐超越本地和本国的经济体系，而成为与世界经济紧密联系的国际经济中心城市。这些城市不只是世界贸易中心和交通通信枢纽，而且也是联系和控制国际生产资本的指挥部，形成了一类新型的国际化城市。这类具有全球性政治、经济、文化影响的国际化城市，称之为全球城市或世界城市。

"全球城市"或称"世界城市"，是全球化经济的地理控制点，在这里集中了数量众多的大跨国公司的总部、一些专门的服务公司、全球服务网络和金融市场，许多大都市成为跨国公司的总部和地区总部的所在地。这些高度集约化的大公司总部，又必然集中在一个大城市里，依靠现代化的通信技术，借助于服务业的效能，组织高效率的指挥系统，再度发挥地理上的区位效应，成为世界经济体系中的一个控制点。与此同时，还集中了诸如国际货币基金组织、世界贸易组织、世界银行、北美自由贸易区、欧洲联盟等全球经济实体或跨国经济组织。在 21 世纪，国际货币基金组织、世界银行和世贸组织，仍将是金融、贸易、发展三大领域中维持世界经济秩序的主要支柱。

根据欧美一些学者的观点，全球城市是指在全球或者世界上某一大区域范围内起经济枢纽作用，并具有高度现代化的基础设施与国际服务功能，集中世界主要跨国公司与金融机构，城市人口规模大部分在 500 万以上的超级城市，有的已经成为超大型城市连绵区的中心城市。1966 年，英国地理学家、规划师彼得·霍尔对全球城市这一概念作了经典解释，特指已对全世界或大多数国家产生全球性经济、政治、文化影响的国际第一流大都市。

三、大都市国际金融中心的功能

经济全球化推动了管理、金融和服务业的国际化过程，使城市成为世界经济的区域或全球节点。金融活动与生产服务业在国际性城市迅速集聚，促进了国际金融和商务中心的形成。跨国公司总部也依附国际金融中心呈现集聚趋势，生产服务综合体和跨国公司总部向国际金融中心城市迁移。在城市等级体系中，由银行、投资公司、法律机构、保险公司和证券交易所共同组成的金融综合服务体成为各部门的决策中心，并成为日益增长的全球经济一体化系统的节点。

在最近十年，生产服务业已经成为大多数城市增长最快的部门。生产服务业包括金融、法律、管理、创新、开发、设计、行政、个人服务、生产技术、保存、交通、通信、批发、广告、情报服务和保密、储藏等方面，中心内容是商务活动和消费市场的结合，主要由保险、银行、金融服务、房地产、法律、会计和专业协会组成。伴随生产服务业的快速增长，世界主要城市的商务和金融服务的就业专门化程度提高，全世界的主要城市都出现了金融和某些生产性服务业向闹市区高度集中的趋势，原有的中央商务区正在演化为国际交易中心。从多伦多、悉尼到法兰克福、苏黎世都可以看到专门金融区的增长；即使在美国这样的多极城市体系中，纽约也表现了金融和商务服务的集中趋势。

随着国际金融中心的形成，国际性城市的中央商业区或者国际交易中心，不再是传统意义上的以零售业为主体的城市中心，而是以金融、贸易、信息、管理为主体的中介机构和服务设施齐全的中枢型综合性的商务中心。一般包括四个主要职能：一是金融流通职能，如银行、信贷机构、保险公司和证券交易所。二是控制决策职能，除前述的公司总部、社会团体以外，还有上层办事机构和新闻媒介总部。三是零售娱乐职能，有各种娱乐场所、各类零售业和专卖店等等。四是辅助职能，主要有广告、印刷、时装制造、批发业及展览中心等。

　　城市中的功能分区从过去的分离转为融合，城市亦将不仅仅是工业基地，而且是集金融、贸易、科技、文化为一体的多功能中心。大城市中心区是整个城市地区、区域乃至国际的核心地区，是各种情报、信息最集中的地区。城市功能布局由于发达的通讯、交通网也开始向外围扩散，功能布局的范围已不仅仅局限于某一个城市，而是着眼于更大的区域领域，在由城市的主要交通、通信轴构成的城市链中形成的一个内部联系紧密地多核的城市系统。居住用地的选择中交通已经不是一个重要的因素，人们更关心的是居住生态化进展的质量。在城市中出现集金融、生活、娱乐、休息、物流等多功能为一体的综合的城市分区—金融社区，城市功能的布局更加灵活、更加多元化。

　　无论是发达国家还是发展中国家，大城市的国际化趋势带有普遍性。城市外贸额在其产值中的比例、外籍人员在城市常住人口总数中的比例以及外国投资的流入量，是衡量一个城市经济社会国际化程度的三项基本指标。

　　资本和技术的全球转移，带来一系列经济活动的新空间扩散，最熟悉的是出口加工区和海外银行中心。从 20 世纪 70 年代开始，大量国际投资集中在汉城、香港、新加坡和台北等大城市，80 年代涌入雅加达、曼谷和吉隆坡，90 年代又向上海、北京、广州、胡志明市等集中。外资涌入东亚和东南亚地区的大城市，在一定程度上促进了这些城市对外贸易的大幅度增长，尤其是出口额的增加，通过资金的流入、商品的流出，加强了新兴工业化国家和地区，以及发展中国家大城市的对外经济交流，并且使其国际化程度不断提高。大城市之间的国际交流日益加强，外籍人员的大量流入，打破了原有的单一城市文化，促使一个城市的文化趋于多样化。

四、全球城市等级体系

　　随着世界贸易的增加和新的国际劳动地域分工的逐步形成，以及跨国公司对各国经济的不断渗透，经济全球化的进程正在加快，从而使若干全球信息节点城市发展成为世界城市或国际性城市。跨国公司和现代金融的发展，使得公司规划、行政组织、产品开发与研究变得更加重要和复杂，多城市分布的跨国公司不仅要求产品开发和产品市场的控制，而且多地点制造业、服务业和银行的发展也成为组织和控制全球的工厂网络、服务业和分支机构产生出更多的需求。全球城市体系出现了新等级体系结构，即世界级城市、跨国级城市、国家级城市、区域级城市和地方级城市。

　　美国学者科恩在讨论国际性城市时，用"跨国指数"和"跨国金融指数"这两个指标来分析美国若干城市在全球城市等级体系中的地位。跨国指数，是指某一城市拥有的全球最大的 500 家工业企业的销售额占 500 家企业全部国外销售额的比重和这些企业的总销售额占 500 家公司中销售额的比重之比。如果这个指数大于 10，则该城市就是国际经济中心。跨国银行指数，是指某一城市所拥有的全球最大的 300 家银行的国外存款与国内存款之比。从世界范围来看，纽约、东京和伦敦是世界经济和金融中心，因而是全球城市。大阪、芝加哥、巴黎、法兰克福和苏黎世等，则是第二等级的国际性城市。

　　全球城市体系的形成，特别是全球城市的出现，不仅形成了全球性的经济空间结构，而且形成了新的空间权利结构。全球城市作为世界的产业中心、金融中心、贸易中心和航运中心，对世界经济的发展、科学技术的进步、新贸易格局的形成有着巨大和决定性的影响，成为控制世界经济，左右贸易行情，指挥全球生产，进而在世界范围内资源配置的重要枢纽。全球城市在世界经济中所扮演的角色也由于相互间联系的广泛性而愈益重要，使若干世界性的节点城市成为在空间上超越国家的实体，越来越控制和主宰着全球经济命脉。在某种意义上，全球城市替代了国家的作用，使国家权力在某些城市出现了空心化的现象。在若干城市首位度比较高的国家和地区，首位城市左右和主宰该国或该地区经济社会事务的趋势已日见端倪。在 21 世纪，超国家的世界经济组织的作用将进一步加强，主权国家将不得不在很多方面接受各类国际组织的安排与解决方案。

我国城市地理学家顾朝林认为，20 世纪 50 年代以后，特别是 20 世纪末期，随着高新技术的发展，现代交通、通信工具的改善和普及，经济全球化浪潮逐渐形成，到 21 世纪必将形成新的国际城市等级体系。各城市按照他们参与经济全球化的程度以及控制、协调和管理这个过程的程度，在国际城市等级体系中寻找自己的位置。新的城市等级体系按照国家与全球经济系统的密切程度形成"核心"、"半边缘"和"边缘"相交的网络结构，位于不同政治制度国家的城市，共同组成全球城市等级体系。

倪鹏飞博士《2009 年中国城市竞争力蓝皮书：中国城市竞争力报告》2009 年 4 月 14 日在北京发布，本次报告的年度主题为："城市，中国正在跨向全球中"。主题报告中从价值体系、功能体系和要素体系三个方面分析中国城市在全球城市中的位置。

在城市全球城市综合竞争力方面：中国城市总体处在全球的中下水平，中国城市之间的竞争力差异巨大，中国城市的经济增长全球第一，中国建设世界城市的目标任重道远。中国竞争力最强的城市：香港仅排在全球 500 个城市的第 26 名。全球经济增长速度最快的前 10 名城市有 8 个城市属于中国，依次是包头、呼和浩特、烟台、东莞、中山、惠州、潍坊、芜湖。全球增长前 50 名的城市中，中国有 40 个。

在世界城市网络连接度方面，中国香港、北京、上海和台北四个城市已跻身世界城市中，成为世界城市网络的重要节点，其中，香港和北京跻身全球 624 个城市中的前十，是世界城市网络中的次级节点，属于三级世界城市中的 Beta 级，成为亚太地区的中心城市；上海、台北分别居 19 和 22 位，是世界城市网络中的重要中转节点，属于 Gamma 级。广州、成都、天津、南京等在世界城市网络中扮演越来越重要的角色。但中国多数城市的整体联结度与欧美城市差距巨大。

基于中国城市的全球竞争力分析，报告建议研究中国城市的全球竞争战略：制定面向 2030 年的全国城市发展规划纲要，建立包括全球顶级城市在内的多层次、开放型的中国城市体系。实施重点突破、大国支撑、成本领先、产业驱动、开放带动、梯度推进、集约增长、以民为本、科技创新、永续发展等十大战略。

第三节　各国城市管理模式比较

一、发达国家城市管理体制

（一）美国的城市管理

美国城市管理组织形态大致有四种类型，即市长议会制、市经理制、市委员会制和市行政长制。此外，还有一些混合型的组织形式，即将其中两种或三种形式的某些因素结合而成。

1. 市长议会制

它是基于"议行分立"的原则设有立法、行政、司法三个机构。市议会是市的立法机关，由市民选举产生，其权力是根据联邦法律和州宪章行使立法权，制定规章制度和地方法律，制定由具体部门执行的规划，制定财税征收率，对市政府的各种活动拨款等。市行政由享有选举权的市民选举产生，负有效执行法律法规的责任，其权力涉及立法、财政和行政事务。

根据市长拥有行政权力的大小，市长议会制可分为弱市长议会制和强市长议会制两种形式。弱市长议会制的特点是市议会的权力较大，而市长的权力非常有限，城市的一切问题均由市议会决定，市长无权干涉，市长由市议会从议员中选举产生，而不是由选民直接选举，主要是代表城市出席各类仪式和典礼等礼仪活动，市议会则监督一切市政活动、任命城市的重要官员、制定预算等。这种城市管理体制的缺点在于，行政不统一，权责划分不明确，市政容易被政治影响等，它多存在于美国的中小城市。强市长议会制中，市议会只具有立法和代议职能，不能干涉行政事务；市长是市政府的行政首脑，有广泛的任命权和罢免权，掌握全部行政权，负责指挥和协调市行政管理工作，负责编制和执行市政预算并有权否决议会对市政预算的任何改变，市长有权向市议会提出立法草案，创制规章制度，并可对市议会的立法行使或部分行使否决权，有权重组市政机构或改变其职能。强市长议会制多见于美国的大城市，但这种体制市长权力过于集中，则造成市长的负担过重，也使得政治与行政不能密切配合，相互扶持，难于充分发挥城市的政治职能，为了弥补这一缺陷，一些城市增设了首席执行官一职，由市长任命专业人士担任。市长议会制组织形态结构如图18-1所示。

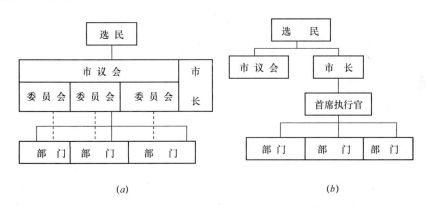

(a) *(b)*

图 18-1 市长议会制组织形态结构图❶
(a) 弱市长议会制组织形态结构图；*(b)* 强市长议会制组织形态结构图

2. 市经理制

市经理制也称市议会经理制，是将企业管理的方式移植到城市管理的体现，它弥补市委员会制的缺点，体现了美国城市管理专业化、科学化的原则，其特点是城市事务的管理

❶ 潘小娟：《市政管理体制改革：理论与实践》，社会科学文献出版社 1998 年版，第 276 页

权集中于市经理，市议会和市长没有任何管理职能。

在这种管理形式下，市议会由享有选举权的市民选举产生，对选民负责。市议会掌握全部立法和对行政部门的监督权，但不直接从事行政管理工作，市的全部行政管理由市议会聘请或人民的市经理全权负责。市经理通常由一名经验丰富、训练有素的且受过专业的行政管理专家担任专职，对市议会负责，执行市议会所制定的政策，监督法律的执行、编制城市的预算、监督和领导各行政部门的工作，有权任命或罢免各行政部门长官和其他官员，还可就决策问题向市议会提出咨询意见，但不介入当地的党派活动，即便出席市议会的讨论也无表决权。市经理的任期不定，市议会如对市经理的工作不满意，随时可以解雇。该体制通常也设有一名市长，作为城市名义上的首脑，无实际权力，只在市经理和市议会之间发挥沟通和协调作用，不干涉市经理范围内的工作，对城市的行政工作不负实际责任。

市经理制是美国目前较好的一种管理体制，多在中等城市实行。市经理制虽然有统一的市政首长，责任明确，但过多地专注于行政管理，缺乏强有力的政治领导，进而也缺乏政治号召力。市经理制组织形态结构如图 18-2 所示。

3. 市委员会制

市委员会的特点是"议行合一"，由一个委员会同时掌握立法权和行政权。委员会由公民直接选举产生，兼具议员和行政官员的双重身份，既是政策的制定者也是政策的执行者。委员会通常下设若干部门，部门个数和委员人数相等，每个委员领导和监督一个部门，同时对委员会集体负责，有权任命所主管部门的下级官员和雇员。市长是委员会主席和市政府的代表，由选民直接选举产生，其职权仅限于主持委员会会议和在礼仪上代表本市。在立法和管理方面，市长和其他委员的地位和权利相同，在委员会会议上享有同等的投票权，没有否决权。一般来说，这类城市也有一些半独立的委员会，具体负责图书馆、城市规划等方面的工作。市委员会制的结构如图 18-3 所示。

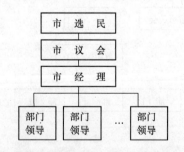

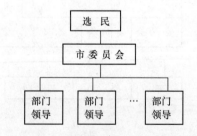

图 18-2 市经理制组织形态结构图　　图 18-3 市委员会制组织形态结构图

市委员会制的优点是精简了城市地方政府组织，克服了分权带来的不良影响，提高了行政决策效率。其缺点是：制定政策与执行政策由一个机构承担，不能对行政和开支进行制约和监督，缺乏制衡机制；没有行政首长，缺乏统一的指挥和协调系统，导致责任不明，各自为政，难以全盘合作；选举产生的委员们不能保证其具有该部门的专业才能和市政经验，往往是外行管理等等。这种管理模式相对适用于小城市。

4. 市行政长制

市行政长制是 20 世纪中期美国出现的一种新的城市管理制度，是"强市长制"和"市经理制"的结合。该体制中，市长由选民直接选举产生，为本市的行政长官和代表，市长之下设一市行政长，协助市长处理市行政事务，其权利通常仅限于协助市长协调各部门的工作，而不能监督人事、立法及预算等重大管理事宜。市行政长制管理组织形态如图 18-4 所示。

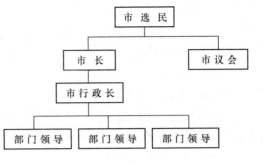

图 18-4 市行政长制组织形态结构图

美国城市政府治理类型（2002 年数据）（单位：万人，%） 表 18-1

治理类型	人 口 规 模		
	2500~25000	25000~250000	>250000
市长议会制	46.2	32.4	56.9
议会经理制	45.0	63.7	40.0
委员会制	2.1	2.0	3.1
城镇会议制	6.7	1.9	0.0
合　计	100	100	100

资料来源：statistical abstract of the United Stated（2001）. 市行政长制包含于市长议会制。

（二）英国的城市管理

根据英国国家地方政府法规定，城市政府的主要职责是管理道路交通、维持公共秩序、搞好环境卫生、制定城市规划、发展公用事业、提供福利服务等关乎城市居民生活便利以及生活质量和生活安全方面的事务。它们基本上可以划分为三类：①保护性管理事务，主要包括治安和消防、消费者保护和伤残人的保护等；②环境方面的管理事务，如环境卫生、处理垃圾、修筑城市道路与桥梁、城市规划、公共场所的建设与管理及维修等；③社会服务性事务，如教育、住房、保护老年人、儿童以及残疾人的社会服务事业、图书馆、公共交通、公园与娱乐、博物馆与美术馆等。

在英国，不同地区，如英格兰、威尔士、苏格兰等城市政府的职能都不尽相同，但一般来说，英国城市政府的职能主要包括三个方面：一是管理职能，主要就是对城市设施，包括城市基础设施（如道路、桥梁），社会设施（如图书馆、公园）等设施进行日常管理和维护，以使城市在此基础之上维持正常运转，并能得到较好的发展；二是服务职能，主要是为居住在城市中的居民提供基本生活服务设施和城市事业发展的基础服务设施，包括建设住房、图书馆、公园与娱乐设施以及博物馆与美术馆等；三是保障职能。英国城市政府的保障职能，主要就是维持治安，防止犯罪活动，逮捕和惩罚罪犯；防止水灾、爆炸以及其他公害，积极消除城市各种隐患，维护城市居民的生命和财产的安全。

英国城市委员会的设置没有统一的标准，主要由城市议会视城市实际情况而定。城市委员会基本有两类：一是法定委员会，即依据有关法律规定为处理特定事务而必设的，它拥有一定的行使权，主要是负责处理教育、财政、警察、卫生、消防和社会服务等方面的事务；二是常设委员会，其职责是处理城市的大量日常管理事务，如城市公共事业，城市环境卫生等行政事务。此外，英国城市还有两类委员会：一是临时委员会或特别委员会，应城市管理临时事务，如自然灾害的需要而由议会斟酌决定临时建立；二是联合委员会，它通常是因两地事务需要协调处理而设的委员会，委员会由两地人员组成。城市各委员会都设专业官员负责向委员会提出建议并执行各种事务。

英国城市的行政职权由市议会授权其内部设置的各委员会行使。城市的城市管理事务首先需由市议会讨论决定，然后再交由各委员会具体执行，各委员会根据市议会的授权自行处理各主管的事务。市议会委员会的职权主要是根据市议会议案制定具体执行方案以及对市议会审议的某些事项也有一定的制约权，如某些事项需先经委员会审查并提交同意报告，否则市议会不能直接表决。这种"议行合一"的体制，使得议会和委员会之间的摩擦较少，协调性及运行效果较好。

（三）法国的城市管理体制

在法国，市镇是基层的地方行政单位，数量非常多，面积和人口悬殊。法国市镇的平均面积为 14 平方公里，最小的只有 3 公顷，最大的约有 76000 公顷。人口少则不足一二百人，多则超过数十万人。法国超过 100 万人的城市只有 3 个，即巴黎、马赛和里昂。法国的市镇在法国地方政府管理体制中有着悠久的历史，可以追溯到 11～12 世纪。法国的市镇是"议行分立"的。各市镇均设有市镇议会、市镇长和市镇政府。市镇议会由本市镇的市民选举产生，任期 6 年。市镇议会的权力主要有：批准市镇预算，掌管税收，制定城市发展规划、文教卫生事业等。市镇议会的会议由市镇长主持，在有关某项政策发生辩论时可以由公众旁听，决策则由议会中有效的多数做出。市议会不设市委员会。

市政府是一个城市的行政机关，由市长、市长助理组成。市长及市长助理在每届议会的第一次会议上从市议会的议员中选举产生。市镇长是市镇的行政首脑，代表地方市镇的利益，领导市镇政府和负责市镇的行政管理工作；同时还代表中央政府，执行国家公务，具有双重身份，市镇长既要受省长和中央政府的指挥和监督，保证中央政府的法令和法规的公布和执行，维护社会治安，还要执行城市公务，领导市镇的检查和司法工作，任免市镇工作人员，编制和执行市镇预算等。市镇还设有若干市镇长助理以协助市镇长工作，提高工作效率，他们都是由市镇议会中的议员选举产生的，人数是根据市镇人口的多少确定的，其权力都来源于市镇长的授权。

在原则上，市镇长除了依法拥有的专有职权之外，只能执行市镇议会的决议，并受市镇议会的管制；市镇长组织市镇议会会议；市镇议会可以将某些市镇议会的职权委托给市镇长行使，并随时可以收回委托权；市镇议会可以质询市镇长，但没有罢免市镇长的权力；市镇长每年提出的市镇预算必须经市镇议会批准。

首都巴黎享有特殊的政策。法国的法律规定："巴黎市是一个具有特殊地位的领土单位。它兼有市和省的职能。"巴黎市不设市长，但组成巴黎市所属的 20 个市政区则各设市长一人及副市长若干人，由内阁部长提请总统任免。各市受省长指挥，因为巴黎无市长，因而莱茵省长同时具有巴黎市长的职权。

（四）日本的城市管理体制

日本是实行地方自治的国家，即团体自治和居民自治，日本的地方政府均称为地方公共团体。现行的日本地方自治体制采用"都道府县"和"市町村"两级制：都、道、府、县是在组织上和职能上并无本质差异的同一级行政区划单位，"市町村"是设在都道府县内的地方公共团体的基层组织，"都道府县"和"市町村"虽系两级政府，但相互之间没有领导和被领导的行政等级关系，其差别主要表现在职能分工方面，通常"都道府县"主要负责国家委托的事务，"市町村"主要负责处理与居民日常生活密切相关的事务。

日本城市政府由议决机关和执行机关，即议会和地方公共团体的行政首脑组成。议会是地方政府的最高权力机关，由选民直接选举产生，其职权主要是：制定、改正或撤销地方条例；审议批准预算，承认决算；决定地方税的赋课征收以及分担款、应用费、加入费、手续费的征收；决定缔结协议；使用或出卖财产以及其他有关财产处理的委托等。执行机关为市长及其工作机构，市长是执行机关的代表，负责全面领导和处理该市的行政管理事务，其主要职权包括：制定管理制度与规则，设置机构、任免职员，向议会提出议案，调整与执行预算，赋课征收地方税，征收分担款、使用费、附加费、手续费，使用、管理、出卖城市公共财产，设置、管理和废置公共设施，向议会报告财政决算，承担国家委托的有关事项等。

市长与议会之间的关系是行政与立法的关系，市长的权利一般大于议会的权利，市长有权向议会提出立法议案，而议会通过的议案也送交市长签字才能发布。

日本城市有诸如居民组织、妇女组织、老年组织、儿童组织、当地教区居民组织等多种以社区为依托的团体组织，其中居民组织（"町内会"或"自治会"）是最重要的社区管理组织，它是一种自愿联盟，主要致力于保障社区生活质量，主要工作内容包括促进邻里友谊、公路安全维护、预防犯罪和灾害、公众保健、款项筹集、信息服务等。

（五）韩国的城市管理体制

韩国的城市管理在行政组织上大多数采取的市长议会制，城市政府的管理职能主要是包括：一是征收赋税、编制预算、设立基金、管理地方财政、征用动产和不动产；二是经营电气、燃气、自来水、汽车运输、船舶运输等事业；三是管理学校、研究所、图书馆、博物馆、剧场、音乐室等文化教育设施；四是从事防止灾害、防止公害、美化环境、医疗卫生、救济贫病等社会事务；五是维持城市公共秩序，维护居民安全、健康与福利，管理本市户籍；六是保护文化财富，奖励发明、革新和储蓄等等。

韩国以社区为中心的管理层级结构大致呈"市—区—洞—统—班"五级管理体制："市"、"区"级结构与我国类似，"洞"是城市政府区下的一级机构，一般面积约有 2 平方公里，3～4 万人口，住房约有 5000～7000 幢；"统"覆盖约 200 个家庭，"班"约管辖 10 个左右的家庭。每个洞社区辖 40 个左右的统，共计 400 个左右的班。

韩国洞社区的机构设置大致分为四大类：①区政府某些行政职能的执行部门，包括税务、地籍等，大约有 25～30 名这样的地方社区公务员；②社区自身建设与发展的机构，包括企划室、建筑课等；③社区环境卫生等机构，如环卫课等，承担着城市环境管理的职能；④体现了社会公平及保障居民生活的部门机构，如总务课、社会福利课等。

韩国洞社区管理的主要职能大致分为五大类：①民事处理职能，如居民登记、户口的转入与迁出等；②意外纠纷处理的职能，如邻里纠纷进行调解处理；③洞社区区域内基础设施的管理，如道路、下水道等方面的管理等；④社会福利职能，对低收入居民的保护职能；⑤具有保障居民生活安定的职能，如社区安全管理等。

二、发达国家城市管理体制的特点

综合以上不同国家的城市管理体制的特点，可以发现其共性。

(一) 城市管理体制形式多种多样

各个国家因受不同的政治制度、经济发展、文化传统、国民素质等多种因素影响，因此城市管理体制表现出不同的形式。例如，号称"议会之母"的英国，市议会就是市政府，多由议会总揽议决权和行政权；美国是联邦制国家，领导地方政府是州政府，联邦政府无权干预，各州有权通过州的宪法和法律，规定各自具体的城市管理体制，各州因此有了不同的城市管理体制，有市长议会制、市委员会制和市议会经理制等。

(二) 市长或市议员一般都由市民选举产生，对选民负责，并相互制衡

西方国家的市长及市议员一般都由选民直接选举产生，直接对选民负责，这样就形成了双方的制约关系。市议会和市政府掌握在不同的政党手中，可以有效地防止一党专权问题的出现。但是，由于西方国家的普选制和竞选主要操纵在富人手中，所以，表面上市长、市议员由市民选举产生，实际上他们的当选由富人操控，表面上对选民负责，实际上是对富人负责。

(三) 各党派以竞选的方式取得执政权或参与权

政党在城市的组织中通过竞选，在市议会拥有多数席位，主导城市的议决权。西方国家大多数的市长和市议员都属于某一党派，并代表该政党执政，他们的言行受到政党纲领、组织和纪律的约束。从表面来看，市长和市议员能否当选，由市民决定，实际上，由于受竞选资金和舆论导向等因素的影响，市长的当选往往都是由富人决定的，一般市民的意志与权利并不能得到很好的体现与保证。

(四) 城市政府的机构与国家政府部门没有对口设置

西方国家城市政府的机构设置不像我国城市政府机构和国务院的职能部门那样对口设置。主要有三方面的原因：西方国家中央和各州都有自己的专门独立机构来掌握；西方国家城市政府不参加中央的宏观经济调控，城市中的各种事务不是由政府包办，而是由各种经济实体、社会团体等机构来负责处理；西方国家是公认的"管得最少的政府，是最好的政府"，主张实行小政府大社会或守夜人式的政府模式，这些都影响了西方国家城市政府机构的设置。

(五) 存在着大量的利益集团

西方国家城市的利益集团存在较多，既直接向城市的国家机构表达利益，又通过动员选民投票，制约着政党组织对城市国家机构的影响力。西方国家允许大量利益集团的存在。各种利益集团种类繁多，形式多样，其本质上都是企图通过各种方式影响政党与国家机构来维护和谋取自己的利益。利益集团的存在一定程度上有助于缓和西方资本主义社会的各种矛盾，维护资产阶级的统治地位。

综合比较，我国与发达国家城市管理体制的差异性如表 18-2 所示。

我国与发达国家城市管理体制的比较　　　　　　　　　　　　表 18-2

项　目	发达国家	中　国	项　目	发达国家	中　国
实施主体	多元化主体	相对单一化的政府	重　点	结构型治理	职能型治理
方　式	同一层次	自上而下	出发点	全球竞争	内部稳定
手　段	以协商为主	以行政为主	体　制	分权	集权
组织结构	扁平化	科层组织	范　围	中心城市区域	城市行政区

第四节　城市管理创新

随着进入 21 世纪和知识经济时代，全球范围内社会经济发展速度加快，竞争激烈，城市之间的竞争态势也越来越明显。在市场经济条件下，城市只有不断地进行创新，才能在发展过程中取胜。

一、城市管理创新的概念

有关管理创新的定义，不同的学者说法不一。总的来说，管理创新是根据客观发展规律和现代科学技术发展趋势，对传统的管理方法进行改革、改进、改善和发展的过程。而对于城市管理创新的概念，因为城市管理是具有基础性、战略性、关联性和源头性等特性的一种特殊无形资产，城市管理的创新就是要不断创新城市管理理念、管理体制和机制、管理模式与手段，在城市资源的优化配置方面、城市功能的定位方面、城市运营资本的降低方面进行创新和改革，促进城市的可持续发展。

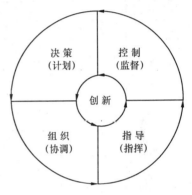

图 18-5　管理职能循环及创新的地位图

如图 18-5 所示，创新不仅是管理的一项职能，而且与管理的其他各项职能密切关联，它在管理的职能体系中处于核心地位。创新无处不在、无时不有，特别是在面临国际化等多种复杂多变环境之下、处于快速发展进程之下的我国城市，城市管理的创新更是处于城市管理决策（计划）、组织（协调）、指导（指挥）、控制（监督）等管理循环的核心，不仅各项职能在履行中需要创新，而且各环节的一体化衔接、全程化管理都需要突出创新。

二、城市管理创新的内容

（一）创新城市管理理念

1. 树立以人为本的理念。城市的管理活动要接受市民的监督，听取市民的合理化建议。特别是与市民切身利益密切相关的城市管理活动如城市的规划建设、居民的医疗保险等要首先征求市民的意见。要把人文关怀放在城市管理的首位。

2. 树立经营城市的理念。要推动城市公用设施养护和服务的市场化、产业化改革进程，实现城市国有资产的保值和增值。

3. 树立系统管理的理念。城市管理过程是一个系统，在对城市实施管理时要树立系统管理意识，从宏观、中观、微观三个不同的层面进行城市管理。

4. 树立管治理念。要最大限度地调动和利用社会资源参与到城市管理中来，消除城市管理中的"政府失灵"和"市场失灵"的负面影响，实现管理效能最大化。

总之，创新城市管理要做到从经验式管理向科学化管理的转变，从问题式管理向预防式管理的转变，从运动式管理向制度性管理的转变，建立城市目标管理责任制、社会参与制、市场运行机制、市场绩效评价机制和监督机制。

（二）城市政府管理的组织创新

表 18-3 所列出的四种城市治理架构都反映出城市管理模式及其内容与机制的某种创新，它集中体现了城市治理的理念，将城市治理引进到城市管理模式中。在此过程中，城市政府必须协调其内部、政府与市场间、政府间、政府与跨国公司间、政府与市民社会及其他组织间的关系，以合力来促进城市的发展和城市竞争力的提高。从城市管理到城市治理既是城市政府职能的拓展，又是城市管理方式的巨大转变。它要求非政府部门的充分发展和服务水平的提高与市民社会的广泛参与和民主意识的增强。由于各城市市情不同，城市发展目标及战略各异，可以根据具体情况选择其自己的组织模式，也可以改良或组合形成新的模式。

政府治理模式的四种可能选择　　　　　　　　　表 18-3

	市场式政府	参与式政府	弹性化政府	解制式政府
诊　断	垄　断	层级控制	永久性	内部管制
结　构	分　权	扁平组织	虚拟组织	网络式组织
管　理	绩效；运用其他私人部门的管理技术	全面质量管理；团队	管理临时雇员	更多的管理自由
决　策	内部市场；市场激励	协商；谈判	试验	企业型政府
公共利益	低成本	参与；协商	低成本；协调	创造能力；能动性

资料来源：B. 盖依．彼得斯的《政府未来的治理模式》，中国人民大学出版社 2001 年版，第 23 页

（三）城市政府管理的制度创新

从城市国际化发展要求而言，主要是指运用新的管理架构来适应城市国际化进程中各种利益主体的不同需要及协调城乡二元化矛盾冲突。这种政府管理城市的新管理架构就是城市治理。城市治理在一定程度上改变了政府运行的流程。传统政府决策是沿政府组织的等级结构执行的过程，而治理是说明政府的决策包含着非传统的政府因素在内，是政府决策的多元化发展。这种决策过程的转变一方面显示出政府职能的稀释（dilution）和政府组织的精干，另一方面显示出其他组织参与传统政府事务在日益复杂的环境中是必须和必要的。城市治理也是对市场机制和政府机制的反思和发展。市场机制已成为人类资源配置的基本方式，"看不见的手"正发挥着越来越重要的作用。但由于信息的不对称、垄断、外部性、公共物品的存在、人类的贪婪等原因致使市场机制的资源配置作用不能有效发挥，产生所谓的"市场失灵"。市场失灵的存在是政府干预的原因，但同样由于信息的不对称、政府机构的官僚主义作风和低效率、政府组织人员的"经济人"性质等原因，政府也会产生失灵，而且"政府失灵"比"市场失灵"有过之而无不及。治理的出现正是为了克服政府失灵和市场失灵，寻求在日益复杂的环境中人类可持续发展的一种方式。市场、政府、公共组织三足鼎立，皆有发挥作用的区域，它们相互作用、相互影响、相得益彰，共同支撑着城市的可持续发展。

（四）政府管理城市的技术创新

主要体现为现代信息技术运用到政府的管理流程过程，建立适应城市国际化管理效率

要求的数字化政府管理模式。具体内容为，一是决策流程改变，实现了由满意决策到最优决策的转变。在知识经济条件下，信息技术的广泛运用使得公共组织更容易得到全面准确的信息，从而使公共组织的决策分析从主观经验发展成为决策诊断，发展成为对备选战略假设的理性权衡，政府的决策不再是制定方案和选择方案，而是政策分析。例如交互式决策的确立，组织结构的扁平化，组织方式的信息化使得组织决策方式也发生了巨大的变更。自上而下的决策被数字城市政府管理中交互式决策所取代，这种交互式的决策不仅能使决策所代表的利益更具广泛性和代表性，而且，在交互式的"讨价还价"中，决策将变得更为完善，更易于得到公众的拥护，因而易于执行，实现决策的最终目标。二是城市组织管理流程的改变，实现了由封闭式到开放式信息化管理的转变；通信和计算机技术的"数字趋同"，实现了国际网络化的进程；数字城市政府管理架构的确立，实现了组织决策由"令人满意"到"最优决策"的转变，实现了组织决策的创新。

这种创新主要体现在以下几个方面：第一，全面准确的信息收集成为现实。政府能通过快捷流畅的电子网络实现与公众的直接对话，不但减少了管理的层级，而且使得政府能够收集到大量准确全面的信息，使得最优决策成为可能。数字城市政府是一个现代的信息型组织。它不仅能全面准确地收集信息，而且能够创造新的信息，并将其整合放大，使最优决策成为现实。第二，这种交互式的决策也能克服传统决策中内部输入机制所带来的缺陷，实现决策的优化。第三，虚拟仿真设备的到位，使得决策者可以把收集到的信息全部加工处理，把制定的决策方案，实施决策的各系统数据全部输入计算机，进行决策实施仿真，根据仿真结果不断调整，以达到决策的最优化，效益的最大化。四是城市管理的运行流程改变，实现了政府由管理城市到经营城市的转变。通过全新的经营理念，使政府按照市场经济规律，对构成城市空间和城市功能载体的自然生产资本、人力作用资本以及其他经济要素通过更宽广、更通达的信息平台进行集聚、重组和运营，实现资源在容量、结构和秩序上的最大化、最优化，实现城市资源整体配置最优化，功能更完善，环境再提升，竞争力获得全面提高。

三、我国城市管理体制改革创新的趋势

（一）我国城市管理体制存在的问题

总体而言，我国的城市管理体制改革没有取得重大性突破，计划经济体制下形成的旧的城市管理体制仍占主导地位。城市管理体制存在着诸多问题，表现在：

1. 政企不分，政府职能错位

在这种体制下，政府是最大的、全能的经济和社会活动的主体，城市政府既是城市建设的组织者，又是城市管理的施行者，政府身兼建设和管理两个角色，政府依靠行政手段来推动城市管理，导致了各项职能的错位和扩大化，城市社会的自治功能受到严重的制约，市级政府对所有的经济、社会事务实行了高度集中的全方位管理和严格全面的控制，政企不分、政事不分、政社不分，管了很多"不该管、管不好、管不了的事"。

2. 条块分割，职能履行不顺

条块分割表现在城市建设和管理上的条块分割。市区两级都包含着建、管、养的职能，贪大求全，使得政府的运作成本增大，政府既要搞建设，又要抓养护，根本就无暇顾及管理；城市管理体制不适应城市发展的要求，市与县、市与区、区与镇、区与街道办事

处之间城市管理权限的划分条块分割，各自为政，政出多门，有限的城市资源得不到合理的利用；这种城市建设和管理上的条块分割，使得城市发展缺乏统一的规划、统一的分工和统一的管理。

3. 城市管理组织不力，管理效率低下

城市管理在总体上应统一，但许多具体工作应有分工，实行分级管理。然而，我国现行的城市管理层次混乱，各部门职责不清、互相扯皮的现象时有发生，严重影响城市政府管理的效率。政府处在行业垄断的地位，根本没有公平竞争的对手，故城市管理效率低下，管理水平落后，城市中出现的许多问题都得不到及时解决，城市管理法制建设不全，导致城市管理部门职责划分不明确；执法监督力度不够，政策难以得到切实贯彻，从而成为城市管理的盲点。

4. 缺乏一体化管理意识，规建管脱节

城市规划是城市各项建设工程设计和管理的依据。但现在规划和建设却分属不同的主管部门，缺乏强有力的统一协调和管理。城市管理本应依法规和规划进行，但现在各管理机构多从本位出发，各行其是，这将严重影响城市建设和管理的统一性。

（二）我国城市管理体制改革趋势

正因为我国的城市管理体制存在着上述种种弊端，因此需要从以下几方面进行改革❶。

1. 要转变政府职能，进行城市政府再造

由政府包揽一切向政企、政事、政社分开转变，增强社会的自治功能。城市政府作为国家行政机关的重要组成部分和城市社会经济活动的管理者，公共服务的提供者，其职能既要符合社会主义市场经济对政府的一般要求，又要符合城市的特点和城市发展的需要。我国的市级政府管理内容十分广泛复杂，承担了大量的繁重的经济管理任务，经济管理职能在市级政府的职能中占有很大的比重。城市管理是一种投入大、见效慢、重复性极强的浩繁工程，政府统包统揽肯定会出现"管不了也管不好"的局面。在市场经济条件下，政府除了具有政治职能外，还应该具有纠正市场失灵、弥补市场不足等经济功能，以便更好地发挥市场机制对资源配置的基础性作用。因此，转变政府职能必须从市场经济下政府的作用以及政府与市场、社会的关系入手，对市级政府现有的权力进行剥离，把企业的生产经营权和投资决策权真正交换给企业，把社会可以自我调节和管理的职能交给社会中介组织，切实实现政企分开、政事分开、政社分开，使市级政府的职能真正转到经济调节、社会管理和公共服务上来。

2. 适应市场经济对城市管理的要求，进行城市政府层级管理改革

市场经济要求相对精简的机构结构，市场经济体制使城市管理的职能结构发生了转变，市场机制与社会资源的配置方式削弱、甚至彻底废止了部分职能，因此，作为职能载体的机构相应地也必须做出调整：大力精简专业经济管理部门，合理调整综合经济管理部门，强化工商管理、质量监督、审计等维护市场秩序的执法监督部门，适当加强社会服务部门；调整城市规划和建设管理部门，改变过去分工过细、职责不清、政出多门的状况，根据城市的整体性和综合性特点进行相对集中管理，设立城市综合执法部门。市场经济要

---

❶ 姜杰等，《城市管理学》，济南：山东人民出版社，第 94—97 页

求城市管理必须体现成本与效率的关系，一定规模的城市管理组织机构与管理人员队伍必须与社会资源和财力相适应，否则，将导致运转不灵、效率较低等弊端。因此，要控制城市管理机构及人员的数量，做好编制工作。市场经济要求机构编制部门不但要健全相关的法制，而且还要按照最低数量原则设置部门和职位，科学合理分工，一方面控制机构数量，一方面压缩人员编制，减少职位设置，杜绝闲职和冗员，做到每个职位都有其存在的价值和意义。

要恰当配置区级政府事权，不能超过其承担能力；在收入的划分上应结合我国分税制未来的改革，将主体税源的税种适当划分给市级、区级政府；在城市政绩考核方面，要建立民选机制，同时要实现"两个分权，一个保障"，即中央政府与地方政府、城市政府分权，政府向社会和市场分权，一个保障是实行预算的硬约束，排除地方对中央援助的幻想，并加强对地方的审计和监察。

3. 打破以往建、管、养一体化的模式，理顺城市规划与建设及管理之间的关系

要建立先进高效的城市管理体制，必须向建、管、养一体的旧机制"开刀"，将原有的"建、管、养"职能从一个单位中分离出来，成立专门的单位或公司，各司其职，实现城市基础设施建设、管理、养护的社会化、产业化和专业化。城市建设与城市管理相互联系，相互制约，不可分割。城市建设是城市发展的硬件，其发展程度决定着城市的管理水平，同时城市管理水平的提高也会促进城市建设的发展。"轻规划重建设轻管理"会导致投资效益低下，资源浪费和配置不当，建设项目无法发挥其应有的作用，城市的功能将难以完全体现；而片面强调管理忽视规划与建设，又会使城市管理缺乏必要的基础条件，使城市管理成为"纸上谈兵"。因此，在城市发展的过程中，不能偏废任何一方，但同时又要主次分明，不同时期和不同阶段要善于抓主要矛盾，确定城市工作的重点。

4. 要加强城市管理的法制建设，加大执法和监督力度

一是要重视加强城市管理的立法工作，制定和加强城市管理的地方性法规规定，修订完善城管、市容、环卫、园林、市政、房产等各专业领域的管理法规和规章，加快建设领域的法规建设，特别是要建立和完善运作的程序和规章，真正做到城市管理有法可依、有章可循。二是要强化专业执法队伍职能，提高执法队伍的自身素质和执法监督能力，构筑"条块结合，以块为主"的城建监察网络，实现执法查处工作的低成本，高效益，并建立群众监督机制，让各界群众参与到城市管理的监督制度中来，从而使城市管理更加科学化、高效化。

5. 在城市管理信息的收集、整理及运用结构上，应该呈现网络化的特点

现代管理与信息的关系非常密切，信息是决策、执行、沟通、检验、反馈等一系列管理活动的依据。特别是市场经济条件下的城市管理，一方面由于社会事务的增加，管理不断出现一些新问题、新情况，造成信息量的增长；另一方面，信息所反映的城市管理的内容涵盖了方方面面，错综复杂；还由于社会生活节奏加快，市场信号也越来越快，反映这种变化的信息也出现了快捷性的特点。正是由于信息的这些特点，造成城市管理对信息的依赖性越来越大。所以，城市管理的体制自身也必须具备对信息的学习、研究和利用的功能，而保障和强化城市管理体制的信息利用功能最便捷的手段是形成网络化的信息结构。信息结构是一个开放性的结构，要求在城市管理系统内部形成一个整体的系统，以便及时地收集、反馈和处理信息。城市管理正是通过对信息的分析、综合、总结，才能加深了解

和把握管理对象及外部环境，通过检查和调整，不断提高城市决策及科学管理水平。

复 习 思 考 题

1. 解释国际性城市和全球城市的概念。
2. 简述美国城市管理组织形态类型。
3. 简述发达国家城市管理的主要特点。
4. 简述城市发展的模式。
5. 解释城市管理创新的概念。
6. 简述城市管理中政府治理模式的四种可能选择。
7. 论述我国城市管理体制的改革趋势。

参 考 文 献

[1] 马彦琳，刘建平．现代城市管理学．北京：科学出版社，2005

[2] 白建民，王欣，王薇．现代城市管理．合肥：中国科学技术大学出版社，2005

[3] 姜杰，彭展，夏宁．城市管理学．济南：山东人民出版社，2005

[4] 姚永玲编著．城市管理学．北京：北京师范大学出版社，2008

[5] 冯云廷．城市经济学．大连：东北财经大学出版社，2005

[6] 严正．中国城市发展问题报告．北京：中国发展出版社，2004

[7] 赵成根．国外大城市危机管理模式研究．北京：北京大学出版社，2006

[8] 张德．人力资源开发与管理．北京：清华出版社，2001

[9] 赵伟．城市经济理论与中国城市发展．武汉：武汉大学出版社，2005

[10] 倪鹏飞．中国城市竞争力报告—推销：让中国城市沸腾．北京：社会科学文献出版社，2003

[11] 郝源晓．现代物流管理学．广州：中山大学出版社，2001

[12] 曼纳·彼德·范戴克．新兴经济中的城市管理．北京：中国人民大学出版社，2006

[13] 北京市哲学社会科学规划办公室、北京市教育委员会、CBD 发展研究基地．CBD 发展研究报告．
      北京：同心出版社，2005

[14] 崔卫华．城市经营—中国城市经济问题研究的新视角．大连：东北财经大学，2004

[15] 张泽忠．绩效导向的城市目标管理．北京：中国社会出版社，2005

[16] 赵理尘．城市发展学导论．济南：山东大学出版社，2004

[17] 付晓东．中国城市化与可持续发展．北京：新华出版社，2005

[18] 饶会林．中国城市管理新论．北京：经济科学出版社，2003

[19] 杨成标．中国城市管理研究：以杭州市为例．北京：经济管理出版社，2005

[20] 秦甫．现代城市管理．上海：东华大学出版社，2004

[21] 吴开松．比较城市管理．北京：科学出版社，2004

[22] 马仲良，王鸿春．现代城市科学管理．北京：同心出版社，2003

[23] 尤建新．现代城市管理学．北京：科学出版社，2003

[24] 钱振明．城市管理学．苏州：苏州大学出版社，2005

[25] 周俊．城市管理学导论．上海：上海大学出版社，2006

[26] 王佃利，曹现强．城市管理学．北京：首都经济贸易大学出版社，2007

[27] 徐顽强，张雄．城市中介组织管理．北京：科学出版社，2006

[28] 陈平著．网格化——城市管理新模式．北京：北京大学出版社，2006

[29] 薛四新．现代档案管理基础．北京：机械工业出版社，2007

[30] 张丽堂，唐学斌．市政学．台北：台湾五南图书出版公司，1983

[31] 张永桃．市政学．北京：高等教育出版社，2001

[32] 王茂林．新中国城市经济 50 年．北京：经济管理出版社，2000

[33] 林凌，陈永忠．城市百科辞典．北京：人民出版社，1991

[34] 朱铁臻．现代城市管理：21 世纪管理学的重要课题．城市管理，2003

[35] 王郁．从城市规划到城市管理的转型与挑战．城市管理，2003

[36] 罗永泰，张金绢．商务中心区发展问题研究，《城市发展研究》，2004

[37] 徐康宁．文明与繁荣——中外城市经济发展环境比较研究．南京：东南大学出版社，2003

[38] 叶南客，李芸．战略目标—城市管理系统与操作新论．南京：东南大学出版社，2000

[39] 徐宏．对我国城市政府职能转变的若干思考．现代城市研究，2001

[40] 上海社会科学院城市综合竞争力比较研究中心．国内若干大城市综合竞争力比较研究．上海经济研究，2001

[41] 倪鹏飞．提升中国城市竞争力的战略选择．中国城市经济，1999

[42] 饶会林等．城市管理研究文集．东北财经大学城市经济方向博士点，2002

[43] 薛澜，张强，钟开斌．危机管理——转型期中国面临的挑战．北京：清华大学出版社，2003

[44] 隋玉杰：社区工作——理论、方法与实务，中国社会科学出版社，1996

[45] 李斌，黄放．东京经验：一座城市的自卫方略．载《新闻周刊》，2004（4）

[46] 华晨．城市竞争——影响城市发展和规划的双刃剑．城市规划，2002，26（1）

[47] 孙柏瑛．当代地方治理：面向21世纪的挑战．北京：中国人民大学出版社，2004

[48] 邹其嘉．城市灾害应急管理综述．北京：群言出版社，2004

[49] 金磊．城市灾害学原理．北京：气象出版社，1997

[50] 谢本书．东方城市的历史发展．载《云南教育学院学报》1995年6月，11（3）

[51] 沈建国．新世纪中国城市化道路的探索．北京：中国建筑工业出版社，2001

[52] 蔡来兴．国际经济中心城市的崛起．上海：上海人民出版社，1995

[53] 余永定，李向阳．经济全球化与世界经济发展趋势．北京：社会科学文献出版社，2002

[54] 顾朝林．经济全球化与中国城市发展：跨世纪中国城市发展战略研究．北京：商务印书馆，2000

[55] 顾朝林．经济全球化与中国城市发展．北京：商务印书馆，1999

[56] 戈钟庆，殷化龙．关于构建社会主义和谐社会的几点思考．石家庄学院学报，2005

[57] 中国科学院可持续发展研究组．中国可持续发展报告（2005）．北京：科学出版社，2005

[58] 周俊．城市管理学导论．上海：上海大学出版社，2006

[59] 王志锋，蔡方主编．现代城市管理概论．清华大学出版社，2008

[60] 范小军．城市品牌塑造机理．成都：西南财经大学出版社，2008

[61] 谭善勇．城市管理概论．北京：经济科学出版社，2003

[62] 杨惠基．行政执法概论．上海：上海大学出版社，1998

[63] 安树伟．中国大都市区管治研究．北京：中国经济出版社，2007

[64] 踪家峰．城市与区域治理．北京：经济科学出版社，2008

[65] 建设部课题组．市政公用事业改革与发展研究．北京：中国建筑工业出版社，2007

[66] 肖志兴，宋晶主编．政府监管理论与政策．大连：东北财经大学出版社，2006

[67] 姚从容．《公共环境物品供给的经济分析》．北京：经济科学出版社，2005

[68] 牛凤瑞，潘家华主编．中国城市发展报告．北京：社会科学文献出版社，2007

[69] 建设部课题组．城市科学学科发展报告．北京：中国科学技术出版社，2008

[70] 陈传明，周小虎编著．管理学．北京：清华大学出版社，2003

[71] 王方华，吕巍．企业战略管理．上海：复旦大学出版社，1997

[72] 曾峻著．《公共管理新论》，北京：人民出版社，2006

[73] 黄德林，田家华主编．《公共管理若干前沿问题研究》，武汉：中国地质大学出版社，2006

[74] 孙久文等编著．《城市可持续发展》，北京：中国人民大学出版社，2006

[75] 郑锋．《可持续城市理论与实践》，北京：人民出版社，2005

[76] 张跃庆，吴庆龄．《城市基础设施经营与管理》，经济科学出版社，2005.3

[77] 张跃庆，张六琥．《城市基础设施经营与管理》，经济科学出版社，2006.3

[78] 吴宝康．档案学概论．北京：中国人民大学出版社，1998